Z세대를 위한 서양의 역사와 문화 개정판

Z세대 1990년대 중반에서 2000년대 초반에 걸쳐 태어난 젊은 세대를 이르는 말로, 어릴 때부터 디지털 환경에서 자란 '디지털 네이티브(디지털 원주민)' 세대라는 특징이 있다.

Z 세대를 위한 서양의 역사와 문화

개정판

차영길
강성호
손태창
이정민
이원근
김성준
오종현
김용환
김승렬

경상대학교출판부

초판 저자의 말

이 책에서 G세대는 지구마을시대를 살아가야하는 젊은 세대를 지칭합니다. 20세기 후반 이후 세계의 정치나 문화 지형도 역시 그동안 변화를 거듭해 왔습니다. 유럽중심주의는 19세기까지 서양문화의 골격이었으나 20세기 이후 미국중심주의 등장으로 그 위력을 상실했습니다. 20세기 후반 중국과 소비에트 연방의 해체로 인한 러시아의 새로운 세계무대 등장과 아시아와 유럽의 분단국가 통일은 유럽중심주의 위력을 축소하며 세계질서를 더욱 요동치게 했습니다. 우리 사회 경제 역시 세계 7대 교역대국으로 성장한데다 우리 국가정치 역시 완벽한 대중정치를 실현했습니다.

『G세대를 위한 서양의 역사와 문화』는 이런 세계변화 추세를 반영코자 고대 세계 문화사(차영길 교수), 서양 중세 문화사(이정민 박사), 서양 근대 문화사(르네상스~종교개혁 : 이원근 교수, 혁명시대 : 김용환 박사) 현대 세계 문화사(김승렬 교수)로 나누어 집필했습니다. 대체로 전공 영역을 분담하여 집필했기 때문에 독자의 문화 이해에 도움이 되리라고 확신하는 바입니다. 그러나 용어를 일관되게 활용하려고 했으나 그럼에도 서로 다른 용어를 사용했을 수도 있습니다. 독자 여러분에게 양해를 구해두고자 합니다. 특히 중등학교 교과서 용어와 가능하면 일관되게 사용하려고 시도했습니다.

『G세대를 위한 서양의 역사와 문화』는 한 학기를 15 내지 16주로 설정하고 부담 없이 읽을 수 있도록 간략하게 구성코자 했습니다. 물론 G세대를 위한 서양의 역사와 문화 역시 한 권의 책이기 때문에 완벽할 수는 없습니다. 독자 여러분의 끊임없는 사랑과 함께 연구 노력하여 더욱 발전한 모습의 책으로 거듭나도록 하겠습니다.

집필자 일동

개정판 저자의 말

『G세대를 위한 서양의 역사와 문화』는 2011년 3월에 초판이 출간되었다. 지금부터 10년 전인 셈이다. 역사학이 '변화'를 다루는 학문이듯이, 그 사이에 이 책과 관련해서도 많은 변화가 있었다. 그중의 하나는 초판 집필자들의 신상에 상당한 변화들이 있었다는 것이고, 또 다른 하나는 초판 필자들이 기대했던 것보다 이 책이 더 넓게, 더 많은 독자들에게 사랑 받고 있다는 사실이다.

2020년 8월 현시점의 시각에서 보면, 전 세계적인 코로나19의 대유행으로 인해 이른바 '뉴노멀'의 새로운 시대에 대한 진단과 전망이 시급한 국면인데, 이 책에서는 'Z세대'란 포괄적인 키워드로 '뉴노멀'을 헤쳐갈 지혜를 다시 한번 더 찾아보려고 시도한다. 그리고 개정판에는 그 이름만으로도 한국의 서양사학계에서는 명망이 높은 일류 학자들이 새로운 필진으로 대거 참여하게 되었는데, 그 점만으로도 이 책은 한번 더 새롭게 주목될 것으로 기대된다.

이 책은 구성 방식이나 서술방식 면에서는 분명 개정판이다. 예컨대, 발전사적인 역사학의 통상적인 방법론을 따르면서 '글로벌 시대'를 살아가는 한국의 대학생들에게 '서양의 역사와 문화'를 각 시대별 압축적 주제 중심으로 교양 수준에서 접근하고 또 이해할 수 있게 도와준다는 초판의 집필 의도가 여전히 살아있다. 그러나 개정판에 새로 참여한 새로운 필자들의 면면과 새로운 장들의 서술을 보게 되면, 사실 이 책은 개정판을 넘어서 '새로운 신판'에 가깝다고 할 수 있다. 지난 10년간의 현장에서의 검증과 또 개정판의 새롭고도 신선한 서술이 하나의 장점으로 잘 결합 되어서 이 책이 다시 한번 더 빛나고 더욱 더 독자들에게 사랑받게 되기를 바란다.

이번에 새로 쓰게 된 개정판은 총 16개 장으로 구성된다. 각 필자별 집필 부분은 다음과 같다. 먼저 제1장은 강성호 교수(순천대), 제2장과 4장 및 8장(12세기와 15세기 르네상스)은 차영길 교수(경상대), 제3장은 손태창 박사(고려대), 제5장, 6장, 7장은 이정민 교수(경상대), 제8장(9세기 르네상스)은 이원근 명예교수(경상대), 제9장은 김성준 교수(한국해양대), 제10장은 오종현 박사(전남대), 제11장, 12장, 13장은 김용환 교수(경상대), 제14장, 15장, 16장은 故 김승렬 교수(경상대)의 집필 부분이다. 해당 장들 모두 그 분야의 국내 최고 전문가들이 맡아주셔서 이 책의 정보와 역사 해석은 모두 믿을 수 있는 것으로 기대된다.

이 공간을 빌어 이 책의 집필에 흔쾌히 참여해주시고 옥고를 아낌없이 내어주신 강성호 교수님과 김성준 교수님, 또 이 책의 구성을 더욱 빛나게 해주시고 독자들을 위해 전문영역을 쉽게 풀어주신 손태창 박사님과 오종현 박사님께 초판의 필자들은 다시 한번 깊이 머리 숙여 감사드린다. 그리고 이 책에 참여한 초판과 개정판의 필자들 모두는 이러한 감사의 마음과 진정성이 녹아내려 이 책이 '글로벌 시대'를 살아가는 '뉴노멀 상황'의 모든 젊은이들에게도 세계와 서양, 그리고 역사를 이해하는 소중한 책으로 계속해서 거듭나기를 진심으로 기원해본다.

2020년 8월

초판 및 개정판 집필자 일동

목차

10장 종교개혁

11장 계몽주의와 시민혁명

12장 자유주의와 민족주의

13장 러시아혁명

14장 양차 세계대전과 민주주의

15장 제국주의의 발호와 식민 제국의 해체

16장 유럽 통합

17장 부록

Chapter 01

지구화 시대에 다시 보는 서구중심주의 세계사

서양사의 대상

유럽의 어원

오늘날 우리가 쓰는 유럽(Europe)은 그리스 신화에서 나오는 에우로페(Europe) 왕녀로부터 비롯된다. 에우로페는 그리스 신화에서 오늘날의 레바논에 위치했던 페니키아의 왕녀로 나온다. 신화에 따르면, 황소로 변신한 제우스가 에우로페를 페니키아 연안에서 크레타로 납치했고 그 결과 에우로페가 제우스의 아들을 낳게 되고 그 아들이 미노스의 왕이 된다. 이는 오리엔트 문명에서 유래된 유럽문명을 상징적으로 나타내 주고 있다.

이어 유럽(Europe)이라는 이름은 기원전 8세기 그리스 시인인 헤시오도스의 작품에 최초로 나타난다. 유럽 대륙이 유럽이라는 이름을 달게 된 이유에 대해서는 오늘날 명확하게 알 수는 없다. 다만 유럽문명의 출발을 상징하는 에우로페의 이름을 따서 유럽 대륙이라 부른 것으로 보인다.

유럽의 지리적 위치

유럽은 한국 쪽에서 볼 때, 유라시아 대륙의 서쪽 반도처럼 나타난다. 유럽사람들이 한국을 극동(Far Eastern)이라고 부른다면, 한국사람들도 유럽을 극서(Far Western)라고 부를 수 있을 것이다. 유럽이라고 하면 전통적으로 대서양에서부터 우랄산맥까지를 말한다. 북쪽에서 남쪽으로는 북극과 크레타 섬 사이에 널려 있는 지역들이 유럽에 포괄된다. 러시아는 17세기까지도 유럽의 일부로 여겨지지 않았다. 러시아를 유럽에 합류시킨 것은 표트르 대제(1672~1735)이다. 표트르 대제는 상트 페테르부르크를 건설하여 서유럽과의 교류를 텄고, 동쪽으로는 우랄산맥 저편으로 지배권을 확대했다.

유럽은 공간적으로 매우 다양한 측면을 보이고 있다. 유럽은 해수면 아래에 위치한 네덜란드에서부터, 알프스산맥과 에스파냐의 시에라모레나산맥 등과 같은 거대한 산악지대, 그리고 아이슬란드의 빙하와 같은 다양한 풍경을 지니고 있다. 이러한 다양한 지리적 차이점들은 서로 다른 외모, 심성, 상이한 문화를 지니는 민족들을 만들었다. 또한 유럽은 북극지방과 러시아의 평원을 제외하면, 온화한 기후 지대에 위치하고 있다. 이러한 좋은 기후 요건이 유럽인들의 역사 활동을 용이하게 했다.

유럽의 문화적 위치 – 영향 받음과 영향 미침

유럽문명의 형성에는 많은 외부적 요인들도 커다란 작용을 했다. 기원전 2000년경에 인도-유럽어족 계통의 켈트족이 침입했고 이 켈트족은 유럽의 많은 언어들에 언어상의 흔적들을 남겼다. 게르만족은 기원후 4세기부터 라인강을 넘기 시작하여 5세기에는 갈리아 지방을 가로질러 에스파냐까지 진출했다. 훈족, 불가르족, 아바르족, 마자르족, 그리고 몽골족 등은 동쪽의 대평원을 통해서 유럽으로 흘러들어 왔다. 침입자들 중에 일부는 정착해서 현지인들과 융합했고, 나머지는 동쪽으로 되돌아갔다.

유럽문명은 다른 한편으로 외부를 향한 팽창을 통해 유럽문명을 전파해 왔다. 이 팽창은 여러 시기에 걸쳐 진행되었다. 그리스 시기에는, 그리스의 식민지 건설이 기원후 8세기부터 서유럽, 소아시아, 그리고 중동 방면으로 진행되었다. 바이킹족의 시대에는, 노르웨이인들이 스코틀랜드와 아일랜드로 쳐들어갔으며 서기 1000년경에는 그린란드를 거쳐 아메리카에 도달했다. 덴마크인들은 영국을 선택했고, 그 다음에는 노르망디, 포르투갈, 프로방스, 그리고 토스카나 등지로 원정했다. 스웨덴인들은 발트해를 횡단하여 서부 러시아로 침투했으며, 강줄기를 따라 흑해까지 이르렀다. 로마 시대의 이탈리아인들은 지중해 일대에 집중적인 관심을 보였다. 에스파냐와 포르투갈은 14세기에 아프리카 서해안, 동인도제도, 그리고 아메리카 대륙에 이르는 항로를 개척했다. 영국과 프랑스는 16세기 이래 세계 전역으로 자신의 활동무대를 넓혔다.

유럽 언어의 기원과 다양성

유럽의 문자는 중동으로부터 전해졌다. 오늘날 유럽인이 쓰는 알파벳은 기원전 14세기에 페니키아인들에 의해서 소개되었다. 그리고 유럽 언어들의 뿌리는 고대 산스크리트어와 밀접한 관련이 있는 것으로 생각되고 있다. 고대 산스크리트어는 그리스어 및 라틴 어와 많은 유사점을 갖고 있기 때문이다.

유럽의 다양한 언어들은 이 동일한 언어적 뿌리에서 나와 다양하게 진화하게 되었다. 유럽에는 대략 43개의 언어가 사용되고 있다. 반면에 문자는 3개만 사용되는데, 셋 다 동일한 기원을 지닌 것으로서 표의 체계가 아닌 표음체계에 기초를 둔다. 페니키아 문자에서 유래한 그리스 알파벳, 그리고 그리스 알파벳에서 파생된 라틴 알파벳과 키릴 알파벳이 그것들이다. 또한 이 다양한 언어들에서 사용되는 수많은 기술적·개념적 용어들이 고대 그리스어와 라틴어에서 유래되어, 다양한 언어들 사이에 기초적 토대를 형성하여 주고 있다. 그럼에도 불구하고, 근본적으로 이러한 언어의 다양한 차별성은 유럽인들 사이의 차이점들을 심화해 다양한 민족적 아이덴터티를 만드는 데 기여했다.

서양사의 시기 구분

시대구분의 필요성

시대구분은 역사 진행 전체를 그 내용, 구조, 이념 등의 발전 관계들을 형식과 성격에 따라서 시기적으로 구분해 주는 작업이다. 이러한 시대구분은 역사 진행 전체를 대상으로 하고, 역사에 대한 일정한 이해와 관념을 근거로 하여 이루어진다. 따라서 시대구분은 역사 발전의 전체 과정을 통일적으로 파악할 수 있다는 이해를 전제로 한다.

시대구분은 역사를 보다 잘 이해하기 위해서 시도되고 있다. 역사발전과정은 매우 다양하며, 서로 복잡하게 연관되어 있다. 따라서 역사발전과정을 파악하기 위해서는 잠정으로나마 파악할 범위를 정할 필요가 있다. 역사가는 시대구분을 통해서 오히려 자신이 연구하는 시간적 영역을 더 잘 이해할 수 있다. 이를 위해, 시대구분은 각 시대가 어느 지점에서 시작되었고, 어느 지점에서 절정을 이루었고 또 어느 지점에서 해체 또는 전환되었는지를 설명해야 한다. 또한 시대구분은 그러한 진행 시기의 내면적 논리를 파악하여 논증해야 한다.

시대구분의 사례

서양에서 시대구분은 고대시기에서부터 오늘날에 이르기까지 끊임없이 시도되고 있다. 각각의 시기 구분은 그 시대의 학문적 수준과 인식의 수준을 보여 준다. 각 시대별로 어떠한 시대구분이 이루어져 왔는가를 살펴보고, 어떠한 시대구분이 역사를 객관적으로 이해하는 데 가장 바람직한지 살펴보기로 하자.

고대의 시대구분

고대시기에서 가장 대표적인 시대구분은 역사에 대한 순환적인 구분이다. 고대 사람들은 역사발전과정이 끊임없이 되풀이 된다고 생각했다. 스토아학파는 세계적인 화재가 주기적으로 발생하고, 이러한 재난이 있은 후에 세계가 다시 옛모습으로 돌아간다고 파악했다. 기원전 2세기의 로마 역사가 폴리비우스는 정치 형태의 발전과정을 순환론적으로 파악했다. 그는 군주정·귀족정·민주정의 좋은 형태들과 참주정·과두정·폭민정의 나쁜 형태들이 서로 교체하면서 순환을 거듭하는 것이라고 생각했다.

중세의 시대구분

중세시기의 시대구분은 기독교의 신학적 역사파악에 근거를 두고 있다. 기독교적 역사파악은 지상의 모든 역사를 구원의 역사로 이해한다. 기독교적 역사파악은 모든 역사 사건들을 목적론적인 연관 속에서 파악하려 한다. 여기에서 역사의 목적은 신이 설정한 "영원의 제국"이다. 이러한 목적론적 파악 속에서 모든 역사적 사건들은 각각

일회적이고 고유한 것으로서 의미를 갖게 되었고, 이 과정에서 고대의 순환론적인 역사파악을 극복할 수 있게 되었다.

기독교적 시대구분론은 4세기의 아우구스티누스에게서 가장 전형적으로 나타난다. 그는『신국론』에서 지상의 역사를 아담, 노아, 아브라함, 다윗, 바빌론 유수, 크리스트 등의 여섯 시기로 구분했다. 또한 그는 이 시기들을 인간의 연령기인 유년기, 소년기, 청년기, 장년기, 중년기, 노년기와 결부해 설명했다. 그는 이 시기들 이후에 나타나는 마지막 시기를 상정했다. 최후의 시기는 크리스트가 재림하여 최후심판을 한 후에, 신의 영원한 제국이 이루어지는 시기로 상정되었다.

근세의 시기 구분

근세 초에 나타난 대표적 시기 구분은 인문주의적 3시대구분이다. 17세기에, 할레(Halle)대학의 켈라리우스(Christoph Keller, 라틴명 Cellarius: 1634~1707) 가 이 시기 구분을 처음으로 사용했다. 인문주의적 3시대 구분은 인류 역사 발전과정을 고대, 중세, 근세의 3시기로 구분한다. 이 시대구분은 르네상스 시기 인문주의의 영향하에 성립했다. 르네상스기 인문주의자들은 기독교적 역사관과 달리 자신들이 살고 있는 시기를 역사의 마지막 시기라고 생각하지 않았다. 그들은 자신들의 시대에 인간을 중심에 놓는 새로운 학문이 고대 그리스와 로마 시대에 대한 연구를 통해 발전하고 있기 때문에, 자신들이 살고 있는 현재가 고대의 연장이라고 생각했다. 그들은 고대와 근세 사이의 시기를 중세로 상정하고, 이 중세를 암흑의 시기로 간주해 근세를 재생의 시기로 생각했다. 이 구분법의 특별한 의미는 일반 현실 역사를 근거로 하여 시대구분이 시도되었다는 점이다.

인문주의적 3시대구분에 따라 서양사의 주요한 시대구분이 이루어졌다. 셀라리우스는 콘스탄티누스 대제(306~337) 시기까지를 고대로 보았고, 투르크의 콘스탄티노플 점령 시기까지를 중세로 보았고, 그 이후를 근세로 지칭했다. 19세기에 와서 역사교과서들은 3분법을 따르면서 부분적으로 시대구분 시점을 수정했다. 고대와 중세의 경계로서 서로마 제국의 몰락(476)이, 중세와 근세의 경계로서 아메리카 대륙의 발견(1492) 또는 종교개혁(1517)이 일반적으로 상정되었다.

사회경제사의 시대구분

마르크스는 역사발전과정을 객관적인 역사 사실에 기초하여, 그리고 총체적인 연관 속에서 파악하려 했다. 그는 인류 역사를 인간의 사회적 경제활동의 기초하여 인간 활동 전반을 파악하려 했다. 그는 인간의 생산경제활동에 나타나는 인간 관계에(생산관계)에 근거하여 인류 역사를 시대구분했다. 마르크스의 이러한 입장은 후에 레닌과 스탈린에 의해 역사발전 5단계론으로 정리되었다. 이에 따르면, 인류 역사는 원시공동체 사회, 노예제 사회, 봉건제 사회, 자본제 사회, 그리고 다가올 공산주의 사회 등으로 시대구분된다.

마르크스의 시대구분은 선험적으로 이루어지지 않았다. 그는 서유럽의 역사를 중심으로, 그리고 부분적으로 동유럽, 중동, 인도, 아시아 지역에 대한 구체적인 역사 연구를 통해 인류 역사 발전과정에 대한 자신의 입장을 정리했다. 또한 마르크스의 역사 연구는 근대 자본제 시기 부분에 집중되어 있었다. 이러한 점은 마르크스의 시대구분을 한편으로는 과학적인 것으로 만들면서, 다른 한편으로는 계속적으로 보충 발전시켜야 할 과제를 제시하고 있다. 마르크스의 시대구분론이 말하는 핵심은 역사 현실에 대해 구체적인 연구와 사회적인 실천을 지속하는 실천적 검증이라고 볼 수 있다. 이 양쪽 부분 중 어느 하나라도 제대로 지속되지 못할 경우, 이러한 시대구분은 교조화 되어 정치적으로 악용될 측면이 크다고 할 수 있다. 실제로 20세기에 들어 마르크스의 시대구분은 정치적으로 잘못 남용된 측면이 크다고 할 수 있다.

탈서구중심주의 세계사를 향해

탈서구중심주의 세계사 등장 배경

19세기 후반 제국주의 시대 이후 교통과 통신의 발달뿐만 아니라 자본주의적 생산체계의 세계적 연관이 확산 심화되면서 세계화가 가속화되고 있다. 이런 상황은 세계 역사 전체를 제대로 담아낼 세계사의 출현을 요청한다.

1991년 소련 붕괴 이후 냉전체제가 해체되었다. 전후 세계를 압도했던 냉전체제 해체로 이데올로기적·냉전적 역사 서술에서 벗어나 세계사를 구체적인 역사 사실에 근거해서 더 다양하고 풍부하게 볼 수 있게 되었다. 냉전체제 해체 이후 세계질서는 미국 중심으로 재편되지 못하고 미국, 유럽, 동아시아, 아프리카, 이베로-아메리카 등으로 다원화되고 있다.

탈서구중심주의 연구 동향

서구중심 세계가 쇠퇴하면서 탈서구중심주의 세계사 서술이 다양하게 나타나고 있다. 동아시아, 이슬람세계, 이베로-아메리카 등에서 서구중심주의 세계사를 대체하려는 새로운 시도들이 활발하게 진행되고 있다. A. G. 프랑크, K. 포메란츠, 마셜 호지슨, 아니발 끼하노, 엔리케 두셀, 미뇰로 등이 이룬 성과들이 세계적으로 주목받고 있고, 국내에도 소개되었다. 한국서양사학계에서도 기존의 서구중심주의 세계사에서 벗어나려는 움직임이 1990년대 후반 이후 진행되어 왔다. 초기에는 개인 연구자들이 중심이 되어 문제 제기가 이루어졌고, 2006년 이후에는 한국서양사학계 전체 차원에서도 탈서구중심주의 세계사에 대해 관심이 집중되고 있다. 그 결과 2010년에 기존의 서구중심주의 세계사를 비판적으로 검토하는 연구서가 한국서양사학회 이름으로 출판되었고, 서구중심주의 세계사를 비판하는 기획시리즈 논문들이 한국서양사학회 학회지『서양사론』에 기획 연재되기도 했다.

탈서구중심주의 세계사 연구는 세계 곳곳에서 진행되고 있다. 탈서구중심주의 세계사 연구는 미국, 유럽, 아프리카, 이베로-아메리카, 아시아 등으로 빠른 속도로 확산되고 있다. 아시아에서는 아시아 세계사학회에 참여하는 연구자 수가 늘어나고 있다. 한국서양사학계는 이러한 세계 곳곳에서 진행되는 탈서구중심주의 연구를 지속적으로 한국에 소개하는 데 관심을 기울일 필요가 있다. 특히 한국에서 연구가 많지 않은 이베로-라틴아메리카, 이슬람세계, 아프리카, 서남아시아 등에 대한 새로운 연구 성과를 국내에 적극적으로 소개할 필요가 있다. 또한 세계사학회, 아시아세계사학회 등 탈서구중심주의 세계사학회에 한국역사학자들이 조직적으로 참여할 필요가 있다.

탈서구중심주의 세계사의 과제

서구중심주의 세계사를 비판하는 이론들을 받아들이는 과정에서 그 이론들이 형성된 '지정학적' 위치를 우리 입장에서 확인해 나갈 필요가 있다. 미국, 유럽, 라틴아메리카, 일본, 중국 등에서 형성된 이론들은 나름대로의 시대적, 지정학적 맥락이 있을 수밖에 없다. 냉전 시기에는 냉전 시기대로, 냉전 이후는 냉전 이후 시대의 각 지역 간, 국가 간, 문명 간 대립과 갈등의 맥락이 세계사를 보는 데 투영 될 수밖에 없다. 미국에서 유럽중심주의 세계사를 비판하는 것은 미국이 유럽을 견제하면서 세계적 차원의 패권을 쥐려고 하는 의도에서 나온 것이 아닌지, 유럽에서 유럽중심주의 세계사를 비판하는 것은 쇠퇴하는 유럽 입장에서 자신을 세련되게 합리화하려는 것은 아닌지, '탈아입구(脫亞入區)'를 주장하던 일본이 아시아 입장에서 서구중심주의를 비판하는 것은 아시아에서의 주도권을 되찾으려고 하는 것은 아닌지, 중국이 중국 중심 세계사를 강화하는 것은 이전의 중화주의 세계질서로의 회귀를 꾀하는 것은 아닌지 등등에 대해서 우리 입장에서 검토할 필요가 있다.

또한 유럽중심주의 세계사를 극복하는 과정에서 근대 유럽이 이룩한 성과 모두를 부정하는 역편향, 즉 옥시덴탈리즘에 대해서도 조심해야 한다. 최근 밝혀지고 있는 것처럼 근대 유럽이 이룩한 성과가 과장된 것은 사실이다. 그러나 근대 유럽이 낙후된 중세에서 새로운 세계의 중심으로 성공한 원인과 과정에 대해서도 객관적으로 파악해야 한다. 유럽이 승리한 진정한 이유를 알아야 제대로 유럽중심주의 세계사를 극복할 수 있을 것이기 때문이다.

앞으로 한국 역사학계는 유럽중심주의를 넘어 세계사 전체 관점에서 세계 각 지역을 보는 진정한 세계사를 새롭게 만들어 나가야 한다. 먼저 유럽을 유럽 자체만이 아니라 유럽 주변과의 관계 속에서 유럽 역사를 새롭게 바라보아야 한다. 유럽은 유라시아대륙의 서쪽 끝에 있는 반도라는 지정학적 위상을 지녀서, 대륙과 해양을 통해 지속적으로 상호 영향을 주고받아 왔다. 따라서 유럽과 유럽 주위 문명들 사이의 상호 관계에 대한 소개와 연구를 진행해야 한다. 지금까지 제대로 다루어지지 않았던 유럽 밖에 있는 주요 지역과 문명의 세계사에 대한 참여와 기여를 균형있게 인정하고 소개할 필요가 있다. 또한 아프리카, 서남아시아, 동남아시아, 중앙아시아, 동유럽, 남북아메리카 등에 대한 지속적이고 체계적인 연구와 교육이 필요하다.

Chapter 02

그리스 폴리스 문명

에게 문명의 청동기 시대

그리스인이 역사 무대에 등장한 것은 기원전 2,000년 무렵이다. 이들은 아카이아인으로서 그리스어를 사용하는 인도~유럽족의 일파로 카르파티아 지방에서 우랄산맥에 이르는 광활한 유럽의 스텝지역에 살면서 그들의 문화와 언어를 탄생시켰다.

이들은 그리스 지역에 정착하면서 원주민의 생활을 파괴했다. 이로써 그리스 반도 전역은 야만상태가 되었고, 이러한 혼란은 이후 수세기 동안 지속되었다. 이때 크레타 섬에서는 그들의 손이 미치지 않는 독자적인 문명이 성립되었다. 그리고 견고한 수비망을 갖춘 궁전과 호화로운 분묘가 등장하는데, 이러한 건축물은 새로 전개되는 궁전 문명의 세련미

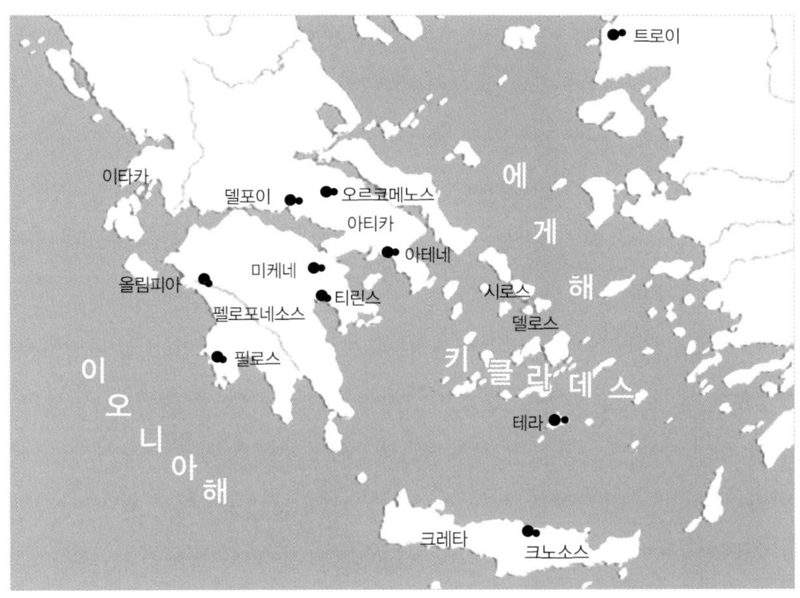

와 이 문명의 놀라운 발전을 확연히 보여 준다.

궁전 문명은 이후 미케네 왕조에서 전성기를 맞이한다. 크레타를 중심으로 발전한 미노아 문명은 오리엔트의 영향을 받으면서 청동기 시대로 들어섰으며, 기원전 2,000년을 지나면서 선문자 A를 사용했다. 이 문명의 담당자인 미노아인은 크노소스에서 미노스 왕의 궁전을 지었으며, 해상무역에 종사하고 도자기 제조가 뛰어났다. 미노아 사회는 전체적으로 활달하고 유복했으며 상류층은 유복한 생활을 보냈다. 미노아 예술의 대표적인 것은 궁전의 프레스코화이다. 기원전 1,400년경에 이르러 크노소스 궁전은 파괴되어 미노아 문명은 종말을 고한다. 그 원인에 대해서는 테라 섬의 화산 폭발로 인한 화재와 대해일의 결과라고 본다.

반면 아카이아인의 미케네 문명은 선문자 B의 해독으로 그리스인의 선조라는 사실이 확인되었다. 그들은 그리스와 펠로폰네소스의 반도에 여러 소왕국을 건설했고 미케네는 그 반도의 여러 왕국 중 가장 부강한 나라였다. 미케네 문명은 미노아 문명을 흡수하면서 발전했다. 테세우스 전설이 그리스 본토와 미노아 간 관계의 일부분을 말해 준다. 그리고 중요한 신화이면서 사실인 트로이 전쟁 이야기가 또한 미케네 문명의 강성함을 이야기한다. 그 전쟁은 전설과는 달리, 강대해진 그리스 본토의 소왕국이 미케네를 중심으로 결합하여 소아시아로 진출한 대원정이었다. 하지만 이들은 기원전 12세기에 그리스인의 마지막 이주자인 도리아인에 의해 몰락한다.

미케네는 미노아와 달리 군사적인 성격이 강했다. 정치는 공납제에 의한 왕정으로 호메로스에 나오는 그리스 왕에 비해 약한 편이었다. 공유지와 사유지가 공존했으며 공유지의 존재는 공동체적 성격이 아직도 강하다는 것을 말해 주고 사유지의 존재는 평민이 경제적 자립을 누리고 있었으며, 또한 미케네의 국왕이 오리엔트의 전제군주화하는 것을 억제하는 요인이었다. 그리고 이들은 제우스나 포세이돈 등의 후대 그리스인이 믿었던 신을 섬겼으나 미노아 인이 믿었던 뱀의 여신을 더욱 신봉했던 것 같다.

미케네의 사회구조는 국왕 밑에 귀족적인 전사계급이 있고 그 다음에 관료인 서기, 그 밑에 상인과 농민이 있었으며 최하층에 노예가 있었다. 노예제는 주로 왕실을 중심으로 발달했다. 미케네 사회는 오리엔트 사회와 그리스 사회의 중간형이었다. 그리고 중요한 사실로서 크레타의 왕들은 막강한 전함과 상선을 동원하여 에게해 전역에 걸쳐 대해상 왕국을 건설했다. 이때부터 그리스에 해상 왕국이라는 전통이 생긴 것으로 보인다. 아카이아인은 그들의 시선을 외부로 확장하기 시작했다. 이집트, 히타이트, 펠로폰네소스 반도 및 소아시아에 이르기까지 그들은 무역을 통해 이윤을 축적했다.

그들은 먼저 그리스 연안의 섬들을 무대로 하여 세력 확장을 시도했다. 막강했던 크레타도 예외가 아니었다. 아카이아인들이 그리스 연안의 섬으로 진출한 것은 군사력 덕분이었다. 아나톨리아의 해안 지방에도 같은 방식으로 진출했을 것이다. 이리하여 밀레토스는 아카이아의 도시가 되었고, 시리아와 팔레스타인 해안 지방에도 미케네의 기지가 여러 곳에 건설되었다. 이렇게 건설된 식민지들은 그리스 문명 발전의 발판이 되었다. 아카이아 왕국의 제국주의적 성격은 군사적인 면보다 상업적인 면에 잘 드러난다. 사절단과 교역 물을 싣고 당시로는 세계의 끝인 이집트, 히타이트 등을 훨씬 넘어 미지의 땅까지 항해했다. 동서남북으로 이르는 먼 지역까지 그들의 유물이 발견된다.

당시 활발했던 교역을 잘 말해 주는 것이 신화의 모습이다. 특히 영웅 헤라클레스와 이아손의 신화에 나오는 모험, 사랑, 죽음 등이 이루어 내는 이야기는 아카이아인의 방랑과 무역활동을 신화로 꾸민 것이다. 사

+ 헥토르를 공격하는 아킬레스

랑과 폭력으로 점철된 이야기라면 트로이 전쟁을 빼놓을 수 없다. 트로이의 목마로 잘 알려진 이 전쟁은 500년이 지난 뒤 호머가 서사시로 만들어 생생하게 전해 준다. 그런데 이 원정의 의미는 대체 무엇일까? 발굴 결과, 트로이는 육로수송의 요충이었을 뿐만 아니라 여러 나라와 교역을 통해 눈부신 번영을 이루고 있었다. 그래서 그리스 국가들은 연합하여 대대적인 약탈을 자행한 것이다. 이렇게 하여 트로이는 역사의 무대 속에서 사라졌고, 그 문화가 그리스로 전해져 명맥을 이어오게 된다. 이처럼 그리스의 대외 활동이 신화에까지 영향을 미치게 된 것이다.

폴리스 문명의 발전

미케네 왕국이 파괴됨에 따라 그리스는 혼돈과 야만의 상태로 들어간다. 이 시기를 '암흑기'라고 부르는데, 이 파괴의 물결이 어떻게 도래했는지 그 원인을 규명하기는 쉽지 않으며, 단지 몇몇 가설이 제시되고 있을 따름이다. 그러나 그중에서도 대이변의 원인은 무엇보다도 도리아인의 이주에서 찾아야 할 것이다. 도리아인의 남하로 미케네 문명은 완전히 파괴되었고, 그리스인 일부는 에게해에 있는 섬과 소아시아 방면으로 이동했다. 그리스인이 이주한 소아시아 해안지대와 인접한 곳의 섬들을 모두 이오니아라고 부른다. 그곳은 미케네 문명의 유산을 지니고 있었고, 오리엔트 문화와 접촉하기 용이한 곳이어서 폴리스도 소아시아의 서해안 지역에서 먼저 성립했다. 미케네 사회가 붕괴된 후 그리스 본토에는 3~4부족으로 구성된 소왕국이 여기저기 나타났으며, 현실적인 생활 단위는 개별 가족으로 구성된 촌락이었다.

폴리스의 형성은 도리아인의 남하에 따른 혼란과 다른 국가의 위협으로부터 스스로를 지키기 위해 여러 촌락이 지리적으로나 군사적으로 중심이 되는 곳에 모여들어 도시가 형성되고, 그 도시를 중심으로 주변 촌락이 하나의 독립된 주권국가인 폴리스를 형성했다는 '집주설'이 일반적으로 널리 통하고 있다. 대체로 그 시기는 호머 시대가 끝나는 기원전 800년을 전후한 시기로 보고 있다.

폴리스의 중심이 되는 도시는 대체로 해안으로부터 멀지 않은 평지에 위치했으며 도시는 폴리스의 정치·군사 및 종교의 중심이었다. 도시 안에는 그 도시의 수호신을 모신 신전이 건립된 아크로폴리스라는 작은 구릉이 있으며, 아크로폴리스와 인접한 곳에 아고라가 있다. 이곳은 시장인 동시에 정치를 포함한 모든 공공활동의 장소이며 사교의 장이었다. 폴리스 성립 당시 중심시로 모여든 사람은 주로 귀족과 수공업자 내지 상인이었고, 농민은 촌락에 머물었으며, 귀족도 농촌에 그 근거를 그대로 가지고 있었다. 그렇기 때문에 폴리스 성립 이전의 공동체적인 성격이 파괴되는 일이 없이 폴리스 전체가 하나의 시민 공동체를 형성하게 되었다. 그러나 수많은 노예와 여러 대에 걸쳐 거주하고 있는 자유인과 외국인도 완전한 의미에서의 시민은 아니었고, 오직 폴리스를 형성하는데 참여한 부족의 성원 내지 그 후손만이 완전한 시민이었다. 요컨대 폴리스는 종교적·경제적 유대로 결합하고 법에 의해 규제되는 완전한 독립성과 주권을 가진 시민 공동체라고 할 수 있다.

폴리스의 이상과 현실

기원전 6세기 말 그리스에서 민주정의 초기 형태가 보인다. 그러나 클레이스테네스 치하의 아테네에서 탄생한 이 진보적 도약은 그 운명이 순조롭지 못했다. 먼저 페르시아 전쟁을 겪었다. 페르시아의 다리우스 왕은 왜 그리스를 공격했을까? 그리스를 그들 밑에 두기 위해서였다. 하지만 다리우스는 독립에 대한 그리스인의 애착이 얼마나 강한지를 몰랐다. 기원전 490년 페르시아 군이 마라톤에 쳐들어왔다. 하지만 그리스인의 중장보병에게 무릎을 꿇었다. 두 번째는 기원전 480년, 선왕의 유언을 이어받은 크세르크세스가 다시 침입했다. 그리스는 적과 내통하는 자로 인해서 큰 타격을 입기도 하지만 살라미스 해전에서 아테네가 대승을 거둔다. 여기엔 스파르타와 같은 여러 도시국가들의 힘이 무척 컸다.

+ 아테네의 아크로폴리스

이렇게 승리를 얻은 아테네는 머뭇거리던 스파르타를 제치고 먼저 전면에 부상했다. 그리스 도시국가와 에게해의 도시국가가 연방을 만들었다. 이것이 델로스 동맹이다. 하나의 제국이 된 셈이다. 동맹 시는 일정한 병력과 함선을 제공하거나, 그것이 불가능할 때는 자금을 제공하기로 되어 있었다. 동맹 시를 이룬 이유는 여전히 페르시아의 위협이 남아 있었고 아테네 내부의 사회·경제적인 이유와도 관련이 있었다.

해상동맹의 공납금과 해상무역에서 아테네의 패권은 기원전 5세기 이후의 아테네가 경제 번영을 이루는 데 가장 중요한 동기였다. 이후에 페리클레스의 민주정치 시대가 완성된다(기원전 457년~429년경). 주목할 만한 부분은 민회의 권한이 대폭 강화되었다는 점이다. 500인 회의 권한이 민회에 제출할 의안의 준비와 민회에서의 결정사항을 집행할 정도로 축소되었다. 다음으로 장군 10명의 권한이 확대되어 아레오파구스 회의 권한을 완전히 누른 것이다. 페리클레스가 30년 가까이 아테네를 지도할 수 있었던 핵심은 바로 장군으로서 매년 민회에 거듭 당선되었기 때문이다. 그리고 급료제의 확대와 국고 부담을 조금이라도 줄이기 위해서 부모가 모두 시민권을 가진 자에게만 한정하는 시민권 제한 법을 만들었다. 이는 로마와 아주 대조되는 현상으로서 그리스가 거대한 제국으로 가는 길을 가로막는 원인이 되기도 했다.

아테네가 델로스 동맹을 발판으로 강대한 제국으로 발돋움하자 스파르타와 충돌은 피할 수 없는 상황이었다. 아테네가 코린트 및 메가라를 위협하면서 코린트 지협을 장악하는 동시에 서부 지중해로 진출하려 하자 스파르타와 충돌하게 된다. 이후 28년 동안이나 계속된 펠로폰네소스 전쟁이 시작되었다. 처음에는 아테네가 이길 가능성이 매우 컸었다. 하지만 아테네는 전쟁 말에 가서는 스파르타의 조건을 무조건 받아들이게 되었고, 아테네 제국은 완전히 해체돼 모든 해외재산을 포기했고 많은 섬들이 파괴되었다. 펠로폰네소스 전쟁 이후, 스파르타는 그리스 문명을 이끌어 나갈 유리한 상황에 놓였으나 그 상황을 제대로 활용할 수 있는 능력이 부족했다. 오히려 스파르타는 강압정치를 펴 여러 동맹국의 불만을 사게 된다.

이 무렵 테베가 신흥 강국으로 부상하여 렉트라 전투에서 스파르타를 궁지로 몰았고, 아테네·테베·스파르타 사이의 패권 다툼은 그 누구에게도 결정적인 승리를 주지 않고 개별적인 폴리스의 자유와 독립을 고수하려는 분립주의만 더욱 강하게 만들었다. 이에 따라 폴리스 상호 간의 대립과 분쟁을 격화해 그리스의 정치 정세를 혼란과 무정부 상태로 만들었다. 그 무렵 기원전 4세기 후반에는 신흥 마케도니아가 나타나 이들은 멸망하게 된다.

이 시기의 그리스는 식민세계의 전성기로서 여러 도시국가들이 최고조로 발달한 시기이다. 그리고 문학과 역사 등 여러 아테네인의 창조활동이 활발하게 이루어졌다.

아테네에서는 민주정이 발달했다. 기원전 6세기 초 아테네 시민은 솔론의 통치 이후 자신의 권력을 부단히 확대해 갔다. 이후 클레이스테네스가 제도를 완성하고 페리클레스가 효율적으로 운영하면서 민주정을 완성해 나갔다.

반면 스파르타 시민은 3계층으로 분리된다. 호모이오이라는 평민은 국가에서 토지를 할당받았고, 도리아인의 침공 이전에 그 지역에 살던 토착민의 후손인 헤일로타이(국가노예)는 평민의 토지를 경작했다. 그들은 수적으로 무시할 수 없는 집단이었고 위험한 계층으로 경계의 대상이었다. 세 번째 계층은 이방인 거주자이다. 명목상 자유민인 이들은 시민권을 획득할 수 없었다. 그리고 스파르타의 왕정과 귀족정치의 유제를 민주정치라고 할 수 있다. 성년남자 전원이 분배지를 가진 동등자로서 중장보병의 의무를 지고 있었기 때문에 스파르타를 중장보병 민주정이라고 부르는 이도 있다. 그러나 완전한 시민권을 가진 시민은 전 주민의 1/20에 불과했다. 그 이유로 언제나 헤일로타이의 반란을 경계하지 않으면 안 되었다. 그런 상황으로 스파르타는 쇄국주의와 군국주의의 길을 걷고 시민의 생활을 전시체제나 다름없이 조직하는 수밖에 없었다. 스파르타의 시민은 태어났을 때 심사를 거쳐 불구이거나 허약한 경우에는 남자뿐만 아니라 여자들도 버림을 받았다. 그런 스파르타 시민에게는 개인의 사생활이라는 것은 존재하지 않았고, 오직 훌륭한 전사가 되는 것만이 인생의 목적으로 주어져 있었다.

아테네와 스파르타

폴리스는 그 정치적·경제적 체제에서 '아티카형'과 '라코니아형'으로 나뉜다. 아티카형 폴리스는 대체로 이오니아인들이 건설한 국가로서 상공업을 주로 영위하며 민주적 개방사회로 발전했다. 이에 반하여 도리아인 계통의 라코니아형 폴리스는 농업에 의존한 보수적·과두제적 왕정에 머물러 있었다. 그리하여 아티카형 폴리스는 아테네에서, 라코니아형 폴리스는 스파르타에서 각각 가장 대표적인 사회체제의 발전과정을 보여 준다.

아테네인은 스파르타와는 판이한 조건에서 그들의 역사를 시작했다. 아테네가 자리 잡았던 아티카에는 군사적인 침략도 없었고 적대 세력 간의 내분도 없었다. 그러므로 피정복민을 억압할 군사적 지배계급이 존재하지 않았다. 더욱이 아티카의 자연조건은 비옥한 농업자원과 더불어 풍부한 지하자원 및 훌륭한 항구를 갖추고 있었다. 그 결과 아테네는 농업국가로 남지 않고 활발한 상업과 도시 문화를 급속히 발전시켰다.

기원전 8세기 중엽까지 아테네는 그리스의 다른 국가들과 마찬가지로 왕정을 유지하고 있었다. 다음 세기인 기원전 7세기 동안에 귀족회의인 아레오파고스 언덕의 회의가 점차 왕의 권력을 박탈했다. 이러한 귀족 과두 체제로의 이행은 부가 집중하게 된 원인이자 부가 집중한 결과였다. 이 무렵 포도와 올리브는 재배를 시작한 후 수익을 얻기까지 상당한 시간이 필요했기 때문에 풍부한 재력을 지닌 농민만이 그 사업에서 살아남을 수 있었다. 가난하고 재력이 충분치 못한 농민들은 당장 빚에 몰리게 되었는데, 당시에는 곡물이 터무니없이 비싼 값으로 수입되어 그 피해는 더욱 컸다. 소농들은 별수 없이 토지를 저당 잡힐 수밖에 없었고, 나중에는 가족과 그 자신마저도 저당 잡히게 되었다.

아테네에서 귀족정치의 중심은 아르콘과 아레오파고스 회의였다. 아르콘은 초기에 처음 군사·종교·민사의 3명이었으나, 후에 9명으로 증가하고, 임기도 종신이던 것이 1년이 되고, 그 대신 임기가 끝나면 자동적으로 아레오파고스 회의의 의원이 되었다. 일반시민으로 구성되는 민회가 있고, 아르콘도 여기서 선출되었으나 실질적인 권한은 없었다.

기원전 594년에 아르콘으로 선출된 솔론은 아테네가 당면한 위기를 극복하기 위한 개혁을 단행했다. '세이사크테이아(채무탕감법)'에 의해 부채를 말소하고, 부채로 인하여 노예가 된 자유민을 해방했다. 또 시민을 재산소유에 따라 대지주계층, 기사 계층, 농민과 상공업자, 무산자계층의 4계급으로 구분하고, 정치참여의 비중을 각기 다르게 규정하는 금권정치를 실시했다. 즉, 아르콘이나 아레오파고스 회의의 의원은 여전히 상위 두 계층에 한정했으나, 최하층에게도 민회에 참석할 권리를 주었다. 그리고 각 부족으로부터 100명씩을 골라 400인회를 만들어 민회에 제출할 안건을 심의하는 상임위원회 역할을 하게 했다. 이러한 솔론의 개혁은 종래의 귀족지배를 존속시키면서, 하층시민에게도 불완전하나마 정치에 참여할 길을 열어 준 것이다. 그렇기 때문에 그는 '중재자'라고도 불린다. 그러나 솔론의 개혁은 귀족이나 평민, 그 어느 편도 만족시키지 못했고 시간이 가면서 귀족과 평민 사이에 대립과 분쟁이 재발했다. 이러한 내부 문제를 안은 채 아테네는 인접한 메가라와 싸워 살라미스 섬을 획득했다. 이 전쟁은 아테네로서는 최초의 대외전쟁으로 최하층을 포함한 시민 전체가 참전했다는 사실에 큰 의미가 있다.

한편 이 전쟁의 지휘관이었던 페이시스트라토스는 기원전 561년에 빈농층을 포함한 평민의 지지를 바탕으로 권력을 장악하여 참주가 되었다. 참주가 된 페이시스트라토스는 반대하는 귀족을 추방하고, 그 토지를 빈농에게 분배하는 한편, 상공업을 장려하고 은광을 개발하여 시민의 세금 부담을 감소시켰다. 그의 이러한 정책은 매우 과감한 것으로서 귀족세력을 크게 약화시켰다. 그러나 그를 계승한 아들 히피아스가 민심을 잃고 아테네로부터 추방됨으로써(기원전 511), 약 반세기에 걸친 참주정치는 막을 내렸다.

참주정치란 사회경제적 변화와 전술의 변화로 귀족지배가 동요하고, 귀족과 평민의 대립과 분쟁이 격화된 상황을 이용하여 비합법적으로 정권을 장악하여 독재적으로 정치를 행한 것을 말하며, 결국 귀족정치로부터 민주정치로 넘어가는 과도기에 나타난 정치현상이었다. 참주정치가 무너지자, 이를 타도하는 데 협력했던 귀족과 평민 사이에 다시 대립과 분쟁이 발생했다. 이 분쟁에서 추방된 귀족의 한 사람인 클레이스테네스는 아테네로 귀환하여 평민의 지지를 획득하고, 그 반대급부로 민중에게 권력을 주는 개혁에 나섰다.

클레이스테네스의 개혁 목표는 종전의 혈연적·지연적 유대나 경제적 이해관계를 배제하고, 아테네의 전 시민에게 평등한 참정권을 부여하는 것이었다. 이를 위해 먼저 새로운 행정구획을 마련했다. 중심시를 포함하여 아티카 지방에 산재하는 촌락을 단위로 기본적인 행정구역인 150개 정도의 데메스를 만들고, 노예와 외국인을 제외한 모든 자유 신분의 주민을 등록하게 하여 등록한 주민에게는 핏줄이나 재산 또는 직업에 관계없이 동등한 참정권을 부여했다. 클레이스테네스가 민회에서 연설한 것처럼 이제 아테네에서는 "혈연을 묻지 말자!"가 된 것이다.

또 그는 거의 혁명적이라고 할 행정구역 개혁을 바탕으로 솔론의 400인회 대신 500인회라는 새로운 행정기관을 설치했다. 각 데메스가 주민 수의 비례에 따라 후보자 명부를 작성하고, 그 후보자들로부터 추첨을 통해 각 부족에서 50명씩, 총 10부족에서 500인을 선출했다. 각 데메스는 상당히 광범한 자치권이 부여되어 있었지만, 폴리스 전체에 관련된 또는 지역적인 사항이라도 중요한 것은 500인회에서 처리했다. 따라서 500인회는 이제 실질적인 통치기관으로서 아테네의 재정, 전쟁, 외교 등을 관장했다.

20세 이상의 시민권을 가진 모든 성년남자들로 구성되는 민회는 500인회의 제안을 토의하여 채택 여부를 결정했고 사법권은 500인회와 동일한 선출방식으로 구성되는 6,000명의 시민 배심원 중, 각 사건의 경중에 따라 101, 201 또는 501명 등으로 시민법정이 구성되어 그곳에서 유무죄 및 형량이 결정되었다. 시민 군대는 민회에서 선출된 10명의 장군들이 교대로 지휘했다. 귀족정치의 유제인 9명의 아르콘과 아레오파고스 회의가 그대로 존속했다. 아르콘은 보수가 없었기 때문에 여전히 부유한 상위 두 계층에서 선출되었으나, 그 권한은 점차 축소되었다.

클레이스테네스의 국가제도는 기원전 502년에 발효되기 시작했고 이로써 아테네는 제도적으로 민주정치로 발전하게 되었다. 도편추방 제도는 클레이스테네스가 도입한 것으로 참주가 될 위험이 있는 인물의 이름을 도편에 적게 하여 의결 정족수 6,000명이 되면 그중 최다 득표자를 10년간 추방하는 제도로서, 참주정치를 막기 위한 것이었다. 물론 당파나 부의 불균등으로 인한 아테네 사회의 갈등과 내분이 사라진 것은 아니지만, 그 강도는 훨씬 약화되었다. 이제 모든 시민은 정부를 자기와는 무관한 지배기구로 보지 않고 자기 자신이 그 일원으로 직접 참여하는 시민 공동체와 동일한 통치기구로 간주했다. 그럼으로써 아테네시민 사이에는 다른 폴리스에서 볼 수 없는 강한 자부심과 애국심이 싹트고 자라나게 되었다.

한편 스파르타는 아테네와 여러 면에서 다른 폴리스였다. 스파르타는 펠로폰네소스 반도 남부를 수직으로 내려 흐르는 유로타스 강과 그 주변 라코니아 평야에 자리한 폴리스였다. 산지가 많은 그리스 내의 다른 지역과는 달리 비옥한 평야를 끼고 있는 곳이다. 북동쪽과 서쪽이 산악으로 막혀 있고 천연 항구가 없었으므로 외부와 직접 접촉할 기회가 거의 없는 폐쇄적 사회체제를 형성했다. 따라서 기원전 4세기 말까지 다른 폴리스와는 달리 성벽을 쌓지 않았다.

종족 면에서 스파르타는 도리아인이고, 아테네는 이오니아인이다. 아테네인들은 예부터 그 땅에 살아왔다는 의미로 '토박이'로 자처했으나 도리아인들은 북방에서 이주해 온 종족으로 알려져 있다. 또 이오니아인은 그리스 본토의 중·동부에서 에게해 중부, 소아시아 중부 지역을 잇는 범위 내에서 주로 산재했다. 반면에 도리아인들은 그리스의 중부, 그리고 주로 펠로폰네소스 반도에서 에게해 남단을 통과하여 이어진다. 이들이 어디서 펠로폰네소스 반도로 들어왔는지는 확실치 않다. 크레타 섬을 거쳐 펠로폰네소스로 들어왔다는 이론은 불확실하다. 원래 중부 그리스에 거주했다거나 북쪽에서 펠로폰네소스로 들어왔다는 설도 있는데 분명하지는 않다. 분명한 것은 펠로폰네소스 반도 북쪽에서 남부의 유로타스 강으로 내려왔다는 것이다. 이들이 그리스 본토 북부에서 남하하여 펠로폰네소스를 거쳐 에게해 남부로 퍼졌다는 것이 지금은 통설이다.

사회구조 면에서 스파르타는 순수한 도리아인으로 구성된 도시국가였으나 일반적인 그리스의 정치적 발전과정에서는 뚜렷하게 예외였다. 아테네에서와 같은 민주제 대신에 스파르타는 현대의 소수자 독재와 흡사한 정치체제를 갖추게 되었다. 스파르타의 사회체제는 개성의 자유로운 발휘를 억압하는 경향이 있었으며 자유를 위한 대중의 투쟁을 도울 수 있는 중산계층이 대두되지 않았다.

스파르타의 문화 침체에 대한 가장 중요한 이유는 군국주의에 있었으며 그 기원은 건국과정에 있었다. 라코니아 지방에 무력으로 침입한 이래 소수민족으로서 오랜 세기 동안 토착민족을 지배해야 했으며, 라코니아 지방을 완전히 정복한 후에도 군국주의적 지배수법은 확고히 자리 잡았다. 그 결과 다른 도시국가들이 인구문제를 식민운동으로 해결했던 반면에, 스파르타는 무력으로 정복할 수밖에 없었다. 예를 들면, 타이게토스산맥 서쪽에 있는 비옥한 메세니아는 이러한 스파르타의 좋은 정복 상대였다. 기원전 8세기 초 메세니아 정복에 성공하여 그 땅은 병합되었다. 약 반세기 후에 메세니아인들은 독립전쟁을 일으켰으나 실패로 돌아갔으며, 그 결과 메세니아인들의 토지는 몰수당하고 지도자들은 사형 또는 추방되었으며, 많은 사람들이 노예로 전락하고 말았다. 스파르타인들은 지배하에 있는 민족이 반란을 일으키지 않을까 두려워했으며, 또한 위험사상이 들어올 가능성이 있는 외부와의 접촉을 금했다. 스파르타는 보수성·폐쇄성·군국주의를 고수하려고 했다.

스파르타의 군국주의는 전설적인 지도자 리쿠르고스로부터 유래했다. 그 특색은 2명의 왕을 시종일관 유지하는 형식 아래, 5부족에 기반을 둔 귀족 과두정의 형태였다는 사실이다. 임기 1년인 5명의 '에포르'가 왕권을 제한하면서, 30명으로 구성된 장로회의인 '게루시아'가 스파르타 정치의 중심이었다. 장로회의는 60세 이상 귀족들로 구성되었으며, 행정의 감독 및 민회에 제출될 법령의 기초 수립 등을 담당하고 형사소송에 관한 최고재판소의 역할도 했다. 정부의 제3의 기관은 민회인 '아펠라'였다. 왕이 소집하는 민회는 장로회의의 제안을 인준 혹은 거부하여, 왕을 제외한 모든 관리를 선출했다. 전쟁과 평화, 동맹과 조약에 관한 최종 결정은 민회에서 표결에 부쳐졌다. 그러나 민회 자체가 보편적인 대의집단이 아니었다는 점은 주목되어야 한다. 스파르타 시민의 전체가 아니라 시민 가운데서 중무장보병으로 복무할 만한 재력이 있는 30세 이상의 남자 시민만이 민회의 회원 자격이 있을 뿐이었다. 사실 스파르타의 최고권은 5명의 에포르들에게 있었다. 그들은 장로회의와 민회의 사회를 보았으며, 교육의 관장, 재산의 분배, 시민생활의 검열, 모든 입법에 대한 거부권 등의 권한을 갖고 있었다. 그들은 또한 신생아의 양육여부를 결정하고 장로회의 재판에서 검찰 역할을 하며 신탁이 흉조를 가리킬 때에는 왕까지도 폐위할 수 있었다. 그들의 권한은 점차로 확대되었다. 귀족 과두제의 핵심이 된 에포르는 민회에서 1년 임기로 선출되었지만 제한 없는 연임이 가능했으며, 그들의 감독·통제를 받지 않는 기관이 없을 정도로 막강한 권한을 갖고 있었다.

스파르타의 토지는 '추첨에 의한 할당지(클레로스)'로 시민에게 분배되었다. 아리스토텔레스에 따르면 스파르타에서는 땅을 파는 것이 부끄러운 일이며, 더구나 추첨으로 할당된 땅은 팔 수 없었다고 한다. 플라톤과 소크라테스 등은 이것을 재산의 균분으로 해석한다. 그런데 이런 제도가 언제 어떻게 생겼는지는 알기 어렵다. 플라톤은 도리아인이 펠로폰네소스 반도로 들어오던 시기의 것으로, 에포로스는 리쿠르고스에 의한 것으로 전한다. 추첨할당지는 '국가의 땅'으로 스파르타 시민의 공동재산이었다. 맏아들은 아버지의 추첨할당지를 관습적으로 물려받는다. 그 외의 자식들은 빈 추첨지가 있으면 받을 수 있었을 것이다. 크레타의 고르틴에서는 여러 형제들이 추첨지를 공동으로 경영했는데, 스파르타에서도 그랬을 가능성이 없지 않다. 자식과 아내를 공유하기도 했으며 토지도 함께 경작했을 것이라는 추측도 있다.

스파르타인들은 일생을 거의 군대생활로 보냈으며, 개인의 취미가 희생될 수밖에 없는 강제 속에서 지냈다. 국가 감독하에 신체를 강인하게 단련하며 정신적으로는 금욕적 인내를 견디면서 공동숙식을 했다. 스파르타인의 교육은 거의 전적으로 군사훈련으로 제한되었다. 출생 후 신체검사를 받아 허약한 아이는 내다 버렸으며 어린이의 양육은 7세부터 국가에서 집단적으로 맡게 되었다. 연령에 따라 대열을 편성하고 성장과 함께 훈련은 더욱더 가혹해졌고 운동·체조·수렵을 비롯한 신체단련과 단식의 연습도 했다. 30세가 넘으면 약간의 특권이 부여되지만 20세부터 60세까지의 군복무 연한 동안 각자 자기의 식량을 가져와 15명으로 팀을 이루어 공동으로 식사했다. 결혼은 강제적이었으며, 남편은 병영을 빠져나올 수단을 강구하지 않으면 안 되었다. 플루타르코스의 '리쿠르고스 전기'에 의하면 남편은 부인의 얼굴을 낮에 보기도 전에 어린아이를 갖게 되는 수가 가끔 있었다는 것이다. 결혼생활에서 질투는 금물이었고, 오직 건강한 아이를 낳는 것만이 중요했으므로 엄격한 일부일처제는 부차적인 문제였다. 어린아이는 부모의 것이 아니라 국가의 것이었다. 스파르타의 모든 시민은 20살이 되면 현역 군인으로 편성되었다. 하지만 이들이 받은 군사훈련은 아직도 완벽한 것이 아니라고 간주되었다. 스파르타 시민에 대한 군사 교육은 이들이 중년의 나이가 될 때까지 계속되었다. 20세부터 30세까지의 젊은 전사들은 이미 결혼을 한 사람들도 계속해서 '군용 천막의 전우들'과 함께 단체 생활을 했으며 공동으로 식사를 했다. 이들은 아고라에 접근하는 것이 엄격하게 금지되었으며 또한 정치권을 행사할 수 없었다. 30살이 넘어서야 비로소 진정한 가정생활을 시작할 수 있었으나 이마저도 공동 식사 관습에 의해 자주 방해를 받았다. 스파르타 시민은 60세가 되면 마침내 병역 의무에서 벗어나서 장로회에 참여할 수 있었으나 여전히 체육관에서 아이들의 체력 단련을 지도하거나 에이렌이 전투 훈련하는 것을 감독하며 많은 시간을 보냈다. 스파르타인들은 한평생을 전쟁에 바쳤다고 해도 과언이 아니다.

스파르타에는 기병대가 거의 없었고 자국의 보병들을 전적으로 신임했다. 이들은 후퇴하느니 차라리 전장에서 죽겠다고 결심하고 전투에 나갔다. 주둔지에서의 훈련은 매우 힘들었으며 아무리 조그만 실수를 저질러도 몽둥이로 맞았다. 중대한 과오를 범한 경우에는 사형에 처해지거나 군적을 박탈당했고, 시민권을 상실했다. 군사 부문에서 스파르타의 유일한 약점은 바로 병력의 부족이었다. 보병은 전투력이 매우 높았지만 그 수가 점점 줄어들었다. 그러나 스파르타 보병은 수적 열세에도 불구하고 완벽한 훈련, 뿌리 깊은 명예심과 규율 덕분에 기원전 371년 레욱트라 전투에서 에파미논다스가 이끄는 테베 군대에게 패배하기 전까지는 전장에서 확고부동한 승리자의 위치를 차지했다.

스파르타의 시민에게는 생산업에 종사하는 것이 금지되었고, 공동식사나 가족부양 등 각종 지출은 헤일토타이의 공납으로 충당되었고, 무기나 농기구를 비롯하여 일상용품 등은 페리오이코이가 생산한다. 상업도 페리오이코이의 전담이었으며, 화폐는 사용하기 불편한 철제였다. 외국과의 무역은 가능한 한 억제되어 자급자족을 원칙으로 삼았고 외국인의 왕래는 감시를 받았다. 이러한 폐쇄적인 쇄국주의 경향은 외부의 새로운 사상이 전해지고, 이로 인하여 서로운 욕구가 발생할 것을 두려워했기 때문이다. 이러한 생활체제에서 학문이나 예술은 발전할 수 없었다. 스파르타는 오직 잘 훈련된 용감한 전사와 그리스에서 가장 강대한 군대를 가졌을 뿐이다. 사실 스파르타는 그 강력한 군대의 힘으로 펠로폰네소스 반도 대부분의 폴리스를 망라한 펠로론네소스 동맹을 결성하고 패자로 군림했으나, 그리스 문화에는 직접적으로 아무런 공헌도 하지 못했다.

스파르타는 기원전 6세기 중엽 이후 그리스 각지의 참주정치 타도를 위해 군대를 보낸다. 기원전 545년 무렵 라코니아의 동부 해안지대와 키티라 섬을 아르고스로부터 빼앗고 기원전 494년 무렵 세페이아 싸움에서 아르고스 군을 괴멸했다. 이어 아테네의 참주 히피아스를 내쫓은 후 세 차례나 아테네에 대한 간섭을 시도하며, 기원전 5세기 초 페르시아 전쟁에서는 헬라스연합군의 총지휘권을 장악하고 아테네 등과 함께 페르시아 군과 싸웠다.

기원전 464년 메세니아인은 스파르타가 큰 지진의 참화를 당한 것을 계기로 반란을 일으키는데 이 반란은 그 후 여러 해 동안 계속되다 진압되었다. 그러나 이 과정에서 페르시아 전쟁 때부터 싹트고 있던 스파르타와 아테네의 대립관계는 한층 격화되었으며, 타나그라 전투에서 양쪽 군대가 충돌하게 된다. 전면전쟁으로까지는 발전하지 않았으나 코린트의 식민지인 코르키라가 아테네와의 동맹을 원하면서 두 나라는 새로운 국면을 맞이하게 되는데, 이것은 코리키라 방면의 해상권을 아테네가 장악한다는 것을 뜻했다. 마침내 28년간 계속된 펠로폰네소스 전쟁(기원전 431~404)이 일어나게 된 것이다. 스파르타는 기원전 404년 승리를 거두고 그리스의 패권을 장악했지만 그 억압적인 행동은 여러 폴리스의 반감을 초래했고, 또한 펠로폰네소스 전쟁 말기에 맺은 페르시아와의 동맹관계도 깨져 다시 기원전 4세기 초 코린트 전쟁이 일어났다. 스파르타는 페르시아와 '대왕의 화약'을 맺고 이 위기를 극복했지만 레욱트라 전투에서 테베에게 패하여 그리스의 패권을 잃었으며, 이듬해 메세니아가 독립을 되찾게 되자 영토가 절반으로 줄어들게 되었다. 또한 펠로폰네소스 전쟁 뒤 리쿠르고스제도가 무너지고 기원전 4세기에 시민단의 해체, 토지소유의 집중, 스파르타인의 감소가 급속히 진행되었다. 기원전 362년 만티네이아 전투에서 다시 테베에게 패배한다. 결국 스파르타는 기원전 146년 이후에는 로마의 지배를 받게 된다.

폴리스 문명의 역사적 의의

그리스는 오리엔트와는 전혀 다른 독창적인 문화를 발전시켜 오늘날의 유럽 문화의 원천이 되었다. 이 문명은 오리엔트의 영향을 받았으나 오리엔트 문화와는 성격을 달리 했다는 데 큰 특색이 있다. 특히 후기 미케네 문명은 그리스의 첫 모태가 되었다.

그리스는 이 시기 오리엔트 제국들의 분열을 틈타, 그들 생활의 독자적인 기반인 폴리스를 형성하고 독창적인 문화 발전의 기초를 닦았다. 그리고 여기저기에 식민시를 건설함으로써 지중해 일대가 하나의 역사적 기반으로 형성될 기회를 만들었다. 더욱이 이 힘을 바탕으로 동방에서 침략한 오리엔트 통일 제국 페르시아와 자웅을 겨뤄 승리하게 된다. 이제는 더 이상 그들을 막을 적이 없었다. 하지만 달도 차면 기우는 법, 아테네의 민주정치는 민중지배의 어리석음을 단적으로 보여 주는 폐단을 보여, 페리클레스가 사망한 후에 그가 생각한 것이 현실과 얼마나 멀었던가를 보여 주게 된다.

오히려 이 시기 마케도니아에 의해 이들은 멸망하지만 헬레니즘 문화로 맥이 이어졌다. 이로써 그리스 문화는 인류 역사에 최초로 자신의 민족성을 벗어나, 보편적이고 자연주의적인 인간 중심의 역사상을 정립하는 모습을 보여 준다. 사실 헬레니즘 문화는 기본적으로 그리스적 문화이다. 그리고 마케도니아의 멸망 이후 그리스의 문화는 로마로 이어지며, 다시 이것은 르네상스로 나타난다. 그들의 철학·역사·과학·문학·미술은 유럽문명뿐만 아니라 지금의 모든 세계에까지 남아서 꽃을 피우고 있다.

Chapter 03

페르시아, 마케도니아 그리고 하나의 세계로 가는 길

페르시아 제국

근동에서 이란 지역의 전사

인류 문명에서 가장 시원적이라고 할 두 가지 문명은 고대 메소포타미아 문명과 이집트 문명이다. 그런데 메소포타미아에서 가까운 곳에 놀랍게도 아주 오래전부터 문명의 수준으로 발전한 곳이 있었다. 이곳은 바로 이란 평원지대이다. 오늘날 이란은 정식 국호로 쓰이며 그들의 민족적 기원을 그곳에서 출원한 고대 문명에 두고 있다. 광대한 영토로 인해 이란 지역에는 여러 종류의 부족들이 있었는데 우리에게 문명으로 잘 알려진 곳은 바로 메소포타미아에 아주 근접해 있던 엘람인들과 페르시아인들의 지역이었다.

엘람인들은 기원전 약 2000년 경 우르 3왕조(2112~2004)의 패망에 원인이 되었다고 알려져 있다. 이미 그 이전에 문명을 형성해서 메소포타미아와 경계를 한 곳에 거하고 있었던 것이다. 이는 성경에서도 흔히 보이는 이름인데 묵시를 담은 예언서들에서 엘람에 대해 경고하는 것을 보면 오늘날의 팔레스타인 반도에 거하던 유대인들에게도 군사적 위협이 되거나 또한 종교적인 면에서도 이질적인 면을 지닌 대상으로 간주된 것으로 보인다. 특히 엘람이 지니는 중요성은 메소포타미아 세계가 제국이라는 단위에 통합되어 버린 기원전 9세기 이후로 부각이 된다. 당시 세계사 최초의 제국이었던 아시리아는 제국 남부 지역에서 엘람 때문에 끊임없이 곤란을 겪었다. 대체로 근동의 국가들 중에서 군사력이 강했던 엘람은 인접국인 바빌로니아를 선동해서 곧잘 공동의 반 아시리아 연맹을 형성함으로써 힘을 덜 들이고 남부 지역을 패권 아래에 두고자 했던 아시리아를 괴롭히게 된 것이었다. 이로써 아시리아는 산헤립의 시대에 경고적인 성격의 원정을(기원전 694~691), 이후 아수르바니팔의 치세에(기원전 648~645) 전 국토를 초토화했다는 대규모 보복원정을 하게 되었다. 당시 엘람을 무참하게 쇠약하게 만든 탓에 이후에 외부로부터의 침공에 대해 아시리아 제국을 1차적으로 보호해 줄 방어벽이 무력화되었다는 "완충국이론"이 제기되기도 했다.

이 엘람의 전통을 물려받은 세력이 바로 이란 남서 지역의 아주 더운 곳에 위치한 파르스(페르시스) 지역의 거민들이었다. 이들의 이름을 따서 후대에 "페르시아" 제국이라는 말이 나오게 되었다. 오늘날 페르세폴리스에서 웅대하고 정교한 건축술을 보여 주고 있는 유적으로 유명한데 이러한 뛰어난 고등 문명이 발원한 것은 바로 대대로 문명의 계보를 이어 온 이란 지역 거주민들의 우수한 기술적 능력에 기인한 것이었다.

키루스의 등장과 아카이메네스 제국으로 가는 길

엘람 왕국의 힘은 이미 언급한 대로 아수르바니팔의 원정에 의해 현격히 약화되었다. 그런데 기원전 7세기 중엽 이후 고대 근동의 정치적 지형은 아시리아 제국의 쇠퇴에 의해 주된 영향을 받았다. 동시에 아시리아에 맞서던 세력들이 흥기하게 되었는데 이란 고원의 중북부에 위치한 메디아 부족국가와 전통적으로 아시리아에 대해 순순히 순종적이지 않았던 바빌로니아였다. 이 두 세력은 결탁하여 당시 내분으로 혼란에 처해 있던 아시리아 제극을 타도하고 대략 기원전 605년경 새로운 제국을 건설했다. 이른바 신바빌로니아 제국(Neo Babylonian Empire: 기원전 605~539)이 출범한 것이었다. 그들은 태생이 바빌로니아의 최남단인 갯펄지대에서 전통적으로 호족으로 성장한 칼데아계 부족민들이었다.

이들은 대체로 과거 아시리아의 전성기보다는 좀 축소된 지역을 제국으로 통치했고 특히 성경을 통해 우리에게 잘 알려진 네부카드네자르 2세(Nebukadnezzar: 604~562, 일명 성경식 표기는 느부갓네살)의 통치기에 막대한 제국의 위세를 과시했다. 그는 팔레스타인 지역에 대한 대대적인 원정으로 찬란한 전통을 지닌 유대인들의 성전인 예루살렘 신전을 약탈하고 그곳의 기물과 금을 훔쳐갔다고 알려져 있다. 특히 다니엘서를 통해 알려진 대로 유대인들 중 어린 소년들을 포로로 잡아가서 바빌로니아식으로 교육하기도 했다. 신바빌로니아도 제국을 영위하기 위해서는 과거 아시리아가 행하던 방식을 도입해야 했던 것 같다. 이른바 "대규모 유민정책"(Mass Deportation)으로 알려진 제국 유지의 방법을 썼다. 즉 정복지에서 아주 많은 인구를 한꺼번에 집단적으로 장거리 이동시켜 새로운 지역에 식민하는 방식의 통치방법이었다. 성경에 나오는 다니엘도 이런 배경에 의해 끌려간 이민족 포로 출신으로 바빌로니아에서는 정치적으로 출세를 했던 것으로 알려진다.

하지만 신바빌로니아 제국은 역사에 오래 존속하지 못했다. 아시리아의 선례에서 보이듯이 민족적 성분이 아주 복잡하고 이해관계가 판이한 수많은 족속들을 한 제국 안에 원활히 수용하고 평화를 유지하기란 구조적으로 아주 어려운 일이었던 것이다. 신바빌로니아의 제국통치는 곧 한계를 드러냈으며 제국의 주변부에서 차근차근 정치적 영향력을 강화해 가던 다른 부족이 등장했다. 키루스라는 페르시아 출신의 유능한 지도자는 당시 이란 일대에서 막강한 힘을 지니던 메디아인들의 왕국을 격파하고 이어서 신바빌로니아마저 복속함으로써 새로운 왕조를 개창했다.

당시 이란 지역의 가장 유력한 세력은 메디아 부족이었다. 키루스는 그 부족의 지배자인 아스티아게스(Astyages)와의 분쟁을 통해 그 나라의 수도 엑바타나라는 고대의 중요한 교역중심지를 차지함으로써 메디아 전체를 결국 손에 넣게 되었다. 이후 여세를 몰아 소아시아 해안에서 막강한 정치적 영향력을 행사했던 리디아마저 복속하고 바빌로니아 제국의 왕인 나보니두스(Nabonidus: 기원전 555~539)마저 제압하게 되었다. 이로써 그는 근동 일대의 광대한 제국을 개창하게 되었으니 이것이 바로 역사에 아카에메네스(Achaemenes) 왕조로 알려진 새로운 제국이었다. 이때가 기원전 539년으로 고대 근동에서는 아시리아, 신바빌로니아를 잇는 새로운 민족에 의한 제국이 탄생케 되었다. 우리는 일상적으로 그 명칭을 페르시아 제국이라고 규정한다.

키루스라는 범상치 않은 인물에 대한 역사적 기록은 비단 그들의 사료에서만 나오는 것이 아니고 인접한 한 민족인 히브리인들의 기록에서도 찾아볼 수 있다. 구약성경의 여러 곳에 기원전 6세기의 정치적 정황이 단편적으로 언급이 되어 있는데 당시 히브리인들은[1] 신바빌로니아 제국의 위압에 의해 인구의 상당수가 포로로 잡혀가 있었다. 즉 본국에는 노약자를 비롯 생산과 전쟁 등에 별로 드움이 안 되는 일부만이 남겨져 포로로 끌려간 자들이 다시 돌아오기를, 그럼으로써 폐허가 된 나라가 재건되기를 고대했던 것이다. 네부카드네자르라는 신바빌로니아 왕에 의해 끌려간 이후 키루스가 등장해서 칙령으로 포로로 끌려간 모든 히브리

1 이해를 돕기 위해 본문에서 여러 가지 표현으로 지칭이 되는 민족인 히브리에 대해 정리하면 이러하다. 보통 세 가지 정도로 동일한 개념을 표현할 수 있는 용어가 있다. 히브리인, 유대인, 이스라엘인. 첫 번째 표현은 "떠돌아다닌다"는 의미의 동사 이브리(ibri)에서 나온 명사적 표현이다. 일명 떠돌이들이라는 말인데 히브리인들이 아닌 다른 사람들이 관찰자의 입장에서 팔레스타인 태생으로 떠돌아다니면서 거처를 옮겨다니던 자들을 지칭하면서 나온 말이다. 고대 이집트인들이 주로 쓰던 표현이다. 유대인이라는 것은 오늘날 이스라엘을 크게 두 구분을 하면 북부와 남부로 나뉜다. 예루살렘을 중심으로 하는 남부 지역이 전통적으로 그들의 입장에서는 정통성을 지닌 히브리인이라고 여겨진다. 북부는 사마리아를 포함한 여러 외곽 지역들이 전통적으로 외부의 문물을 받아들이면서 정통적인 생활방식을 벗어나 있었다고 여겨진다. 그래서 티글랏 필레세르 3세에 의해 기원전 7세기 후반에 북부 이스라엘이 멸망한 이후 남게 된 남부 지역은 유대 지역인데 이들이 유대인으로 불리게 되었다. 그리고 이스라엘인이라고 하는 것은 북부 이스라엘이 아니라 오늘날 이곳의 공식국명이 이스라엘인 이유로 고대의 히브리인과 유대인을 총괄하는 개념으로 사용할 수 있는 용어이다. 그런즉 본 원고에서는 이 세 표현이 모두 같은 말임을 알려 둔다.

인들의 귀국 조치를 공인하기까지 대략 50년의 세월이 걸린 것으로 보인다. 이 시간을 유대인들의 "희년"(禧年: Year of Jubilee) 개념에서 보면 그들의 신 여호와가 50년이 지나기 전에 그들의 백성을 다시 회복시킨다는 해석과 맥을 같이 한다. 바로 이 키루스라는 인물이 행한 정치적 행적을 유대인들을 위한 해방의 역사로 이해하는 신학적 해석이 깃들 여지가 이 지점에 있는 것이다. 동시에 이를 정치적으로 해석한다면 새로운 왕조를 개창한 이후 키루스가 민심을 얻고자했던 정략적 동기에 의해 히브리인들에 대해 관대한 조처를 베푼 것으로 볼 수도 있다.

아카이메네스 왕조

기원전 539년에 즉위한 키루스는 530/529년에 중앙아시아 원정에 나가 죽게 되기까지 대략 10년에 걸쳐 새롭게 세운 제국이 튼튼한 기초를 구축할 수 있도록 단계적으로 국가를 견실히 세우는 데에 주력했다. 부족들 간의 연대를 강화했고 메디아가 지닌 관습은 그대로 유지시켰으며 중앙아시아를 주로 중점적으로 공략해서 제국의 세를 넓혀 갔다.

그의 대를 이은 캄비세스(Cambyses: 기원전 530~523)는 앞선 치세에 이뤄 놓은 정치적 업적에 힘입어 본격적인 제국적 팽창에 나섰다. 그는 주로 근동세계에서 지리적으로 먼 변방 이집트를 공략했다. 그 결과 기원전 525년에 이집트를 정복함으로써 이집트는 아시리아 제국의 전성기인 에사르하돈과 아수르바니팔의 치세에 공략을 당한 이후 다시 한 번 또 하나의 이민족 페르시아의 제국체제에 편입이 되고 말았다. 헤로도투스를 포함하여 현존하는 사료들에서 아주 침략적이고도 폭력적인 인물로 묘사된 캄비세스는 미친 사람이라고까지 부정적으로 평가를 받는다. 일설에 의하면 그의 동생 바르디야(Bardiya)를 죽이는 데에 배후가 되었다는 주장이 있고 동시에 이집트의 숭배의 대상인 아피스(Apis)에 대해서도 신성모독적 행위를 했다고 알려져 있다. 캄비세스의 아프리카 지대에 대한 팽창 의지는 매우 강고하여 그는 이집트를 복속한 이후 키레네(Cyrene)와 바르카(Barca)도 장악했으며 심지어 카르타고와 이티오피아에 이르는 곳까지 침략의 계획을 세웠다고 한다. 최근의 고고학적 발굴은 이러한 계획이 적지 않게 추진이 되었음을 짐작케 해 주는데 그는 이집트와 쿠시(Kush) 사이 경계 지역까지 진출한 것으로 판단이 된다. 캄비세스는 광대한 영토를 구축하는 동안 권력 내부 장악에는 성공하지 못했다. 그가 이집트에 나가 있는 동안 내분이 일어났고 이를 진압하러 귀국하는 동안 시리아에서 부상을 당한 후 죽게 되었다. 그의 권력을 이은 자는 사촌 다리우스 1세였다. 다리우스라는 명칭은 페르시아 원어인 "다리아부쉬: Daryabush" −선(善)을 확고히 장악하는 자− 로 알려진 단어의 그리스식 표기이다.

다리우스(기원전 522~486)는 예기치 않은 정치적 격변 속에서 권좌에 오르긴 했어도 과도기적인 상황을 잘 대처해 나갔다. 광대한 제국의 통치권을 신속히 장악했고 제국을 안정되게 만들기 위한 다양한 조치들을 펼쳤다. 행정과 제국의 사회간접시설들을 지속적으로 견고히 다져 나간 것이다. 왕을 중심으로 그의 궁정국가(宮庭國家: Hofstaat, Court State)는 제국 곳곳에서 온 귀족들로 구성이 되었다. 이는 일종의 고대적 모형의 관료주의국가(官僚主義國家: Bureaucratic State)라고 할 것이다. 지도력을 행사한 주된 민족은 메디아인들과 페르시아인들이었다. 이들을 근본적으로 든든하게 뒷받침해 주는 집단은 바로 군사적 엘리트들이었다.

아카이메네스 왕조의 창건자인 키루스와 더불어 대왕이라는 칭호로 일컬어지는 이 다리우스는 그의 치세에서 본격적으로 제국으로 발전하는 변화를 보여 주었다. 그 한 사례로 기원전 518~516년에 걸쳐 왕이 거하는 통치의 중심도읍지를 페르세폴리스에 건설한 것이다. 이후 수 세대에 걸쳐 이곳은 실질적인 페르시아 제국의 중심지가 된다. 알렉산드로스 대왕이 세월이 흘러 기원전 330년대에 침공했을 때에 이 유적을 보고 페르시아 문명의 위대함에 충격을 받게 되었다. 그러한 연유로 페르시아의 민족정기를 정략적으로 말살하기 위한 방책으로 예외적으로 수사(Susa)와 페르세폴리스의 유적을 파괴했다고 여겨지기도 한다. 페르세폴리스 이외에 광대한 페르시아를 조금 더 효율적으로 통치하기 위해 페르시아 왕은 여름에는 전통적인 이란 지역의 교역 중심이자 메디아 전성시절 도읍지였던 엑바타나(오늘날에는 하마단으로 불림)에 여름 궁전을 설치하고 일시적으로 거하기도 했다. 엑바타나는 페르시아 원어 "하그마타나"(수집물의 도시)의 유럽식 표기이다.

다리우스의 왕권은 다소 이념적인 포장이 필요했다. 즉 종교적 논리를 세워서 지배자 통치를 정당화하는 작업을 곁들인 것이다. 우리에게 잘 알려진 이란의 전통 종교인 "조로아스터교"가 태동하게 되는 배경이 여기에 있다. 이란인들의 종교관념에서 최고의 신인 아후라 마즈다(뜻을 풀이하면 "하얀 주인")가 어둠의 신으로 설정된 앙그라 마이니우(Angra Mainyu)와 투쟁을 벌이는 것을 주된 모티브로 삼는다. 이로써 이 종교는 진리가 최고의 가치로 간주되고 거짓이 사악한 것이 됨으로써 강한 윤리적 요소를 내재하게 된다. 그런즉 바로 지배자에게 이러한 우주적 투쟁에서 중요한 기능이 주어지게 되는 것이다. 조로아스터교를 창시했다고 하는 조로아스터의 연대는 추정하기가 어려운데 대략 기원전 1000년 정도로 비정하고 있다.

대외적으로 다리우스가 관심을 가질 만한 곳은 그 이전 두 명의 치자들의 업적에 의해 이제 유럽 지역이 되었다. 키루스는 이란 본토 및 주변의 중앙아시아 지역의 상당 부분을 복속했고, 캄비세스는 이집트와 아프리카 일대를 장악했기에 이제 페르시아 제국이 관심을 가질 곳은 에게해역을 넘어서는 유럽 지역이 되는 것이다. 그런데 대략 기원전 512/511년경에 마케도니아 왕국의 군주 아민타스(Amyntas)가 그의 영토를 페르시아에게 넘겨주는 일이 벌어졌다. 이는 기원전 513년에 다리우스가 벌여 놓은 군사적 작전의 결과라고 여겨진다. 즉 엄청난 전쟁준비를 한 이후 그는 대규모 병력을 지휘하여 발칸으로 쳐들어갔고 기마민족으로 잘 알려진 스키타이인들을 제압하고 다뉴브로 나아갔다. 곧 인근에 거하던 트라키아인들(Thracians)을 복속했다. 그의 원정으로 인해 그는 그리스 북부와 흑해에 이르는 광대한 영토를 차지하게 되었는데, 오늘날의 불가리아, 루마니아, 우크라이나, 러시아 등의 일부 영토를 손에 넣은 것이다. 그러한 막강한 군사적 위세 앞에 마케도니아 왕은 국제관계를 실리적으로 따져 페르시아에게 먼저 무릎을 꿇은 것으로 보인다. 이것은 장차 수백년에 걸쳐 그리스인들에게 부담을 안긴 흑역사의 시작이 되었다. 즉 페르시아가 그리스 세계가 내부적으로 적대관계로 인해 결속이 어려운 것을 외교적으로 이용하게 되는 "이간정책"을 펴는 좋은 빌미를 제공한 것이다. 다리우스의 대대적인 대외정복은 페르시아가 아시리아의 전성기를 압도하는 어마어마한 영토를 가지는 데에 기여했다. 기원전 5세기로 넘어갈 즈음 페르시아는 고대 지중해 세계에서 도저히 대적할 세력이 없을 정도로 막대한 힘을 지니게 되었다. 그 판도가 아시리아의 원래 판도이던 메소포타미아, 레반트, 사이프러스, 이집트를 포함하여 나아가 남부 코카서스 지역, 일부의 북부 코카서스 지역, 아제르바이잔, 우즈베키스탄, 타지키스탄 그리고 위에 언급한 유럽의 여러 영토들을 패권하에 두게 된 것이다. 이제 여세를 몰아 지중해 지역의 미정복 대상인 남부 그리스 세계 즉 아테네와 스파르타를 정복하는 일이 남았을 뿐이다.

최초의 동서 세계의 무력충돌: 페르시아 전쟁

페르시아가 그리스 본토에 대해 직접적인 공격을 하게 된 경위는 다소 엉뚱한 우발적인 사태에 의해 전개된 감이 있다. 소위 이오니아 반란(Ionian Revolt)이라고 불리는 사태가 기원전 499년경에 일어난 이후 동방의 페르시아 제국과 에게해역을 넘어 서쪽에 포진한 그리스 세계는 피할 수 없는 무력충돌로 나아가게 되었다. 아나톨리아 반도의 서해안에서 중부 및 북부가 전통적으로 그리스의 이온인들(Ionians)이 세운 식민지역이었다고 한다. 대체로 이 지역은 그리스적 정체성이 강해서 아테네와 스파르타 역시 이곳과의 긴밀한 외교관계를 맺어 두어야 했다. 기원전 6세기 이래 페르시아의 세력이 전체 근동을 장악하면서 이곳 역시 페르시아의 패권하에 들어가게 되었다. 당시 페르시아 왕 다리우스는 히스티아이우스(Histiaeus)와 아리스타고라스(Aristagoras)라는 두 명의 괴뢰적 참주들을 밀레투스(Miletus)라는 전략적 요충지에 세워두었다. 당시 아이올리스(Aeolis), 도리스(Doris), 사이프러스(Cyprus) 및 카리아(Caria) 등의 지역에서 연합해 일어난 반란을 진압하기 위해 군대를 이끌고 출동한 아리스타고라스는 페르시아의 사트랍(관구장)인 아르타페르네스(Artaphernes)와 연합으로 낙소스(Naxos)를 점령하라는 왕의 명을 수행하던 중 대패를 당하게 되었다. 그는 책임추궁이 두려워 내친 김에 전체 이오니아인들을 선동해서 다리우스의 지배에 맞서는 자유독립운동을 벌이게 된 것이다. 대략 기원전 499~493년에 걸쳐 장기적으로 진행된 이 이오니아 반란에서 페르시아 군대에게 직접적 진압의 위협을 당한 아리스타고라스는 스파르타와 아테네에 각기 도움을 요청하는 사절을 보내게 되었다. 이 원군을 보내느냐 마느냐하는 것에 대한 결정은 쉬이 주어질 사안이 아니었다. 만일 그리스 측에서 군대를 보내 이오니아 반란을 지지하는 대외적인 제스처를 취하면 이는 페르시아 측에게 군사적 보복을 당할 여지를 주는 것

+ 기원전 500년경 페르시아 제국의 판도

이었다. 스파르타와 아테네는 미온적인 태도로 대응했는데 헤로도투스는 스파르타의 왕 클레오메네스(Cleomenes)가 밀레투스의 사신에게 다음과 같이 물어보았다고 전한다. "우리가 만일 군대를 밀레투스에 상륙시키면 그곳으로부터 페르시아 왕이 거하는 도읍지까지는 어느 정도의 거리인가?" 이에 대해 사신은 질문의 속뜻을 간파하지 못하고 사실대로 아주 먼 그 거리에 대해 정보를 주었다. 이에 스파르타의 왕은 그토록 먼 거리에 페르시아 제국의 중심지가 있다면 그 제국은 무지막지하게 큰 대영토를 지녔다라고 답을 하면서 순순히 병력을 보낼 수 없다는 태도를 보였던 것이다. 아테네는 결과적으로 약간의 원군을 보내긴 했는데, 시간을 질질 끌면서 함선 20척을 파견했으나 이미 상황은 종료된 후였다. 밀레투스는 반란을 일으킨 주도적인 지역이었으므로 무참히 진압을 당했고 페르시아 왕은 어찌되었든 결과적으로 아테네가 과감하게 병력을 보냈다는 것을 핑계로 삼아 이에 대해 응분의 보복을 하고자 했다.

즉 군대를 조직해서 오랫동안 호시탐탐 기회를 엿보던 그리스 본토를 향해 이번에는 그리스 세계의 핵심 지역이라고 할 아테네와 스파르타를 정복하려는 야심으로 원정에 나섰다(기원전 492). 그 이동로는 에게해역의 북부에서 바다를 건너 그리스의 북부에서부터 쳐 내려오려는 계획이었던 것으로 보인다. 하지만 바다의 신이 그리스 세계를 도운 것인지 기상적인 여건이 페르시아의 침공을 저해했다. 아토스(Atos)곶까지 나아갔을 때에 큰 풍랑이 일어 페르시아 군대는 더 이상 진격할 수 없었다. 이것이 바로 페르시아 전쟁에서 좌절된 최초의 원정이다.

기원전 490년에 페르시아는 드디어 막대한 병력을 동원해서 그리스 전체를 집어삼키기 위한 원정에 나섰다. 이번에는 침투로를 변경하여 바다를 가로지르면서 최단거리로 아티카에 상륙하기 위한 작전을 펼쳤다. 아나톨리아 서해안의 남쪽에서 군대를 발진해 사모스(Samos) 섬에서 단거리로 아티카로 가려고 했던 것 같다. 도중에 아나톨리아와 이 그리스의 반도 사이에 놓인 키클라데스(Cyclades) 제도를 장악했는데 이 중에서 가장 큰 섬인 낙소스를 전략적 거점으로 삼으려 했던 것으로 보인다. 그곳에 병참을 집중시켜 이어질 아테네가 있는 핵심부에 대한 총진격의 거점으로 삼으려 한 것으로 보인다. 여세를 몰아 페르시아 군대는 아티카 반도에서 아테네의 반대쪽에 위치한 마라톤 평원에 상륙했다. 드디어 이 전쟁에서 본격적인 육상전이 전개된 것이다. 병력상으로 압도적인 열세에 있던 그리스 병력들은 밀티아데스(Miltiades)라는 뛰어난 지휘관의 인도 아래 아테네 및 플라타이아이(Plataeae) 출신의 중장보병의 활약을 앞세워 놀랍게도 적을 섬멸했다. 당시 마라톤에서의 승리의 소식을 전하러 지휘부가 있던 아테네로 한걸음에 달려갔다는 용사가 승전보를 알리고 바로 죽은 것을 기념하여 고대 올림픽에서 이 구간의 거리를 재어서 42 킬로

미터에 달하는 마라톤 종목이 추가된 것은 주지의 사실이다.

마라톤에서의 한차례의 승리가 절대적으로 전세의 변수가 될 수는 없었지만 이후의 상황은 페르시아 쪽에 불리하게 되었다. 아무래도 페르시아 도읍지로부터 너무도 먼 거리에 원정을 나와 있던 다리우스는 본토에서의 상황이 늘 마음에 걸렸다. 그의 부재를 이용한 정적들의 동태가 불안하던 지라 그는 조기에 원정을 단념하고 돌아가 버렸다. 이로써 본격적인 1차 페르시아 전쟁은 페르시아가 원정의 목적인 아테네를 포함한 그리스 도시들을 제대로 점령하지 못하고 중단이 되었다.

말로만 듣던 엄청난 대 제국인 페르시아가 직접 무수한 군을 이끌고 일부의 그리스 본토를 유린한 기원전 490년의 전쟁은 그리스인들에게 심대한 경각심을 불러일으켰다. 곧 후속되는 재침이 있을 것을 그들은 예감했다. 당시 페르시아가 몰고 온 전함들을 보고 그리스인들은 적지 않게 충격을 받았다. 페르시아가 정복 전쟁을 위해 엄청난 크기의 배를 대규모로 동원한 사실에서 그리스인들은 자기들도 늦기 전에 차후의 재침에 대비해서 해군력을 강화해야 함을 체감한 것이었다. 그 결과 아테네를 위시한 그리스 세계의 여러 도시들은 돈을 모아서 함대를 건조했다. 이러한 아이디어를 낸 자가 테미스토클레스(Themistocles)였다. 그리스인들은 광산을 개발하여 그곳에서 나온 자금을 동원해서 3단로의 갤리선을 많이 건조했다. 전간기인 기원전 490년부터 480년 사이에 일어난 그리스 측의 대비는 이후 제2차 페르시아 전쟁(480~478)이 벌어졌을 때에 여러 해전에서 빛을 발하게 되었다. 페르시아에 대한 경각심은 그간 대체로 적대적이던 그리스 도시들 간의 전략적 공조를 이끌어 내었다. 기원전 481년에 코린트의 이스트무스(Istmus)에서 기념할 만한 연맹이 결성되었다. 그리스인들이 자발적으로 장차의 위기에 대비해서 스스로 군에 입대하게 되었으며 그들 간의 적대적 태도는 더 이상 용인되지 않도록 분위기가 조성되었다. 특히 페르시아에 우호적인 입장을 보이는 자는 공식적으로 징벌을 당하도록 법이 만들어졌다. 이러한 노력의 결과로 헬라스 동맹이 탄생했다. 그 핵심에는 펠로폰네소스 반도의 맹주인 스파르타와 아티카 반도의 리더 아테네가 있었다.

페르시아 역시 1차 페르시아 전쟁에서 소기의 목적을 달성하지 못한 것을 유념하여 재침의 기회를 엿보고 있었다. 다리우스가 죽고 그를 이어 즉위한 그의 아들 크세르크세스(Xerxes: 기원전 486~465)는 군대와 물자를 동원하여 그리스인들을 정복하기 위한 전쟁을 일으켰다. 기원전 480년에 그는 좌절된 1차 침공 시와 대체로 유사한 방향으로 침투로를 정해서 그리스 지역을 북쪽에서부터 남하하는 작전을 시도했다. 즉 헬레스폰트 해협을 건너고 트라키아, 마케도니아, 테살리아 등의 본토의 내륙을 거쳐 핵심부인 아테네를 역습하는 식으로 작전을 전개한 것이다. 헤로도투스가 전하는 페르시아의 병력 규모는 마치 고구려를 집어삼키려고 국력이 흔들릴 정도로 막대한 인력과 물자를 동원했다고 하는 수(隋)나라 양제(煬帝: 604~618)의 기억을 떠올릴 정도이다. 보병 170만, 기병 8만, 함선 1200선이라고 할 정도였다. 물론 현대의 학자들이 사료비판적 시각으로 현실가능하게 시뮬레이션해서 추정해도 동원된 병력이 적어도 15만은 넘는다고 한다. 그런즉 현재 대한민국 전체 정규군의 1/4 정도에 해당하는 원정군을 무려 2500년 전에 동원할 수 있었다면 페르시아의 제국의 크기와 규모 그리고 문명의 수준은 가공할 정도라고 하지 않을 수 없다.

재침에 대한 예상은 했지만 엄청난 거리를 우회해서 쳐들어올 것이라고는 짐작하지 못한 그리스인들은 초전에서 속수무책이었다. 트라키아, 마케도니아를 유린하고 파죽지세로 쳐들어오는 페르시아 군에 대항해서 당시 그리스 도시들은 흩어져 있는 군대를 모을 수 있는 시간을 벌어야 했다. 특히 스파르타 지역에서는 종교적인 행사가 있어 바로 병력을 전장으로 투입할 수도 없었다. 그런데 이 급박한 상황 가운데 이제 페르시아 군대는 아테네로부터 거리상으로 197킬로미터 북쪽에 있는 테르모필라이(Thermophylae)의 협곡까지 근접해 있었다. 이 비좁은 지대를 통과하면 형편상 아테네는 사정권에 들어오는 셈이었다. 이는 우리나라가 겪은 현대사의 사건과 유사한 면이 있다. 1950년 남침한 북한군이 초전의 폭풍 같은 기세로 대한민국의 마지막 방어선이던 낙동강 전선에 들어선 시점이 그해 7월 말인데 당시 치열한 전장이었던 칠곡의 다부동에서 대구까지 30킬로미터, 대구에서 부산까지는 대략 120킬로 정도의 거리였으니 대구를 함락하면 부산까지는 불과 며칠 내 점령이 가능한 상황이었다. 그리스로서도 이 페르시아 침공 앞에서 그야말로 풍전등화의 상황이었다.

절체절명의 위기 앞에서 그리스인들은 테르모필라이에서 시간을 벌기 위한 작전을 구상케 되었다. 너무도 많은 적군을 이기기에는 역부족이었으므로 이기기보다는 효과적으로 막아내는 데에 주안점을 둔 것이다. 며칠이라도 더 시간을 벌기 위해서 그들은 가장 믿을 만한 지휘관을 세우기에 이르렀다. 당시 그리스 세계에서는 스파르타의 왕 레오니다스를 신임했다. 이 자는 기원전 540년 경에 태어났다고 간주되는데 그의 부친 아낙산드리다스(Anaxandridas)의 첫 번째 부인이 낳은 둘째 아들이었다. 그에 대해서는 전설에 의하면 태어나기 전에 이미 신탁에서 그리스 민족을 위해 한 위대한 영웅이 살신성인의 업적을 이룩할 것으로 예언되었다. 그는 자신과 생사를 같이하기로 굳게 결심한 결사대 300인과 여러 그리스 부족들이 보내온 병력들을 이끌고 테르모필라이에서의 결사항전에 나서게 되었다. 사료에 의하면 크세르크세스는 첫 4일간은 적이 순순히 항복할 것을 예상해서 기다렸다고 한다. 이후 벌어진 교전에서는 예상외로 그리스 연합군이 잘 막아 내어 페르시아 군대가 테르모필라이의 협곡에 묶이게 되었다고 한다. 그러나 7일째 되는 날에 그리스 진영 내의 에피알테스(Ephialtes)라는 배신자가 페르시아 군과 내통해서 우회하는 길을 밀고함으로써 전세는 바뀌게 되었고 초인적인 저항을 지속하던 레오니다스와 그의 결사대는 모두 전멸케 되었다. 비록 중과부적으로 물밀 듯이 침공하는 적군을 제압하지는 못했으나 어느 정도의 시간을 벌었고 무엇보다 위기 앞에서 용기를 가지고 그리스 공동체를 위해 희생하는 그리스인의 기상을 보여 준 레오니다스와 그의 결사대를 기념하는 전적비는 지금 그 자리에 세워져서 2500년 전 외적과 싸워 호국의 투혼을 불사른 그들을 기리고 있다.

힘겹게 테르모필라이의 고비를 넘긴 침략군 페르시아는 그리스 중부를 장악하게 되었고 계속 남하를 했다. 전열을 온전히 정비하지 못했던 그리스인들은 작전상 아테네를 비우고 피신함으로써 장기전에 대비했다. 페르시아 군은 소개(疏槪)된 아테네를 불태우고 주요한 신전들을 파괴했다. 공세에 고무된 페르시아 왕은 그의 승리를 신속히 그리고 화끈하게 장식하기 위해 많은 병력을 동원해서 살라미스(Salamis)와 아티카의 좁은 해협을 향해 항진해 갔다. 하지만 이것은 그의 실착이었다. 원래 내륙에서 온 페르시아인들은 해전의 경험이 아주 부족했던 지라 바다를 생활의 터전으로 삼아 온 그리스인들과의 해전에서 그것도 그리스인들에게 익숙한 지형에서는 불리한 구조적 약점을 지니고 있었다. 페르시아 군은 그 지역의 지형과 조수 간만의 성격에 대해 정통한 그리스 해군을 맞서 효과적인 작전을 펴기엔 한계가 있었다. 비좁은 해협과 밀물과 썰물의 시간차를 잘 이용한 그리스 연합군의 해상작전에 말려서 페르시아는 결정적인 대패를 당했다. 이것은 당시까지 정복에 대한 기대를 안고 있던 원정군의 수장(首長)인 크세르크세스에게 심리적으로 큰 일격을 강한 것으로 보인다. 그는 헬레스폰트를 건너기 위해 세운 다리가 온전할 때에 퇴각하는 것이 상책이라고 판단한 듯했다. 그래서 전체적인 지휘권을 그의 부장이던 마르도니우스(Mardonius)에게 일임하고 귀국했다. 기원전 490년에 있었던 1차 침공 때 마라톤에서 패전한 이후 전황의 장기화와 페르시아 내부적 불안을 우려했던 다리우스가 취한 행보와 유사하게 그의 아들 크세르크세스도 그렇게 정복의 의지를 굳히지 못하고 발을 뺀 것이다.

기원전 479년부터 478년에 걸쳐 페르시아는 여러 차례 전투를 치렀지만 미칼레(Mykale)와 플라타이아(Plataea) 등의 큰 전투에서 연패함으로써 결국 소득없이 철수해야 하는 지경이 되었다. 압도적인 수적 우세 속에 단행한 두 차례의 대 그리스 침공에서 당시 아테네와 스파르타보다 백 배 이상 큰 영토와 비교할 수 없는 전력을 지닌 페르시아는 승리하지 못하고 돌아가야 했다. 이것이 지니는 의미는 사뭇 지대하다고 할 것이다. 액면적으로는 서구인들이 흔히 주장하는 백인의 서양과 비백인인 동쪽 지역의 이민족이 −서구적 기준에서− 맞붙은 역사상 최초의 대규모 전면전에서 서양이 이겼다는 우월감을 지니게 하는 역사적 근거를 부여한 사건이라고 할 것이다. 그것도 병력의 객관적 조건에서 훨씬 불리한 상황에서 거둔 값진 승리인 것이다. 자유를 사랑하고 공동체적인 운명을 지키기 위해 단결하여 하나가 되어 싸운 기억을 심어줄 만한 역사라고 할 수 있다. 이에 비해 침략자들은 수치만 대단했지 실속이 없는 자들이라고 헤로도투스 이후 서구측의 역사가들과 서양인들은 생각하게 되었다. 물론 이것은 균형감을 잃은 서구인들의 자기 본위의 역사 해석이다. 그러나 엄연한 사실로 인정해야 하는 것은 사료에 나오듯이 일단 아주 불리한 조건에서 백인 그리스인들이 비백인 침략자들을 막아 내었다는 것이다. 이것은 그들이 그들의 생존권을 위해 투쟁한 노력에 대한 결실이라고 할 것이다. 페르시아 입장에서도 그들이 엄청난 물량과 인력을 동원하여 두 번이나 기도한 그리스인들에 대한 정복 전쟁이 실패했다는 것도 사실로 받아들여야 할 것이다.

페르시아가 실패한 기원전 5세기의 두 차례 그리스 원정은 파장이 컸다. 이후 페르시아는 서서히 국력이 소모되어 갔으며 더 이상 큰 전쟁을 일으킬 수 없었다. 그리스인들에 대해 지엽적인 대외적 이익을 위해서 그리스인들을 이간하는 정책을 폄으로써 그다지 크지 않는 대외적 실리를 챙기는 데에 만족해야 했던 것이다. 이에 비해 전승국이라고 할 아테네와 스파르타 및 그들과 동조한 이러 저러한 많은 그리스 국가들은 자신감을 가지고 이후의 빛나는 그리스 문명을 발전시켜 갈 수 있었다. 파르테논이 바로 전후 동맹들이 모금한 재물을 보관하는 금고의 성격으로 건설되었던 것이다. 그러한 그리스 세계의 자신감은 이른바 "고전의 세기"(Age of the Classics: 기원전 5세기)라고 불리는 인류사에 획을 긋는 문명사적 발전의 한 시대를 이끌어 낸 것이었다.

페르시아 전쟁 이후 페르시아 역사: 기원전 478년~330년

페르시아가 침공한 그리스에 대한 전쟁에서 비록 정복의 목표는 달성하지 못했으나 이것이 기존의 소아시아에서의 페르시아 패권에 큰 손해를 주지는 않았다. 여전히 페르시아는 그리스 세계의 주요 국가들에게는 부담스러운 외적이었다. 단지 그들이 전면적으로 침공할 기세가 눌려버린 상황이 되었다는 것은 사실이었다. 아테네와 스파르타는 기원전 478년 이후 그리스인들의 주요 활동무대인 에게해역의 지역들에서 이전보다 나은 주도권을 지니게 되었다. 그리고 이 둘은 이제 페르시아의 힘이 꺾인 속에서 서로가 경쟁자가 되어서 그리스인들의 맹주가 되기 위한 투쟁에 돌입했다. 이렇게 해서 페르시아 전쟁 이후부터 펠로폰네소스 전쟁(기원전 431~404)이 벌어지기까지 대략 50년 간에 독특한 캐릭터의 한 시대가 열리게 되었다. 이른바 "50"(pentekontaetia) 년 간의 아테네 세력 강성으로 특징을 규정해 볼 수 있는 이 시대는 『펠로폰네소스 전쟁사』를 저술한 투키디데스의 주장대로 거침없이 성장해 가는 아테네의 세력강성에 잠재된 스파르타인들의 장기간의 공포가 결국 무력충돌로 이어져 펠로폰네소스 전쟁으로 비화되었다고 볼 만하다.

"...사람들이 거의 솔직하게 언급하지 않은 궁극적이고도 진정한 원인은 내가 보기에는 아테네인들의 힘의 성장이었다. (이는) 라케다이모니아인들(스파르타인들)에게 두려움을 불러일으켰고 (그들을) 전쟁으로 몰고 갔다 ..."[2]

하지만 이것도 주장의 형평성에서 지적되는 점이 문제의 원인을 지나치게 아테네에게 맞춘 해석이라는 점이다. 아테네가 마치 제국이 된 마냥 주변의 약소 도시들에게 강제적으로 맹주의 지위를 행사해서 그들의 자유를 억압했다고 볼 여지는 있을 것이다. 그러나 이것을 가지고 이 50년의 역사가 양극화되듯이 걷잡을 수 없는 진영의 대립으로 나아간 몫을 아테네에게 뒤집어씌울 수는 없을 것이다. 적어도 투키디데스의 명제에 대한 충분한 객관적인 고증이 더 필요하다는 말이다.

그러면 전면전에서 이미 실패한 페르시아는 이 시기 어떤 모습으로 남게 되었던가? 그들은 국내를 안정시키는 것이 최우선 과제였고 에게해역을 넘어서는 그리스인들의 본거지에 대해서는 기존의 소아시아 패권을 지키고 그리스에서 결속과 공동체적 유대가 와해되도록 하는 데에 주된 외교의 방향을 맞추었다. 주된 대외적 노선이 스파르타와 아테네가 균열되도록 필요에 따라 어느 한쪽과 공조하는 것이었다.

그런데 페르시아는 갈수록 권력 내부의 상황이 불안정하게 되었다.

2 투키디데스, 『펠로폰네소스 전쟁사』, 1권 23장 6절에서 인용함.

후궁들 간의 음모에 의해 살해된 크세르크세스를 계승하여 기원전 465년 왕좌에 오른 아르타크세르크세스(Artaxerxes: 기원전 465~424)의 통치기부터 왕족 내부의 파벌이 형성되면서 제국은 쇠퇴의 길에 접어들었다. 구약성경에서 우리에게 잘 알려진 에스더서의 무대가 된 시점이 "아하수에로"가 왕을 하던 시대였다. 이 표현을 그리스식으로 하면 아르타크세르크세스가 된다. 아르타크세르크세스라는 왕의 이름이 2세(기원전 404~359), 3세(기원전 358~338), 4세(기원전 338~336) 등이 있어 정확히 어느 아하수에로 왕에 해당하는지 확실치는 않으나 왕궁에서의 파벌 간의 투쟁이 드러나는 에스더서에서는 왕을 둘러싼 권력을 향한 복잡한 구도가 간파된다. 히브리 출신의 에스더라는 아주 젊은 여인이 페르시아 왕이 폐위시킨 와스디(Wasdi)라는 왕비를 대체하는 자로 간택이 되는 일이 에스더서의 발단이 된다. 히브리인들을 싫어했던 궁내 실력자 하만(Haman)이 모르드개(Mordchai)라고 하는 히브리계 환관이 자기에게 예의를 갖추지 않은 것을 빌미로 삼았다. 하만이 왕을 설득하여 제국 내에 거하는 모든 히브리인들을 몰살토록 하는 어명을 내리도록 했다고 하는 이야기이다. 여기서 엿보이는 것이 광대한 페르시아 제국의 규모와 그 지경 내에서 신속히 국가결정사항을 알리는 역참체제 등이다. 권력을 장악하기 위한 궁내 여러 세력집단들의 지속적인 암투가 누대에 걸쳐 계속되면서 중앙권력은 불안해졌고 실권은 서서히 왕의 신임을 받는 환관이나 측근들에 의해 장악이 되었다. 이로써 페르시아는 점점 힘을 잃어 갔으며 그리스 세계에서는 펠로폰네소스 전쟁의 여파로 스파르타와 아테네가 힘을 잃어서 패권의 향방이 신흥세력에게 넘어가게 되었다. 기원전 4세기 이래 두각을 보인 마케도니아는 결국 아테네와 스파르타의 패권을 그리스 세계에서 스스로를 위해 관철할 수 있었다. 젊은 제왕 알렉산드로스(기원전 336~323)가 약관의 나이에 동방원정을 떠났을 때에 그를 맞이한 페르시아의 군주는 다리우스 3세(기원전 336~330)였다. 그는 뛰어난 지휘력과 용병술 그리고 장기간 연단된 마케도니아 군대와 그리스 연합군에 의해 기원전 331년 가우가멜라에서 대패한 이후 도주하다가 기원전 330년에 측근 베수스(Vesus)에 의해 죽임을 당한다. 이로써 찬란했던 아카이메네스 왕조는 문을 닫게 되었고 페르시아 제국은 그리스 정복자들에 의해 헬레니즘 제국으로 재편되는 운명을 맞이하게 된 것이다. 이는 독립된 주권을 지닌 고대 근동의 역사가 종지부를 찍는 것을 의미한다.

마케도니아 왕국

마케도니아 왕국의 초기 역사

마케도니아는 그리스 세계에서는 일찍이 문명의 꽃을 피운 아티카와 펠로폰네소스 반도에 비해 변방에 속한다. 전통적으로 왕국을 유지하면서 힘있는 왕에 의한 지배를 받는 식의 체제를 유지했다. 위치상으로는 발칸 반도에서 중북부에 있으며 그만큼 그리스 세계의 핵심부인 남부와 접촉이 활발하지는 않았다. 앞서 본 바대로 페르시아가 점진적으로 세력을 확대하던 기원전 6세기 말에는 이들의 패권 아래에 속하기도 했다. 역사가 로버트 말콤 에링톤(Robert Marlcom Errington)은 마케도니아 왕국의 기원에 대해 기원전 7세기 중엽에 아르고스(Argos)의 왕이 그 일대에 아이가이(Aigai) -오늘날의 베르기나- 라는 도읍지를 정한 것으로 추정하고 있다. 아민타스(기원전 547~498) 이전의 역사에 대해서는 거의 기록에서 찾아볼 수 없다. 이 왕과 그의 후계자인 알렉산드로스 1세(기원전 498~454)는 대외적으로 페르시아와 공조체제를 구축했다. 하지만 페르시아 전쟁이 그리스 측의 승리로 마감이 되자 알렉산드로스 1세는 정책기조를 바꾸어 친 헬라스적(Philhellenism)으로 나아가게 되었다. 이후 아르켈라우스(Archelaus 기원전 : 413~399)의 치세에서는 왕국의 발전을 위한 양상이 보인다. 마케도니아 옛 영토의 중앙에 위치한 펠라(Pella)에 도읍을 정하고 내부질서를 구축하면서 테살리아와 교역을 함으로써 경제성장을 도모했다. 그의 치세가 지니는 의미는 지대하다고 할 것이다. 비록 암살당하여 이후 한동안 마케도니아 왕국이 내분과 무질서에 허덕이기는 했지만 그가 추진한 경제정책은 시사하는 바가 있었고 이것을 이후에 필리푸스 2세(Philippus: 기원전 360~336)가 잘 계승하여 국가를 확연히 발전시킬 수 있었다. 아르켈라우스가 중시한 사회간접자본의 공고화정책은 구체적으로 도시, 도로건설, 금속 및 자원의 확충 등을 이르는 것인데 필리푸스에게 이러한 기본적 설계가 잘 인식되어 실행된 것이다. 또한 지역 호족세력들을 결집시켜 마케도니아 왕국의 발전의 토대로 삼은 것은 매우 뛰어난 혜안이라고 할 것이다 .

왕국 발전의 초석 필리푸스 2세의 통치:기원전 360~336

필리푸스가 권좌에 등극한 것은 그리스의 유력한 세력들의 간섭으로 국내에서 벌어진 치열한 권력투쟁의 과정에서 최종적으로 승리했기 때문이다. 시간이 흐를수록 마케도니아는 그리스 세력정치의 놀이감이 되었고 항시 인접한 일리리아인들(Illyrians)의 침입으로 인해 위협을 받았다. 왕들이 하나의 가문 즉 아르고스 왕조(Argead)로부터 나왔고 후계에 대한 선명한 규정이 없었던 이유로 왕권을 주장하는 자들은 늘상 다른 경쟁자들에게 맞서 대항하게끔 되었다. 그러한 상황속에서 사태가 아주 심각해지자 결국 위중한 단계에서 필리푸스 2세(Philippus II)가 자신의 연소한 조카를 위해 지배를 넘겨받았다.

필리푸스는 당시 마케도니아의 긴급한 상태를 매듭지었다. 가열차게 그리고 솜씨있게 그는 그의 지배를 구축해 갔다. 마케도니아의 귀족과 북부 마케도니아 부족들을 일체가 되게 엄격하게 결집해 냈다. 젊은이들은 왕의 시종이 되어 즉 그의 후세대로 그에게 봉사했고 이후 이들은 그의 동반자(Hetairoi)로 전투력 있는 기병부대에 편속되었고 군대와 행정에서 중요한 임무들을 수행했을 뿐 아니라 술자리에서는 그와 거의 동급으로 처신했다. 나아가 필리푸스는 여러 부족들로부터 보병들을 동원했다. 도시에 정착하는 것과 토지를 지급함으로써 그는 이들을 끊임없이 종군에 끌어들였고 그들로부터 하나의 매우 강력한 군대를 조직했는데 《걸어서 따라다닌다》는 뜻의 페츠헤타이로이(Pezhetairoi)로 그 자신에게 결속시켰다. 그는 계획적으로 그의 땅의 자원을 비축했는데 특히 판가이온(Pangaion) 산의 귀금속을 자본으로 활용했다.

그는 곧 팽창일로에 들어서서 일리리아인들을 내몰았고 인근의 트라키아 지역을 정복했으며 그 주변의 그리스인들을 압박했는데 북부 에게의 해안도시들만이 아니라 나아가 그의 남부 이웃나라인 테살리아마저 그의 세력권으로 통합해 버렸다. 필리푸스는 그리스의 내적인 분쟁을 역이용하는 식으로 중부 그리스에서 그의 힘을 유효하게 만들었고 델피 신탁의 수호자로서 대두할 수 있게 되었다. 필리푸스가 오늘날 이스탄불에 근접한 해협 보스포루스(Bosphcrus)까지 밀고 나가고 아테네의 곡물

공급을 위협하게 되자 다시 전쟁이 일어났다(기원전 340). 아테네인 데모스테네스(Demosthenes)가 야만인으로 무시한 필리푸스 왕에 맞서 헬레스 동맹이 결성되었고 이후 이 동맹에 테바이(Thebai)인들도 가담케 되었으니 이들 역시 스스로 위협을 느끼던 차였다. 그래서 보이오티아의 카이로네이아(Chaironeia)에서 주도적인 두 폴리스 국가들이 하나의 동맹이 되어 마케도니아 진영에 마주 서게 되었다(기원전 338). 이 전투에서 당시 18세의 어린 나이인 마케도니아 왕자 알렉산드로스가 지휘관으로 참전했다. 기병과 보병이 연합하여 벌인 그 결정적인 전투는 마케도니아에게 확연한 승리를 가져다주었다. 필리푸스는 이제 그리스의 주인이 되었다. 테바이와 아테네의 입장에서는 헬라스가 노예 상태가 된 것이다.

전쟁상대국인 아테네에 비해 더 심각한 전후배상을 테바이에 부과해 조약을 맺은 이후 필리푸스는 기원전 338/337년 겨울 그의 지배를 보편적인 평화조약을 통해 굳히고 코린트동맹을 조직해 내었다. 스파르타를 제외한 모든 그리스인들은 이 동맹에 속했고 동시에 평화를 방해하는 모든 세력에 맞서게 되었다. 동맹위원회가 결성되어 가담한 해당 도시들이 각기 한 표씩 가지게 되었으며 전시에 구성될 병력배치의 정도와 지휘체계가 확정되었다. 최고명령권은 마케도니아 왕에게 주어졌다. 이제 누가 적이 되느냐하는 문제만이 남아 있었다. 정황을 고려하여 페르시아 제국이 타겟이 되었다.

페르시아인들은 그리스와 평화조약을 맺은 이래 더 이상 실제적으로 위협이 되지 못했다. 그들은 특히 소아시아, 페니키아, 이집트에서 일어나는 분리적인 움직임과 독립 운동으로 약화되어 있었던 것이다. 페르시아에 대한 성공적인 전쟁은 마케도니아가 그리스를 지배하고 그곳에서 내부적 결속을 다지고 합법적으로 행세하는 기회를 주는 셈이었다.

곧 기원전 337년 필리푸스의 제안에 따라 동맹위원회에 의해 전쟁이 결정되었고 특히 아테네의 성소가 크세르크세스가 원정 온 동안 파괴된 데에 대한 보복이라는 이름하에 보복원정의 명분이 주어졌다. 이듬해 1만의 막강한 전초임무의 부대가 소아시아로 배치되었다. 그러나 놀랍게도 필리푸스의 야심찬 해외원정의 꿈은 그가 엉뚱하게 살해됨으로써 그에 의해서 실현될 수가 없게 되었다. 필리푸스의 죽음은 오랫동안 진행된 주변 세력관계에서 벌어진 암투의 소산으로 여겨진다. 기원전 336년에 그는 그의 아내 올림피아스의 오빠 알렉산드로스와 클레오파트라라는 여인의 결혼을 주선하던 중 파우사니우스(Pausssanius)라는 자신의 경호원에 의해 죽임을 당하게 되었다. 대부분의 역사가들은 이러한 의문스러운 죽음의 배경으로 알렉산드로스와 그의 어머니이자 필리푸스의 부인인 올림피아스를 지목한다. 그 이전에 정략결혼의 일환으로 필리푸스가 아탈루스라는 그리스 지역의 유력한 장군의 조카인 또 다른 클레오파트라라는 연소한 여인과 결혼을 하는 일이 있었다. 플루타르쿠스의 『알렉산더 전기』 9장에 전하는 바에 의하면 아탈루스가 취중에 매우 민감한 발언을 했는데, "필리푸스와 클레오파트라의 혼인에 의해 장차 왕좌에 대한 적법한 상속자가 태어나게 될 것이다"라고 한 것이 화근이 되고 말았다. 알렉산드로스는 필리푸스의 엄연한 아들이자 마케도니아 왕권에 대한 유력한 계승자였는데 이러한 권력구도에 찬물을 끼얹는 발언이 나온 것이었다. 알렉산드로스는 아탈루스를 향해 마시던 술잔을 집어던졌고, 필리푸스는 이것을 제지하고 엄벌하려다가 취중에 나자빠지는 것까지가 플루타르쿠스의 기록이다. 적어도 잦은 정략결혼에 의해 권력승계에 대해 불안을 느낀 필리푸스의 아내와 아들에 의해 꾸며진 정치적 살인으로 이해가 가능한 필리푸스의 죽음이라고 할 것이다. 이제 필리푸스에 의해 차곡차곡 진행된, 그리고 그의 치세에 견고히 다져진 군사력을 등에 업고 더욱이 장기간에 걸쳐 구축된 아주 많은 그리스 국가들의 지원을 받게 될 동방원정은 알렉산드로스라는 약관의 청년의 손으로 자연스레 넘어가게 된 것이다.

알렉산드로스의 성장과정

기원전 356년 경 마케도니아의 왕 필리푸스와 올림피아스 사이에서 태어난 알렉산드로스는 인류 역사상 최초로 유럽과 인근 지역을 묶어 하나의 공동의 세계로 만든 자로 강한 인상을 남겼다. 그에 관한 에피소드에 주목하여 일화 중심으로 전기를 저술한 로마 제정기의 전기작가 플루타르쿠스는 알렉산드로스의 비범함을 강조하기 위해 그의 모친에 대한 묘사를 강렬하게 드리운다. 헤라클레스 신의 집안의 피를 물려받았다고 전제하고 이 여인이 지닌 영적인 면모를 깊이 묘사한다. 신기(신비적 요소)가 강한 올림피아스를 차츰 겪어가면서 필리푸스는 이 요상한 정체의 여성에 대해 애정을 잃어버렸다는 것이다. 그런 속에서 탄생한 알렉산드로스는 어린 시절부터 아버지와 어머니 양측으로부터 간섭과 양육을 받게 되었다. 필리푸스는 이 자식을 장차 마케도니아를 이끌 유능하고 통솔력 있는 인물로 만드는 데에 주력했고, 올림피아스는 알렉산드로스가 필리푸스의 무분별한 정략결혼으로부터 권력투쟁에서 밀리지 않도록 하는 데에 혈안이 되었던 것 같다.

필리푸스가 관심을 둔 알렉산드로스에 대한 양육은 남성다운 성장이었다. 지식적으로는 그리스적 교양의 수준을 높여주는 호메로스의 시를 배우도록 했고 특히 어린 시절부터 동년배 소년들을 함께 교유하도록 해서 사회성을 폭넓게 개발토록 유도했다. 이 점은 중국 고대 한(漢)나라에서 (Han Empire) 황제를 계승할 황태자가 어린 시절에 귀족자제의 동년배들과 함께 자라면서 많은 시간을 공유하도록 배려한 향신제도(香臣制

度)와 맥을 같이 한다. 동서양에서 왕실에서 후세교육에 치중한 것은 매우 흥미를 끄는 대목이다. 이것은 많은 신하들과 함께 조화롭게 지내면서 국정의 주도권을 무리없이 잡아가야 할 필요가 있던 치자로서는 아주 중요한 인성수양의 한 방도라고 할 것이다. 하지만 향신제도와 특히 중국에서 성행했던 환관제도는 이른 시절에 동성과 지나치게 가깝게 지내면서 동성애적인 행각으로 나아가는 데에도 일조했다. 알렉산드로스 주변에도 비슷한 나이의 벗들이 많이 있었으며 확실한 근거는 없지만 그가 동성연애를 했다는 주장이 항시 제기되는 것은 장차 실증적 근거에 의해 심도 있는 연구를 해 볼 만한 가치가 있을 것이다.

주로 그가 연마해야 하는 또 다른 것은 바로 군사적인 능력이었다. 이를 위해 무술훈련을 체계적으로 받았고 맹수를 사냥하는 데에 많은 시간을 보내야 했다. 아울러 군주가 되려면 많은 다양한 인간들에 대한 이해가 필요했던 지라 필리푸스는 파티와 향연을 자주 베풀어서 사람들을 골고루 사귈 기회를 제공해 주었다. 여기서 특히 호방한 리더십을 고양하기 위해 음주가무 등에도 신경을 썼다고 한다. 그의 지적 성장에서 한 가지 눈에 띄는 것은 필리푸스가 아주 훌륭한 스승을 붙여 준 것이다. 당대 그리스 세계 최고 지성인 아리스토텔레스를 데려와 -플루타르쿠스에 의하면 그의 마을을 침공해서 잡아왔다고 전하는데- 그의 폭넓은 학문적 경륜을 가지고 아직은 덜 자란 청소년인 알렉산드로스를 훈육케 했다. 플루타르쿠스의 기록을 종합해 보면 일리아드를 교수하는 데에서 비롯해서 서서히 어려운 고차원적인 형이상학에 이르는 데로 나아가지 않았나 하고 추측할 수 있다. 페르시아 원정을 나간 속에서도 당시 20대의 젊은 나이인 알렉산드로스는 자주 편지로 아리스토텔레스와 연락을 주고받았고 가끔은 그와 아리스토텔레스만 알고 있는 고차원적인 지식이 다른 사람들에게 공개되어서는 안 된다고 하는 것으로 보아

적어도 아리스토텔레스의 철학을 알렉산드로스가 전수받았을 가능성을 감안해 볼 수 있을 것이다.

알렉산드로스의 동방원정:
기원전 334년 5월~324년 3월 펠라에서 수사에 이르기까지 10년의 장정

알렉산드로스는 그의 아버지가 잘 다져 놓은 페르시아 원정의 준비과정을 등에 업고 즉위하여 오래 지나지 않아서 결국이 대장정에 들어서게 되었다. 테바이를 비롯한 일부 반란 지역을 그 이전에 복속시켰고 동시에 되도록 많은 연합군을 결성하기 위해 외교적으로 많은 공을 들였으며 특히 자금을 조달하는 데에 신경을 썼다. 그는 334년 5월 마케도니아의 도읍지인 펠라를 출발하여 헬레스폰트를 건넘으로써 유럽에서 아시아로 넘어갔고 이후 페르시아의 중심도시들인 바빌론, 수사, 페르세폴리스를 정복하고 여세를 몰아 확대된 원정을 단행했다. 즉 약 기원전 330년경부터 이란의 동부를 향해 진군하여 인디아 부근에 이르는 곳까지 나아가서 그곳에서 철군하여 다시 페르시아의 수도 수사로 기원전 324년 3월에 돌아오기까지 총 10년 동안 천문학적인 군사이동을 했다.

알렉산드로스 왕은 부친이 그리스인들에게 심어 준 전형적인 전쟁의 명분을 재활용했다. 두 차례에 걸쳐 전면전을 감행하여 그리스인들에게 심대한 피해를 입힌 조상들의 원수인 페르시아를 정복함으로써 민족적 보복을 해야 한다는 논리였다. 일명 "보복원정"(Rachefeldzug)으로 불리는 이 선전술에 적지 않은 그리스인들이 동조한 것은 두 가지로 해설해 볼 수 있을 것이다. 우선 필리푸스와 알렉산드로스가 보여 준 그간의 군사적인 위력에 그리스인들이 압도된 면이 있다. 아테네와 스파르타를 대체하는

+ 기원전 4세기 알렉산드로스의 동방원정로

새로운 그리스의 지도자 즉 맹주가 탄생했음을 승복한 것이다. 여기에 정략적으로 이용된 반 페르시아적인 감정도 작용했을 것으로 보인다. 기원전 5세기에 비해 많이 위축되었다고는 하지만 특히 기원전 386년 이래 소아시아에서 다시 드리워지고 있는 페르시아 세력의 팽창은 본토의 그리스인들에게 적어도 한차례의 보복성 원정을 통해 이 지역에서의 종주권을 세워 둘 필요성에 대한 인식을 심어 줄 수 있었을 것이다. 그간 페르시아가 아테네와 스파르타를 이간하며 야금야금 그리스 세계의 단합과 세력성장을 제어하던 것을 잘 알고 있던 터였다.

서양인들이 역사상 처음으로 막대한 물량과 군사력을 동원하여 이 알렉산드로스를 총지휘관으로 세운 동방원정은 기원전 334년 5월 진군의 기치를 올렸다. 알렉산드로스는 본국에 60세의 안티파트로스(Antipatros)를 출정에 오르는 자신의 대행통치자로 세웠다. 그는 마케도니아 왕국을 위해 오랜 세월에 걸쳐 전쟁에 헌신한 필리푸스 치세부터의 공신인 파르메니온(Parmenion)을 부사령관으로 세워 본인이 선봉대를 이끌고 그에게는 후진을 맡기는 체제로 군을 꾸렸다. 당시 동원된 원정대의 병력 규모는 고대의 기준에서는 가히 괄목할 대군이었다. 보병 32000명, 기병 5500명이 주력군이었다. 추가로 코린토스에서 온 중장보병(Hoplites) 7000명이 있었다. 여기에 용병 7000명과 발칸의 다른 지역에서 온 추가 병력 6000명이 포함되었다. 이 발칸에서 온 병사들은 특기병으로 창던지기와 궁술에 능한 자들이었다고 한다. 원정에서 기동력과 파괴력에서 결정적 역할을 감당할 기병의 구조는 아주 체계적이었다. 기병의 구조는 8개 스쿼드론(Squadron)으로 편제되었는데 도합 1200명이었다. 여기에 테살리아에서 온 기병이 1200명이 더 있었고 그 외에도 다른 지역에서 온 기병이 1000명 정도 더 있었으며 용병으로 온 기병이 600명에 트라키아에서 온 기병 900명도 포함이 된다.

이 병력들은 알렉산드로스의 지휘하에 수도인 펠라를 출발하여 동진해서 헬레스폰트 해협을 건넜다. 상륙은 알렉산드로스가 제일 먼저 아시아에 발을 밟는 형식으로 이루어졌고 곧 그들은 장기적으로 펼쳐질 대규모 원정의 승리를 기원하는 종교적 의례를 실시했다. 페르시아는 처음에 맞대응하기보다는 적의 전력을 탐색하는 데에 초점을 맞추었다. 페르시아의 왕 다리우스 3세는 그에게 충성하던 로데스의 멤논에게 전면전보다는 침략군의 병참을 차단하는 쪽으로 대응전을 펼칠 것을 지시했다. 하지만 페르시아가 생각한 것보다 마케도니아를 주축으로 하는 그리스 연합원정군의 전력은 훨씬 강했다. 이들은 초기의 어려운 전투 상황들을 잘 극복하고 승승장구하며 소아시아 곳곳을 점령했다. 초전의 주요한 전투는 그라니쿠스(Granicus)강의 전투였다. 위에서 밑으로 흐르는 이 강을 헤엄쳐서 진격했다고 플루타르쿠스 『알렉산더 전기』 16장은 전한다. 방어를 하던 페르시아 군이 강의 언덕에서 기다리면서 밑으로부터 쳐올

라오는 원정군을 향해 투석기를 포함하여 대량 공격을 펴는 것을 뚫고 알렉산드로스가 올라가서 적을 섬멸했다고 하는 기록에서 믿기는 힘들지만 알렉산드로스가 보여 준 매우 강한 정신력과 투지를 엿볼 수 있다. 기원전 334년 후반기 동안 아주 빠른 속도로 아나톨리아의 해안지역을 남하하면서 많은 지역을 복속해 나갔다. 밀레투스와 할리카르나수스도 저항을 했지만 원정군의 수중에 떨어졌다. 334년 말 혹은 333년 초에 알렉산드로스는 아나톨리아 해안을 이미 통과해서 내륙으로 깊이 진입하여 고르디온(Gordion)이라는 곳까지 정복했다.

페르시아 왕은 원래의 작전대로 길게 늘어진 마케도니아의 병참을 끊는 데에 주력했다. 333년 초 스파르타를 설득해서 아기스(Agis) 왕이 에게 해역에서 대응전을 전개하도록 시도했으나 알렉산드로스는 개의치 않고 그의 계획대로 킬리키아와 팔레스타인 해안의 접경 지역인 이수스(Issus)라는 곳에 당도했다. 여기서 대비하고 있던 페르시아의 정규군과 제대로 된 최초의 그리스-페르시아 대접전이 벌어졌다. 이때가 알렉산드로스가 원정을 감행한 지 대략 1년 반이 다 되어 가는 기원전 333년 10월 말이었다. 양측이 동원한 병력은 그리스 측이 대략 4만 병력 -13000 경장보병, 22000 중장보병, 5850 기병- 인데 비해 페르시아 측은 94000 정도였다. 그 내용을 자세히 보면 63000의 경보병, 불사부대(특수부대)가 1만 그리고 기타 보병이 1만에 기병 11000 정도로 추산이 된다. 알렉산드로스는 최정예 부대인 콤파니온(Companion) 부대를 이끌며 선봉에 서서 적의 좌익을 향해 공략했으며 많은 출혈을 입고서 적의 진영을 허물어 버림으로써 나머지 그리스 군이 빈틈을 향해 일거에 집중 공세를 펴는 작전을 성공적으로 거두었다. 이는 항시 "전투는 격동인 상태"에서 펼친다는 알렉산드로스 식의 "포위섬멸전"의 정석을 보여 주는 전투였다. 이는 대략 120년이 지나서 카르타고의 한니발 장군이 주로 사용하던 전술과 유사한 것으로 당시 카르타고의 침략에 놓인 로마 장군들이 이 작전의 위협성을 우려해서 게릴라 작전을 폈다고 하는 기록이 있다. 페르시아 진영이 무너지는 속에서 전세가 불리해짐을 직감한 다리우스는 후방으로 도주했고 마케도니아는 막대한 전리품을 차지하고 이어지는 원정에서 유리한 고지를 점하게 되었다.

페르시아 정규군의 많은 병력을 한차례 제압했지만 이것은 긴 원정에서 인상적인 서막에 불과한 것이었고 알렉산드로스는 광대한 페르시아 제국을 효과적으로 공략할 묘책을 강구해야 하는 상황이었다. 무턱대고 패주하는 적을 무제한적으로 추격하기보다는 멀리 내다보고 후일을 체계적으로 대비할 필요성을 느낀 알렉산드로스는 이수스를 지나 팔레스타인 해안을 따라 남하하면서 그 길을 따라 이집트로 가는 여정을 취했다. 긴 원정을 거시적으로 설계할 경우 병참이 길어지는 것을 생각을 해야 했던 것이다. 아마도 알렉산드로스는 근동에서 이집트의 풍성한 산물과 양식에 대해 매력을 느꼈을 것이다. 동시에 반 년 이상 고속행군을 하던 그의 병력들에게 재충전할 시간도 필요했을 것이다. 그는 이집트로 들어가서 이집트의 종교를 존중하면서 민심을 확고히 다지고 일정 기간 전투를 놓으면서 다른 일들을 벌였다. 그때에 그가 행한 것 중 오늘날까지 그 흔적이 남아 있는 것이 이집트의 어느 항구에 그의 이름을 따서 세운 알렉산드리아라는 도시이다. 이곳에는 곧 알렉산드리아 도서관이 건립되어 학문의 부흥에 일조하기도 했다.

대략 1~1.5년 정도 이집트에 체재한 알렉산드로스의 군대는 기원전 331년 4월부터 다시 긴 원정길에 올랐다. 페니키아를 거쳐 다시 왔던 길을 돌아가서 시리아로 향해 가면서 그의 목표는 메소포타미아 지역으로 좁혀져 갔다. 당년 10월 1일에 그는 드디어 인류사에 큰 획을 긋는 결정적인 승리를 거둔 장소에 서게 되었다. 그곳이 바로 "가우가멜라"(Gaugamela)였다. 이른바 "낙타의 집"으로 불리는 이곳은 알렉산드로스와 다리우스 두 사람이 각 제국의 운명을 걸고 전쟁을 벌인 결정적 승부처였다. 지는 쪽은 완전히 자신의 종주권을 내려놓아야 할 일전이었다고 해도 과언이 아니다. 대규모의 병력이 양측에서 동원되었다. 페르시아 군대는 오늘날의 종합적 추산에 의하면 전차 200대, 경보병 62000, 그리스에서 데려온 중장보병 2000, 기병 12000, 전투용 코끼리 15마리 등으로 약 90000~10만 정도의 규모로 예상이 된다. 이에 그리스 연합군은 경보병 9000, 중장보병 31000, 기병 7000 정도로 추산이 된다.

그리스 군의 진은 중앙에 밀집방진(Phalanx)의 중장보병이 위치했고 좌우익에 기병을 두었는데 알렉산드로스 자신은 직접 최정예인 콤파니온을 지휘했고 왼쪽 날개에서 파르메니온이 기병대를 지휘하는 작전을 폈다. 중앙의 밀집방진은 이중으로 배치했는데 이는 적의 우세한 숫적 공격에 대비해서 균열을 방지하고자 한 것이었다. 전투는 이전의 이수스 전투와 유사하게 알렉산드로스가 적의 한 진영을 향해 진격함으로써 개시되었고 많은 시간을 들여 이곳을 허물어 버림으로써 서서히 승기가 마케도니아측에 몰리게 되었다. 다리우스는 이후 전황이 불리해짐을 알고 후퇴했고 이로써 부하 장수들의 지지를 잃어서 그의 반격작전은 자기 진영에서 동의를 얻지 못했으며 계속 달아나는 처지가 되었다. 가우가멜라는 단적으로 정의하자면 유구한 페르시아 역사의 종지부를 찍는 사건이 되었다. 여기서 한 가지 우리가 주목해야 할 점은 역사적 사실에 관한 것이다. 오랫동안 우리나라에서는 중고교 교과서와 서양사의 개론서에서 가우가멜라 전투보다 이우스 전투에 관심을 더 많이 쏟았다. 이것은 역사적 사실이 서구에서 우리나라로 유입되는 과정에서 빚어진 오류라고 여겨진다. 페르시아에 대한 그리스의 정복을 매듭짓게 해 준 결정적 전투는 가우가멜라임을 기억해야 할 것이다.

이 전투에서 전력의 대부분을 잃은 페르시아는 재기할 수 없었고 알렉산드로스의 페르시아 원정도 이제 끝을 향해 가게 되었다. 남은 일은 도망간 다리우스를 잡음으로써 확실히 페르시아의 종주권을 뺏아 오는 일 정도였다. 그는 여세를 몰아 페르시아의 수도 중의 한 곳인 유구한 역사를 자랑하는 메소포타미아 문명의 고도 바빌론으로 입성했고 그곳에서 그가 새로운 제국의 주인임을 보여 주었다. 포로로 잡힌 다리우스의 아내와 딸들에게 예우를 갖추어 줌으로써 이집트에서처럼 그는 국제적으로 융통성이 있는 치자로서 신임을 얻게 되었다. 대략 기원전 331년 가을 이후 330년의 어느 시점에 알렉산드로스는 그가 원했던 페르시아 정복을 완결했다고 볼 수 있다. 하지만 젊은 군주 알렉산드로스는 그의 승리에 고무되어 있었고 미지의 세계에 대한 호기심도 가득했다. 그런즉 그는 페르시아의 자존심과 민족혼이 묻어 있는 수사와 페르세폴리스로 쳐들어가서 유적들을 파괴한 이후에도 정복을 멈추지 않았다. 그 이후로 그는 확대된 원정에 나서게 되었다. 과거 페르시아의 세력권에 들어 있던, 하지만 이란 동부의 산악 및 험준한 지역의 다양한 민족들에 대한 원정을 하고자 했던 것이다. 즉 서양인들에게는 당시 신비의 세계이자 로망이라고 할 황금의 나라 인디아를 정복하겠다는 야심에 그는 무리한 원정을 감행했다.

기원전 330년 5월부터 329년 6월까지 알렉산드로스의 원정군은 페르세폴리스-엑바타나-이란-아프가니스탄-힌두쿠시-박트리아 등지를 이동하며 약 5000 킬로미터를 주파했다. 동부 이란에서는 소그드(Sogd) 지역에서 강한 저항에 부딪히기도 했고 게릴라전 혹은 사막 지형에서 고난을 당하기도 했다. 스키티아 및 마사게티아(Massagetia) 계열의 부족들은 이란인을 위해 참전해서 알렉산드로스 군대에 대항하기도 했다. 기원전 329년부터 328년에 이르는 약 18개월 동안 소그드인들과의 전투가 장기화되었다. 하지만 원정군은 이들을 복속했고 잔인한 보복으로 징벌을 가했다. 기원전 327년 초에는 알렉산드로스의 가족사적인 중대한 일이 일어났다. 그가 소그드 계열의 추장인 옥시아르테스(Oxyartes)의 딸인 록산나(Roxanna)와 결혼을 한 것이다. 그녀는 알렉산드로스가 죽은 이후 아들을 출산하게 된다.

정복의 야심에 가득찬 알렉산드로스는 갈수록 열악해지는 여건 속에서도 미지의 땅을 더 정복하려는 의지를 굽히지 않았다. 하지만 그의 진영에 불거지고 있던 근본적인 불만이 심각해짐에 따라 서서히 그가 인디아를 정복하겠다는 웅지는 현실불가능한 것이 되고 말 것임이 예견되었다. 대략 그가 원정을 확대하던 시점부터 이러한 조짐이 보이기 시작했다. 그는 정복지에서 그곳의 고유한 풍습을 존중하는 태도를 보여 주었다. 이것은 커지는 통치 범위를 잡음없이 처리하고자 한 의도의 소산으로 간주된다. 하지만 이러한 태도가 그리스인에게는 불편한 것이었고 그와 종군하면서 생사고락을 함께 한 동료 장군들 및 부하들에게 그리스 민족의 자존심에 관련된 사안이기도 했다. 페르시아의 풍습인 "프로스키네세"(Proskynese)라는 무릎을 꿇고 주군에게 각별히 예의를 표하는 행동은 그리스적인 문화에서는 신에게나 해당되는 것이어서 알렉산드로스가 이후 자신에게 그러한 의례를 갖추라고 명령을 했을 때 불만이 불거지게 된 것이었다. 이에 대해 알렉산드로스도 관대함을 가지고 대하기보다는 단호했던 것으로 보인다. 여기에 알렉산드로스는 자신의 측근들 중에서 많은 지지를 받는 자들을 경계하기 시작했다. 기원전 330년 9월 파르메니온의 아들 필로타스(Pilotas)는 역적모의를 이유로 갑자기 오늘날의 남서부 아프간 지대에서 처형을 당했다. 그 직후 원정군의 부사령관인 파르메니온 역시 제거를 당했다. 기원전 328년 여름에는 평소 알렉산드로스와 절친한 친분이 있던 클레이토스(Cleistos)가 주연 도중 취중 진담으로 직언을 했는데 알렉산드로스의 심정을 자극하여 처형을 당했다. 기원전 327년 초에는 알렉산드로스의 측근으로 역사기록을 담당하던 칼리스테네스(Callisthenes) 역시 마케도니아식 복장을 하다가 그의 심기를 불편케 해서 무고한 혐의를 받은 끝에 처형을 당했다.

알렉산드로스 측근 세력들 내에서 일던 불안한 분위기와 알렉산드로스의 독재자 같은 면모는 결국 그의 원정에 영향을 미쳤다. 기원전 327년 가을 인더스로 향해 가기 위한 작업에 착수했고 이듬해 초에 인더스강을 넘어 탁실라(Taxila)를 점령한 이후 여름에 동부 펀잡의 포로스(Phoros)왕과 대결하기까지 일이 어느 정도 진척은 되었다. 하지만 그곳의 전형적인 몬순기후가 시작되고 행군이 지지부진해지자 잠재된 그간의 불만이 쏟아졌고 대부분의 병사들은 원정에 반대의사를 표출했다. 이 시점에서 더 이상 인디아 정복을 감행할 수가 없게 되었다. 그는 철군을 고려할 수밖에 없었다. 기원전 326년 여름부터 324년 3월 수사에 알렉산드로스가 돌아오기까지 원정군은 철군하는 데에도 많은 시간과 희생이 필요했다. 출발 당시에는 6만 명이었으나 살아서 돌아온 사람은 1만 5천 정도로 상당수가 철군 도중 기아, 갈증, 사막의 바람 및 홍수 등에 의해 소모되었다고 한다. 이로써 기원전 334년 5월 마케도니아에서 출발한 동방원정은 기원전 24년 초 대단원의 막을 내리게 되었다. 동부로 확대했던 원정 길은 기간만 무려 6여 년인 대장정이었던 것이다.

하나의 세계로 가는 길

알렉산드로스의 죽음 및 질서의 재편

긴 원정을 마친 알렉산드로스는 제국의 질서를 잡아나가야 하는 과제에 직면했다. 정복 후 정비라고 할 것이다. 갑자기 확대된 그의 새로운 통치권에 든 곳들을 어떻게 다스려야 하는 것인가에 대한 고민과 정책 집행으로 분주한 나날들을 보냈다. 정복을 당한 페르시아인들이 그다지 불편을 느끼지 않고 새 체제에 적응할 수 있도록 해야 한다는 것이 그의 신념이자 방책이었다. 그래서 그는 대대적인 문화융합정책을 전개했다. 우리에게 잘 알려진 집단결혼이 성행했다. 그는 스스로 아카이메네스 왕조의 마지막 두 왕들의 딸들과 혼인을 했다. 그리고 그리스 병사 1만 명 이상이 토착민(페르시아인) 여인들과 결혼을 하도록 주선했다. 이로써 의도된 바는 마케도니아와 이란 출신의 정치-군사적 지도층을 창출하고자 한 것이다. 제국을 정비해 나가는 중에도 그는 여전히 미지의 세계에 대한 호기심과 정복욕을 멈추지 않았다. 아라비아 반도를 정복하고자 군대를 재편성하고 함대를 만들 계획을 세웠다. 그러나 그 계획은 실현되지 못했다. 기원전 323년 6월 10일, 그는 만 33세가 되기 전에 말라리아로 알려진 병에 걸려 몇 개월을 고생하다가 죽음을 맞이했다.

30대 초반인 그의 죽음은 예견된 것이 아니라 갑작스러운 일이었다. 즉 마케도니아 지휘부에선 이러한 죽음에 대해 마땅한 대안이나 해결책이 없었고 임기응변으로 대응하는 정도였다. 그의 대를 이을 후계자로는 정신박약자로 알려진 이복동생 아르히다이오스가 있었으나 부적격이었고 그의 아내 록산나는 임신 중이어서 아들 하나 없던 처지였다. 일설에 의하면 알렉산드로스는 유언으로 권력을 "가장 강한 자"에게 주라는 불분명한 말을 남겼다고 한다. 실제로 알렉산드로스 집안 내에서는 권력을 물려받을 만한 인물이 없었기에 마케도니아 본국에 있던 그의 모친과 여러 장군들이 통치하게 되었다. 그러자 실권을 장악하기 위해 치열한 투쟁이 벌어져 일명 "후계자들(diadochoi)의 전쟁"으로 비화되었다. 알렉산드로스 사후 수십 년간 권력 쟁탈전이 이어지면서 종국에 그가 통일된 세계로 이뤄 놓은 마케도니아, 페르시아 그리고 인근 지역들이 세 부분으로 분열되고 말았다.

알렉산드로스의 용맹한 장군이던 프톨레마이오스(Ptolemaios)는 이집트를 주된 토대로 삼아 프톨레마이오스 왕국을 세웠고, 역시 알렉산드로스의 부하인 셀레우쿠스(Seleucus)는 근동의 상당한 영토를 셀레오쿠스 왕국화했다. 그리고 동방원정에 종군하여 많은 공을 세운 바 있던 외눈박이 안티고누스(Antigonus)의 후손인 안티고누스 고나타스(Gonatas)는 기원전 276년부터 마케도니아 본토를 장악하여 그의 왕국으로 삼았다. 그 외에 규모가 작은 군소왕국들로 소아시아 일대를 중심으로 한 페르가뭄 왕국이 아탈루스 왕조에 의해 지배를 받았고 그리스 식민자들이 통치한 박트리아(Bactria) 및 유대인들의 마카바이오스(Maccabaios) 왕조 그리고 인도와 이란계 침입자들이 다스린 소왕국인 파르티아(Parthia)가 있었다.

헬레니즘 세계, 새로운 세계?

기원전 323년 알렉산드로스가 죽으면서 분쟁이 벌어지고 수십 년간의 쟁투 끝에 새롭게 재편된 세계는 어떠한 특징을 지니는 것인가? 그는 정복을 통해 두 종류의 이질적인 세계를 결합시켜 놓았다. 종합적으로 검토하자면 두 세계의 결합 정도에 대해서는 의견이 분분하고 많은 부분에서 그리스적인 특징과 근동적인 특징이 조화를 이룬 새로운 세계가 형성되었다고 평가하지 않는다. 아주 일부의 지역에서 양쪽의 문명이 결합되어 헬레니즘이라고 부르는 속성이 형성되었다고 봐야 할 것이다. 적어도 알렉산드로스는 두 문명권의 조화로운 결합을 의도했을 것이다. 앞선 역사에서 이미 몇 차례 고대 세계에서 제국이 등장했다. 정복을 통해 메소포타미아를 중심으로 인근의 유사한 문명권들을 하나의 통치질서 안에 끌어들이려고 한 아시리아와 신바빌로니아 제국의 사례도 있고 이보다 훨씬 더 큰 영토를 무력으로 제국의 판도 안에 편입시킨 페르시아 제국도 이미 존재했었다. 그러나 정복 이후 그리스적인 생활방식, 정신세계를 위주로 정복 지역의 풍속과 체제를 어느 정도 조화롭게 결합시키는 경우는 알렉산드로스가 이뤄놓은 새로운 제국이 처음이었다. 그런즉 알렉산드로스는 앞선 제국들의 시행착오를 어느 정도는 유념했을 것이다. 본인도 놀랄 정도로 그의 정복은 빠른 속도로 전개되었고 생각보다 광범위한 영토를 정복해 다양한 민족을 복속시켰다. 이렇듯 순식간에 불어난 영토를 잡음없이 치리한다는 것은 되도록 많은 관용을 베풀어야 가능한 일이었고 동시에 정복당한 지역들의 기본적인 풍속과 전통을 포용해야 할 터였다. 그러므로 새로운 제국을 영위하기 위해 알렉산드로스가 추구한 치국의 이념은 다양한 문화가 조화를 이루어야 했고 그리스적인 요소들을 지나치게 전면으로 내세우기 곤란했을 것이다.

19세기까지 서양고대에 대한 역사 연구는 알렉산드로스에 의해 이뤄진 새로운 세계에 대해 전통적인 입장에서 그리스의 영토가 확대된 정도로 인식하는 편이었다. 하지만 역사이론에 지대한 영향을 끼친 고대사가인 독일의 구스타브 요한 드로이젠(Johann Gustav Drysen: 1808~1884)은 이러한 통념을 의심하고 새로운 세계로 향해 가는 길이 열린 것으로 인식하여 시대 구분 시 그리스 역사에서 알렉산드로스 정복 이후의 시대를 독립시켜 이해할 필요성을 느꼈다. 이로써 서양고대사의 분과에서 그리스와 로마의 역사 사이에 "헬레니즘 사"(Hellenistic History)라는 연구 영역이 생겨나게 되었다. 그러나 다소 지나치게 새로운 세계의 형성에 대해 강조하는 입장을 보였다. 즉 헬레니즘화의 정도에 대해서는 진지하게 그리고 고증적으로 파고들지는 않았다. 하지만 그의 문제의식은 의미 있는 것이어서 헬레니즘 역사가 생겨난 이후 지중해의 세계는 유럽과 인근의 근동을 긴밀히 연결하는 정치적 세계로 향해 가는 시발점으로 주목받게 했다. 알렉산드로스가 기원전 330년 이후 하나의 통치권으로 묶어버린 이 지역은 그의 후계자들이 분열을 거치면서 근동과 유럽 역사에 영향을 끼치게 되었다. 나아가 기원전 200년경 그리스 정치에 개입하게 된 로마가 곧 지중해 최강대국으로 발돋움하면서 제국의 역사는 로마에 의해 계속 이어지게 되었다. 그러한 로마 제국은 서로마가 멸망케 되는 서기 476년까지 거의 700년이나 되는 존속의 기간을 누렸다. "헬레니즘화된 사회"(Hellenized Society)는 알렉산드로스의 정치이상을 어느 정도 계승하여 하나의 문화권을 형성했고 이것을 로마가 이후 "로마화"(Romanization)라는 이름으로 계승한 면이 있다.

몇 가지 점에서 동서 세계가 긴밀해졌다고 볼 수 있는 헬레니즘화의 근거는 찾아볼 수 있다. 우선 알렉산드리아 시가 건설된 이후 근동의 주요 도시들이 국제사회를 가능케하는 모습으로 변모했다. 시리아의 거점인 안티오키아(Antiochia), 그 인근의 셀레우키아(Seleucia), 이집트의 나우크라티스(Naucratis), 프톨레마이오스(Ptolemaios) 등이 무역과 상업이 번창한 도시가 되어 동서의 교역을 이어 주었다. 이곳에는 많은 사람들이 몰려들어 소통을 위해 공용어를 써야 했는데 바로 그 시기의 그리스어인 헬라어가

+ 라오콘의 군상: 헬레니즘 미술의 한 사례

링구아 프랑카(Lingua franca)의 역할을 했다.

여기에 그리스적인 문물들이 근동으로 전파되었다. 그리스 철학, 문학, 스포츠 등이 자유롭게 혹은 경우에 따라서는 강제적으로 주로 대도시를 중심으로 근동세계로 파고들었다. 유일신 사상을 지니고 전통적으로 고유한 생활방식과 종교적 삶을 추구했던 유대인들에게 이러한 그리스적인 요소들이 배척을 당하거나 거부감의 대상이 되기도 했다. 가령 셀레우쿠스 왕조의 정복자 안티오쿠스 3세(기원전 Antiochus: 222~187)가 유대인들에게 그리스식 스포츠를 강요하여 나체로 올리브 기름을 바르고 그들이 하는 대로 육체미를 단련하도록 강요했을 때에 유대인들은 그들의 풍속을 지키기 위해 강한 배타적 몸짓을 보이기도 했고 그 결과로 강한 억압을 당했던 것은 주지의 사실이다.

알렉산드로스의 이상을 의식한 미술작품들도 나와서 동서 문화가 조화를 이루면서 새롭게 발전된 양식을 창출했다. 그 사례는 우리에게 잘 알려진 간다라 미술에서 찾아볼 수 있다.

이것은 이후의 역사에서도 비슷한 사례를 찾아볼 수 있다. 가령 이슬람의 지배를 당한 중세 스페인 미술에서 기독교적인 성전에 이슬람식의 외양을 입힌 종교적 건물들이 그러한 사례가 된다. 양쪽의 문화가 많이 섞였느냐는 더 연구를 해 보아야겠지만 알렉산드로스의 정복은 결국 그러한 유럽적 요소와 근동적 요소가 결합하여 일부의 영역에서 긍정적인 시너지 효과를 냈다고 할 만하다. 적어도 역사에서 그의 큰 역할은 페르시아 전쟁 이후 적어도 적대적인 감정으로 대치되어 있던 유럽과 근동이라는 양대 진영을 서로 만나게 함으로써 서로 오해를 풀 수 있게 되었고 생활의 필요에 의해 교역하는 사회로 만들어 놓았다. 이러한 경향은 이후에도 계속되어 이후의 역사에서는 지중해 세계가 이전보다 더 긴밀해져서 전쟁만이 아니라 교역하면서 공존하는 분위기가 자리잡아 갔다.

알렉산드로스의 동방원정은 큰 틀에서 결과적으로 하나의 세계로 가는 길이 되었던가? 이에 대해서는 대체로 긍정적으로 답을 내릴 수 있다. 정복을 통해 근동의 상당한 영토가 그리스계 인물들의 직접적 통치권 아래에 들어왔고 이들은 이곳에서 세력을 확고히 하고자 경쟁을 벌이면서 몇 개의 주요 왕국들로 나누어져 발전의 길을 걸었다. 어느 정도는 유럽으로부터 이민도 들어왔고 국제결혼도 이루어졌다. 그리고 언어적으로 필요에 의해 현지언어 외에 공용어로서 그리스어가 불가피해졌다. 그들은 그리스적인 사상을 배우게 되었고 필요시 이것을 내면적으로 소화하기도 했다. 가령 그리스의 철학, 문학 등이 서양 중세에서 오랫동안 잊혀진 시절도 있었지만 르네상스의 분위기를 타고 아랍어로 번역된 채로 역수입된 것을 보면 알렉산드로스의 동방원정은 정신세계에도 큰 기여를 한 것으로 보인다.

알렉산드로스의 유산이라고 할 하나로 묶인 세계 즉 코스모폴리탄(Cosmopolitan)적인 도시들로 대변되는 세계화는 하나의 트렌드가 되었다. 기원전 200년 이래 지중해 패권국이 된 로마는 곧 로마의 지배 아래 유럽과 근동을 묶어 로마인을 위한 하나의 세계를 점진적으로 추구해 갔다. 이는 지중해권에서 이어지는 제국의 시대에는 유력세력에 의해 하나의 단위로 묶이는 역사적 행로의 물꼬를 트게 되었다. 그리고 그것은 대체로 서구인들이 만족할 방향인 유럽이 주도하고 지배하는 속에서 제국의 공고화가 된 것이다.

Chapter 04

로마 '세계 제국'

역사적 변천

건국 초기

로마는 이탈리아 반도의 중부에서 일어났다. 이탈리아 반도에는 선사시대 이래 외부로부터 인구가 꾸준히 유입되었다. 기원전 2,000년경에도 알프스 북쪽에서 침입자들이 대거 이탈리아 반도로 몰려왔다. 그러나 이들이 로마를 건설한 사람들의 조상은 아니었다. 그로부터 1,000년 뒤에 이탈리아 반도에 들어온 인도·유럽 인종이 있었다. 그들 중 옛 이탈리아계의 한 부족인 라틴인이 형성한 집단의 하나가, 반도 중부의 티베르강 하류의 구릉 지대에 살고 있었다. 이들이 후에 대제국 로마를 건설한 사람들의 조상이다. 이 집단은 농업과 목축을 하고, 귀족과 평민으로 이루어진 공동체로, 씨족의 족장이 지배층을 형성하고, 최고의 유력자가 왕으로 불렸지만, 강력한 왕은 아니었다.

이 무렵의 이탈리아 반도 지역은 동쪽의 그리스나 오리엔트 및 이집트에 비해 사회나 문화면에서 후진 지역이었다. 기원전 8세기경 그리스인의 해외 이주로 인한 '식민폴리스'가 시실리 섬과 이탈리아 반도의 남부(마그나 그라이키아)에 건설되었다. 이들로부터 도시의 모습이라든지 도시 생활에 수반된 생활과 문화가 전파되기 시작했다.

이탈리아에서 처음으로 도시문명을 받아들인 것은 에트루리아인이었다. 그들은 반도의 중부에 있었지만, 민족 성분에 대해서는 현재 정확하게 알 수 없고 다만 인도·유럽 인종이 아닌 것은 분명하다. 그래서 한때 소아시아 기원설·유럽 이민

+ 로물루스와 레무스

설·이탈리아 토착설 등의 논쟁이 있었지만, 최근에는 몇 개의 종족이 결합되어 이탈리아 반도에서 형성된 것으로 보는 것이 학계의 흐름이다.

에트루리아인은 오늘날의 토스카나 지방을 중심으로 하여 10여 개의 도시가 연합체의 모습을 이루고 있었다. 그들은 북으로는 포(Po)강 유역, 남으로는 캄파니아에 이르는 지역을 주된 거점으로 하고 있었다. 이후 바다에도 진출해서 그리스 본토와 교류를 했으며, 그리스의 문자도 채용했는데, 귀족 세력이 강해 일반 시민의 힘은 약했던 귀족지배 사회였다.

어느 지역의 역사나 다 그러하지만, 로마의 초기 역사 역시 일반론의 예외가 아닌 듯하다. 초기 역사에 대한 일반론이란, 로마의 경우에도 현존하는 사료가 3세기 이후의 것밖에 없다는 사정으로 미루어 알 수 있듯이, 전설과 고고학 유물을 대조하여 추측할 수밖에 없다는 것이다.

전설에 따르면, 기원전 753년에 로물루스 왕이 로마를 건설했다. 로마의 역사가 리비우스도 이를 역사책에 사실인 듯이 쓰고 있는데, 당시의 로마인들 역시 이를 믿었던 것 같다. 그래서 기원전 1세기에는 로마 권력의 상징인 원로원 입구에 그의 무덤을 만들었다.

오늘날 발굴되어 공개된 '포룸'을 돌아다니다 보면, 원로원 건물 앞에 "로물루스의 무덤"이란 명패를 내건 무덤 입구가 유난히 눈길을 끈다. 물론 관광객이 못 들여다보게 장치를 해 놓았지만, 이를 발굴한 '로마 고고학 연구소' 연구팀의 이야기를 들어 보면, 그 밑에서는 "흙밖에 나온 게 없다"고 한다. 이런 사정으로 보면, "늑대의 젖을 먹고 자란 쌍둥이" 이야기 역시 분명 현대의 관점으로는 전설인 듯하다. 하지만 우리는 그 속에서 초기의 로마가 목동들의 사회로 출발했음을 엿볼 수 있다. 그리고 이런 추정은 오늘날 이탈리아를 여행하는 사람이라면 누구나 쉽게 수긍이 가는 것으로, 낮은 구릉 지대로 첩첩이 이어지는 반도 중부의 지형적인 특징과 잘 맞아떨어지는 업종의 선택이었다.

로마가 위치한 지역은 티베르강의 하구에서 수십 킬로미터 위쪽으로, 배가 바다에서 역행할 수 있고, 강에 모래톱이 있어 도강하기 쉬운 곳이었다. 여러 개의 구릉으로 이루어진 최초 거주 지역인 도하 지점에는 소나 소금 등을 교환하는 시장이 생겼다. 토스카나, 캄파니아, 라티움 등지에서 교역을 위해 상인이 왕래했다. 이후 로마는 근처의 사빈느족과 합쳐지면서 서서히 성장해 갔다.

이 시기와 관련해서 제2대 왕 누마를 비롯한 몇 명의 왕에 대한 이야기가 전한다. 모두가 사실은 아니겠지만, 이 시기에 대한 한 가지 가능한 추론은 씨족의 유력자 모임에서 왕이 선출되었고, 씨족의 수장들이 원로원이나 원시 민회의 제약을 받는 '과두정의 성격을 띤 왕정 시대'였다는 것이다. 핀리가 인류학 이론을 적용하여 그리스 문명 발생 초기인 호머 시대 그리스 사회를 '유력자 사회'라 부른 것과 비교해 보면, 로마의 경우 대략 이 시기에 해당하지 않을까 생각된다. 로마를 '도시국가'를 지향하는 사회로 변화시킨 것은 에트루리아인의의 영향이 컸다.

기원전 615년경에 이르러 에트루리아가 전성기일 때, 그 집단의 한 유력자가 로마를 지배하고 왕정 시대의 7왕들 중, 제5대 타르퀸 왕이 된다. 이 일은 교통의 요지에 있던 로마에 주목하고 이곳을 남쪽 진출로의 거점으로 삼으려고 했던 한 에트루리아인 귀족의 선택으로 알려져 있다.

최근의 고고학 연구에 의하면, 이 시기에 카피톨·팔라틴·퀴리날리스 언덕 사이의 저습지로부터 긴 터널을 파서 티베르강 쪽으로 배수를 한 대규모 토목 공사가 있었으며, 돌을 깐 포장도로·신전·집회소·점포 등이 비교적 단기간에 건설된 증거가 있다. 로마는 이 무렵에 와서 도시국가 단계로 발전한 것이다.

제6대 왕 세르비우스 시대에는 시민단이 군사제도에 따라서 편성되었다. 시민을 재산 정도에 따라 서열화 하고, 흔히 '100 인대'로 번역되는 '켄투리아' 단위에 소속시킨 후, 그것을 민회의 기본 단위로 이용했다. 켄투리아는 전부 193개로, 기원전 6세기 상황으로는 지나치게 많은 수라 생각되지만 창설 시에는 좀 더 적었을 것으로 추정된다. 하여튼 부유한 시민이 실제 인원 이상으로 켄투리아 수 배분에서 우대되었으며, 최하층의 시민에게는 겨우 켄투리아 하나밖에 배정하지 않았다. 또 시민을 등록하는 구분으로서 트리부스(tribus) 제도를 만들었다. 성벽내의 도시 지역에 4개의 도시 트리부스가 있어서 외부의 전원 트리부스와 구별되었다.

제7대 왕 타르퀸 2세(흔히 '오만한 왕'이라 불림)는 영토를 넓혔지만 독재자로 몰려 결국 에트루리아 귀족과 로마 귀족의 동맹으로 인해 추방되고 공화정이 수립된다(기원전 509).

공화정 시대

공화정 시대에는 임기 1년의 콘술(집정관) 2인이 선출되는데, 이들이 군사와 정치의 대권을 쥐었다. 콘술은 민회(켄투리아 민회)도 지휘했으나 원로원이 유명한 '원로원의 조언'으로 콘술을 견제함으로써 실질적으로 로마를 지배한 최고 권력기구였다. 그리고 콘술 역시 민회에서 선발되지만 귀족 명문가 출신으로 임기를 마친 후에는 원로원 의원이 되었으므로 결국 로마는 '귀족 과두정' 사회가 된다.

그러나 경제적 궁핍과 권력으로부터의 소외에 대한 불만으로 인해 평민층이 도시를 버리고 떠나려고 하자, 결국 귀족이 양보하여 평민만으로 구성되는 민회(평민회)와 평민의 권리를 옹호하기 위한 지도자로 호민관을 두기로 결정한다(기원전 494). 이것이 이른바 '신분투쟁'으로 흔히 로마 공화정의 역사를 '신분투쟁의 역사'라고 하기도 하고, 또한 아테네 민주정과 로마 공화정의 한 가지 차이를 '귀족의 양보'라고 하듯이, 이런 모습은 이후에도 계속되어 귀족은 서서히 평민의 권리를 인정해 간다. 12표법의 제정(기원전 451)이나 귀족·평민 간의 결혼을 인정하는 카눌레이우스법(기원전 445) 등이 그 예이며, 콘술 직에 대해서도 기원전 367년의 리키니우스법에 의해 2명 중 1명은 반드시 평민에서 선출하도록 정해진다.

한편, 로마는 밖으로는 라티움 지역의 도시와 동맹하고 군사상의 요지에는 식민지를 건설하여 그리스의 경우와는 달리, 그 지역을 로마의 직속 지배하에 두어 점차 세력권을 넓혀 간다. 이윽고 북쪽의 비교적 가까운 곳에 있는 에트루스키의 도시 베이를 장기간의 싸움 끝에 정복한 후, 로마에 귀속시켜 트리부스를 두었다. 이렇게 로마는 도시 영역을 확대하고 지배권을 넓혀 갔는데, 기원전 3세기에 이르면 전원 트리부스가 32개에 달한다.

이런 팽창의 힘은 군대로부터 나왔다. 로마는 그리스인의 중장보병전술을 이어 받아 강력한 군대를 건설했다. 시민단의 군사편제에 따른 구성, 전설 중에 애국심과 무용담을 고취하는 이야기가 많은 것 등이 이미 로마가 군사나 전쟁에 높은 가치를 두고 있는 사회로 발전했음을 보여준다.

기원전 338년에는 로마에 적대적이었던 라티움 지역의 여러 도시 동맹을 파괴하여 그 지역과 캄파니아를 장악했다. 로마는 라티움 지역의 이들 도시에는 시민권을 인정하고 '자치시'로 삼았지만, 다른 도시의 경우에는 개별적으로 동맹을 맺어 전쟁 시에는 군대를 지원하도록 함으로써 실질적으로 지배하는 방식을 취했다. 그리고 산악 지대의 삼니트인, 북방의 갈리아인을 격파한 후에는 남부의 그리스계 식민시를 '동맹시'로 삼음으로써 기원전 270년대에는 거의 전 이탈리아를 지배하기에 이르렀다.

그리스 식민시 타렌툼은 로마의 공격을 받자 그리스 북서의 에피루스 왕국의 피로스 왕의 지원을 받았다. 이제야 비로소 로마가 이탈리아 외부의 적과 싸우게 되었지만, 로마가 승리했다. 로마인의 눈길은 광대한 지중해 세계의 움직임으로 향하고 거기에 편승해 가는 것은 시간 문제였다.

마침 그때 서부 지중해를 제압하고 있던 페니키아계 식민시 카르타고가 시실리 섬에 진출하게 되자, 이에 압박을 받던 메시나가 로마에 원군을 요청한 것이 계기가 되어 로마와 카르타고 사이의 전쟁이 시작되었다. 이른바 '포에니 전쟁'인데, 제1차 전쟁(기원전 264~241)의 초기에는 바닷길이 처음인 로마가 고전했지만, '까마귀 잔교'를 단 함대를 개발하여 해상전투를 육상전투화 함으로써 결국 승리를 거두었다. 승리의 배경에는 지휘관이 된 원로원 의원이나 콘술의 애국심 및 승리의 영광을 최고의 명예로 생각한 로마 엘리트 집단의 가치관이 있었으며, 또한 전리품이나 해상권의 확보 역시 중요한 요소였다. 로마는 카르타고와 전후 화약을 통해 거액의 배상금을 부과하고 시실리 섬을 확보했다. 최초의 해외 영토인 시실리 섬에 대해서는 도시 2곳을 동맹시로 삼고 주민에게 공납을 명하고 총독을 파견하여 통치하는 속주로 삼았다.

한편, 첫 번째 전쟁에 패한 카르타고는 전쟁배상금을 지불하기 위해 불가피하다는 이유를 들어 에스파냐를 개발한다고 했는데 실제로는 그곳에서 세력을 기른 후, 기원전 218년에 이르러 한니발이 코끼리 부대를 앞세운 군대를 이끌고 한겨울에 알프스 산맥을 넘어 이탈리아로 밀고 들어왔다(제2차 포에니 전쟁 : 기원전 218~201). 한때 이탈리아 반도가 거의 한니발의 손에 넘어갈 뻔했지만, 로마의 지구전으로 전황이 소강상태에 접어들자 스키피오가 아프리카 본국을 공격하여 급히 귀국한 한니발의 군대를 자마 전투에서 격파했다. 카르타고는 해외 영토를 대부분 빼앗겼으며, 에스파냐는 로마의 새로운 속주가 되었고, 이제 로마가 카르타고를 대신하여 서부 지중해의 최대 세력이 되었다.

로마는 계속해서 정복 전쟁의 길로 나아갔다. 속주의 획득은 다량의 부를 로마와 이탈리아에 가져다주었다. 이런 부가 시민 모두에게 평등하게 돌아가지는 않았지만, 약간이라도 이익을 얻을 수 있는 하층 시민 사이에서는 전리품이나 정복지 분배를 원하는 분위기가 강했다.

로마의 지배층은 바야흐로 패권국가가 된 로마가 지중해 세계의 여러 국가 위에 군림해야 하며 정의로운 지배를 시행할 것이란 선전을 강화했다. 마케도니아 왕국을 무찌르고, 그 지배하에 있던 그리스의 폴리스에 대해 로마의 장군 플라미니우스가 자유를 선언한 일(기원전 196)도 그런 맥락에서 보아야 한다. 그러나 현실로는 강대한 군사력을 동원한 노골적인 정복 정책이 기원전 2세기의 로마 외교의 본 모습이었다. 최종적으로 마케도니아를 완전히 멸망시키고 속주로 삼은 예라든지, 이미 힘을 상실한 카르타고를 의도적으로 전쟁에 끌어들여 주민을 전부 노예로 팔아 버리고 불 지른 땅에 소금까지 뿌려 이후 100년 동안 풀 한 포기 나지 않는 폐허의 땅으로 만들어 버린 후 아프리카를 속주로 삼은 일(3차 포에니 전쟁 : 기원전 149~146), 그리고 그리스 폴리스들의 아카이아 동맹의 반항을 누른 후, 그중심이 된 코린트를 철저하게 파괴한 일(기원전 146)이 바로 생생한 증거일 것이다.

로마는 정복지에 대해 로마의 명령권 아래에 있다고 불렀는데, 이 단어에서 현대 학자들이 제국주의의 개념과 어원을 추출하려는 것은 결코 잘못된 일이 아닌 듯하다. 사실 그 말은 '로마 제국'을 뜻하는 것이다. 선진 문화권의 그리스와 동부 지중해의 여러 국가들이 문화적으로는 로마를 정복했지만 군사적으로는 정복당했던 것이다. 페르가뭄과 같이 주변 민족의 운명을 보고 자진 투항하여 로마 지배에 들어가면서 영토를 바치고 전쟁에 협력하는 세력도 적지 않았다. 물론 아시아 속주나 에스파냐 지역에서는 종종 반란이 일어났다.

'제국주의'는 다른 민족을 지배한 것만이 아니라 로마 사회도 짓눌렀다. 기원전 168년에 이르러 로마 시민이 소유한 이탈리아의 토지는 면세가 되었다. 로마는 속주 생산물의 1/10을 공납으로 받았으며, 이밖에 로마 총독이나 상인에 의한 공공사업 내지 고리대금업에 의한 착취를 통해 많은 부를 거두어들였다. 이런 부는 원로원과 기사 계층의 수중으로 들어갔다. 그들은 축적한 부로 이탈리아 토지를 마구 사들였다. 중소 자영농은 토지를 팔아넘기고 무산시민이 되어 로마시로 흘러들었다. 그런 토지에는 대량으로 유입된 전쟁포로 노예들이 투입되어 자유인 노동력을 몰아냈다. 이른바 이탈리아 중부와 남부를 중심으로 한 '자영농 층의 몰락'과 라티푼디움(대토지소유제)의 확산이 있었다. 한편, 무산시민의 증가는 직접적으로 군사력의 약화를 뜻했다. 그래도 로마는 여전히 지중해 각지에서 전쟁을 해야 했기 때문에 점차 보조군인 동맹 도시의 군대에 의존하는 경향이 커져 갔다.

기원전 2세기 후반의 로마 사회의 구조는 이렇게 해서 점차 균형을 잃어 간다. 로마시에는 농촌 출신의 무산시민이 증가하고, 해방되면 곧 시민권을 받을 수 있는 노예의 수도 증가했다. 정치가들은 일신의 영광을 위해 투표권을 가진 무산대중의 기호에 맞춰 고위 공직이나 지휘관 및 총독직을 얻으려고 격렬히 싸우면서 파벌이 형성되어 갔다. 벌족파와 민중파가 그 예이다. 전자는 원로원의 전통적 지배권과 부자의 소유권을 지키려고 하는 보수파이며, 후자는 부유층 출신이란 점에서는 앞의 경우와 동일하나 기사 계층과 민중의 지지를 기반으로 하여 비판적인 정책(빈민에 대한 토지분배·다른 도시 시민에 대한 로마 시민권 부여 등)을 내세우며 권력을 추구하는 진보 성향의 정객들이다.

그라쿠스 형제의 개혁은 민중파 형성의 출발점이었다. 형 티베리우스는 호민관으로서 무산시민의 존재가 로마 제국를 위태롭게 하는 것을 보고, 부유층이 점유하고 있던 공유지 중 불법적으로 사용하고 있는 땅을 몰수하여 무산시민에 다시 분배하려고 했다. 원로원은 기득권층의 이해에 동조하여 이에 반대하고, 티베리우스가 정책을 무리하게 집행하려 한다는 점을 구실로 하여 그와 추종 세력을 대량 학살했다(기원전 133). 동생 가이우스도 10년 후 호민관이 되자, 먼저 지지 세력을 확보하면서 개혁을 시도하려고 했다. 기사 계층에게는 원로원의 권한이었던 '속주 착취법정'에서의 배심권을 위임시키는 법안을, 빈민층에게는 곡물을 저가로 공급하는 법안을, 그리고 동맹시민에게는 시민권을 부여하는 법안과 같은 정책을 내걸었다. 이후 토지분배가 실행에 옮겨지자, 원로원의 반대파가 다시 격렬히 거부하고, 별도의 식민지 건설안 등을 제안하여 민중파의 붕괴를 도모하면서 결국 가이우스도 살해당했다. 빈민에 대한 곡물 제공 정책의 실행에도 불구하고, 기사 계층의 권리 보장 및 토지분배의 실패로 인해 계층 간의 부의 불균형은 더욱 심화되었다.

그라쿠스 형제는 격렬한 연설로 시민을 선동하는 새로운 타입의 정치가였다. 그에 비해 반대파는 로마시의 한가운데에서 그들 다수를 살해함으로써 로마 공화정의 전통을 깨 버렸다. 이제 법을 제안하고 공직에 출마하면서도 파당을 만들고 중류 내지 하층민을 수하로 동원하여 폭력으로 통과시키거나 당선되려고 했다. 이런 상황은 이른바 '내란의 1세기'로 거의 100년간 지속되었다.

이런 내부의 정치적 혼란이 대외적으로 로마의 패권을 흔들지는 못했다. 그것은 엘리트 계층이 공직을 통해 부와 명예를 얻으려고 하더라도 로마가 지닌 제도 그 자체에 대해서는 지키려고 했기 때문이다. 민중파인 마리우스 같은 인물은 무산시민을 예속민으로 삼아 무기를 주고 군사훈련을 시켜 국가를 위한 전쟁터로 데리고 갔다. 벌족파인 술라 역시 자신의 예속민을 동원해서 동방 전쟁에서 승리했다. 그러나 이 두 인물은 로마시에서 벌어지는 권력투쟁의 중심에 서 있었다. 로마 지배층의 패권의 기반은 이탈리아를 넘어 속주까지 확대되었다. 이미 스키피오가 에스파냐와 아프리카를 원정한 후 원주민을 예속민으로 삼은 예가 있듯이, 마리우스나 술라 그리고 폼페이우스와 카이사르 역시 전리품과 함께 원주민 출신의 예속민을 확보했다.

로마의 지중해 지배가 진행되어 가는 과정에서 불리한 입장에 놓인 것은 이탈리아의 동맹시였다. 동맹시민은 로마군의 반수 이상을 담당하기도 했지만, 승리의 과실은 토지이든 면세권이든 로마 시민권자에게 돌아갔다. 그라쿠스 개혁안에서 시민권 부여를 제안한 것도 기원전 2세기에는 실행되지 않았다. 결국 기원전 91년 이탈리아 북부에서 반란이 시작되어 전 이탈리아의 동맹시가 들고일어났다. 로마가 양보하고 무기를 버리는 동맹시민에게 로마 시민권을 준다고 약속하자 전쟁이 수습되었다. 이렇게 해서 이탈리아에 거주하는 모든 자유인은 로마 시민이 되었다.

이탈리아에 사는 시민은 35개의 트리부스 중 어디엔가 소속되어야 하며, 로마시에서만 열리는 민회에서의 투표권을 가지게 된다. 이것은 로마의 도시국가적 체제를 유지하는 범위 내에서의 개혁인데 사실상 먼 지방에 사는 시민에게 권리의 행사란 지극히 곤란한 일이었을 것이며, 그런 권리란 실질적으로 빈껍데기에 불과한 것이다. 그러나 엘리트들은 새로운 시민도 예속민으로 끌어들여 민회 선거 날에는 로마시까지 동원하는 등 권력을 획득하기 위해 도시국가적 체제의 허점을 끝까지 이용했다.

술라의 독재 시기(기원전 82~79)에는 민중파의 숙청과 호민관 권한의 축소 및 원로원 권위의 회복이 추진되었다. 그러나 그 기간은 길지 않았으며, 이윽고 다음 세대의 권력투쟁으로 이어졌다.

한편 이 무렵에는 대규모 노예사역으로 인한 저항이 잇따랐다. 기원전 2세기 말에는 시실리 섬에서 두 차례의 대규모 노예반란이 일어났으며, 기원전 73~71년에는 이탈리아 남부의 검투사 노예들이 스파르타쿠스의 지휘하에 노예반란을 일으켰다. 또 에스파냐나 지중해에서는 로마 군인과 속주민이 연합한 내란이나 해적 행위가 잇따랐다. 소아시아에서는 폰투스 왕국의 미트리다테스 6세가 로마의 패권에 도전했다. 이런 난국에서는 마리우스 시대보다 한층 더 강력한 동원력을 가진 지휘관이 필요했다. 원로원과 민회는 관례를 무시하더라도 유력한 인물에게 비상대권을 주기로 결정하게 되는데, 그들이 차례로 독재 권력을 향해 나아가는 것을 피할 수 없었다.

먼저 폼페이우스가 스파르타쿠스 반란의 진압과 해적 소탕 및 동방원정을 차례로 이룩하면서 최고 권력자로 부상하는데, 군사적 명성과 재력을 가진 카이사르(시저)와 크라수스가 여기에 가담하여 사적인 정치협정을 맺는다. 이것이 이른바 로마 권력을 삼분한 삼두정치(기원전 60~53)의 출발점이다.

이들은 원로원과 민회를 무시하지 않았으며, 추종 세력을 고위 공직에 당선시키거나 퇴역병사에 대한 토지분배 법을 통과시키는 선에 권력을 행사했다. 다만 이들이 로마의 전통에서 벗어나 혜택을 누린 것은 혼자 콘술 직에 연속하여 재임한다거나, 복수의 속주 총독 직을 겸직하는 등의 유형이었다. 그런데 이런 특권이 가능한 이유는 실력자가 아니고는 로마 제국이 유지될 수 없는 것이 당시의 상황이었기 때문이다.

크라수스는 군사적 영광을 추구하다 동방의 파르티아 전투에서 전사했다. 카이사르는 알프스 이남의 갈리아 속주 총독으로 있으면서, 라인강에 이르는 전 갈리아 지역을 정복함으로써 재력과 예속민을 함께 얻어 제1인자로 부상했다. 이렇게 되자 폼페이우스와 갈등이 격화되었다. 카이사르가 이탈리아의 북쪽 경계인 루비콘강을 건너 로마시로 진격하자, 동방과 에스파냐에서 이탈리아를 협공하려던 폼페이우스는 그만 알렉산드리아에서 암살되고 카이사르가 독재 권력자가 된다.

카이사르는 콘술·호민관·사령관·최고제사장을 혼자 겸직한 채, 독재관에도 매년 취임하여 권력을 한 손에 장악했다. 그는 여러 법을 정비하고 병사용 토지분배를 위한 식민지 건설을 추진하는 한편, 공공건설이나 곡물배급·재판·달력을 개정하는 등 광범위한 시책을 펼침으로써 로마 시민의 안녕과 질서를 유지하려고 노력했다. 또 사비를 들여 호사스러운 야수와 검투사 경기를 제공해서 대중의 인기를 얻었다. 시민에게는 싹싹하게 접근하고 정적에게는 관용을 내세우며 복수를 하지 않았다. 카이사르는 이처럼 후대 황제들의 권위를 앞서고 있었다. 그러나 그가 종신독재관이 된다고 선언했을 때, 파르티아 원정에 즈음해서 결국 왕위를 선언할 것이란 소문이 돌면서 카시우스·부르투스 등 원로원의 공화파 의원들에 의해 암살당한다(기원전 44년 3월 15일).

키케로는 공화정의 부활을 노리고 있었지만, 시민이나 병사 사이에는 카이사르에 대한 경애심이 높았다. 게다가 카이사르 사후 그의 신격화가 상당한 호응을 얻자, 그런 분위기를 이용한 추종 세력 안토니우스와 레피두스가 권력 장악을 노리게 되었다. 그런데 여기에 유언장으로 양자가 된 옥타비아누스가 시민 각층의 카이사르 지지파의 후원을 받아 득세하게 되자 결국 국가재건을 명분으로 한 제2차 삼두정치(기원전 43~36)가 결성된다.

키케로 등 반대세력이 숙청되고 레피두스도 제거되면서 권력구도는 옥타비아누스와 안토니우스의 대결로 압축되는데, 이탈리아를 거점으로 한 옥타비아누스가 이집트 여왕 클레오파트라 7세와 연합한 안토니우스를 물리치고, 한 세기 동안의 내전을 종결했다.

제국의 전성기

기원전 27년, 옥타비아누스는 전시에 주어졌던 군사상의 대권을 원로원과 국민에게 반환할 것을 신청하지만 오히려 원로원은 그에게 최고사령관직의 호칭을 주고, 절반 정도의 속주에 대한 총독권을 부여하여 그의 통치를 추인한다. 그리고 '존엄한 자'란 뜻의 아우구스투스란 칭호를 바친다. 아우구스투스는 연속하여 콘술에 취임하면서, 민중이 호의적으로 보는 관직인 호민관과 최고제사장을 겸직했다. 속주에 대해서도 명목상으로는 총독으로 되어 있지만 실제로는 대리인을 파견하여 통치했다. 기원전 23년에는 원로원 관할로 되어 있던 다른 속주에 대해서도 아우구스투스가 최고 명령권을 가지게 된다. 속주에서 거두어들인 세금은 '피스쿠스'라 불린 금고에 수납하여 국가의 재원으로 사용했다.

아우구스투스는 카이사르가 누렸던 독재관직에 취임하라는 요청을 계속 고사하면서 공화정을 중시하는 태도를 취했다. 겉으로는 자신이 공화정의 공직자 중 한 명에 지나지 않으며 어디까지나 '시민 중의 제1시민' 일 뿐 군주가 아니라고 했다. 또한 원로원과의 협의도 빠뜨리지 않고 콘술 등의 공직 선출도 계속했다. 그러나 공화정기의 주요 권력은 대부분 아우구스투스의 수중에 집중되어 있었다. 흔히 이 체제에 대해 제1시민의 지배 형태로서 '프린켑스 체제', 즉 '원수정'이라 부르지만 그 실상은 '위장된 군주정'의 모습이다.

아우구스투스가 누린 권력과 부는 공화정기의 어떤 실력자도 상상할 수 없는 것이었지만, 원수란 시민의 번영과 제국의 안녕을 위해서 모든 분야의 임무를 받아들여야 했다. 국경의 유지를 위해서 군단을 배치하고 군대의 급료를 지불하며 로마시의 치안도 책임을 졌다. 로마 시민의 생활 편익을 위해 이집트로부터의 곡물 공급에 만전을 기하고, 급수·방화·소음 방지에 이르기까지 신경을 썼다. 자신의 이름을 딴 포룸을 비롯하여 아폴로 신전 등의 여러 신전과 극장 및 그 밖의 장엄한 대 건축물을 건설하고, 야수나 검투사 경기·전차 경주·모의해전 등의 행사를 주재하여 시민의 오락을 위한 비용으로 거대한 자금을 계속해서 쏟아 부었다. 병사와 시민의 수당뿐만 아니라, 이탈리아와 속주 도시의 청원에 대해서도 재정지원이나 특권부여 등으로 응답해야 했다. 그리스·로마 사회의 오랜 전통에 바탕을 둔 유력자의 공공 희사금 제도를 역사상 최대 규모로 실현한 것이 아우구스투스였다. "벽돌의 로마를 대리석의 로마로 바꾸어 놓았다"는 말은 그가 죽은 후, 황실금고가 거의 바닥이 드러나는 모습으로 나타났다.

아우구스투스는 76년을 살았는데, 그의 오랜 통치 기간과 더불어 황제로서의 그의 위상은 점차 신성화되어 갔다. 이미 출발점에서부터 그는 암살 후 공식적으로 신격화된 카이사르(율리우스 가문)의 아들로서 이미 신성한 분위기를 몸에 지니고 있었다. 사실 현실의 권력이나 업적도 그를 위대한 존재로 부각하는 데 부족함이 없었다. 원로원 의원도 그를 볼 때에는 우러러 보는 듯 '존엄한' 자세를 취해야 했으며 종교 축제에서도 그의 이름이 불리었다. 그리고 무병장수 및 평안을 비는 제의가 끊임없이 집행되었으며, 생가와 기념물을 성역화하고 신격화된 조각상을 만드는 등 다양한 방법이 잇따라 실시되었다. 일반 시민의 눈에도 아우구스투스는 내란을 종식하고 평화와 번영을 가져다준 구세주로, 신에 버금가는 존재로 보였을 것이다. 속주에서는 이미 생전에 신으로서 예배되었다. 기원 14년 그가 죽자, 원로원은 공식적으로 그를 신으로 선언했다.

아우구스투스의 후계자는 양자 티베리우스였는데 부친의 권력이 거의 그대로 자연스럽게 계승된 것을 보면, 이미 아우구스투스의 지위가 거의 군주의 상황에 있었음을 뜻한다. 티베리우스는 아우구스투스가 누린 '국부' 칭호를 사용하지 않고, 지나친 존엄도 싫어하면서 원로원의 심의를 존중하는 자세를 보였으나, 실질적인 권력은 결코 놓으려고 하지 않았다. 그 이후에는 조카아들 칼리굴라가 이어받고, 이후에는 칼리굴라의 숙부 클라우디우스가, 그 다음에는 칼리굴라의 조카 네로 및 율리우스~클라우디우스 가계를 따라 대권이 계승되었다.

기원 1세기의 로마 역사가 타키투스에 의하면, 티베리우스 이후의 황제는 모두 군대의 지지를 얻어 대권을 획득했으며, 원로원이나 시민에게는 제멋대로 횡포를 부리다가 모두 암살 등으로 비명횡사했다고 한다. 칼리굴라가 암살당했을 때, 한차례 시도된 것으로 전해지는 원로원 주도의 공화정 회복 시도 역시 곧 진압되면서, 제국으로 발전한 로마에는 이른바 원수정 체제 이외에는 해답이 없다는 것이 자연스럽게 받아들여지기 시작했다. 민회는 거의 정지되고 콘술의 선임에도 황제의 의지가 크게 작용하는 등 권력은 1인에게 집중되어 있었다. 이제 황제의 통치 아래에서 치안이 확립되고, 시민의 생활이 보호되고, 수도 로마의 외관도 아름답게 장식되었다. 이런 평화를 누리는 원로원 의원이나 기사 계층 등 제국의 상층 집단은 각각 출신 도시에서 유력자로서 공공헌금 제도에 기여하면서 로마의 번영에 동참했다.

네로 황제는 말년에 폭정에 빠지면서 원로원과 군대의 반감을 사서 내란이 일어난다(68~69). 비테리우스·오토·갈바 등이 차례로 로마나 속주에서 원수를 칭하며 일어나자, 네로는 결국 자살하고 마지막에는 동방에서 유대반란을 진압하던 베스파시아누스가 승리를 거둔다. 그는 이탈리아의 작은 도시의 명문가 출신의 군인이었다. 황제 지배체제는 그대로 받아들여졌다.

그의 사후에는 아들 티투스가, 그 다음에는 티투스의 동생인 도미티아누스가 계승하면서 플라비우스 왕가를 성립한다. 이미 클라우디우스 치세하에서 브리타니아(오늘날의 잉글랜드 섬)를 속주로 만들었는데, 이제 라인·다뉴브강을 대략의 북쪽 경계선으로 하여 동쪽으로는 시리아, 남쪽으로는 사하라 사막에 이르는 대제국이 건설되었다.

내란이 진압되고, 국경에 배치된 군단이 평화를 지키자, 이탈리아가 정치·경제의 중심이 되었으며 행정체계도 정비되었다. 속주에 파견된 총독은 비록 소수의 인원으로 통치했지만, 도시를 장악함으로써 효율적인 통치를 수행했다. 이 무렵에 로마시의 콜로세움과 팔라틴 언덕의 대저택도 완성되었다.

도미티아누스는 십여 년간의 통치 기간에 자칭 '주인이자 신'이라 칭하면서 원로원 의원을 억압하다가 결국 암살당한다. 다음 황제는 원로원이 주도권을 쥐고 선택했는데, 고령의 군 경험이 없는 원로원 의원 네르바가 추대되었다. 그는 도미티아누스 암살에 분노한 군대의 위협을 받기도 했으나 명망 높은 장군 트라야누스를 양자로 두면서 안정을 회복했으나 곧 급사한다.

트라야누스는 순조롭게 권력을 계승하여 동방과 북방의 영토를 확대하고, 아르메니아와 메소포타미아를 정복했으며, 또한 도나우강을 넘어 광대하고 금이 풍부한 다키아(오늘의 루마니아) 지역을 속주로 만들었다. 이제 로마 제국은 사상 최대의 크기가 되었다. 로마시에서는 아름다운 포룸(트라야누스 포룸)이 건설되고 플리니우스처럼 뛰어난 원로원 의원이 총독으로서 열심히 일했다.

트라야누스 다음에는 하드리아누스가 역시 양자 형식을 취해서 즉위한다. 그는 트라야누스파의 원로원 의원 일단을 처형하는 등, 일시적으

+ 로마 제국 전성기의 영역

로 폭력적인 성향도 있었지만, 제국의 체제를 견고히 하는 중요한 역할을 수행했다. 그는 통치 기간의 반을 제국 각지를 순회하는 데 소비하고, 정복 전쟁을 중단하면서 동방으로의 팽창정책도 중지하고 제국의 내정에 충실을 기하는 것을 통치의 기본 지침으로 삼았다. 그리고 속주의 안정을 위해서는 자금 지원을 아끼지 않은 채, 아테네·에페소스 등 여러 도시를 도왔다.

하드리아누스 치세하에서 제국의 경제활동은 전성기를 맞이했다. 변경에도 도시화가 진행되었으며 그리스·로마식의 문화와 생활이 확산되었다. 그는 법률을 정비하여 제국의 주민을 계층별로 구분하고, 통일된 법에 의한 지배를 관철하려고 했다. 기사 신분의 법학자들이 기존의 법과 칙령에 대한 연구와 편찬을 주도했다. 행정면에서는 원로원 의원뿐만 아니라 기사 출신의 유능한 관료도 참여하는 황제의 고문단이 통치를 도왔다. 이렇게 하여 제국의 주민은 황제에 의해서 통치되는 측면이 강해지고, 위로는 원로원 의원에서부터 기사 계층, 속주도시의 참사회 의원 및 평민으로 계층화되어 상하 간의 신분 차이가 커지면서 마침내 로마의 전통적인 도시국가적 요소도 상실되어 갔다.

다음의 안토니누스 피우스는 23년이란 통치 기간 동안, 거의 이탈리아를 떠나지 않고 하드리아누스의 현상유지 정책을 충실히 지켰다. 그 뒤를 마르쿠스 아우렐리우스가 이었다. 네르바에서부터 마르쿠스 아우렐리우스까지 오는 과정은 선임자가 살아 있을 때, 원로원 의원 중 유능한 인재를 양자로 삼아 미리 후계자를 준비해 두는 방법이었다. 마침 로마 제국에 평화와 번영이 실현되어 있던 참이라 이 시기는 로마 역사상 최고의 현명한 군주들, 즉 '5현제 시대'라 불린다. 그것은 한편으로 사실이기도 하지만, 실제로 안토니누스 피우스에 이르는 4명의 황제들에게는 자신의 아들이 없었기 때문에 할 수 없이 외부에서 후계자를 물색했던 것이다. 그런데 아들이 있는 마르쿠스 아우렐리우스의 경우에는 망설이지 않고 아들 콤모두스를 후계자로 선택했다. 로마에서는 혈통에 의한 계승이 역시 최우선이었던 것이다. 또 '5현제 시대'에도 제국의 재정압박, 세금부담의 증가로 인한 경제활동의 둔화, 게르만·파르티아 등 이민족의 국경 침입, 전염병(흑사병)의 창궐로 인해 2세기 동안의 '팍스 로마나'의 평화와 번영이 서서히 막을 내려가고 있었다. 콤모두스가 폭군이 되어 살해당하자, 다시 원로원과 각지의 군단이 옹립하는 장군들 사이에 내란이 발생했다.

아프리카 출신의 셈족 계통인 셉티미우스 세베루스가 황제로 즉위한 후, 그의 가계 4명이 차례로 대를 이었다. 세베루스는 로마의 전통에 얽매이지 않는 현실적인 정책을 시행했다. 원로원으로부터 정치·군사 권력을 빼앗고, 오로지 기사 출신만을 등용했다. 제국의 수도 로마와 이탈리아가 속주 위에 군림했던 종래의 체제를 고쳐, 이탈리아도 행정상으로는 속주와 동일하게 만들었다. 이탈리아인으로만 구성된 황제 친위대도 해산시켰다. 이밖에 군사력을 증강하고, 그런 목적을 위해 징세제도를 강화했다. 도시와 상인에 대해서도 개입과 통제를 강화해서 강제적으로 조합을 만들게 한 후, 일정 부담을 지게 했다. 그래서 제국의 경제와 문화의 균등한 발전을 위해 핵심적인 역할을 해온 도시가 가혹한 수탈의 대상이 되었는데, 그것은 또한 도시의 번영을 위해 노력해 온 상층시민의 몰락을 가속화하는 과정이었다. 세베루스의 아들 카라칼라 황제는 기원 212년에 황제 칙령으로 제국 내의 모든 자유인에게 로마 시민권을 주었다. 그 칙령의 목적은 징세 강화였는데, 그것이 제정·반포된 의미는 로마 제국이 이제 완전히 도시국가적 틀을 벗어 버렸다는 것을 뜻한다.

알렉산더 세베루스는 군대를 배려하는 데 등한시하여 235년에 암살된다. 이후 트라키아 태생의 거구로 원로원 의원도 아닌 일개 병사 출신의 막시미아누스가 잠시 제위에 올랐지만 곧 살해당한다. 이른바 '군인 황제 시대'가 도래한 것이다. 결국 284년까지, 정식으로 황제가 된 인물은 26명인데, 그중 24명은 전사하든가 살해당한다.

이밖에 갈리아 등지에서도 수십 명의 자칭 황제가 나타났는데, 때로는 제국이 분리되는 일도 있었다. 기원 270년대에는 복속국인 시리아의 왕이 소아시아와 이집트까지 지배했다. 많은 황제들이 다뉴브 하류 지역이나, 일리리아, 판노니아 등지의 속주 병사 출신이었으며, 수도 로마 에 대한 이해라든가 그리스·라틴 문자를 읽을 수 있다는 의미에서의 문화인이란 기준과는 전혀 관계없는 인물들이었다.

국경은 이민족에 의해 유린당하고, 전란은 끊이지 않았으며, 여러 도시가 적·아군의 할 것 없이 싸우는 군대에 의해 약탈당했다. 거기에 도시에 대한 세금 요구는 더욱 강해지고, 군대의 물자조달 방식도 폭력적으로 변질되었다. 부유한 시민층은 몰락하고, 참사회 의원 출신 역시 견딜 수 없었다. 제위 투쟁은 도시를 중심으로, 그리고 도시에 대한 장악력을 다투는 방향으로 이어졌다. 이제 최상층의 시민도 도시를 버렸다. 그들은 전원에 호화로운 빌라를 짓고 대 영지를 직접 경영했다. 토지 잃은 농민, 몰락한 시민, 도시를 빠져 나간 해방노예 등이 이들 영주에게 몸을 의탁하면서 소작인 계층으로 전락해 갔다. 도시에서는 문화도 쇠퇴하는 모습이었다. 제국 전역에서 속주 등지에 남아 있던 토착 문화가 다시 부활하기 시작했다. 켈트 문화나 이집트의 콥트 문화가 대표적인 경우였다.

기원 2세기 이후에는 국경 군단의 군사가 대체로 현지에서 징발되었기 때문에, 제위 쟁탈전은 결국 여러 속주민 사이의 싸움이었다. 제국이란 통일의식도 희미해지고, 분열화의 경향은 더욱 강해졌다. 제국 안에서 자유로운 이동도 어렵고, 경제활동은 지방의 작은 시장을 중심으로 일부 남아 있는 정도였다. 특히 황제를 칭하는 인물들이 스스로 화폐 발행을 남발했기 때문에, 결국 화폐가치의 저하가 더욱더 악화되어 심지어 병사의 급료조차 현물로 지급하는 현물경제의 시대가 도래했다. 진실로 제국의 위기란 심각한 것이었다. 이 '위기의 3세기' 동안 제국의 도처에서 도시는 가혹한 약탈로 인해 급격히 쇠퇴해 갔지만, 이탈리아나 동방의 경우에는 도시가 오히려 한층 활력을 유지하고 화폐경제도 크게 발달했다. 갈리에누스나 아우렐리아누스 등 다소 오랫동안 재위에 있었던 황제들은 군사개혁도 행하고, 이민족의 침입도 막았다. 관료나 법학자들은 황제가 바뀌어도 자율적으로 자신의 임무를 수행하여 전체적으로는 행정의 파탄은 면할 수 있었다.

한편, 종교의 역할에 주목하여 특정 신앙을 강요하고, 제국 통치의 정신적 지주로 삼으려고 한 황제도 있었다. 그리스도교는 더욱 도시를 중심으로 중·하층의 사람들 사이로 확산되어 갔다. 미트라교 역시 황제나 군대의 지지를 얻었다. 여기에 덧붙여 동방의 밀의 종교들이 강세를 떨쳤는데, 엘리트층이 주된 수요층인 철학의 경우에도 신비적 요소를 가미한 신플라톤주의가 유행했다.

제국 말기, 기독교에 의지하다

기원 284년에 이르러, 새로 권력을 장악한 디오클레티아누스에 의해 '위기의 3세기'는 종지부를 찍었다. 그는 공동 황제제도로서 '4분통치' 체제를 만들어, 제국의 분열을 막는 데 성공했다. 그는 황제 권력을 강화하기 위해 신적 권위를 칭호에 덧붙여 '쥬피터의 화신'이라 칭했다. 그리고 과거의 전통 이념에 충실하고, 수도로서의 기능은 이미 상실해 버렸지만 의식을 위해서는 로마시를 반드시 방문했다. 그는 오리엔트식의 배례(꿇어앉아서 취하는 예)를 요구하고, 칭호에는 주인을 뜻하는 '도미누스'란 말을 덧붙였다. 이른바 '도미나투스' 체제의 전제군주정이 확립되었다. 군대를 증강하고, 인플레를 막기 위해 징세 체제를 통일함으로써 재정의 안정을 도모했으며 행정구획도 정비했다.

디오클레티누스는 치세 말년에 종교정책을 강화하고, 그리스도교에 대한 박해를 명령했다. 20년 동안의 통치 후, 그는 스스로 물러났지만, 제국은 곧 다시 혼란에 빠졌다. 콘스탄티누스와 리키니우스의 연합이 승리하고, 이들의 공동 명의로 그리스도교를 공인하는 밀라노 칙령이 반포되었다(313). 이것은 대항 세력인 막시미아누스가 그리스도교를 박해하고 있었기 때문에 시행된 조치로, 종교문제라기보다 패권 쟁탈전에서의 민심을 얻기 위한 선전전의 양상을 반영하고 있다. 마치 미국의 남북 전쟁에서 유럽의 여론을 등에 업기 위해 북부의 링컨이 노예해방령을 내놓은 것과 같은 측면이라 할 수 있겠다. 그 후 콘스탄티누스와 리키니우스 사이에 불화가 생겨, 동방의 리키니우스는 그리스도교 박해를 재연했다. 324년에 이르러 콘스탄티누스가 최종적인 승리를 거두고, 제국의 유일한 권력자가 되었다. 그는 티오클레티아누스의 정책을 거의 전적으로 답습하고, 전제정을 수립하여 계층적 관료제 사회를 완성해 갔다.

한 세기 동안의 혼란을 겪은 사회는 이념이나 명분이 아니라, 힘이 있는 곳에 기대려고 했다. 곧 황제권력에 의지해서 출세하려는 사회적 분위기가 형성되었다. 도시에서는 공익을 위한 헌금을 내놓는 시민층이 줄어들고, 황제의 관리들에 의한 지배가 강화되어 갔다. 노예제가 존속되었지만, 하층민의 신분·직업·거주지를 고정시키는 경향이 강해지고, 콜로누스를 토지에 묶는 칙령도 나왔다. 동방의 알렉산드리아나 안티오키아 같은 도시는 더욱 번영을 이루고 있었지만, 서방은 '3세기의 위기'의 상처에서 회복하지 못한 채, 전원의 대귀족들이 중심을 이루는 사회로 변질되면서 제국의 통일성마저도 느슨해지는 경향이 강해졌다. 그런 틈새에서는 분명히 게르만의 진출 및 그들과 로마 귀족 사이의 협동·융합이 가능해지고 있었다.

콘스탄티누스가 그리스도교에 호의를 가지고, 스스로 개종한 것은 죽기 직전이었다. 그러나 그는 이미 생전에 교회의 후원자로서 행동했으며, 성직자에게 특권을 주고 교의의 통일도 시도했다. 교회 역시 황제에게 접근하려고 했으며, 상류층에 대한 개종도 진행되었다. 콘스탄티누스는 유럽과 아시아의 접점에 있는 비잔티움에 새로운 도시, 즉 '콘스탄틴의 도시'인 콘스탄티노플을 건설했다. 생산력이나 도시의 활력, 그리고 군사방위란 측면에서 동방 지역이 결국 제국의 중심을 이룰 수밖에 없었기 때문이다. 콘스탄티노플은 '새로운 로마'라 불리며, 원로원도 설치했다. 그리고 무엇보다도 눈에 띄는 것은 새로운 수도가 그리스도교의 도시였다는 점이다.

콘스탄티누스의 일족은 동족상잔의 심한 살육도 있었지만, 후계자인 콘스탄티우스 2세는 안정된 통치를 계속했다. 그는 살아남은 형제들에게 서방을 맡겼는데, 종형제인 율리아누스가 군대의 옹립을 받아 갈리아에서 반란을 일으키자, 진압 준비를 서두르다가 급사했다. 고대 세계에서 가장 음모를 잘 꾸민 인물 중의 한 사람인 율리아누스는 반그리스도교 정책을 펼쳤으나, 충분히 통치할 시간도 없이 페르시아 원정에서 전사하자, 그리스도교를 기반으로 하는 전제정 체제가 다시 지속되었다. 발렌티니아누스 1세와 그 일족이 제위에 있던 시대에는 서방과 중앙부로 들어온 고트족의 침입이 심각했고, 378년에는 아드리아노플 전투에서는 발렌스 황제가 전사했다. 아버지의 뒤를 이은 새로운 황제 그라티안은 동방을 장군 테오도시우스에게 맡기고 서쪽의 밀라노 등지에서 대세를 만회하려 했지만, 반란으로 살해당하자, 제국의 서방 지역은 정부 자체가 혼란하여 게르만 출신의 장군과 군대에 전적으로 의지하지 않을 수 없었다.

한편 동방에서 발렌스를 계승했던 테오도시우스는 얼마간의 통치 후, 전 제국을 그의 지배하에 두었으므로, 흔히 테오도시우스 '대제'라 불린다. 그러나 친그리스도교 정책을 강화하면서, 동·서의 재통일에 노력했던 테오도시우스 황제도 395년 밀라노에서 죽는다.

테오도시우스의 사망 후, 제국은 다시 통일되지 못했다. 그는 제국을 두 아들에게 분할하여 주었는데, 18세인 아르카디우스에게는 동방을, 11살에 불과한 호노리우스에게는 서방을 맡겼다. 그러나 동로마와 서로마의 관계는 점차 소원해지고, 특히 서방에서는 새로운 게르만 부족과 훈족의 침입으로 인해 제국의 지배권이 이탈리아로 제한되어 갔다. 호노리우스의 계승자는 발레티니안 3세였는데, 이후의 황제들은 실권자인 장군들의 꼭두각시에 불과했다. 그래서 일련의 하루살이 황제들은 대부분 살아남는 것이 주 임무여서 자신의 정치적 이익을 찾는데 급급했고, 게르만 장군과 군인들을 고용하여 국경을 넘어 홍수처럼 쏟아져 들어오는 반 문명화된 민족 집단의 물결을 저지하려는 정도였다.

로마황제 중의 마지막인 로물루스 아우구스툴루스는 마침내 고트족 지배자로 대치되었다(기원 476). 물론 이후에도 동로마 제국은 1,000년을 더 존속했으므로, 이것이 로마 제국의 종말을 뜻하는 것은 아니다. 하지만 한 가지 분명한 것은 고대 지중해 세계를 중심으로 펼쳐졌던 로마 제국의 역사가 이제 새로운 다음 시대로의 전환을 맞이하고 있음을 보여주는 것이다.

'세계 제국'의 구조와 문화

로마 제국을 이해하는 방법에는 여러 가지가 있을 것이다. 여기서는 제국의 구조와 문화를 살펴본다. 먼저 로마 제국이 운영된 구조적 특징은 다음의 몇 가지 특징을 지닌다.

첫째, 3대륙에 걸친 제국의 크기이다. 로마 제국은 2세기경에 에스파냐의 대서양 해안에서 흑해까지 그리고 영국 북부에 있는 하드리아누스 황제의 성벽에서 흑해까지 그 영토를 확장하는 등 그 절정기에 이르렀다. 로마 제국의 거대한 면적은 미국 대륙의 절반이 넘는다. 로마 제국이 점령했던 영토는 지금 20개 이상의 민족국가들에 의해 분할되어 있다. 인구는 대략 5~6천만 명으로 당시 세계 인구의 1/5을 이루고 있었다. 이런 특징들로 인해 현대 학자들이 로마를 '세계 제국'이라 부른다.

둘째, 흔히 잘 알고 있는 '로마의 평화'의 의미이다. 역사상 제국은 많았으나 로마처럼 오랜 평화를 유지한 제국은 없었다. 그러나 그런 평화를 위해 로마 역시 막대한 유지 비용을 지출했다. 2세기에는 대략 300,000명의 뛰어난 군인들이 장기간 복무를 하는 직업군대가 국경지역에 주둔하면서 로마 제국을 방어했다. 이 군대는 아마도 중앙정부의 예산에서 가장 큰 위치를 차지하는 단일요소였을 것이다. 그러나 제국 내의 일반적인 평화 때문에 방어 비용은 이전에 있었던 독립적인 정치체제가 지출했던 총비용보다 실질적으로 절약되었다. 로마의 평화의 유지비용은 이전의 경쟁적인 부족과 왕국들 사이의 전쟁 비용보다 훨씬 적었다.

셋째, 농업의 저생산성과 인구분산 문제이다. 다른 대규모의 고대 제국들과는 달리 로마 제국은 매우 생산성이 높은 관개농지의 중심 지역이 없었다. 대신에 로마 제국은 건지농업이 지배적이었고, 따라서 농업생산은 일반적으로 저조했다. 그래서 인구가 광범위하게 분산되었고, 시장이 서는 도시들 간의 거리는 중국이나 메소포타미아의 중심부에서의 거리보다 더 멀었다. 따라서 정치적 지배, 교통, 통합의 문제들은 산업화 이전의 다른 제국보다 로마 제국에서 더욱 심각했다. 결국 로마의 중앙은 허약했다.

넷째, 지정학적 이점과 제국의 통합 문제이다. 로마 제국은 위에서 언급한 약점들을 상쇄할 수 있는 매우 큰 지정학적 이점을 지니고 있었다. 지중해는 제국의 호수였으며, 이집트를 정복한 이후 지중해 지역에서 해적들은 효과적으로 소탕되었다. 그래서 상선들은 무역을 할 수 있었고, 식량과 상품을 수송할 수 있었다. 그러므로 로마의 상황에서 바다를 통한 운송가격은 대략 육로운송가격의 1/60, 강을 통한 운송 비용의 1/6 정도였다. 운송 비용이란 측면에서 보면 로마시는 밀라노보다 알렉산드리아에 더 가깝다. 바다가 제국을 결속시켰던 것이다. 제국이 하나의 단일한 정치조직체로 지속될 수 있었던 주요인은 바로 값싼 해상수송과 바다를 통한 손쉬운 통일이었다.

다섯째, 도시의 정치·경제 네트워크이다. 로마 제국에서는 특히 지중해 해안을 따라 전례 없는 수준의 도시화가 진행되었다. 로마시에만 기원전 마지막 세기부터 대략 100만의 인구가 거주하고 있었다. 로마시는 상품뿐만 아니라 인간도 소비했다. 로마는 무역의 중심지일 뿐만 아니라 상상의 도시였다. 로마시는 고립되어 있는 대도시가 아니었다. 그것은 그 지류에 해당하는 도시들의 네트워크에 의해 뒷받침되었다. 해안 네트워크에 속해 있는 몇몇 도시들은 상당한 규모인데, 그중 알렉산드리아, 안티오크 그리고 카르타고에는 각각 100,000~500,000명 정도의 인구가 있었다. 로마의 도시들은 부분적으로는 소비도시이며 또 행정의 중심지였다. 그리고 크고 작은 많은 로마의 도시들은 틀림없이 생산이나 편의시설의 제공 면에서 경제적 기반을 가지고 있다. 그런 경제적 기초가 없다면, 전반적인 도시 네트워크가 어떻게 수세기 동안 유지될 수 있었겠는가? 기원전 2세기 이래 급작스런 해외팽창이 시작되면서 서부 속주에서 계속되었던 도시의 발달은 르마 제국의 통치와 지배적인 문화모방의 직접적인 산물이었다.

여섯째, 정치체제(안정된 군주정, 허약한 귀족정, 권리를 박탈당한 민중)를 살펴본다. 로마의 정치체제는 분명 군주정이었다. 그러나 로마의 황제들은 절대권을 지녔지만, 정치적 외관의 빈약함은 황제들이 그 통제권을 유지하기 위해 계속해서 사용한 폭력에 의해서 역설적으로 반증된다. 폭력은 효율적인 권한이 아니라 실패의 지표이다. 그리고 로마 중앙정부는 상당한 권력을 위임하기를 꺼려했으며, 피지배층 인민의 지지를 요청하고 확고히 하려는 노력이 없었다. 로마정부는 제국의 주민들이 자신들을 로마인으로 생각하게끔 이끌지 못했다. 로마정부는 로마화라는 전반적인 정책을 실행에 옮길 의지를 결여하고 있었으며, 재원도 없었다.

일곱째, 낮은 세금과 화폐주조 문제이다. 로마의 저술가들 자신이 천명한 것처럼 세금은 로마 제국의 신경이자 중추였다. 세금은 국가를 부양했던 것이다. 그러나 중앙정부로 전입된 세금은 아마도 국내 총생산의 10%에도 미치지 못했을 것이다. 비록 로마 중앙정부로 전입되는 세액이 낮았다 하더라도 그것은 반드시 농민이 징세 부담을 가벼운 것으로 느꼈음을 의미하는 것은 아니다. 로마인에 의해 정복된 속주에서는 이전에 결코 세금이 징수된 적이 없거나 혹은 거두어진 세금 모두가 속주 내에서 소비되었지만 이제 갑작스러운 세금의 부과와 속주 외부로 반출됨으로써 커다란 혼란이 초래되었음이 분명하다. 이 간략한 설명은 복잡한 논증의 몇 단계를 압축한다. 첫째, 대부분의 세금은 화폐로 부과되었거나 지방 도시에서 빠르게 화폐화 되었음이 분명하다. 둘째로 로마의 주조소가 막대한 양의 은화를 주조했으므로 그 은화들은 지중해 유역 전역에 걸쳐 유통되었을 것이다. 셋째, 촌락이나 도시에서 징수된 대부분의 세금은 도시 외부에서 소비되었다. 실제로 적은 수의 병사들이 주둔했던 제국의 내륙 속주에서 거두어진 대부분의 세금은 속주 외부에서 소비되었다. 이것이 세금을 부과한 이유인데, 주로 속주민에게 편의를 제공하는 데 쓴 것이 아니라 로마인 자신이 쓰기 위해서, 즉 그들의 특권적인 생활양식을 지속하기 위함이었다. 로마 제국은 착취 제도로 시작했고 그렇게 끈질기게 버텨 나갔던 것이다.

마지막으로 문자에 의한 상하 계층의 문화적 통합이 있었다. 라틴어 문자는 광범위한 지역에 산재해 있는 상류계급에게 공통의 의사소통의 수단을 제공해 주고 지중해유역을 가로질러 정치적 엘리트의 통합을 강화시켰다. 그러나 문자는 상류계급에만 한정되지 않았다. 1세기 중엽 로마령 이집트의 한 촌락에서는 총인구의 10%에 해당하는 100명 이상의 성인남자가 그리스어나 이집트 민용 문자를 쓸 수 있었다. 이는 이전의 이집트 사회보다 높은 비문맹자 비율이다. 문자 해독률의 성장은 외국 정복의 산물이다. 로마 정부는 토지소유권, 예를 들어서 임대차 계약이 정복자의 법정에서 소송 가능하다고 주장했다. 자기 보호에서건 아니면 정복자의 모종의 권력을 빌리기 위해서였든 간에 중요한 소수의 촌락민은 읽고 쓰는 법을 배웠다. 로마 제국이 궁극적으로 그리스도교를 채택함으로써 이전에 없었던 것, 즉 종속민의 충성심을 결속할 수 있는 지배적인 상징을 얻게 되었다. 그러나 그것은 너무 늦게 도래했으며 당시의 그리스도교는 헌신적인 신자들에게 로마 제국의 존속을 지지하는 것보다는 개인의 구원을 추구토록 장려했다. 결국 그리스도교의 이러한 메시아니즘은 한 문명이 멸망하고 새로운 문명이 등장할 때까지 과도기 사회를 이끌어 가는 새로운 세계관을 형성했고 이후에 서양사의 또 다른 한 시대인 중세사회의 정신적 기반이 되었다.

Chapter 05

중세유럽의 형성

'중세'의 개념과 시대구분

중세란?

고대 사회에서 중세로의 이동은 대체로 5세기에 해당한다고 할 수 있으며 진정한 의미의 유럽은 이 시기에는 존재하지 않는다. 지중해 세계를 통합했던 서로마 제국의 몰락과 게르만족의 이동은 정치적 공백기와 서양문화권의 분할을 초래했다. 즉 이슬람문명권이 성장했으며 동로마 제국에서는 로마 제국의 전통을 부분적으로 흡수한 비잔틴 제국의 문명권이 존속하는 동시에 서로마 제국의 영역을 점령한 여러 게르만 국가들은 독특한 유럽문명권을 형성하기 시작했다.

중세라는 용어는 15세기 인문주의 운동의 확산이라는 배경 속에서 탄생했다. 다시 말하자면 중세라는 용어는 게르만족의 침입에 의한 고전고대의 문화와 예술의 파괴를 의미하는 동시에 고전고대의 종말을 알리는 인문주의에 의해 부정되고 비판되는 개념으로 등장했다. 이는 고전고대와 당대의 중간 시기에 해당하는 새로운 시대의 시작을 알림과 동시에 암흑과 야만의 시대라는 의미를 내포한다고 할 수 있다. 15세기 이탈리아의 인문주의자들은 고전고대의 문화를 찬양함과 동시에 자신들의 시대를 새로운 시대로 주장하기 시작했으며, 특히 중세의 고딕예술과 스콜라철학은 계몽주의에 의해 신랄한 비판을 받게 되었다. 그뿐만 아니라 북유럽 인문주의자들은 진정한 종교적 이상과 신학의 파괴가 게르만족의 침입에 의한 것이 아니라 중세의 수도승에 의한 것으로 이해했으며, 고전고대 학문의 재발견을 통해 초기 그리스도교 정신으로 되돌아갈 것을 주장했다.

르네상스 인문주의자들과 계몽사상가들은 중세의 시작을 게르만족의 대이동기와 기존 고대 질서와 문화가 파괴되는 서로마 제국의 몰락(476)인 5세기로, 근대의 시작을 보편주의적 그리스도교에 의한 강한 통제에서 벗어난 개인주의와 세속주의에 바탕을 둔 개인과 세계의 재발견이 진행되던 15세기로 보고 있는 점은 동일하다.

그러나 이러한 관점과는 달리 앙리 피렌느는 카롤루스 마그누스가 교황 레오 3세에 의해 서로마황제로 대관식을 치렀던 800년을 중세의 시작을 알리는 상징적 사건으로 간주했다. 크리스마스에 이탈리아의 성 베드로 대성전에 참석한 카롤루스 마그누스는 교황 레오 3세에 의해 '로마인의 황제'라는 칭호를 수여받았다. 이로써 프랑크족 왕인 카롤루스 마그누스는 로마 제국의 전통을 회복했으며 세속 군주와 교황과의 상부상조라는 중세사의 특징을 마련했다. 동시에 로마 제국을 멸망시킨 게르만족 출신의 왕이 교회로부터 합법성을 인정받음으로써 교회를 보호하는 임무를 떠맡게 되었다. 이는 962년 오토 1세로부터 시작되는 신성로마제국의 전통에까지 닿는다고 할 수 있다.

앙리 피렌느에 따르면 이슬람 제국의 지중해 정복으로 실질적인 고대 세계의 본질과 특징이 파괴된 시기가 바로 8세기이며 비잔틴문화, 이슬람문화와 어깨를 나란히 할 수 있는 고전고대 문화와 그리스도교적 요소, 게르만적 요소가 융합된 서유럽 문화가 형성되었다는 것이다. 즉 로마의 정치·경제 제도를 계승한 게르만족들이 자신들만의 고유 관습과 통합해 독창적인 제도와 문화를 창조하게 되지만, 이슬람 세력과 바이킹들의 침입으로 서유럽의 정치조직은 지방분권화가 진행되고 이러한 정치적 혼란 속에서 자신의 생명과 재산을 보호해 줄 힘이 있는 자에게 의탁과 동시에 그 반대급부로써 정치·군사적 의무를 다하는 주종관계를 맺게 되었다는 것이다.

이처럼 시대의 성격과 역사가의 관점에 따라 중세의 시작과 끝을 해석하는 견해는 달라질 수 있다. 그러므로 1940년대부터 『케임브리지 중세사』에서는 로마 제국의 마지막 황제인 로물루스 아우구스툴루스가 게르만 용병대장인 오도아케르에 의해 폐위된 476년부터 1500년경까지 약 1000년간을 중세로 규정했으며 이 구분법을 따르는 것이 보편적이다.

중세의 시대구분

5세기에서 15세기에 이르는 1000년은 중요한 발전과 급격한 변화를 기준으로 크게 세 시기로 구분할 수 있다.

먼저 서로마 제국의 붕괴(476) 이후 불안정기와 혼란기를 거쳐서 중세 유럽의 기본적 틀이 형성된 시기, 즉 게르만족 이동으로부터 프랑크왕국을 중심으로 유럽 사회의 질서가 재편되고 안정화된 다음 대외 팽창을 시도하는 10세기경까지이다. 이 시기는 무엇보다 통치관념에 종교적 기반이 부여된 피핀의 도유식(751)~카롤루스 마그누스의 대관식(800)~오토 대제의 대관식(962)으로 이어지는 그리스도교와 세속권의 결합이라는 중세사의 특징이 두드러지고 있다.

또한 로마의 몰락 이후 안정을 되찾아가던 8~9세기에는 프랑크왕국과 수도원의 후원 아래 '카롤링 르네상스'가 나타났다. 이는 학문의 부흥, 이른바 성직자들에 의해 설교와 종교 교육을 통한 위로부터의 사회개혁 운동이라는 성격을 지닌다. 게르만족의 일부인 프랑크족의 살리아파 출신의 클로비스는 쿠데타에 성공해 프랑크왕국을 건설했는데 그리스도교로의 개종을 통해서 로마 갈리아 귀족과의 융합을 추구했다.

프랑크왕국의 최고 전성기를 마련했던 카를루스 마그누스 사후, 843년 베르됭조약과 870년 메르센조약으로 프랑크왕국은 삼분되었으며 오

+ 베르됭조약(좌) / 메르센조약(우)

늘의 프랑스·독일·이탈리아의 기원이 되었다. 또한 가속화된 혼란 속에 주종제와 고전장원제가 수립되었으며 10세기에 이르면 유럽사회가 이민족들의 침입으로부터 벗어나 대외적인 팽창을 시도하기도 한다.

두 번째 시기는 11세기부터 13세기까지에 해당되는 중세의 전성기이다. 정치적으로 현대 유럽 국가들의 기틀이 마련된 시기이며 동시에 교황권과 황제권이 대립과 타협을 반복하면서 발전했다. 사회·경제적으로는 토지를 매개로 하는 장원경제에서 교환경제와 상업이 활발해지며 도시와 시민층이 성장하는 시기이다. 또한 종교적으로는 그레고리우스 7세를 비롯한 교황들에 의해 교회 내부의 개혁 운동이 적극적으로 추진되며 교황권의 확립을 위한 시도가 이루어진다. 그뿐만 아니라 십자군 전쟁으로 라틴 그리스도교 세계가 팽창하기 시작했으며 교회의 세속화에 대한 반발로서 초대교회의 복음주의적 청빈 생활로 복귀하려는 교회 개혁 운동이 수도원을 중심으로 일어나 탁발수도사들의 활동이 활발하게 나타나고 있다. 이와 동시에 스콜라철학과 고딕예술의 발달이 이루어졌으며 중세 대학의 탄생을 찾아볼 수 있다.

마지막으로 '중세의 가을'이라는 호이징가의 표현처럼 중세의 위기와 해체가 전개됨과 동시에 근대로의 이행이 이루어지는 14~15세기이다. 귀족들의 정치 세력이 약화되고 교황권이 쇠퇴함으로써 국민왕정이 형성된다. 특히 14세기 중엽에는 프랑스와 영국이 백년전쟁(1337~1452)에 돌입함으로써 국민의식이 싹트기 시작했다. 15세기에 이르러서는 봉건 제후들의 세력이 억제되는 것과는 달리 중앙집권적 정치체제를 갖춘 강력한 왕조가 등장한다. 또한 흑사병으로 인한 인구 감소와 이에 따른 노동력의 부족은 유럽 사회·경제의 동요를 가져왔다.

프랑크왕국의 성립과 비잔틴 제국

프랑크왕국

5세기 초 북갈리아에 진출한 프랑크족의 살리아파 출신의 클로비스는 468년 서로마 제국의 마지막 사령관인 시아그리우스를 물리치고 쿠데타에 성공했다. 클로비스는 고트족과는 달리 로마와 분리된 그들만의 고대적 전통을 내세우기보다는 로마 전통과의 공통성을 강조했다.

493년 클로비스는 부르군드의 왕녀인 클로틸드와 결혼하여 그리스도교로 개종함으로써 갈리아·로마 귀족들의 협조를 효과적으로 확보했으며, 프랑크인과 로마인의 동화가 순조롭게 진행되어 새로운 사회를 건설하는 작업은 활기를 띠게 되었다. 클로비스가 그리스도교로 개종한 것은 게르만족의 그리스도교화의 계기가 되었을 뿐 아니라 세속 군주권과 교황권의 부단한 제휴와 분쟁이라는 중세사의 특징을 만드는 출발점이 되었다. 프랑크왕국과 교황권의 동맹은 프랑크왕국의 몰락까지 계속되었으며 이러한 관계는 중세 서유럽의 독특한 문화가 발전할 수 있는 중요한 전기가 되었다.

클로비스는 로마의 정치 유산인 집정관이라는 칭호와 키비타스(civitas, city)를 비롯한 로마의 행정조직과 교회조직을 그대로 유지하여 게르만족의 군사조직과 로마의 행정체계가 공조하는 이원적 지배체제를 이루었다. 중세 봉건제도의 주종제 역시 로마의 피보호제와 게르만의 종사제라는 관습에서 그 기원을 찾아볼 수 있으며 로마의 콜로누스와 씨족 전사에게 탁신한 게르만의 자유농의 점진적인 신분 하락으로 새로운 농노들의 등장이 이루어졌다.

+ 로물루스와 레무스

클로비스에 의해 세워진 메로빙 왕조(486~751)는 511년 클로비스 사후 4명의 아들에 의해 분할되었으며 다음 200년 동안 라인강과 르와르강 사이의 지역에 해당하는 네우스트리아와 부르고뉴, 아우스트라시아 등 세 왕국으로 나뉘어 각기 메로빙 왕가에 의해 통치되었다.

6세기 후반기부터는 지배력이 약

화되어 실권은 궁재의 수중으로 넘어갔다. 732년 궁재 카롤루스 마르텔은 푸아티에 전투에서 이슬람군을 격퇴했으며 그의 아들 피핀이 751년 귀족회의에서 왕으로 선출되었다. 이렇게 약체인 메로빙 왕조를 대신하여 새로운 카롤링 왕조(751~888)가 탄생했다.

교황 스테파누스 2세는 롬바르드디아인들의 침입 때문에 피핀에게 도움을 청하고 이에 응한 피핀은 이탈리아로 원정하여 롬바르드디아 국왕을 굴복시키고 많은 영토를 교황에게 기증했다. 이는 730년대 이후 독립된 주권국가로서의 위치를 확보하고자 했던 교황국가 설립에 중요한 계기가 되었다.

교황과 프랑크왕국 간의 유대관계는 피핀 3세의 아들 카롤루스 마그누스에 이르러 더욱 강화되었다. 왕위를 계승한 카롤루스 마그누스는 프랑크왕국의 전성기를 이룩했는데 교황의 요청으로 롬바르드족을 정복하고 이슬람화된 에스파냐를 그리스도교로 재정복했다. 또한 색슨족을 그리스도교로 개종시켰으며 그 후 계속된 정복사업으로 이베리아 반도, 브리타니아, 덴마크, 시칠리아 및 남부 이탈리아를 제외한 유럽의 대부분을 정복했다. 그는 프랑크왕국의 영토를 크게 확장하여 8세기 말 중부 유럽을 중심으로 오늘날의 에스파냐와 북유럽을 제외한 거대 왕국을 이룩했다.

명목상으로는 그리스도교 사회이나 실제로는 여전히 이교적 요소를 갖고 있었던 프랑크족 사회는 프랑크족 왕들과 성직자들에 의해 추진된 카롤링 르네상스를 실시했다. 카롤링 르네상스는 위로부터 추진된 사회 개혁 운동과 문예 부흥 운동의 성격을 지녔다.

카롤링 르네상스의 주요 목표는 실제적 종교교육을 통해 프랑크사회의 모든 국면을 변형시키는 것이었다. 카롤루스 마그누스와 성직자들은 설교를 카롤링 개혁 프로그램의 실행을 위한 적절한 수단으로 보고 미사

중에 설교를 의무화하고 장려했다.

또한 카롤링 르네상스는 문화부흥을 수반했다. 카롤루스 마그누스는 교리교육을 위해 수도원과 교회의 부속학교인 스콜라를 설립하고 라틴어를 교육하도록 했다. 학자들을 초대하여 학문의 부흥을 꾀했으며 이 시대의 학문의 본거지는 수도원들이었다. 카롤링의 성직자들은 교부들의 저작을 편찬하는 작업에 그쳤으며 그림과 건축 분야에서의 독창적인 업적은 많지 않았다. 현존하는 고전의 대부분이 카롤링 시대의 필사본을 바탕으로 편집될 정도로 필사본이 크게 증가했으며 카롤링의 소문자체는 주로 코르비수도원에서 개발된 것으로 오늘날의 소문자체는 여기에서 기원된 것이다.

비잔틴 제국

327년 콘스탄티누스 대제가 비잔티움에 '새 로마'를 창건하고 콘스탄티노플이라고 개칭한 이래에 로마 제국은 적어도 행정상으로 양분되었다. 395년 테오도시우스 황제가 그의 두 아들에게 제국의 영토를 분할해 줌으로써 로마 제국은 사실상 두 부분으로 나뉘게 되었다. 이후에 서로마 제국이 게르만족에 의해 끊임없는 갈등을 겪게 되고 끝내 5세기 말에 그 자리를 넘겨준 이후에도 동로마 제국은 계속 남아 전통적인 고전고대 문명을 계승 보존하여 지리적 조건과 시대 및 환경에 알맞은 독특한 하나의 문명권으로 자리를 잡았다. 그것이 바로 동로마의 비잔틴화이다. 역사적으로 비잔틴 제국이라 불리게 된 동로마 제국의 문화는 그리스와 오리엔트의 문화가 융합된 새로운 탄생물이다.

비잔틴 제국에서 무엇보다도 6세기 유스티니아누스(527~565) 황제의 개혁에 관심을 기울일 필요가 있다. 콘스탄티누스로부터 유스티니아누스에 이르는 거의 2세기 동안 비잔틴 제국의 황제들은 이교도에 대항하여 그리스도교를 수호함과 동시에 비잔틴 제국을 방어해야 하는 임무를 가지고 있었다. 동·서로마 제국에서 20명이 넘는 황제들이 정권을 계승했으며 이러한 혼란기에도 제국 정부의 통일성은 유지되었으며 제국적인 연합에 의해 다스려지는 통일 제국에 관한 이념은 항상 존재했다. 물론 법률적인 면에서 통일성이 존속했으나 동로마 제국과 서로마 제국 간의 적대감이 점차 팽배해진 것도 무시할 순 없다.

유스티니아누스는 영토를 확장하여 옛 로마의 영광을 회복시키고 문화를 진흥시켰다. 먼저 북부쪽으로는 슬라브족과 게르만족을, 동쪽으로는 페르시아의 군사 행동을 억제함과 동시에 서방을 공격한다는 작전으로 아프리카의 반달왕국, 이탈리아의 동고트왕국 그리고 에스파냐의 서고트왕국을 정복했으며 외교와 타협으로 6세기 중반에는 발칸 반도의 제민족과 소아시아를 복속했다. 그리고 정부의 행정체제의 개혁과 재정비를 단행함으로써 군주의 전제적 권한을 강화시켰다. 무엇보다도 유스티니아누스 황제의 로마법의 법전화 사업은 주목할 만하다. 흔히 '유스티니아누스법전'이라고 알려진 이 법전은 라틴어와 그리스어로 편찬되었으며 '로마시민법대전'이라 알려지게 되었다. 이는 후세의 법체계에 영향을 주었고 오늘날 대부분 유럽 국가들의 민법의 바탕이 되었다.

유스티니아누스 사후 국가재정의 파탄으로 후계자들은 서쪽 영토의 대부분을 상실하고 겨우 동쪽 부분을 유지하다가 11세기 이후에 비잔틴 제국은 쇠퇴했다. 8세기 이래로 동서의 그리스도교 교회는 '성상숭배문제'로 분쟁을 거듭해 오다가 11세기 중기에는 결정적으로 분열하여(1054) 로마가톨릭과 그리스정교로 나누어지게 되었다.

'성상파괴운동'은 레오 3세 때 일어났는데 그 원인은 유대인들과 이슬람교도들의 영향력, 레오 3세의 개혁과 성상파괴운동과의 관련성, 단성

론자들의 영향력, 소아시아의 성상파괴론자 주교들의 영향력 등 다양하게 살펴볼 수 있다. 특히 아랍인과 슬라브족 그리고 불가리아인들로 인한 무정부 상태를 종결시킴과 동시에 중앙행정을 실현하기 위해 필요한 군사력 증강과 이에 따른 재정확충이라는 측면을 주목할 수 있다. 성상파괴정책은 결국 비잔틴 제국과 로마교황권을 갈라놓아 로마교황이 카롤링 왕조로 관심을 돌리게 되었다. 또한 비잔틴 제국에서는 성상숭배를 원하지 않는 소아시아가 황제를 옹호하고 성상숭배를 중시하는 발칸 반도는 황제의 정책에 대립하게 되면서 제국 내의 분열을 초래하게 되었다. 787년 이레네 여황이 니케아 제2공의회를 통해 성상숭배제도를 부활시켰으나 레오 5세에 의한 성상파괴정책의 부활로 제2차 성상파괴운동이 진행되다가 레오 5세의 사망으로 성상파괴주의시대는 끝나게 된다. 그리스정교하의 비잔틴 제국은 종교적 사항을 황제의 집권적 통제 아래에 두었으며 수석대주교는 대주교회의에서 선출된 세 후보 가운데 황제가 직접 임명하는 국가교회로 만들어 버렸다.

4세기 말 동서로마 제국으로부터 분리된 비잔틴 제국은 투르크족이 비잔틴으로 입성하는 1453년 5월 29일까지 지속되었다.[1]

---

1 726년 성상숭배문제로 로마 교황청과 비잔틴 제국과의 관계에 금이 가게 되었다. 성상숭배란 그림이나 조각으로 된 신, 그리스도, 성모 및 그 밖의 성자들의 상을 숭배하는 교회의 관습에서 유래한다. 725년 레오3세의 성상제거칙령 공포에 다수의 성직자들이 반대했으며 동서교회의 분리는 결정적인 것이 되었다.

중세 봉건사회의 성립

봉건제

중세 9~10세기말 대부분의 유럽에 성립된 봉건체제는 수세기 동안 서유럽 중심부의 거의 모든 지역에 사는 사람들의 생활양식을 지배했다. 봉건제라는 용어는 봉토에서 유래하고 있으며 봉토란 봉신이라고 불리는 사람이 봉사의 대가로 그의 생애 동안 보유하는 일정한 토지를 의미한다. 봉토의 수급여부에 따른 주종관계를 바탕으로 하는 봉건제도와 봉으로 받은 토지로서 봉건사회의 경제적 생활의 기본 단위인 장원제도는 행정과 사법을 포함한 광범위의 자치적 통치권이 봉토보유자인 개인에게 수여되고 분산되는 지방분권적인 정치제제를 성립시켰다.

먼저 봉건제도를 살펴보기로 하자. 봉토의 수급여부에 바탕을 두고 있는 주종관계에서 토지를 주는 측이 주군, 받는 측이 종신이라 불리었다. 주종관계는 봉토의 종적·횡적 재분봉으로 인하여 아주 복잡한 형태를 띠게 되었다. 은대지라고 불리던 봉토는 9세기에 왕이 대귀족과 백작 등에게 일시적으로 부여한 것이었으나 점차 세습되었으며 이 계약은 거의 변동 없이 대대로 지속되었다. 주군과 종신의 봉건관계는 주군의 분봉서임과 종신의 복종신서라는 의식을 통하여 설정되었으며 주군과 종신의 봉건관계를 쌍무계약으로 규정했다.

봉건제도의 기원은 매우 복잡하고 논란의 여지가 많다. 그 기원에 관해서 정확한 것은 알 수 없으나 로마 사회 자체에서 유래하는 요소도 있으며 동시에 게르만 민족의 제도와 관습에서 오는 요소도 가지고 있다.

그밖에 이슬람인이나 노르만인에서 전래되어 온 요소도 내포하고 있다.

로마 제정 후기에 게르만 민족이 변경에 침입할 때 지방의 소토지소유자들은 군사적 보호 없이는 살아가기 어려웠으므로 대귀족들에게 봉사하는 대신 군사적 보호를 요청하는 관습인 로마의 피보호제에 기원을 두고 있는 메로빙 시대의 '탁신제'와 게르만 부족 사회에서의 병사들이 수장의 명령에 절대 복종하는 제도인 '종사제' 등에서 그 기원을 찾아볼 수 있다. 이는 게르만족이 로마적 전통의 틀에 적응하며 새로운 생활상의 필요를 해결하는 가운데서 장기간에 걸쳐 이루어진 것이라고 할 수 있다.[2]

주종제도로 맺어지는 위계질서는 평면적인 구성이 아니라 왕을 정점으로 하는 피라미드형의 봉건적 계층제를 형성했다. 그러나 잉글랜드의 왕인 동시에 노르망디 공작이었던 노르망디의 기욤 정복왕과 12세기 중엽 이후 아키텐의 계승자인 엘리노와와의 결혼을 통하여 아키텐의 공작이자 앙주와 투렌느의 백작이 된 헨리 2세의 경우처럼 잉글랜드의 왕이 프랑스 왕의 봉신이 된다면 왕을 정점으로 하는 피라미드형 위계질서라고 단정을 짓기에는 여러 문제가 발생할 수 있다.

+ 교황에게는 열쇠를, 황제에게는 칼을

봉건계약에 의한 주군과 종신은 상호 간의 권리뿐만 아니라 의무를 발생시킨다. 종신의 첫 번째 의무는 군사적 의무이다. 주군을 위해 필요한 때에는 언제나 전투에 참가해야 했으나 중

2 코미타투스라고 불리는 게르만의 종사제는 전사 집단의 수장이 구성원들의 군사적·물적 보호자가 되는 동시에 구성원들의 절대복종을 받게 되는 게르만 부족의 관습이다.

세 후기에 이르러 군사의무는 금납화되었으며 이러한 조치는 장기전 전투를 위해 용병을 채용할 수 있는 장점을 지녔다. 둘째로 종신은 영주법정에 배석해야 할 의무가 있었으며 주군을 도와 재판을 협찬해야 했다. 셋째로 부정기적인 공납으로 종신은 금전이나 생산물의 일부를 주군에게 헌상해야 했다. 즉 주군의 장자가 기사로 서임될 때 예식 비용, 주군의 장자가 결혼할 때의 혼수금과 주군이 포로가 되었을 때의 인질대 등에 관한 것이었다.

이와는 달리 주군은 먼저 종신에게 봉토를 수여하고 종신과 그의 가족을 보호해 주며 종신의 봉토 내에 함부로 성곽을 건축할 수 없으며 주군은 종신의 처자를 해치지 말고 종신의 명예를 손상하지 말아야 했다. 그리고 종신이 동료 종신들에 의한 재판을 받도록 주관하고 국왕법정에 서게 되는 경우 그를 변호해야 할 의무를 지녔다.

장원제

장원제라고 불리는 경제체제는 토지를 소유한 사람들과 토지를 경작하는 사람들 사이, 즉 봉건체제 하에서의 토지를 소유한 귀족들과 예속적 농업인구 사이의 관계를 바탕으로 성립되었다고 할 수 있다. 장원은 봉건적 주종관계에 의해서 봉으로 받은 토지로서 주로 촌락을 단위로 형성되었다. 장원은 봉건사회의 경제적 생활의 기본 단위며 토지에 예속된 농민에 의해 경작되었다. 농경 및 토지 영리의 단위가 되는 장원은 9세기 말까지 널리 제도화되었다. 중세 농민들은 토지에 결속되었다고 할 수 있지만 프랑스의 남부 지방에서는 장원제가 상대적으로 드물게 나타나고 있다.

봉건 지배층이 소유한 봉토는 여러 개의 장원들의 집합체인 셈이며 또한 장원은 일반적으로 하나의 마을로 되어 있다. 봉건제도의 성립과 마찬가지로 장원제도는 로마와 게르만적 요소의 결합으로 성립되었다. 로마의 정복 전쟁이 끝나면서 경제적으로 비효율적이던 노예들의 주요 공급원이 끊어지자 5~7세기 대영주들은 노예노동에 의존하여 경작할 수 없게 되었다. 로마 제국 말기의 노예제의 쇠퇴로 대농장경영이 불가능하게 됨으로써 생겨난 소작제와 이미 게르만 사회에서 형성되었던 증가하는 토지 소유와 귀족에 의한 대토지 소유제는 장원 제도의 기원을 이루게 되었다고 할 수 있다. 특히 중세 초 프랑크 국왕들이 정복된 땅을 신하에게 주는 경우나 교회와 수드원이 기증받거나 개간한 땅이 장원을 형성하는 데 이용되었다.

농촌 경제조직의 주요 체제였던 장원제 하에서 영주의 토지는 영주와 그의 가족을 위한 식량을 생산하기 위한 영주 직영지와 농민에게 임대되는 농민 보유지를 의미하는 망수스로 나뉘었다. 대부분의 영주들은 영주 직영지를 망수스를 경작하는 농민들이 지불하는 노동 지대에 의존하여 경작했는데 농민 망수스를 임대한 농민들은 귀족 영주들을 위해 통상 일주일에 1~2일 정도 일했다. 즉, 영주는 소유한 토지의 대부분을 직접 경영하지 않고 농민에게 대여했으며 그 반대급부로서 영주는 농민이 생산한 수확의 일부를 공납 혹은 직접적인 노역으로 수취했다.

장원은 외부에 의존하지 않고 자급자족할 수 있는 독립된 경제체제를 확립하고 있었으며 장원의 형태와 구조는 지역과 시대에 따라 상이하다. 대체로 가장 작은 장원이라면 300~400에이커이며 10가구 정도의 농민이 각각 30에이커를 보유했다.

장원 내의 가장 높은 곳에 성벽을 쌓은 장원청은 외부의 공격 시 영주와 농민의 피난처가 되었다. 장원청의 규모는 장원주의 세력에 따라 다르며 장원주가 따로 사는 경우에는 장원청에서는 그의 대리자가 장원을 관리했다. 영주권을 대행하는 최고직은 집사로서 전반적인 감독을 하며 징세사무와 장원 법정을 관리했으며 장원의 행정은 이 밖에 농민 측에서 나오는 사람들에게도 위임할 수 있었다. 농민에 의해 선출되고 그들의 이해를 대표하는 사람인 촌장은 영주와 농민 사이에서 중재역할을 하며 노역을 감독하고 농업의 기술적 측면을 담당했다. 장원청 근처에 농가들이 밀집하여 마을을 형성했으며 제분소·대장간·교회 및 신부관 등이 장원을 형성하고 있었다.

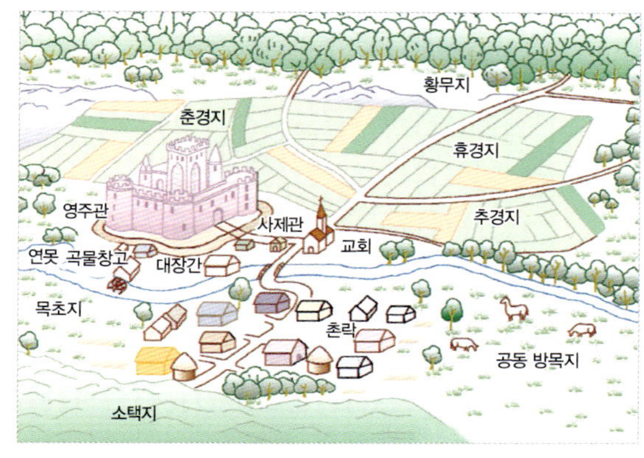

장원 내의 토지는 크게 경작지 및 목초지, 황무지와 삼림 등으로 나눌 수 있으며 경작지는 영주 소유의 영주 직영지와 농민 망수스 그리고 자유농이 소유한 경작지로 나뉜다. 영주 직영지와 마을의 신부를 위한 토지는 농민들이 경작해 주지만 장원청에 부속된 채원은 소작으로 대여된다. 농민 망수스 이외에 목초지, 황무지, 삼림 등 공동사용권이 있는 땅인 목초지와 산림은 가축을 방목하거나 목재나 땔감 등의 연료를 제공하는 곳이었다. 장원 내의 모든 농경지는 울타리를 두르지 않은 개방 경작지였는데 이는 농민들이 농경 기구를 자기 몫으로 소유하고 있지 않기 때문에 생기는 협동작업의 필요에 대응하는 제도였다고 할 수 있다. 그리고 시비법이나 토지 개량법이 잘 발달되지 않았기 때문에 농토의 효율적인 사용을 위한 교체 경작법으로서 3포제가 시행되었다. 3포제란 농경지를 보통 춘경지, 추경지, 휴한지의 세 부분으로 구분하여 3년에 한 번

씩 3분의 1을 묵혔다가 경작하는 이른바 농작물의 윤작을 하기 위한 농법이다.

울타리가 없는 개방 경지에서의 밭갈이 및 윤작에 의한 파종과 수확의 시기, 절차, 방법은 일체의 협동 작업과 공동 결정에 의한 것이었으며 농업경영에 관한 공동체적 규제나 권리는 그 기원이 영주제보다 앞선 촌락공동체에 있는 것으로 생각되며 장원의 관습으로서 영주권까지 제약하는 힘을 가지고 있었다.

9세기에 화폐가 지불수단으로 서서히 이용되었고 12~13세기에는 지대의 금납화가 이루어지기 시작하면서 지대장원제라고 하는 형태가 우세하게 되었다. 그러나 13세기 중엽이 되자 많은 봉건 영주들이 노동지대의 금납화를 중지하고자 했는데 이를 '봉건적 반동'이라 부른다. 화폐경제의 발달과 노동지대의 금납화로 점차 농민들에게 임대된 토지와 영주직영지에서 일하는 농민들 사이에 밀접한 관계를 가진 장원제는 해체되어가기 시작했다.

공권영주제와 농노

중세유럽의 봉건 영주는 토지를 매개로 발생하는 농노들을 포함하여 영주령 내에 거주하는 모든 구성원들에게도 광범한 지배권을 행사했는데 이는 '공권' 혹은 '방'을 바탕으로 현실화되었다. '방'이란 게르만족들이 지닌 관습으로서 원래 전투에서의 절대 명령권을 뜻하는 것으로 수장권을 의미한다. 카롤루스 마그누스 치세에서는 왕권

혹은 공권 일체를 포괄하는 개념으로 발전했으며 카롤링 시대에는 왕을 대리하는 공작 백작 등에 위임되었는데 1000년을 전후한 시기부터 성주 등 일정 영역의 지배자가 장악했다.

토지를 매개로 하는 토지영주제 혹은 지주영주제와는 달리 방을 바탕으로 하는 방영주제 혹은 공권영주제는 토지와는 무관한 모든 영주령 내 거주민들에게 적용되는 보다 폭넓은 영주제라고 할 수 있다. 공권영주제는 성들이 활발히 축조되기 시작하는 11세기를 중심으로 더욱 확대되었는데 경제적·사법적·정치적 권력을 포함하여 자의적 관습부과조를 부과했으며 귀족들은 공권 영주제하에서 새로운 수입과 권위를 가질 수 있었다. 그러나 중세교회를 중심으로 전개되는 '신의 평화 운동'에서는 이러한 영주의 지나친 자의적 관습의 적용을 제한시키고자 시도했다.[3]

농노라는 단어는 '세르부스'에서 출발하고 있으며 그 기원과 명칭은 정확히 정의내릴 수 없다. 중세 초기의 농노들은 고대 로마 제국에서 프랑크왕국으로의 이행이라는 급격한 변화 속에서 노예의 후손이거나 혹은 상황에 의해 영주에게 예속된 신분이 된 사람들의 후손들로 구성되었으며 고대 노예와는 완전히 다른 출발점에 위치하고 있다. 즉 노동력을 제공하는 단순한 도구로서 받아들여지던 고대 노예와는 달리 농노는 중세 서유럽 사회에서 세례성사를 통해 그리스도교 공동체 일원으로 인정을 받는 완전한 법적 인격체였다.

농노가 예속신분을 상징하는 인두세를 지불하는 모습을 많은 지역에서 찾아볼 수 있으며 원칙적으로는 결혼이나 상속에서 봉건 영주의 많은 간섭과 제재를 받지 않았다. 그러나 각각 다른 영주령에 속한 농노들 사

3 전투원은 비전투원을 공격할 수 없다는 원칙을 내세운 989년 프랑스 샤루 공의회에서 시작된 신의 평화 운동은1030~1040년대에 이르러 신의 휴전 운동으로 확대 발전하여 봉건 제후와 기사들의 전투 열기와 호전성을 완화시키고자 했다.

이에 이루어지는 '외부혼'이나 남성 직계상속자 부재 시 모든 농노의 유산이 영주에게 귀속되는 '유산상속불능'과 같은 관습은 농노들이 지니는 예속 신분의 성격과 한계를 잘 설명해 준다고 할 수 있을 것이다. 그러나 '초야권'과 같은 관습은 담론적으로는 실재하지만 역사적으로는 실재하지 않았는데 이는 중세 봉건 영주권을 극적으로 비판하기 위한 목적으로 근대 이후 만들어진 창작물이라고 할 수 있다.

농노라는 표현은 중세 전성기의 프랑스에서 사라지기 시작하는데 특히 11세기 말부터 12세기 초에 북 프랑스에서 급속하게 소멸되었으며 12세기 초 프랑스어 사료에서는 자취를 감추고 남성의 경우에는 '호모', 여성의 경우에는 '페미나'로 표기되었다. 그러나 남 프랑스나 독일에서는 여전히 존속했다.

중세교회

중세교회

유럽 사회의 정신적 질서를 보편적으로 지배하게 된 그리스도교는 그리스·로마 문명의 전통을 게르만족 사회에 인계해 주는 역사적 역할을 수행했다. 중세교회는 세속 영주와 마찬가지로 중세인에게는 성사를 베푸는 성직자이며, 십일조 징수자와 재판관의 역할을 담당하고 있다.

중세교회는 일반적으로 세속 귀족의 기증으로 세워졌고 성직록이나 미사에 필요한 비용은 십일조와 봉헌 외에 기증된 토지로부터 충당되었기 때문에 교회 건립자나 그 후손은 교회 소유자가 되었다. 교회 소유자는 교회를 통제하고 서임권을 행사했으며 교회로부터 거둬 들이는 재정적 부수입은 봉건영주에게 긴요한 수입원이 되었다.

13세기 초 탁발수도회가 등장하기 전 교회와 수도원의 고위 성직은 전적으로 귀족 가문의 몫이었으며 교회의 이러한 귀족주의적 배타주의는 교구와 수도원 인근에 토지를 가지고 있는 귀족 가문들이 조상이 교회에 기증한 토지가 타인의 손에 넘어가는 것을 원치 않았기 때문에 주교나 주교참사위원이나 수도사가 관련 귀족 가문 출신이어야 한다는 사실은 당연하게 받아들여졌다.

그리고 중세교회는 학문의 중심지이기도 했는데 특히 수도원에서는 고전고대의 학문적 전통이 이어지고 있었다. 11세기 이후 로마 가톨릭교회는 보편성의 원리에 입각하여 종합적이고 구심적인 사회체제를 유지했다.

클루니 수도원 개혁운동과 서임권 투쟁

고대에서 중세로의 이행과정에서 연속성은 그리스도교 교회를 통해 찾아볼 수 있다. 본래 오리엔트에서 발달한 수도원은 4세기경 서유럽에 전파되었으며 이러한 기초를 닦은 인물이 성 베네딕투스였다. 그는 수도원을 세우고 청빈, 정결, 복종을 맹세할 것을 요구했으며 수도사들에게 학문 연구와 노동을 강조했다. 수도원의 부속학교를

+ 오늘날 클루니 수도원 모습

스콜라라고 불렀는데 이는 중세 학문의 중심지로서의 역할을 담당했으며 중세 철학을 대표하는 스콜라철학이 여기에서 나왔다.

수도원의 우수한 농업과 수공업 기술은 세속에 모범이 되고 토지의 개발과 산업 발달에 기여했다. 수도원 또한 세속화됨에 따라 초기의 베네딕트 계율로 되돌아가자는 수도원 개혁운동이 일어났으며 중세에는 여러 차례의 교회 개혁 운동이 전개되었다.

특히 10세기 초 프랑스 남부에서 시작된 클루니 수도원 개혁 운동은 본격적인 교회 정화 운동 출발점이 되었다. 910년경 아키텐의 공 기욤 1세 의해 부르고뉴 지방에 세운 이 수도원은 수도원장의 자유로운 선출과 교구 주교들의 자치권으로부터 면속을 내세워 자율성을 확보하고자 했다.

클루니 수도원 계열에 속한 수도원이 10세기 서부와 중부 유럽에는 855개가 있었고 11세기에 그 절정에 달했으며 프랑스·부르고뉴·이탈리아·에스파냐·잉글랜드·신성로마 제국의 도처에 보급되었으며 서유럽의 종교적 심장이 되었다. 그러나 오토 왕조의 적극적인 후원에 힘입은 로트링겐의 고르츠 수도원을 비롯한 독일의 수도원 개혁운동은 봉건 귀족적 경향을 유지했으며 클루니 수도원의 중앙집권적이고 반봉건적인 수도회 개혁에 대해 신중하게 대처했고 때로는 거부반응까지 보였다.

클루니 수도원이 주도하는 개혁 운동은 교황권 자체의 개혁에서 제2단계에 들어섰다고 볼 수 있다. 클루니 수도원 출신의 교황 그레고리우스 7세(1073~1085)는 성직자들의 성직매매, 임명권의 남용과 족벌주의 및 성직자 결혼 금지 등을 포함하는 '그레고리우스 개혁'이라고도 불리는 교회 내부의 개혁 운동을 실시했다. 또한 교황청의 독립을 위해서 교황 선출 시 신성로마황제의 간섭을 물리치고자 했다.

하인리히 4세가 어린 나이에 황제로 선출되었을 때 교황청은 앞으로의 교황 선출이 추기경단에서 이루어질 것이라고 공포했다. 성직임명권을 둘러싼 교황권과 세속 군주권의 투쟁은 12세기 초까지는 신성로마황제와의 문제로 국한되었으나 사실상 그레고리우스 7세의 성직임명권에 관한 지시는 전 유럽의 봉건 군주들을 상대로 한 것이라고 볼 수 있다.

1075년 주교대표위원회에서 교황은 세속 군주제후로부터 서임된 모든 성직자들을 공식적으로 해임했다. 신성로마황제 하인리히 4세는 교황에 의해 파문당한 성직자들을 그대로 성직에 머무르게 했으며 새로이 독일 내의 주교들과 이탈리아의 대주교 및 주교들까지 임명했다. 이에 맞서 교황은 하인리히 4세와 독일 내의 모든 관련 성직자들을 파문했다.

이러한 상황 속에서 삭소니아 지방의 제후가 다시 반황제의 반란을 일으키자 독일 성직자들은 황제를 변호하지 않았으며 독일 제후들은 황제를 감금했다. 이에 하인리히 4세는 탈출하여, 새 황제의 선출을 주재하기 위해 신성로마 제국으로 가는 도중 북이탈리아의 카노사성에 머무르고 있던 그레고리우스 7세에게 파문을 거두어 주길 청했다. 교황은 여러 차례의 망설임 끝에 하인리히의 파군을 해제했다. 그러나 다시 권위를 회복한 하인리히 4세는 성직임명권을 행사했으며 이에 1080년 그레고리우스 7세는 다시 그를 파문에 처했으나 교황은 하인리히의 군대에 쫓겨 로마를 떠나 피난하는 도중 사망했다.

서임권을 둘러싼 황제와 교황의 분쟁은 거듭되다가 마침내 1122년 하인리히 5세와 교황 칼리스투스 2세의 보름스 협약을 통해 일단락 지어졌다. 주교와 수도원장은 황제에 의해 서임될 수 있으나 종교적 권위를 상징하는 반지나 지팡이는 종교적 의미를 지니는 매개체이므로 오직 교황에 의해서 수여될 수 있다는 내용을 담고 있다. 그러므로 이 협약은 교황권의 강화를 반영하는 것이라고 볼 수 있으며 인노켄티우스 3세에 이르러 교황의 우월성은 확고부동하게 되었다.

중세유럽의 전성기

중세귀족과 귀족사회

중세귀족

중세귀족을 지칭하는 당시대인들의 중세용어가 없는 조건하에서 중세귀족을 어떻게 정의할 것인가라는 문제는 결코 단순하지가 않다. 오늘날 학자들은 중세귀족에 대한 명쾌한 개념과 정의보다는 중세귀족으로 불릴 수 있는 여러 상이한 요소에 대한 동의에 더욱 관심을 보이고 있다.

중세 라틴어의 '노빌리스'라는 단어는 '고귀한, 저명한, 존경할 만한, 널리 알려진' 등의 뜻을 가진 명사가 아닌 형용사이다. 사료에는 코메스나 둑스로 지칭되는 고위 관직을 보유한 사람들이나 도무스라고 지칭되는 이들에 대한 기록이 자주 등장하지만 11세기 이전에는 노빌리스라는 단어가 드물게 사용되었다. 11세기에는 노빌리스라는 단어가 일루스테르라는 용어를 대치하기 시작했는데 학자에 따라서는 노빌리스라는 단어로 표현되는 귀족 집단을 리베르, 즉 자유민들과 동일시하기도 한다.

11세기 초 주교 아달베롱은 당시대의 사회구조를 3위계론, 즉 '기도하는 사람, 싸우는 사람, 일하는 사람'으로 이해하고자 했다. 실제로 아달베롱이 구분하고자 노력했던 위계 사이의 경계는 언제나 삼투성이 존재하고 있음을 찾아볼 수 있다. 즉 교회의 지도자들과 세속 사회의 지도자들은 동일한 사회집단 출신들로 중첩되어 있었으며 당시 번성하고 있던 도시의 상인과 직인을 배제하고 있다.

누구를 '고귀하다' 말하는 것은 그의 출중한 가문 즉 혈통에 관한 표현이지 반드시 그가 귀족계급의 구성원임을 의미하지는 않는다. 다시 말하자면 사회의 소수 지배 계층과 귀족은 동의어가 아니라는 것이다.

그 예로 '기사'를 살펴보자. 10~11세기까지만 해도 '기사들'은 사회의 대다수 사람들과는 다른 지배층이었으나 귀족으로 인정하기에는 논란의 여지가 있다. 로마 시대와 같이 보병이 주력을 이루었던 중세에는 전쟁 혹은 기병전이 귀족의 중요한 업무가 되었다. 기사는 커다란 사회적 차이에도 불구하고 전사로서의 기능이라는 공통점으로 묶일 수 있는 집단이었다. 프랑스에서는 기사와 귀족의 사회적 지위가 적어도 13세기에 이르러 융합이 되는 모습을 보여 주고 있으나 독일과 같은 일부 지역에서는 기사들이 귀족들에 비해 사회적·법적 지위가 보다 낮은 것으로 나타나고 있다.

중세귀족의 기원에 관해서는 로마 원로원 귀족이나 로마 제국에 정착한 게르만 전사들의 후손으로 구성된 폐쇄적인 성격의 귀족들로 구성되었다고 하기도 하며 11세기 이후의 귀족사회는 그 이전과는 다른 새로운 집단이라고 하기도 한다. 또 귀족사회가 부계 혈통만이 또는 모계 혈통만이 중요한 사회라고 하기도 한다. 무엇보다도 중세귀족들은 법의 지배와 전통을 존중했으며 왕과의 관계를 통해 권력을 획득할 수도 있었다.

프랑스의 공작들과 백작들은 점차 국왕의 영향권하에 들어왔지만 영국과 독일에서는 귀족들이 훨씬 더 독립적이었다. 프랑스 지역을 통치하던 '백작'이라는 용어가 '빵을 함께 나눈다'라는 뜻을 가지는 '동료'라는 어근에서 유래하는 것으로도 짐작할 수 있듯이 백작은 부유하고 막강한 권력을 지닌 왕의 신뢰받는 동료였다. 그는 행정단위의 통치자이며 행정·사법·재정·군사 업무를 총괄했으며 왕을 대신해서 법을 집행하고 통치했다. 또한 자신의 법정에서 죄인들을 재판하고 왕의 세금을 징수했으며 군대를 소집했다.

중세귀족을 자유 혹은 국왕에 대한 봉사나 행정적인 기능, 그리고 고대 로마 제국의 귀족들의 후손만으로 이루어진 폐쇄적인 집단 등으로 정의내릴 수 없다. 그러나 13세기에 이르러서는 부, 권력과 혈통 그리고 전투능력을 갖춘 엘리트의 모습으로 설명되고 있음은 주목할 만하다.

귀족가문과 가족생활

중세 라틴어 '파밀리아'는 성에 거주하는 하인들이나 수행원들을 모두 포함하는 가구를 의미했으며, 귀족들이 자기 친족을 묘사하는 일반적 용어는 '혈족'이었다. 혈족은 혈연으로 연결된 사람들을 지칭하는 것으로서 결혼을 통해 연결된 인척은 배제되었다. 그러나 현대 역사가들에게 중세귀족들이 어떻게 자신들의 가족집단을 인식했는가에 대한 의견은 일치하지 않는다. 그러나 중세 전성기(11~13세기)에 귀족들은 부계에 입각해서 자신들의 정체성을 확인하는 것을 선호했다는 점에는 이론의 여지가 없다. 또한 중세 초에도 부계의 조상들에 중요성을 부여했던 것 같으며 장자상속은 11~12세기에 이르러서야 규범화되었다.

일반적으로 중세귀족의 동질성과 가문의식의 정체성은 크게 수도원으로의 기증을 통한 조상과의 동일화와 부계명을 통한 부계 가족의식의 확대에서 찾아볼 수 있다.

어떤 가족이 그 지역 수도원에 기증하는 일이 이전보다 11세기에 훨씬 더 일반화되었는데 이러한 기증은 조상과의 동일화를 촉진했다. 수도원으로의 기증은 언제나 기증자 친족의 영혼을 위해 행해진 것이었다. 귀족 가문들이 세대를 거듭하여 동일한 수도원들에 기증했고 종종 그 수도원에 함께 매장되었기 때문에 그들과 수도원의 관계는 가족의 정체

+ 15세기 결혼식

성을 보다 명백하게 하는 도구가 되었다.

또한 부계 가족의식이 증가하고 있었다는 명확한 표지들 가운데 하나는 부계명, 즉 두 번째 이름이 점차적으로 채택된 것인데 농민들은 14세기가 되어서야 두 번째 이름을 가졌다. 두 번째 이름의 경우 대부분이 지명에서 유래한 것이며 일부의 경우 별명도 사용되었다. 부계 친족의 개인이름을 따서 작명하는 경우가 많았으며 장남을 작명할 때 가장 일반적으로 채택되는 것이 친조부의 개인이름이었다. 둘째 아들은 그의 부친과 친조부의 이름이 다를 경우 부친의 개인이름을 따서 작명되었다. 성이 11세기의 신흥 유력성주 가족들이 자신들을 조직하는 본거지가 되자 성의 명칭은 어떤 한 개인의 정체성을 나타내는 가장 분명한 방법이었을 수도 있다.

가족단위는 탄생·사망·결혼 등으로 끊임없이 변했으며 대부분의 경우 귀족의 재산은 상속받은 가산이었고 형제들은 그런 상속재산을 두고 경쟁했다. 11~12세기 많은 젊은 상속자들은 그들의 아버지가 임종할 때 수도원에 기증한 재산을 즉시 반환받으려고 했다.

무엇보다도 '여성의 지위'는 상당히 주목할 만하다. 왜냐하면 여성은 생애 동안 태어난 가족의 구성원에서 그가 결혼한 가족의 구성원으로 이동하기 때문이다. 정략결혼으로 공간이동을 하게 된 귀족 여성은 자신의 남편과 인척들에 의해 철저하게 그 가족의 아웃사이더가 되었다. 그러나 그녀의 아들이 성주가 되었을 때에는 그 가족의 중요한 구성원으로 인식되는 커다란 변화를 경험하게 된다. 지참금은 신부가 남편에게 가져가는 재산으로 신부의 상속재산을 미리 가져가는 것이었으며 결혼생활을 하는 동안 귀족 여성이 자기의 지참금 재산의 상당 부분을 관리했다.

일반적으로 여성의 권리는 남편을 통해 행사되었으며 여성은 남편의 동의 없이 그 재산을 처분할 수 없었다. 아내가 죽으면 남편이 살아 있더라도 지참금은 즉시 자식들에게 상속되었다. 엄격한 장자상속제가 채택되면서 차남들이 반기를 들었다. 고대는 물론이거니와 중세 내내 결혼 상대자를 택하는 것은 정치적 책략의 문제며 지배층이 될 수 있다는 가능성을 제공했다. 결혼 당사자들이 사랑에 빠져 결혼한다는 현대적 개념은 12세기 기사이야기에 등장하기 시작한다.

중세귀족 남성들에게 결혼은 사회적 지위 향상의 기회라고 할 수 있으며 귀족들이 배우자를 선택하는 것은 정치적·재정적·사회적 이익을 신중히 고려해야 함과 동시에 근친혼의 가능성도 염두에 두어야 했으므로 단순한 문제가 아니었다. 10~11세기에 이르러 결혼의 종교적 성격과 의미를 강조하기 시작하고 결혼이 성사로 바뀌어 가기 시작했다. 더욱이

11세기 말이 되면 근친혼·중혼·강제 결혼 서약·부부 중 어느 한편이 첫날밤을 치를 수 없는 경우는 결혼 무효의 근거가 될 수 있었다.

가정관리 기술이 귀족 소녀의 가장 중요한 교육 부분이었던 것과는 달리 귀족 소년들은 일반적으로 6~8세에 집을 떠나 다른 곳에서 유년 시절을 보냈으며 부모들에 의해 기사로 혹은 성직에 입문할 것인가가 정해졌다. 그리고 결혼하기 전까지 기사 수련 기간을 거치고 기사 서임식을 마쳤다. 결혼 후 자녀가 없는 경우에도 '젊은이'라고 불리던 기사들은 십자군에 참가하거나 수도원에 입문하지 않은 젊은이라고 불리던 기사들은 마상시합에 참여하면서 세월을 보내게 되었다.[1]

1 기사서임식은 10세기경 무기를 축성하는 의식으로부터 시작하여 12세기 중반에 이르러 일반화되었다. 의식은 젊은이를 키우거나 훈련시킨 사람에 의해 집전되었으며 갑옷과 투구, 무기가 주어졌다. 세속적인 의식으로 시작된 기사서임식에는 종교적 요소들이 이식되어, 사람을 죽이는 기술의 수련을 그리스도교적이고 사회적으로 용인될 수 있는 것으로 만들려는 시도가 담겨 있다.

십자군 전쟁

신의 평화와 신의 휴전

11세기 말이 되면서 귀족들은 자신들이 통치하는 성의 명칭을 이름의 일부로 취하기 시작했다. 중세 초기에 성은 봉건 영주들의 일상적인 주거지였으며 외부의 공격에 대비하는 방어 중심지나 요새지를 뜻했다. 성을 축조하기 위해서는 상당한 시간과 공간이 필요했다.

11세기 성의 대부분은 원래 목재로 축조되었으며 탑과 둔턱으로 이루어져 있었다. 12세기가 되면서 대부분의 성들이 석재로 축조되기 시작했다. 흔히 떠올리는 성의 모습은 중세 전성기(11c~13c)의 모습이며 14세기에 이르러 권력과 권위 그리고 안정의 상징으로 드러났다.

11세기 중엽 성주들은 귀족의 일원이 되었으며, 프랑스에서도 11세기를 중심으로 성주들의 권력이 급상승하고 있음을 보여 주고 있다. 성주들은 성에 거주하면서 그들의 지휘를 받는 직업 전사들을 필요로 했다.

1000년을 전후하여 교회는 자신을 보호해 줄 공권 또는 왕권이 쇠퇴함에 따라 자구책으로 대체 보호수단을 마련하지 않을 수 없었으며, 그러한 이유로 '신의 평화 운동'을 전개했다.

신의 평화 운동은 남 프랑스에서 989년 샤루 공의회와 990년 나르본 공의회에서 시작되었으며 여자·상인·농민·성직자 등 비전투원에 대한 공격을 금지시키고 교회와 성지순례자와 가난한 자들의 생명과 재산을 교회의 특별 보호 아래에 두고자 하는 목적으로 출발했다. 이 운동은 주교 또는 수도원장이 평화공의회를 개최하여 교회인과 기사들에게 평화의 규약을 서약하게 하고 다짐하는 형태로 전개되었다. 교회의 주교들은 기사들과 귀족들을 설득해서 전투력을 갖추지 않은 사람들을 해치지 않겠다는 서약을 하도록 했다.

신의 평화 운동은 "신은 도유된 왕에게 평화와 정의를 유지할 임무를 위임했지만 왕은 더 이상 그렇게 할 능력이 없으며 신은 자신의 명령권을 자신의 수중으로 되찾아와 지방 제후들의 지지를 받고 있는 그의 주교들에게 부여했다"는 교회의 설명에서부터 출발하고 있다. 그 결과 성직자들에 의해 소집된 공의회가 각 구역에서 회합하고 귀족들과 그들의 전사들이 이에 참여했다. 도덕적이고 정신적인 성격의 제약에 의존한 이 회합들은 폭력을 통제하고 무장한 사람들에 대한 행동지침을 마련하고자 했으며 집단서약을 행한 모든 전사들은 파문이라는 위협하에 일부 금지조항을 존중해야 했다.

신의 평화 운동은 처음으로 일관된 전쟁도덕률을 마련했는데 평화공의회의 훈령에 따라 전투는 정해진 한도 내에서만 인정되었으며 돈을 다루거나 성에 탐닉하는 목적에는 허용되지 않았다. 이러한 도덕적 원칙들은 카롤링 왕들이 안착시키려고 노력했던 평화와 정의에 대한 법규들 속에 발아적 형태로 존재했다. 신의 평화 운동의 금지 조항들은 봉건사회 속에 내포된 공격력을 그리스도교세계 외부로 우회시켜 주는 역할을 담당했다.

1030~1040년대 신의 평화 운동은 '신의 휴전'으로 확대되어 가기 시작했다. 신의 휴전 운동은 기사들의 전쟁이나 전투를 줄이고 호전적인 분위기를 완화하기 위해 1027년 페르페냥 공의회에서 출발하고 있다. 신의 휴전 운동은 일요일이나 때르는 수요일 저녁부터 월요일 아침까지, 그리고 대림절과 사순 시기, 부활절과 부활 시기와 주된 축제일에는 전투를 금지하고 그리스도교 형제들끼리 피를 흘리거나 서로 죽이지 않게

하려는 내용을 담고 있다. 신의 휴전 운동은 임시적인 전투중지와 기사들과 전쟁에 관한 절제되고 세련된 그리스도교적 가치와 윤리의식을 겸비한 운동이라고 정의내릴 수 있다.

십자군 전쟁

중세 보편교회의 권위와 모든 세속권에 대한 교황권의 우위를 단적으로 보여 주는 예로서 '십자군 전쟁(1096~1291)'은 11세기 말에 이슬람교도들로부터 성지 예루살렘을 탈환하기 위한 그리스도교 신도들의 전투였으나 그것이 선례가 되어 모든 이교도와 이단에 대한 그리스도교 교회의 전투를 '십자군운동'이라고 부르게 되었다.

십자군이라는 말은 그리스도를 본받아 '십자가를 진다'는 말에서 유래했으며 십자군 참가자들은 고백성사에 대한 의무를 면제받기로 되어 있었다. 십자군 참가자들은 그의 가슴이나 어깨에 십자가의 표지를 달았고 전투에서 돌아올 때에는 등에 달았다. 10세기에 중앙아시아 방면으로부터 이슬람 제국의 동부로 이동하여 이슬람교도가 된 셀주크 투르크족이 소아시아를 점령하여 니케아를 수도로 정하고 새로운 이슬람국가를 건설하자 비잔틴에서 경제적으로 가장 부유하며 병력의 원천이 되는 소아시아를 되찾고, 또한 서유럽의 그리스도교도들의 예루살렘을 순례하는 풍습이 이교도들에 의해 방해받지 않도록 하기 위해 비잔틴의 황제 알렉시우스 1세는 교황 우르바누스 2세에게 도움을 청했다. 하지만 예루살렘은 유대인과 그리스도인은 물론이거니와 이슬람세계에도 매우 중요한 성지이므로 '짓밟히고 있는 예루살렘 성지탈환'이라는 구호는 그다지 설득력을 가지지 못한다고 할 수 있다.

비잔틴 제국은 8세기부터 전개된 성상 파괴 운동으로 서로마 가톨릭

교회와의 갈등을 빚었으며 결국 1054년 정교회로 분리되어 서로마 가톨릭교회와의 관계가 소원하게 되었다. 교황 그레고리우스 7세를 이은 프랑스 출신의 교황 우르바누스 2세가 1095년 클레르몽 공의회에서 성지 회복을 위한 원정군 파견을 제의했으며 이에 따라 교황·국왕·제후·기사와 상인·농민에 이르는 모든 세력이 참여하는 십자군이 결성되었다.

십자군 전쟁의 전개 과정을 간단히 살펴보기로 하자.

제1차(1096~1099) 십자군원정은 여러 차례에 걸친 십자군운동 가운데 드물게 성공을 거두어 예루살렘에 예루살렘 라틴 왕국이 건설되었으며 시리아로부터 팔레스타인 연안지대에 4개의 십자군국가가 건설되었다. 서방의 문화가 동방에 소개되는 계기가 되었으나 거의 아무런 영향을 끼치지 못하고 오히려 거꾸로 이슬람인의 상업 활동이 전 유럽에 파급하는 기회를 마련했다. 제1차 십자군의 성공요인은 이슬람 국가의 분열과 유능한 지도자가 없었던 덕분이라고도 볼 수 있다. 이와 함께 군사적 수도단체들이 설립되었는데 이 기사수도회는 수도서원을 한 기사들이라고 할 수 있다. 신전기사수도회와 요한기사수도회가 세워져 서유럽에서도 큰 명성을 떨치게 되었으며 신도들의 기부를 받아 많은 재산을 소유하게 되었다. 그러나 십자군운동에서 이들의 역할과 기여는 컸지만 시간의 흐름에 따라 그 설립 목적에 어긋난 모습들을 보여 주었다.

제2차(1147~1149) 십자군원정은 예루살렘왕국 동북방의 에데사가 점령당했다는 소식으로 다시 십자군이 결성되었다. 프랑스 왕 루이 7세와 신성로마 제국의 콘라트 3세가 참전한 이 십자군은 비잔틴 황제의 의심과 예루살렘 라틴왕국의 군주 제후들의 질시로 완전히 실패하고 말았다.

제3차(1189~1192) 십자군원정은 '제왕들의 십자군'으로 불린다. 이슬람의 살라딘이 이집트와 시리아의 지배자가 되어 예루살렘을 함락함으로써 시작되었는데 신성로마 제국의 프리드리히 1세는 익사하고 영국의 리처드 사자왕과 프랑스 필립 2세의 불화로 아크레를 점령한 후 프랑스 왕은 먼저 귀국하고 리처드 사자왕만 고군분투하다가 1192년 살라딘과 휴전조약을 체결했다.

제4차(1202~1204) 십자군원정은 13세기 초 교황권의 절정을 이룬 이노센트 3세에 의해 제창되었으나 그 결과는 십자군 중 가장 추악한 것이었다. 교황의 호소에도 불구하고 국왕들이 호응을 보이지 않자 플랑드르 백 볼드윈을 비롯한 북 프랑스의 기사들이 원정을 나서게 되었다. 그들은 육로가 아닌 해로를 택했고 베네치아 상인들에게 수송과 식량공급을 의뢰했다. 그 대가로 베네치아 상인들은 그리스도교 국가인 헝가리에게 점령된 자라시의 회복을 요구했다. 그리하여 십자군은 성지를 향하기 전에 자라시를 점령하고 약탈을 자행했으며 이에 격분한 교황은 이들을 파문했다. 비잔틴에서는 제위다툼이 있었고 폐위된 황제의 아들의 복위 요청과 베네치아 상인들의 콘스탄티노플의 교역권의 장악을 희망하여 십자군은 콘스탄티노플을 점령하여 볼드윈을 황제로 옹립하여 라틴 제국을 수립했다.

제5차(1218~1220) 십자군원정은 이슬람의 근거지인 이집트를 공격하고 다미에타를 점령했으나 카이로로 진격하지 못하고 다미에타를 탈환 당했다. 제6차(1228~1229) 십자군원정은 신성로마 제국의 황제 프리드리히 2세에 의해 인솔되었는데 전투에 의해서라기보다 외교적 절충에 의해서 예루살렘을 획득했다. 제7차(1249~1254) 십자군원정은 프랑스의 루이 9세가 유행병으로 병사함으로써 끝났다.

그 후에도 교황 그레고리우스 10세는 1274년 십자군을 제창하여 여러 군주 제후의 동의를 얻기는 했지만 교황이 사망함으로써 그 계획은 중지되었으며 결국 1291년 마지막 거점인 아크레가 떨어짐으로써 2세기에 걸친 거창한 십자군 운동의 물결은 가라앉았다.

십자군 운동은 성지 예루살렘 탈환이라는 종교적인 이유보다 동·서회의 통일과 경제적 성장과 사회적 안정으로 새로운 분출구를 찾는 전사 집단의 폭력성을 배출하고자 하는 교황의 의도, 새로운 영지 확보를 위한 영주와 기사들, 동방무역의 유리한 거점을 확보하고자 하는 상인들, 각종 부역으로부터의 탈피와 새로운 일자리를 추구하는 농민들 등 각계각층의 세속적인 이해관계가 강하게 드러나고 있다. 즉 11세기 후 안정기에 접어든 서유럽 세계의 대외적인 팽창이라는 성격이 강하다고 할 수 있으며 결국 십자군원정이 지니는 한계와 문제점은 미루어 짐작할 수 있다.

1291년 아크레의 함락으로 매듭을 짓게 된 십자군원정은 그 자체로서 유럽사의 새로운 국면을 열었다기보다는 그것이 계기가 되어 유럽 사회에 가져다준 변화의 모습에 그 주목할 필요가 있다.

첫째, 이탈리아의 상선들은 지중해 연안 레반트 지방과 통상을 해오고 있었는데 십자군을 계기로 왕래와 교역이 더욱더 활성화되어 향신료, 설탕, 직물 등의 교역량이 증대하여 일반화되기 시작했다. 이러한 활발한 동방무역에 힘입은 화폐경제와 도시발달은 장원경제의 해체를 가져오는데 자극을 주었다. 둘째, 정치적으로 제1차 십자군원정의 성공은 교황권의 권위를 크게 성장시켰으나 결과적으로는 로마교황의 권위 추락과 원정에 적극 참여한 제후와 기사들의 대거 몰락, 원정을 구실로 하는 막대한 세금 징수로 군주권의 강화와 국민감정의 대두로 군주국가의 출현을 가능하게 했다. 셋째, 십자군 전쟁을 통하여 기병뿐만 아니라 보병과의 협동 작전 혹은 보병 중심의 전술의 중요성을 토대로 하는 군사적 변화가 이루어졌으며 마지막으로 비잔틴과 이슬람 세계의 영향으로 르네상스의 토대가 마련되었다.

중세도시

중세도시와 도시민

중세 안정기에 이르러 도시는 다시 활기를 띠기 시작했다. 고대도시의 주요 기능이 정치적·행정적·군사적인 것이었다면 중세도시는 상공업 중심지였다는 점이 특징적이라고 할 수 있다. 정치적 측면에서 중세도시는 국가권력의 지배하에 있었던 근대도시와는 달리 일반적으로 봉건 지배층으로부터 자치권을 획득한 자치도시였으며 이는 기존의 도시가 자유도시로 발전한 것이라 할 수 있다.

중세도시는 농업 중심의 화폐경제를 발전시킴으로써 유럽세계를 농촌 중심의 토지경제에서 상품경제로 전환시켰다. 그리하여 중세의 사회변동에 결정적인 역할을 담당했다. 11~12세기에 상업 부활이 일어나자 상인들이 모여들고 키비타스나 성으로 온 상인들은 부족한 공간을 위해 그들의 정주지를 건설했으며 인구 증가와 경제력 향상으로 상인들은 정주지 주변에 새로운 성벽을 축조하여 상공업 중심지로 발달한 것이 중세도시의 일반적인 성립 현상이라고 할 수 있다.

11세기 이래 이탈리아를 중심으로 비잔틴 제국 및 동방을 상대로 하는 국제무역이 부활하여 베네치아, 제노아와 피사가 11세기 말에 상당한 해상세력을 이루었다. 이탈리아와 북부 유럽을 연결하는 국제무역은 알프스산맥을 가로질러 롬바르디아 지방과 프랑스와 독일의 강변도시까지 확대되어 12세기 말까지에는 해상과 육로를 통한 주요통상로가 확정되었다. 또한 상공업의 발달과 관련되어 항구나 강변 또는 교통의 교차점 등 교통 왕래가 빈번한 지리적 요지에 도시가 발생하기도 했으며 로마의 고대도시가 그대로 중세도시로 발달한 곳도 있다.

중세도시는 경제적인 측면에서 보면 북해 연안에서 지중해 연안까지, 엘베강 유역에서 브리타니아까지, 후에는 독일인의 동방 식민과 함께 전개된 상업 팽창으로 엘베강 동부의 슬라브령과 프로이센, 리투아니아, 리보니아 등의 발트족의 영토에까지 나누어 볼 수 있다. 또한 사회적·정치적 측면에서 보면 영역국가의 형태를 취하는 경향의 이탈리아의 도시들과 상공업에 종사하고 있던 사람들이 주류를 이루고 있는 특수한 성

+ 15세기 시장의 모습

격의 알프스 이북의 도시들로 크게 대별된다.

도시민의 기본적 특징은 그들이 자유로운 신분을 갖고 있었다는 점이다. 도시는 봉건 영주의 관할하에 있었지만 도시민에게 항구적인 인신상 자유가 보장되었으며 도시민이 자치권을 획득하기까지에는 오랜 시일과 끈질긴 투쟁이 필요했다. 그들은 개인으로서 봉건적 사법권을 벗어나려고 했을 뿐 아니라 집단적으로 자치권을 요구했다. 그리하여 봉건 영주와 도시민 간의 갈등은 시간이 경과할수록 날카로와지고 북 이탈리아의 경우 11세기 후반에 싸움은 두드러지게 격화되었다. 이탈리아의 도시들은 점차로 자치권을 획득하게 되었다.

유럽의 도시들은 지역에 따라 자치권을 얻는 과정과 자치권의 내용은 달랐으나 최종적으로 도시민들이 자치권 획득의 승리를 거두었다는 것은 유럽사에 하나의 새로운 계급이 성장하게 되었음을 의미했다. 도시민이 강력한 사회세력으로 발전하게 됨에 따라 봉건체제는 몰락하고 근대로의 이행이 진행되었다.

조합

중세교회는 '상업은 탐욕의 산물'이라고 정의하면서 모든 상업 활동에 대해 부정적 태도를 취했다. 그러나 상업의 부활과 도시의 발달로 상업이 일반화되자 이에 대한 반대는 크게 완화되고 경제윤리의 초점은 빈민 구제와 공정가격 그리고 이자로 압축되었다. 대규모 상업 특히 금융업에 대한 중세교회의 부정적인 태도로 이에 관련된 생업 활동은 주로 모든 생업에서 배제된 유대인에게 맡겨졌다.

도시민은 새로운 계급을 형성했다. 도시민은 대체로 공인과 상인으로 양분되며 각각 조합을 갖고 있었다. 조합은 도시민의 이익 또는 친목을 도모하기 위한 조직으로서 고용문제와 생산품 가격 및 노임의 통제 그리고 생산과 판매에 관한 공동규제를 목적으로 했다.

조합에는 상인조합과 공인조합의 두 가지가 있다. 상행위에 관한 독점은 도시에 따라 상이했으며 가격인하를 하는 상인에 대해서 무거운 제재를 가했는데 위반자는 그 조합원 자격이 박탈될 뿐 아니라 습격 구타당하는 사례도 있었다. 상인조합의 장점은 일정 지역 내의 상업과 매매 및 도산매를 공동으로 관장하여 회원들이 공평한 몫을 받을 수 있도록 보호하는 데 있었다. 그러나 조합원에 대한 일률적인 규제는 자유로운 상업의 발달을 막는 요소로 작용했으므로 자유 경쟁이 허용되는 근대적인 상업과 도시로의 발전을 지체하게 하는 문제점도 가지고 있었다.

공인조합은 조합원들에게 가격이나 노동시간 등에 관한 규제를 가했으며 견습공, 직인, 마스터 등으로 구분하고 있다. 그러나 중세 후기에 조합은 마스터를 위한 조직으로 되었으며 자본주의적인 산업경영 형태의 변화가 뚜렷해지면서 중세 공인조합의 본래 목적과 기능도 변질되어 갔다.

도시동맹

13세기경 유럽의 도시는 동맹체를 구성하여 원거리 통상에서 자체보호를 도모하게 되었다. 이탈리아의 롬바르디아동맹이나 독일 지방의 한자동맹이 가장 대표적인 예이다. 롬바르디아동맹은 교황과 신성로마황제 프리드리히 1세 사이에 충돌이 있었을 때 황제의 징세에 대항한 북 이탈리아의 도시들이 결성한 동맹이다. 12세기 말에는 프리드리히 1세도 도시동맹의 요구에 굴복했으나 이 동맹은 이해관계가 대립되는 도시들로 구성되었기 때문에 신성로마황제의 군대가 알프스 이북으로 사라지자 곧 동맹으로서는 무의미한 것이 되고 말았다.

신성로마황제의 세력을 더 직접적으로 받고 있는 독일 지방에서는 수세기 동안 중요한 영향력을 행사하는 한자동맹이 결성되었다. '한자'는 말 자체가 상인들의 단체를 의미했다. 각 도시에서 모여든 상인들이 단체를 조직하여 여러 정치적 압력을 물리치고 경제적 이익을 도모하려는 것이었다.

13세기 이래로 독일 상인들은 특히 영국, 저지대 지방, 스칸디나비아 지역에서 공동보조를 취하여 연합체를 만들어 경제적 이득을 도모했다. 그렇지만 이 연합체는 원칙적으로 자기가 소속한 도시행정부의 적절한 보호를 받을 처지에 있지 않은 상인 개인들로 구성되어 있었다. 뤼벡, 쾰른, 단찌히, 함부르크 등이 중심이 된 이 동맹은 세력의 확장에 따라 다른 강변대도시들의 상인들도 포함시켰다. 이 동맹체는 자금력이 풍부하여 군주 제후들에게 대금할 수 있었으며 희귀상품을 공급할 능력을 갖고 있었으므로 유럽의 군주들이 그들을 활용하고 후원해 주었다.

한자동맹은 런던, 브루쥬, 노브고로드 등에 항구적인 무역 거점을 가지고 독점상권을 형성했다. 이 동맹은 자체의 법과 법정을 가졌으며 자기방위를 위한 용병 특히 해군을 소유하여 14세기에는 200여개에 이르는 도시를 산하에 두고 발트해 무역을 완전히 장악했다. 어떠한 왕도 이들의 활동을 규제하기가 곤란했으나 15세기 중기부터는 제2도시인 쾰른이 제1도시인 뤼벡의 주도권에 불만을 품게 되고, 제외되었던 그 밖의 유럽도시 특히 영국이나 네덜란드의 도시들이 한자동맹의 권위에 도전함으로써 차차 쇠퇴하기 시작했다.

Chapter 07

중세해체기
근대로의 이행

백년전쟁(1338~1453)

원인

14세기에 이르러 영국과 프랑스의 국가적 발전은 이 두 나라의 왕이 전통적으로 지속해 온 봉건적인 주종관계를 그대로 방치해 둘 수 없게 했다. 프랑스와 영국 간에 일어난 백년전쟁의 원인은 표면상 프랑스의 왕위계승 문제에 있었으나 정치 및 경제적 문제가 얽혀 있었다.

필립 4세의 사망 후 카페 왕조의 전통은 단절되었으며 왕위계승은 발루아 왕가로 이어졌다. 왕권확대에 자신을 얻은 프랑스 왕들은 프랑스 국내에 있는 영국 왕의 영지를 더 이상 허용할 수 없다고 생각했으며, 영국 왕은 국가적인 차원에서 프랑스 왕의 종신으로 계속 남아 있다는 것을 모욕이라 생각했다. 또한 필립 오귀스트공이 헨리 2세와 아퀴텐느의 공주였던 엘리노아의 결혼으로 출산된 존 실지왕과 리차드 사자왕의 프랑스 내 영지를 몰수하기 시작하면서부터 여러 세대에 걸쳐 침식당한 프랑스 내의 영지는 남 프랑스의 아퀴텐느의 일부와 가스고뉴 등을 유지하는 정도였다. 그러므로 프랑스 내의 과거의 연고지를 회복하려는 영국 왕의 시도는 당연한 일이었다. 또한 14세기 초 이래 플랑드르에서는 부유한 상인이 지배하는 데 불만을 품은 수공업자와 임금 노동자의 폭동과 반란이 계속되었으나 플랑드르백이 이를 처리하지 못하자 프랑스 왕이 개입하게 되었다. 그러나 양모수출에 대한 관세는 영국 왕의 주요 수입원이었기 때문에 영국 왕은 플랑드르가 프랑스의 지배하에 들어가는 것을 묵과할 수 없었다.

그러나 무엇보다도 백년전쟁의 직접적인 요인은 영국 왕이 프랑스 왕위를 주장한 데 있었다. 필립 4세의 후계자는 불행하게도 왕자를 가지지 못했고 논의 끝에 '살리아 법전'에 의거하여 필립 4세의 동생의 아들인 발루아백이 필립 6세에 오르면서 발루아 왕조(1328~1589)가 성립하게 되었다. 발루아 왕조의 필립 6세가 즉위하기 한 해 전에(1327) 영국에서는 카페 왕조의 프랑스 왕 필립 4세의 딸인 이사벨라의 아들 에드워드 3세가 즉위했는데 그는 발루아 출신의 필립 6세보다 프랑스 왕위 계승권에 우선 순위를 갖는다고 생각했다. 이에 이사벨라가 필립 6세의 즉위에 항의했으나 결국 에드워드 3세는 가스코뉴 영주로서 필립 6세에게 신종을 서약했다.

이 같은 배경하에 필립 6세의 법률가들이 1329년 에드워드 3세의 신종서약이 완전한 것이 못 된다 하여 시정할 것을 요구했으나 에드워드 3세는 이를 거부했다. 그리고 에드워드 3세는 스코틀랜드와 전쟁 중에 있었고 프랑스가 은근히 스코틀랜드를 지원하는 것 때문에 영국과 프랑스의 관계가 더욱 험악해졌다. 드디어 필립 6세는 가스코뉴의 몰수를 선언했고 에드워드 3세는 프랑스에 대해 선전포고를 하면서 프랑스 왕위도 요구했다.

전개 과정

영국과 프랑스의 양쪽의 왕들에 의해 대대로 계승되면서 수행되었던 백년전쟁은 크게 2단계로 나누어 전개 과정을 살펴볼 수 있다.

제1단계(1338~1360)는 시작부터 브레티니 조약 체결까지 그리고 제2단계(1369년~1451)는 프랑스 왕 존 2세가 포로에서 풀려나서 전쟁이 재연된 때부

터 1451년 영국 군이 아퀴텐느 지방에서 축출될 때까지로 구분된다.

제1단계

제1단계는 프랑스의 전술적 후진성과 무능한 역대 왕들 및 국내의 반란으로 패배와 열세의 시기였다. 잘 조직된 영국 군이 슬뤼 해전(1340)에서 프랑스 군을 격파함으로써 양국 간의 전쟁은 본격화되었다. 5년간의 휴전 끝에 에드워드 3세는 영국 군을 노르망디에 상륙시켰으며 크레시 전투(1346)에서 프랑스 군을 대패시켰다. 영국 군은 계속 전진하여 해안도시 칼레를 점령하고 대륙에서의 해상거점으로 삼았다. 이어 8년간의 휴전(1347~1355)이 있었는데 프랑스는 이 기간 중 흑사병으로 많은 인구를 상실했다. 휴전 후 흑태자라고 불리던 에드워드 3세의 아들은 프랑스 남쪽 가스코뉴 지방에서부터 북진하면서 푸아티에 전투(1356)에서 큰 승리를 거뒀다. 이때 프랑스의 장 2세(1350~1364)는 포로가 되어 영국으로 압송되었다. 1360년 브레티니 조약에 의해 영국 왕은 모든 봉건적 의무가 면제된 채 북쪽의 칼레와 퐁티어, 남쪽의 아퀴텐느와 가스코뉴를 완전히 소유하게 되었다. 더욱이 프랑스인들은 왕의 석방을 위해 왕 자신이 죽을 때까지도 다 지불하지 못할 만큼의 막대한 인질대를 지불해야 했다.

크레시 전투와 푸아티에 전투에서 대패한 프랑스의 북부와 남부의 농토는 황폐화되었으며 군대의 약탈로 상태가 더욱 악화되었다. 백년전쟁의 초기 20년이 경과하면서 프랑스는 심각한 타격을 받게 되었으며 이는 도시민의 정치적 진출과 농민반란이라는 양상으로 나타났다.

프랑스 왕들은 전쟁 비용을 과세에 의존했는데 푸아티에 전투의 패배 후 도시민들은 더 이상의 무거운 과세를 순순히 감당하려 하지 않았으며 신분회는 왕에게 지출명세에 대한 책임을 질 것과 왕의 관리들을 감독할 것 등의 개혁을 요구했다. 하지만 왕은 그들의 요구를 거절하고 뒤에서 지방귀족들에게 개별적으로 요청하여 필요경비를 충당했다. 그러므로 파리 상인 에티엔의 주도 아래 파리의 도시민들은 새로운 왕위 계승권자를 내세우면서 정치참여를 주장하는 혁명을 일으켰다. 그리하여 왕세자 샤를은 신분회의 요구에 굴복하게 되었으며 신분회가 1356년부터 1357년까지 2년간 프랑스 정치를 담당하게 되었다.

그러나 노르망디, 피카르디와 샹파뉴 지방의 농민들이 전쟁으로 받은 고통 때문에 일으킨 자크리의 반란(1358)은 상태를 더욱 악화시켰다. 귀족들이 살해당하고 성곽이 소각되자 두려움을 느낀 왕은 귀족들과 함께 힘을 합쳐 이 반란을 진압하고자 했다. 이러한 상황 속에서 외세의 개입을 막고자 했던 신분회는 과세의 승인을 받아들였으며 이에 힘입은 왕은 반란을 진압하고 영국 군과 평화조약을 체결할 수 있었다.(브레티니 조약, 1360) 결국 프랑스의 신분회는 왕정을 비판하고 공격했으나 왕권을 제한

하는 적절한 방법을 세우지 못했으므로 영국의 의회와 같은 발전을 보지 못하는 한계점을 지니고 있었다.

제2단계

영국 군은 모든 주요 전투에서 승리하고 방대한 영토를 획득했던 것과는 달리 프랑스는 흑사병의 유행과 사회적 혼란에 당면하여 곤란이 더욱 가중되었다. 그러나 제2단계에 이르러 프랑스의 샤를 5세는 유리하게 전쟁을 재개했다.

샤를 5세는 재정을 정비하고 군대를 재편성했으며 특히 신분회 내의 제1신분과 제2신분을 이용하여 제3신분에게 과세를 부담시키는 안을 통과시켰으나 신분회는 거의 소집되지 않았다. 그는 징세를 위해 행정기구를 창설했으며 5년간의 준비 끝에 재개된 백년전쟁은 프랑스 군에게 유리하게 재개되었다. 프랑스는 영국 군을 조금씩 후퇴시키면서 영토를 회복했으며 그 결과 1377년에 이르러서는 영국은 칼레와 일부의 해안지대를 유지하는 정도에 불과했다. 그러나 빈번한 휴전을 거듭하는 정체기가 35년간 계속되었으며 영국이나 프랑스의 왕들은 국내정치가 불안정했기 때문에 효과적으로 전쟁을 수행할 수 없었다.

15세기 초 영국 왕 헨리 5세가 프랑스의 내란을 틈타 전쟁을 재개하여 센느 강구에 상륙했다. 전세는 아장쿠르(1415) 전투를 고비로 영국에게 유리하게 전환되었으므로 트루아 조약(1420)에 의해서 프랑스는 영국 왕의 프랑스 왕위 계승을 약속하지 않을 수 없게 되었다.

그러나 백년전쟁의 마지막 단계에서 전세는 프랑스에게 유리하게 전개되었다. 헨리 5세의 사망 후 어린 영국 왕 헨리 6세의 군대는 프랑스의 샤를 7세의 군대를 공격하기 위해 남쪽으로 이동했다. 1429년 신의 계시를 얻었다고 주장하는 프랑스 동부의 동레미 출신의 잔다르크라는 농촌 소녀의 도움으로 한때 사생아로 낙인이 찍혔던 왕태자 샤를 7세의 대관식이 거행되었으며 프랑스를 위기에서 구출하고자 하는 그녀의 노력은 프랑스 군에게 새로운 용기와 애국심을 불러일으켰다. 잔다르크는 남프랑스의 중요한 전략적 위치에 있던 오를레앙 시를 영국 군의 포위로부터 구출했으나 1430년 프랑스의 반왕파인 부르군드의 군대의 포로가 되어 결국 영국 군에게 화형을 당했다.

그 후 20년 동안 전쟁을 거듭하면서 프랑스 군은 서서히 영국 군을 대륙에서 몰아내는 데 성공했다. 전세의 교착상태와 전투의 암담한 전망을 타개하는 길을 열어 놓은 잔다르크의 영웅적 행위와 함께 국가의 재정구조와 군대조직의 향상에 따른 군사적 승리와 인내심 있는 외교의 덕분으로 프랑스 국토에서 영국 세력을 몰아낼 수 있었다. 또한 프랑스는 오랜 전쟁을 치르는 동안 군제를 개혁하고 왕권을 강화시켰다.

백년전쟁의 결과

백년전쟁 후 프랑스는 황폐와 피해로부터의 부흥을 통하여 근대적인 통일국가로 발돋움을 하게 되었는데 무엇보다도 영국에게 영토를 회복하면서 새로운 국민의식이 싹트기 시작했다. 15개의 기사군단을 설치함으로써 상비군을 가지게 되었고 15세기에 실전에 이용되기 시작한 대포를 비롯해 소화기의 출현 그리고 훈련받은 보병부대의 등장은 전술의 변화를 가져왔다. 그리고 이는 왕권의 강화와 더불어 봉건 기사들의 몰락을 촉진시키며 절대왕정으로의 기반을 마련하게 했다.

영국은 백년전쟁으로 노르만의 정복 이래 프랑스 내에 소유하던 모든 영토를 거의 상실하게 되었으나 국민의식의 강화로 근대 국가로 발전하는 토대를 마련했다. 또한 작위 귀족이나 곧 그 지위로 상승할 부유한 기사의 하위에 있는, 농업생산에 직접 참여하지 않고 토지로부터의 지대 수입으로써 여유 있는 생활을 할 수 있는 토지 소유자 혹은 지주라고 할 수 있는 젠트리와 함께 상인은 실제 작위 귀족과 일반 민중 사이에서 중간계층을 형성하게 되었다. 그뿐만 아니라 젠트리 밑에 위치한 독립적인 자영농민층은 14~15세기에 장원제도의 붕괴에 따른 영주 직영지의 분할 임대로 양적으로나 중요성에서나 급속하게 성장했다.[1]

유럽 국가체제의 성립

유럽의 팽창

15세기 말 이후 서유럽은 신항로의 개척을 통해 아메리카 대륙으로 진출하게 됨으로써 지리적·경제적 팽창의 시대를 맞이하고 근대사를 주도하는 세력으로 부상했다. 부족한 천연자원과 지역에 따른 봉건적 규제 때문에 광범위한 상업활동이 불가능했던 서유럽 세계의 지리적 범위가 확대되기 시작했다. 서유럽인들의 활동 범위의 확대는 무엇보다도 지리적 팽창의 결과라고 할 수 있다. 그렇다면 서유럽인들이

1 젠트리는 귀족과 자영농 사이의 토지소유자인 부유한 차지농과 전문직 종사자 및 부유한 상인 등의 중산 계급을 말하는데 흔히 '향신'이라고 한다.

+ 신항로 개척 지도

새로운 무대를 찾아 나서게 된 동기는 무엇일까? 1453년 오스만 투르크가 콘스탄티노플을 점령함으로써 유럽에서 아시아로 가기 위해 경유해야만 하는 지중해 유역을 장악하게 되었으며 이어서 무역로를 통제하고 동방에서 보내는 향료, 비단 등에 높은 세금을 부과하는 등 지중해 무역에 큰 타격을 가했다. 그리하여 새로운 항로 개척의 필요성과 이슬람 세력에 대응하기 위한 새로운 그리스도교 지역의 탐색 및 팽창이라는 현실적인 과제는 서유럽인들에게 지리적 팽창의 중요성을 일깨워 주었다. 또한 13세기 중엽 몽골족이 서방을 원정한 뒤 동양에 대한 높은 관심을 바탕으로 향신료, 비단과 귀금속을 구하기 위해 아시아에 직접 연결되는 통로를 찾으려는 경제적 동기도 중요한 역할을 했다. 그리고 나침반, 항해도구와 항해술 및 조선술의 발전과 해도의 작성 등 바다에 관한 지식의 증대와 원거리 항해에 필요한 자금과 인적자원, 군사력 등을 후원할 수 있는 왕권을 중심으로 통합된 국가체제가 출현한 것은 이를 현실적으로 뒷받침할 수 있었다.

포르투갈과 에스파냐의 활약

일찍이 중앙집권화에 성공한 포르투갈과 에스파냐는 새로운 인도 항로를 발견하기 위해 나섰다. 15세기 초반 포르투갈 왕자 엔리케의 적극적인 후원으로 1486년 바르톨로메오 디아스는 아프리카 남단 희망봉에 도달했으며, 1498년 바스코 다 가마가 희망봉을 통과하여 인도양을 돌아 인도 항로를 개척함으로써 포르투갈은 인도 및 중국의 거점을 확보하고 동방무역의 실권을 장악했다.

콜럼버스는 지구가 둥글다는 학설을 믿고 대서양 서쪽으로 진출하여 아시아에 가고자 했으며 1492년 에스파냐의 여왕 이사벨라의 후원으로 서인도제도에 도착하여 아메리카 대륙을 발견했다. 마젤란은 에스파냐 국왕의 명령을 받아 1519년 아메리카 대륙 남단을 돌아 태평양을 통해 필리핀에 도착했다. 그의 부하들은 인도양을 거쳐 에스파냐로 귀환함으로써 최초의 세계 일주를 완수하고 지구구형설을 입증했다. 포르투갈은 브라질과 아시아 지역을 중심으로 활동했으며 무역 거점을 확보한 채 경제적 이익을 추구했으며 선주문명이 없었던 브라질에서는 식민지배가 이루어질 수 있었다. 반면 에스파냐는 필리핀과 아메리카 대륙에 광범위한 식민 제국을 건설했으며 서양의 영주제와 유사한 '엔코미엔다' 제도를 도입하여 원주민을 지배했다. 에스파냐의 식민지는 막대한 노력과 비용이 필요했던 것에 비해 포르투갈은 효율적인 성과를 거둘 수 있었다.

상업혁명과 가격혁명과 중상주의

유럽인들이 열망하는 향료와 비단, 귀금속들이 보다 싼값에 풍부하게 들어오고 담배, 커피, 설탕, 감자, 옥수수, 목면, 아편과 같은 새로운 물품들도 유입되면서 유럽의 상업활동과 생산활동에도 커다란 변화가 생겼다. 특히 대상인들은 도시 길드의 제약을 피해 농촌의 분산된 작업장에 입각하여 생산했던 선대제와 공장생산 형태인 매뉴팩쳐 등 자본주의적 생산양식을 발전시켰다.

또한 지중해와 북해, 즉 이탈리아의 도시국가와 독일의 도시를 중심으로 이루어지던 유럽 경제활동의 중심이 강력한 왕권이 주도하는 대서양 지역으로 옮겨짐에 따라 지중해 무역이 쇠퇴하게 되었다. 당시 경제변화에 가장 큰 영향을 끼친 물품은 금과 은 등의 귀금속이었는데 신대륙에서의 금과 은의 대량 유입으로 인한 화폐량의 증가는 상공업 활동의 가속화와 물가 상승을 초래하게 되어 가격혁명이 일어나게 되었다.

이러한 상업혁명과 가격혁명은 유럽인들의 생활양식과 가치관의 커다란 변화를 가져오게 되었다. 유럽인들은 보다 탐욕적으로 경제 이익 추구와 부의 증진을 도모하여 상업과 생산업을 중요시하게 되었다. 당시 경제활동의 주된 주체였던 국가는 새로운 경제정책으로 국내의 부를 증진시킴으로써 국가의 권력을 대내외적으로 강화시킴과 동시에 국가의 최고지배자인 군주권 강화와 왕실재정 확충을 목적으로 하는 중상주의를 채택했다.

절대주의를 뒷받침하는 경제적 이데올로기로서 작용하게 된 중상주의는 아메리카 대륙 발견 직후, 귀금속이 부의 절대적 기준이 되는 중금주의를 추구했으나 귀금속을 직접 얻을 수 없는 국가의 경우는 무역을 통해 부를 확보하려는 무역차액주의를 지향했다. 이는 다시 무역을 위한 수출산업을 육성하는 중공주의와 원료공급지 및 해외시장으로서 식민지를 확보하려는 식민지정책 등으로 변모되었다. 중상주의정책은 일시적으로 절대군주와 궁정귀족 및 특권 부르주아에게 부를 축적하게 함으로써 초기 자본주의 발전에 기여했으나 해외 약탈에 기반에 두고 있었기 때문에 지속적인 영토 확장과 대외 전쟁에 관심을 기울이게 되었다.

부르주아의 성장

이같은 경제적 변화는 '부르주아'라고 불리는 상공업에 종사하는 자본가집단의 성장을 가져왔다. 부르주아는 동산 보유자로서 급격한 경제변화와 물가의 앙등 그리고 초기 자본주의 발전을 꾀했던 국가의 보호와 특혜 속에서 막대한 부를 축적했다.

이에 반해 기존 지배집단이었던 귀족들은 부동산 소유자로서 고정적인 지대수입에 의존했는데 빠른 속도로 인상되는 물가에 비해 지대는 고정적이었으므로 수입이 저절로 감소하게 되었다. 또한 농촌의 농민들과 도시 서민들 역시 이러한 급격한 경제 변화에 적응하지 못했다. 물가인상, 특히 곡가의 인상으로 일상적인 생활의 어려움은 물론이거니와 자본주의적 대작업장의 증가로 도시민들은 경제기반을 점점 침식당하면서 일용 임금노동자로 몰락하는 위협에 직면했다. 귀족들은 감소된 수입의 보충을 위해 부역과 지대 상승을 요구했으며 징세의 부담을 전가하는 국가의 요구에 유랑하는 농민과 장인들이 속출하게 되었다. 그리하여 중세말 이래 농민폭동과 도시폭동은 만성적으로 지속되었다.

절대주의체제의 수립

서유럽의 절대주의

16세기 유럽의 경제적 변화를 바탕으로 절대주의 왕정이 탄생했으며 17세기에 이르러서는 절대권력으로 군림하게 되었다. 절대주의체제는 서유럽과 동유럽의 양 지역에서 수립되었으나 특히 영국과 프랑스 등 서유럽 국가의 국왕은 귀족층의 몰락과 부르주아의 성장을 통해 이루어진 사회세력의 균형을 이용하여 상비군, 관료제, 징세제도 등의 제도적 장치와 왕권신수설 등의 이념으로 자신의 권한을 강화했다.

상비군이란 국왕의 독자적인 군사력으로서 대부분 외국인 용병으로 구성되었으며 대외적으로는 영토확장, 대내적으로는 당시 빈발했던 반란의 진압에 이용되었다. 왕은 상비군을 통하여 봉건귀족들의 군사력을 무력화시킴으로써 군사적인 중앙집권화를 완성할 수 있었다.

그리고 국왕은 봉건귀족들의 세력을 약화시키면서 관료기구를 활용하여 자신의 의지를 관철시켜나가는 행정적 중앙집권화를 도모했다. 관료는 관직매매를 통하여 충원되었는데 이들은 대부분 부르주아였다. 이들 부르주아 관료들은 부를 이용하여 국왕에게 접근했으며 관직을 통해 귀족사회로 진입하려고 했다. 그러나 절대주의 말기에는 관직이 포화가 되어 부르주아가 귀족으로 상승하기는 점점 어려워졌다.

전국적인 징세제도는 절대주의체제를 뒷받침해 주는 중요한 역할을 수행했다. 귀족 및 교회, 관료 등 특권집단에게는 납세의 의무를 면제해 주는 대신 일반 평민에 대한 과세권을 확보하는 재정중앙집권화를 완성시켰다. 이는 민중에 대한 수탈을 통하여 몰락하고 있던 귀족들을 보호하고 자본가 집단을 육성한다는 절대주의의 근본적인 모순점 혹은 봉건적 속성을 내포하고 있다.

에스파냐와 포르투갈은 이슬람교도의 축출을 통해 일찍이 중앙집권화에 성공했으며 이어 아메리카 대륙 발견에 적극적으로 나섰다. 그리하여 이들 국가는 국제 정치와 상업에서 우위를 확보했다. 그러나 유입된 막대한 귀금속은 비능률적인 관료제 및 궁정과 귀족의 사치, 그리고 전쟁 비용 등에 낭비되었다. 국내 산업 기반을 육성하지 못한 두 국가는 이류 국가로 전락했다.

에스파냐의 식민지였던 네덜란드는 13세기경부터 모직물산업과 시민

계급의 성장이라는 성과에 힘입어 16세기 공화국으로 독립하고 모직물과 중개무역으로 자본주의를 발전시켰다. 그러나 17세기 영국과의 경쟁에서 패해 유럽경제의 주도권을 상실했다.

프랑스는 백년전쟁의 마무리 과정에서 전형적인 절대주의체제를 점진적으로 수립해 나갔으며 절대군주 루이 14세는 중상주의정책으로 국부와 국력을 신장시키고 유럽의 중심국가임을 분명히 했다. 그러나 프랑스의 수공업은 사치품 생산 위주였기 때문에 판매시장을 확보하기 어려웠으며 소농 위주의 경영은 농업생산력의 비약적인 발전에 제한을 가했다. 루이 14세 말기에는 무리한 대외 전쟁과 프로테스탄트 부르주아와의 불화 등으로 재정이 악화되었으며 마구 충원된 관료기구는 중복과 혼란이 겹쳐 왕의 의지에 대립하는 특권집단으로 변해 갔다.

15세기 말 영국의 튜더 왕조는 정치·경제적 발전 및 국민의식의 성장을 바탕으로 의회에 입각한 절대왕정을 수립했다. 헨리 8세의 종교개혁으로 기반을 다진 절대왕정은 엘리자베스 1세에 와서 전성기를 맞았다.

'인클로저 운동' 및 목양을 통해서 지주–차지농–농업노동자로 이루어진 농업의 3분 구조가 성립되면서 새로운 사회계층 구조가 형성되었다. 귀족과 신흥지주는 토지 집중을 주도하면서 크게 성장했다. 젠트리 계층은 튜더 절대주의의 강력한 지지자였으며 독립자영농민 중에서 부농에 해당하는 요먼층은 자본가적 차지농으로 변신했으며 인클로저로 말미암아 토지로부터 추방된 빈농과 날품팔이 농민을 고용하여 대규모의 자본주의적 농업 경영을 추진했다. 젠트리 계층은 엘리자베스 여왕 사후 영국의 헌정적 전통을 무시하고 자의적인 전제정치를 시도했던 스코틀랜드 출신의 스튜어트 왕실에 맞서 젠트리와 함께 청교도혁명을 일으켰다. 크롬웰이 이끌었던 청교도혁명은 그 주도 세력이 신흥부르주아 계급이 아닌 젠트리였기 때문에 사회·경제적 변화는 크게 이루어질 수 없는 한계점을 드러내었다. 그러나 입헌적 자유를 확립하여 의회민주주의를 발전시키고 중상주의 정책으로 유럽 경제의 주도권을 장악하게 되었다.

동유럽의 절대주의

엘베강 동쪽에 위치한 동유럽의 절대주의 국가는 사회·경제적 변화의 산물이라는 특색을 강하게 드러내는 서유럽의 경우와는 달리 정치·군사적인 구조로서의 성격이 강하다고 할 수 있다.

해상 진출이 활발하지 못한 동유럽에서는 농노제가 더욱 강화되어 '재판농노제'로 귀결되었으며, 영주의 권한 또한 이전보다 강화되었기 때문에, 절대주의의 수립은 순조롭지 못했다. 특히 17세기에 폴란드, 프로이센, 오스트리아와 러시아 등 동유럽 각국을 침입했던 스웨덴의 공략에 직면했다. 동유럽 국가들은 이에 대비하기 위해 절대주의 국가구조를 구축했다.

그 결과 동유럽에서는 군주와 토지귀족의 타협에 의해 봉건적 성격이 강한 절대주의체제가 수립되었다. 절대왕정은 관리와 군인으로 종사하는 강력한 봉건귀족과 미약한 부르주아 및 부자유한 농노 위에 군림하는 양상을 띠었다. 농노제는 강화되고 귀족들은 관료와 군대지휘관으로 진출하게 되었다. 산업화가 지연되고 중산층이 성장하지 못했으며 정치와 경제의 자유화와 민주화도 순조롭지 못했다. 그러나 동유럽의 절대주의는 강력한 권위주의와 효율적인 관료기구의 통제에 입각하여 서유럽에 비해 장기적으로 지속되었으며 제1차 세계대전의 종식과 함께 궁극적으로 붕괴되었다.

16세기 독일은 종교개혁으로 인한 장기간의 분쟁과 지방분권적인 할거주의, 대서양으로 경제 중심지 이동 등으로 쇠퇴하기 시작했다. 또한 전쟁으로 크게 황폐되었으며 각 영방국가의 주권이 확립되면서 통일국가로의 발전도 좌절되었다. 그러나 독일의 영방국가 중 가장 급속히 발전한 프로이센은 17세기와 18세기에 걸쳐 지주 귀족인 '융커' 계층의 주도로 군국주의적 성격이 강한 절대주의체제를 확립했으며 19세기 독일의 주도권을 장악하여 독일 통일의 주역을 담당하게 되었다.

러시아의 표트르 대제는 17세기 말부터 18세기 초에 걸쳐 유럽적인 근대국가를 지향했으며 농노제에 입각한 근대적인 관료제와 군대를 양성하여 강력한 황제전제체제를 확립했다. 이러한 그의 노력은 예카테리나 2세에 의해 계승되었으나 러시아는 근대화와 산업화에 낙후되면서 20세기 초 사회주의혁명을 맞는다.

절대주의시대의 문화

절대주의적 궁정문화와 근대적인 인간의 힘을 자각한 르네상스의 분위기가 결합된 17세기 바로크예술은 궁정적이고 귀족적이며 인간의 힘에 대한 새로운 자각을 토대로 하는 것이 특징이다.

절대주의 전성기를 누렸던 프랑스는 문화적으로도 중심적인 지위를 누렸으며 베르사유 궁전은 현실 긍정적이고 타협적이며 정치적 배려를 우선하는 특징을 보여 주는 바로크예술적 집약이라고 할 수 있다.

절대주의가 기울어 가는 18세기에는 보다 섬세하고 기교적인 로코코 양식이 나타나기도 했다. 프로이센의 프리드리히 대제가 건립한 상수시 궁전은 로코코 양식의 영향을 많이 받았다. 문화 중심지도 로마에서 파리로 이전했으며 궁정생활의 규범화와 '위대한 양식'의 국제화 현상이 나타났다. 국가는 아카데미를 통하여 학문과 예술에 대한 경찰력을 행사하면서 일종의 문화적 독점을 꾀했다.

프랑스의 바로크가 고전주의적인 경향인 것에 비해 상공업자들이 지배했던 네덜란드의 바로크에는 시민적 특징이 강한 자연주의적 요소가 두드러진다.

17세기에는 인간이 자연 법칙을 파악하고 자연을 지배할 수 있다는 인식의 변화에 따라 실험과 관찰을 통한 보편적 법칙의 정립이 추구되었다. 그 결과 과학혁명이 이루어졌으며 근대철학의 발전을 자극해 실험적이고 귀납적인 영국의 경험론과 대륙의 이념적인 합리론이라는 두 철학적 전통이 형성되었다.

근대국가의 성립은 정치사상의 발전을 자극하기도 했다. 이탈리아의 마키아벨리는 근대국가의 본성이 국가이익을 추구하는 국가이성임을, 프랑스의 보댕은 주권의 개념을 설정하고 주권을 군중에게 귀속함으로써 절대왕정을 옹호했다. 이러한 이론들은 왕권신수설로 집약되어 절대군주의 이데올로기로 작용하고 자연법사상 및 계약설도 발전했다.

영국의 홉스는 자연 상태를 인간의 인간에 대한 투쟁으로 파악하고 계약에 의한 절대주권의 설립에 대해 생각했다. 로크는 자연 상태에 존재하는 자연권을 확립하기 위해 계약을 통한 국가 설립을 제안했다. 특히 그는 계약을 위반하고 개인의 자연권을 유린하는 지배자에 대한 시민의 저항권을 제안하여 근대 민주주의사상의 토대를 이루고 18세기 미국혁명과 계몽사상가들에게 영향을 주었으며 네덜란드의 그로티우스는 각국의 독립된 주권의 보장 및 이를 위한 국제법의 필요성을 촉구했다.

바로크 시대에 접어들면서 유럽은 민중문화 개혁의 또 다른 국면을 맞이했다. 절대주의체제는 사회 안정의 대가로 시민들에겐 무거운 세금과 사회적 순응을 강요했는데 중앙집권화를 동반했던 '문화적 통일'의 방침은 현실적이고 세속적이었다. 문화 통제는 지방의 민속 문화에도 타격을 가했다.

근대 초의 정치·경제·사회적 변화는 농민층의 물질문화뿐만 아니라 공연문화까지 크게 변모시켰다. 개인에 대한 규제도 체계적이었으며 견실한 그리스도교인들을 양성하려는 교회에 의해서 사생활의 규제를 받게 되었다. 특히 가부장권은 일상생활에서 왕의 절대권력을 대표했으며 가족의 도덕적 기능이 중시되었으며 가정적 질서를 침해하는 행위는 규제의 대상이 되었다. 매춘은 금지되었으며 동시에 아동교육의 중요성은 강조되었다. 예수회와 오라토리오회는 아동과 청소년을 성인과 구분하여 그 교육을 전담했는데 교육의 목적은 주어진 신분의 유지였으며 수치스러운 표식을 공개하는 경향이 증대되었다.

+ 베르사유궁전(위) / 상수시궁전(아래)

절대주의 시기에는 도시와 촌락을 막론하고 민중문화가 쇠퇴하여 갔는데 이러한 현상은 프랑스의 루이 14세 시대에 더욱 두드러졌다. 귀족은 궁정을 통하여 새로운 예절과 품행의 체계를 받아들였고 이를 관료, 부르주아 등이 모방했다. 그러나 민중문화가 완전히 사라진 것은 아니었으며 18세기 중엽과 혁명기에 변형된 형태로 다시 출현하기도 했다. 특히 민중문화는 정치화되면서 당국에 대한 민중의 저항 태도에 반영되기도 했는데 농민봉기는 근대 유럽 농촌의 특징 중의 하나였으며 자신들의 운명에 영향을 주는 문제에 대한 분명한 인식과 이에 따라 촌락 수준의 정치화가 이루어졌다.

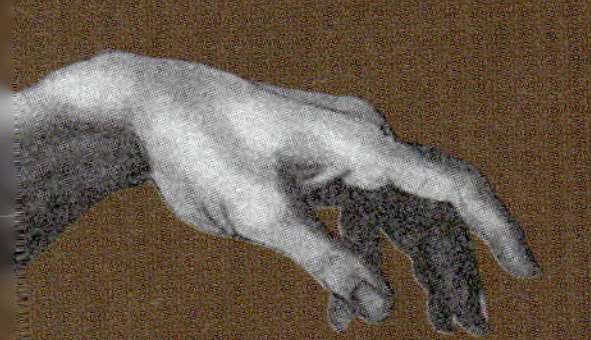

Chapter 08

르네상스

우리는 자기 일을 즐길 수 있는 인간의 출현 시기를 생각해보려고 하면 잠시 머뭇거리게 된다. 어떤 시대를 막론하고 전문인이라면 자기 일을 좋아하여 즐겼을 것이다. 이런 전문인은 고전시대에도 있었고 물론 중세 세계에도 있었다. 그러나 이런 전문인 형태의 인간은 언젠가부터 주변 사람의 관심을 끌면서 꾼으로 불리기 시작했다. 거기다 수익사업으로서 돈과 아름다움, 다복함과 편리함을 추구하며 다른 사람에게도 돈과 아름다움, 다복함과 편리함을 제공하는 직업도 나타나기 시작했다.

르네상스란 말뜻은 '고전의 부활', '휴머니즘의 재탄생'이란 의미로 널리 사용되고 알려져 있지만, 이에 대한 역사적 해석은 크게 2가지가 상충한다. 르네상스는 중세인 입장에서 바라보면 중세의 가을일 것이고 근대인, 즉 르네상스 시대인들의 입장에서 바라보면 근대의 봄일 수도 있다. 아마 중세 연구자 시각에서는 7세기 이후 15세기까지의 시기는 장구한 역사 진행 과정에서 인간이 뿌린 온갖 전문 지식들이 결실을 맺는 중세의 가을일 것이다. 그러나 중세 보편주의 세계가 사라지고 오늘날의 다양한 전문인으로 구성된 시민사회 조직의 맹아가 전문 지식인의 출현에서 발아하기 시작했다는 시각에서 바라보면 르네상스는 역사의 봄임이 틀림없다. 야곱 부르크하르트 역시 이런 관점에서 르네상스를 '인간과 세계의 재발견의 시대'로, 근대의 출발점으로 파악했던 것이다.

9세기 르네상스

카롤루스 마그누스시대까지도 유럽세계에는 기록언어가 정착하지 못했다. 물론 생활언어는 게르만어계와 로망스어계 언어였다. 카롤루스 마그누스는 제국 교회조직을 황제 권력의 앞잡이로 내세워 피레네산맥 이북과 북해 연안 이내의 방대한 영지에 라틴어를 성사 관습 언어로 만들었다. 카롤루스 마그누스는 특히 현재의 서부 유럽세계에 로마 정통론자들의 교리를 비롯하여 라틴어 교회 법률을 공포함으로써 라틴어를 표준 철자로 정착케 했고 교구 교회를 일종의 교육기관으로서 특히, 당시 세속인을 개종하여 황제권에 예속하는 통치도구로 이용했다.

카롤루스 마그누스 시대에 제국 교회조직의 이런 정치 · 교육 기능에 힘입어 황제 영지의 교구 교회 또한 증추 교육기관이 되었다. 교육기관으로서 교구 교회는 라틴어를 교양으로 익힌 다음, 성직자의 예절 교육을 담당했다. 성직자들 예절교육 주체는 수도원이었다. 수도원의 이런 성직자들 교육은 종교 교리를 세속인에게 교육하여 세속인을 순화한 다음 그 순화된 세속인을 다시 제국 교회조직에 예속시키는 기능을 담당했다. 수도원의 이런 교육 기능에 힘입어 제국관습의 보편주의는 정치 현상에 함축되어 질서관습으로 정착했고, 프랑크종족왕 영지의 행정조직도 안정을 찾았다.

카롤루스 마그누스 시대 수도원의 성직자 교육은 성직자가 권력집단의 구성원으로서 임무를 수행하도록 성직자를 길들여 성직자에게 행정권을 부여했다. 다음에 카롤루스 마그누스는 성직자가 교양을 익히도록 프랑크종족왕 영지에 수도원 부속학교라는 일종의 교육기관을 설치했다. 카롤루스 마그누스 시대 성직자는 이런 수도원 부속학교에서 후기 고전시대 그리스트교 계승자의 문학과 교양을 익혔다. 수도원의 교양 교육의 영향으로 8세기 말엽 이후 서부 유럽세계의 파리 영지에서도 라틴어를 익혀서 기록 문서를 해석하려는 기운이 감돌기 시작했다. 이런 맥락에서 파리 영지는 고전시대 학문을 다시 재생하는 장소였다. 서부 유럽세계에서는 이 고전시대 학문 재생 장소를 '황제영지 교육기관', 황제영지의 수도원 부속학교라고 지칭했다.

파리 황제영지의 수도원은 서부세계 제국 성직자들 교육기관으로서 신학, 역사, 문학 파트로 구성되었다. 수도원 부속학교는 성직자 소양으로서 시와 라틴어와 문학을 교육했다. 성직자의 도구 교양은 물론 라틴어를 갖추는 것이었다. 당시까지도 라틴어는 생활언어가 아니었다. 라틴어는 황제영지 수도원 학교의 영향으로 교양 도구이자 저작 도구로서 정착했다. 라틴어 해독자 숫자는 9세기 이후 증가했다. 특히 황제영지에서 성사관습 절차 모음집과 같은 세속인 독서용 저작물도 나타나기 시작했다. 당시까지도 라틴어 철자는 성직자나 프랑크종족왕 영지의 관리를 제외하면 거의 통용되지 않았다. 그런데도 카롤루스 마그누스 시대 황제영지의 수도원 부속학교는 라틴어 철자 교육을 비롯하여 수도원의 신학과 문학을 교양으로 만들어 갔다. 특히 황제영지의 수도원은 성직자의 분별력과 창의력을 제고하며 새로운 교회 개혁세력을 양성했다.

카롤루스 가문 프랑크종족왕 시대의 교육관행 개혁은 앵글로색슨계 수도원의 좌장 앨퀸(대략 730년 혹은 796~804)의 책임하에 진행되었다. 앨퀸은 당대 유럽세계의 탁월한 교육자요, 수도원의 좌장이었다. 영국 교회 일화에서는 앨퀸을 성직자들 중에서도 알비누스와 같았다고 묘사한다. 또한 앨퀸을 카롤루스 마그누스 주변 인물 중에서도 플라쿠스와 같은 인물이라고 묘사 했다.

이런 앨퀸은 요오크, 아헨, 투르 등의 황제영지에다 '학문동아리'이란 개념을 전파했다. 앨퀸은 요오크 성당의 수도사 학문동아리에서 교회 법률과 후기 고전시대 저작물을 배웠다. 앨퀸은 768년 요오크에서 수도자 교육에 참여하기 시작했다가, 778년 요오크 대주교이자 수도원 학교 좌장이 되어 성직자 교육에 매진했다. 앨퀸은 768년 파비아에 들렀다가, 수도사들의 신학동아리에서 성사관습에 대해 논쟁하고 있다는 소식을 듣고 아헨으로 와서 카롤루스 마그누스를 만났다. 아헨 황제영지에서 앨퀸은 황제영지의 성직자에게 예배관습의 취지와 절차, 형식을 가르쳤다. 당시 앨퀸은 성직자도 명망을 떨치던 수도사도 아니었다. 그런데도 여러 수도사 제자는 앨퀸을 가장 탁월한 스승이라고 존경했다.

앨퀸 전기에는 앨퀸이 782년부터 796년까지 아헨 황제영지에서 수도원 학교를 운영하던 중 몇 차례 잉글랜드로 갔다가 대륙으로 다시 돌아오기도 했다고 전한다. 앨퀸은 프랑크종족왕 영지를 새로운 아테네라고 생각했다.

당시 프랑크종족왕 영지의 수도원 학교 독서용 교양 지식은 세 가지 전문 지식 모음집과 네 가지 원리 모음집이었다. 앨퀸은 세 가지 전문 지식 모음집으로 '문법 관습', '언어 표현과 예절 관습', '입말 논리 관습' 등을 활용했고, 여기에 '피핀과 알비누스의 논쟁'을 첨가했다. 네 가지 원리 모음집은 '화음 관습', '수리 관습', '별 자리 운행 관습'과 '도형 관습' 등을 가르쳤다. 당시 화음 관습 모음집으로부터 찬송가 곡조와 가사가 교회조직 영역으로 편입되었다.

황제영지의 성당 부속학교에서는 카롤루스 마그누스를 포함한 권력층의 후손과 황제영지 관리들이 앨퀸에게서 배웠고 여러 부속학교 선생들도 함께 배웠다.

이런 위대한 유럽세계 스승의 후임자는 아인하르트였다. 아인하르드는 앨퀸에게서 직접 배우지는 못했다. 그러나 앨퀸의 지도 아래에서 배웠기 때문에 앨퀸의 제자나 다름없었다.

앨퀸은 794년 황제영지 프랑크푸르트에서 개최된 전체 주교회의에서 비잔티움세계의 성상숭배관습과 우상파괴관습에 대한 자기의 입장을 카롤루스 마그누스 앞에서 피력했다. 이런 앨퀸은 804년 5월 19일 투르의 수도원에서 사망했다. 앨퀸은 프랑크종족왕 영지의 교육관행을 완전히 바꾸어 놓았다. 후대 역사 연구자는 앨퀸의 교육관행 개혁을 흔히 '카롤링거 르네상스', 즉 '9세기 르네상스'라 부른다.

앨퀸은 카롤루스 마그누스의 의지에 따라서 교육관행 개혁을 진행했으나 여러 방면에서 다양한 결과를 초래했다. 카롤루스 마그누스가 이탈리아와 에스파냐로부터 프랑크종족왕 영지로 들어왔던 수도사 교사를 추방하고 잉글랜드의 앨퀸과 함께 교육관행 개혁을 추진했다는 점도 중요한 의미가 있다. 당시 카롤루스 마그누스 시대의 이탈리아와 에스파냐는 이교도, 즉 아랍인 지배영역이었다. 특히 아랍인 지배영역에서는 고전시대 그리스어계 저작물과 로마 시대 사법이 영향력이 컸다. 특히 이탈리아의 라벤나는 로마 시대 사법사례 모음집이 이동하던 곳이었고, 에스파냐의 코르도바와 톨레도는 고전 시대 그리스어계 저작물이 서부 유럽세계로 이동하던 장소였다. 이런 맥락에서 이탈리아와 에스파냐계 교사는 이교도 학문의 전파자일 수밖에 없었다.

카롤루스 마그누스는 아헨 황실 영지 식당에서 앨퀸과 함께 파리 영지와 투르 영지의 성당 부속학교 교육정책 개발에 몰두했다. 카롤루스 마그누스와 앨퀸의 위대한 교육개혁 정신은 당대 유럽세계 교육의 여명시대를 개척했다. 카롤루스 마그누스 시대 황제영지 성당 부속학교는 유럽세계의 표준 교육기관으로 정착했다.

성당 부속학교와 수도원 학교도 프랑크종족왕 영지의 학교 모형을 다 같이 수용함에 따라서 성직자와 권력집단 후손의 교육 장소로 출발했다. 특히, 카롤루스 마그누스 시대의 프랑크종족왕 영지 수도원학교가 교육기관으로 발전하며 서부 유럽세계 수도원 역시 교육 장소로 발전했다. 이후 서부 유럽세계에서 수도원은 문화 발원지로 등장했다. 이런 맥락에서 카롤루스 마그누스는 서부 유럽세계에 문화를 정착시킨 인물이었다. 물론 카롤루스 마그누스 시대의 문화 발원지는 아직 저작물이었다. 문헌인 책은 다양한 시대 특징을 반영하며 스콜라 철학이 등장할 때까지 전문지식의 매개자가 되었다.

카롤루스 마그누스 시대 교육관행 개혁에 힘입어 유럽세계에도 시, 문학 모음집, 성자 전기, 영주 칭송 글 , 문법 모음집. 신학서, 언어 모음집까지 등장했다. 이런 맥락에서 앨퀸은 교육기관과 교육의 내용을 유럽세계에 개창한 인물이었다.

카롤루스 가문 프랑크종족왕 시대의 교육관행 개혁은 라틴어 교육의 재생이었다. 카롤루스 가문 시대 라틴어 교육의 영향으로 라틴어는 유럽세계에 정착했다.

12세기 르네상스

중세는 한마디로 말해 교회가 막강한 권력을 휘둘렀던 시대이다. 그리고 교회의 강한 지배를 무너뜨리듯 활짝 꽃 피운 것이 '르네상스'이다. 르네상스 하면, 레오나르도 다빈치나 미켈란젤로 같은 뛰어난 예술가가 다수 배출된 '이탈리아 르네상스'를 떠올리게 되는데, 사실 '르네상스=이탈리아 르네상스'라는 이미지는 르네상스를 이탈리아 회화의 이미지만으로 해석해 버린 것이다. 하지만 르네상스는 더 큰 문제로 인식되어야 한다. 역사가인 부르크하르트가 미술에 열광한 나머지 이탈리아 르네상스로부터 근대가 시작되었다고 주장하면서 중세와 명확히 분리하는 선을 그었다. 하지단 르네상스는 이탈리아에만 한정된 것이 아니고 시기적으로도 12세기경부터 이미 르네상스와 유사한 움직임이 있었다. 12세기라고 하면 르네상스라고 하기에는 다소 이른 감이 있는 중세의 한복판이라고 생각할 수도 있다. 그럼 왜 12세기일까?

가장 큰 이유는 '십자군'이다. 십자군이 활약한 것은 10세기말부터 2

백여 년간으로, 이 사이에 이슬람으로부터 '성지 탈환'이라는 슬로건하에 많은 유럽인이 아라비아 세계로 파병되었다. 그들에 의해 유럽으로 아라비아 문화가 일시에 몰려들었고 그것이 르네상스의 계기가 되었다는 것이다. 고대 그리스 로마적인 이상으로 돌아가는 '고대의 재생'이 르네상스의 의미이자 목적이었다. 그러나 이러한 고대 그리스 로마적인 위대한 지혜는 당시의 유럽에는 존재하지 않았다. 고대 세계의 뛰어난 지혜를 모은 이집트의 알렉산드리아 도서관, 그곳을 중심으로 키워진 문화와 선현의 지혜를 정리한 다양한 서적은 유럽 교회가 아닌 이슬람 문화권에 의해 계승되었기 때문이다(예컨대 스페인의 코르도바). 고대의 지혜가 십자군운동을 계기로 아라비아어 문헌의 재번역이라는 형태로 역수입된 것이 바로 12세기였다.

15세기 이탈리아 르네상스

15세기 초에서 16세기 말에 유럽의 변화를 이끌었던 요인들은 무엇인가? 십자군원정이 끝나면서 사상과 재화의 교류가 증대했고, 신세계의 발견으로 사람들은 이제까지 믿어 왔던 사실에 의문을 품게 되었다. 게다가 교회의 잇따른 분열 사태로 교회와 성직자들의 가르침이 도전받았다. 오스만의 진군으로 도망쳐 온 학자들 덕분에 유럽 사회에 지식이 유입되었다.

르네상스(Renaissance)란 용어는 원래 불어로 '재탄생'을 뜻하며(미슐레), 더 구체적으로는 14~16세기경에 걸쳐 그리스 로마의 고전문화가 부활한 것을 의미한다. 이 현상은 15세기 초에서 16세기 말에 발전하여 유럽인들의 사고와 통치, 생활양식에 거대한 변화를 불러일으켰다.

르네상스의 탄생 배경을 넓은 의미에서 중세 세계의 붕괴였다. 인간성을 속박하던 봉건제도나 교회의 권위로부터 해방되어 자유를 얻으려는 인간정신의 혁신이란 의미를 지니고 있다. 13세기 동서무역의 부가 베네치아로 집중하면서(후추무역 독점) 이탈리아 르네상스는 이러한 동서무역을 통한 부의 축적에 기반을 두었다. 이탈리아에서는 특히 피렌체와 베네치아가 동양과 서양 사이에 위치한 지리적 이점을 활용하여 막대한 부를 창출했다. 사업가와 정치인은 교회 성직자에 버금가는 존경을 받았다. 도시를 중심으로 자라난 시민사회를 바탕으로 해서 개화한 이탈리아 르네상스는 '지리상의 발견'과 더불어 근대로 나아가는 문을 열었고, '종교 개혁'에도 영향을 미쳤다. 역사가인 부르크하르트의 말처럼 '세계와 인간의 재발견'이었다.

그리스 로마와 중세의 가장 큰 차이점은 전자가 인간 중심주의 임에 반해 후자는 신 중심주의라는 것이다. 그리스와 로마에도 많은 신과 풍성한 신화가 있었지만 인간의 성향이나 삶이 투영된 존재에 불과했을 뿐(의인신관) 창조주이자 심판자로서의 유일신과는 큰 차이가 있었다. 그림이나 조각 등 미술 분야에서 인간 중심주의는 인간의 육체와 감정을 '있는 그대로 묘사하는 것'과 깊이 관련되어 있다(사실주의적 표현). 미켈란젤로의 시스티나 성당의 천장 벽화나 다비드상 등으로 대변되는 과감한 누드도 이러한 표현정신이 발현된 것이다. 대개 성서에 나오는 인물을 소재로 했다는 점을(다비드와 모세) 제외하면 그리스 로마예술과 모든 면에서 다를 것이 없었다. 고대 그리스의 올림픽 경기에 출전하는 선수들이 완벽하게 알몸이었다는 점에서 엿볼 수 있듯이, 당시 신체 노출은 그다지 수치스럽다거나 죄스러운 일이 아니었다. 요컨대 그리스 로마의 인간중심적 가치는 르네상스 시대의 그림 조각 등의 예술과 결합해 인간의 육체와 감정을 그대로 표출하는 방식으로 발휘되었다.

르네상스의 새로운 인간관은 근대적 인간이 형성되고 발전할 수 있는 출발점이 되었다. 르네상스 시기의 이탈리아에서는 신분이나 사회계층, 또는 혈통 같은 것이 아무런 문제도 되지 않았다. 이것은 르네상스가 인간의 본질을 철저하게 인식했기 때문이다. 태생이나 가계가 점점 특별한 권위를 잃게 되면서 개인들이 스스로 능력을 개발해야 했다. 그리고 신 중심에서 인간 중심의 사회로 포괄적으로 이행했다. 즉 신이 무겁게 짓눌렀던 중세로부터 벗어나는 전환기의 운동이었다. 르네상스 시대가 되어서야 비로소 유럽인들은 1,000년간 이어진 경직된 엄숙주의에서 탈피해 인간적이고 세련된 사고방식을 되찾기 시작했다. 인본주의적 관점은 근대와 시민사회 창출의 정신적인 바탕이 되었다.

르네상스적 인간형이란?

미술가, 과학자, 건축가, 발명가, 사상사, 요리사 등 다양한 분야를 섭렵한 다빈치는 빛나는 상상력으로 아름다움과 진리를 조화롭고 균형있게 결합한 르네상스의 대표적 인물이다. 15~16세기 르네상스 시기는 만능인(Uomo universale)을 대거 배출했다. 이들은 다양한 분야에 대한 지식의 섭렵 뿐만 아니라 육체적 건강과 도덕을 고루 갖춘 이상적인 인간형이었다. 그들은 신 중심의 중세 문화에서 벗어나 인간 중심의 새로운 문화를 창조하고자, 그리스 로마 시대의 문화유산을 재해석하고 비판적으로 수용했다. 그들은 학문을 넘나드는 지적 호기심과 열린 시선, 그리고 무엇보다 다양한 지식과 기술을 독창적으로 묶어내는 상상력을 지니고 있었다. 이런 '르네상스적 인간형'이 오늘날 새로운 인간형으로 부각되고 있다. 르네상스 이후 자본주의 시대에는 특정 분야의 전문가들이 요구되었다. 하지만 지금은 특정 분야의 전문가임과 동시에 다방면에 열린 지식의 네트워크를 갖춘 새로운 르네상스적 인간을 요구한다. 우리는 인문학과 예술과 과학의 경계가 모호해지는 '제2의 르네상스 시대'를 살고 있는 것이다.

이탈리아 르네상스는 16세기에 알프스를 넘어 북유럽에 전파되었다. 지리상의 발견에 따른 번영 중심지의 이동에 따라 알프스 이북의 여러 지방에서도 부의 축적이 가능해졌다. 그 결과 각 지역은 이탈리아 르네상스의 찬란한 문화를 받아들일 여유가 생겼고, 나아가 독자적인 르네상스의 분위기를 조성할 수 있었다. 또한 종이와 금속활자의 보급은 지식의 보편화 내지는 대중화에 기여했다. 이탈리아 르네상스가 문학과 예술에 치우친 반면에 북유럽 르네상스는 사회윤리와 종교 등 광범위한 실제 생활과 연관되었던 '기독교 인문주의(christian humanism)' 성격이 강했다.

문학이 문을 연 이탈리아의 르네상스

14세기 벽두에 피렌체의 단테는 「신곡」(神曲 La divina Commedia)이라는 방대한 서사시를 지었다. 「신곡」은 단테 자신이 베르길리우스의 안내를 받아 지옥과 연옥을 거친 후 다시 베아트리체의 안내로 천국을 방문하고 돌아온 것으로 그리고 있다. 안내자의 인도를 받아 지옥, 연옥, 천국을 차례로 여행하면서 참된 구원의 순례 길을 그렸다. '연옥'은 지옥이나 천국과는 달리 기독교 교리상 원래부터 존재한 것이 아니라 후대에 만들어져 편입된 것이다. 이승에서 행한 행위에 따라 죽은 다음에 천국으로 가든지 지옥으로 간다고 할 때, 상식적으로 생각해 보아도 천국으로 가기에는 모자라고 지옥으로 가기에는 아까운 영혼들이 훨씬 많을 것이다. 이런 사람들은 생전에 지은 죄들을 지운 다음 최종적으로 천국으로 간다는 것이 연옥의 논리이다. 매우 중요한 사항은 연옥이 있어 이승과 저승 사이에 연결이 가능해졌다는 것이다. 만일 천국과 지옥만 있다면 이승과 저승은 전혀 소통할 수 없다. 그런데 연옥이라는 중간 세계가 만들어지고 난 후 공식적으로 산 자와 죽은 자가 소통할 수 있게 되었다. 잔인한 형벌을 받는다는 점에서 연옥은 임시 지옥이라 불릴 만하지만 지옥과 다른 점은 이 형벌이 영원히 계속되는 것이 아니라 언젠가는 끝나며 결국은 구원을 받으리라는 희망이 있다는 것이다. 지옥이 '절망'의 장소이며 천국이 '행복'의 장소라면, 연옥은 '희망'의 장소이다. 그런데 이것이 면죄부에 악용되었다. 이승에 남아 있는 사람들이 기도해 주면 연옥에서 고통 받는 기간이 크게 줄어들 수 있다는 것이다. 연옥이야말로 중세 세계 최고의 발명품이며, 희망의 창조물이 아닐까?

흥미로운 사실은 르네상스를 이끈 화가들, 나아가 단테, 보카치오 등 작가들까지도 거의 대부분 피렌체에서 태어났거나 거기서 활동했다는 점이다. 인구가 기껏해야 9만 명 정도였던 피렌체에서 뛰어난 예술가를 키워 내는 마법의 약이라도 있었을까? 피렌체는 이탈리아 르네상스와 일부러 만들려 해도 만들 수 없고 떼려야 뗄 수 없는 인연을 가지고 있는 곳이다. 르네상스 직전에 번영기를 맞이했고 르네상스가 끝나는 것과 동시에 쇠퇴한 도시이기 때문이다.

14세기 피렌체는 세계에서 가장 크고 가장 부유한 도시였다. 하나의 실례로 거대한 피렌체 페루치 은행은 런던 지점과 키프로스 섬 지점 등을 포함해서 유럽에 16개의 지점이 있었다. 아르노강 연안의 대도시 피렌체는 상업과 교역이 번성했지만 유력 가문 간의 치열한 경쟁이 피비린내 나는 싸움으로 치닫기도 했다. 몇 달 만에 인구의 2/3를 앗아간 1347년과 1348년의 흑사병도 도시의 성장을 가로막지 못했다. 다른 어느 곳보다도 장인과 상인들이 큰 정치적 세력을 키운 이탈리아 중부의 중심 강국 피렌체(토스카나 지방의 주도)는 역사가 부르크하르트의 주장대로 '세계 최초의 근대도시'로서 부를 축적하면서 예술도 꽃을 피웠다.

피렌체 시민들은 성당을 증축하고 개조해서 성모 마리아에게 봉헌했고, 피렌체의 문장 무늬인 백합으로 그 이름이 지어졌다(두오모(라틴어로 Domus) 성당의 정식 명칭은 Santa Maria del Fiore다). 피렌체의 전경에서 단연 돋보이는 것은 건축가 브루넬레스키가 설계한 꽃봉오리처럼 하늘을 향해 솟아 있는 폭 42미터의 엄청난 규모의 돔이다. 이는 공학기술의 경이로 후에 미켈란젤로가 로마의 성 베드로 대성당의 돔을(폭 42미터) 설계하는 데 영감을 주게 된다.

1434년 금융가였던 코시모 데 메디치가 피렌체에서 실권을 장악하면서 메디치 가문의 역사가 시작되었다. 코시모는 아버지의 가업을 이어받아 금융업을 중심으로 부를 축적한다. 그의 아버지 때부터 내려오는 메디치 가문의 경영철학은 신용과 겸손이었다. 유럽의 파리, 런던, 베네치아, 제노바, 나폴리, 리옹 등 10여 개 도시에 은행 지점을 설치했고, 특히 로마 지점은 교황청의 금고 역할을 하며 막대한 자금을 운용했다. 코시모는 가문의 부와 평민의 지지를 바탕으로 피렌체 공화국에서 정치적 영향력을 키워 나갔다. 실권을 장악한 코시모는 정치보복을 하지 않았으며 그로 인해 높은 덕망을 쌓았다. 코시모는 정치 판도를 읽는 선견지명과 외교수완으로 북부 이탈리아에서 전쟁을 종식하고 평화를 정착시켜 피렌체 공화국에서 정치적인 입지를 강화했다.

코시모 때부터 메디치 가문은 미술에 투자를 아끼지 않았다. 성당이나 수도원을 짓고 저택과 별장을 건설하면서 내부를 꾸미는 데 천문학적인 돈을 들였다. 코시모 데 메디치에게 '미술 후원의 창시자' 또는 '원조 문화 경영인'이라는 별칭이 따라다니는 이유다. 그의 재정지원을 받고 불후의 작품을 남기며 르네상스의 꽃을 피운 천재들은 레오나르도 다빈치, 미켈란젤로, 보티첼리, 브르넬레스키 등 셀 수 없이 많다. 이들 없이 르네상스를 상상하기란 불가능하다. 역사상 한 사람의 영향으로 이렇듯 인류 전체가 의식의 각성을 이룬 적은 찾아보기 힘들다.

적어도 피렌체는 형식상 공화국이었으므로 코시모는 왕이 아니었으나, '국부(國父)'의 칭호를 받고 사실상의 왕으로 군림했다. 메디치 가문이 피렌체의 지배세력으로만 머물지 않고 튼튼한 재력을 바탕으로 르네상스 예술가들을 적극적으로 지원했다는 점에서 메디치 가문은 더 유명해졌다. 피렌체가 문화의 중심으로 떠오르자 북이탈리아의 도시들이 잇달아 피렌체를 모방하기 시작했고, 르네상스의 물결은 순식간에 북 이탈리아 지역 전체로 퍼져 나갔다.

전제군주가 예술을 사랑하고 보호하면서 서양예술의 한 가지 독특한 특징이 형성되었다. 군주가 예술가들을 식객처럼 거느리고 지원하면서 예술가들이 자연스럽게 군주의 가문과 궁정을 가장 중요한 소재의 하나로 삼게 되었다는 점이다. 이들을 '궁정 예술가'라고 불렀다. 화가들은 군주의 명령을 받아 인물화를 그렸고 이렇게 해서 초상화의 전통이 생겨나게 되었다. 따라서 오늘날 전해지는 르네상스 시대의 명화들 중 상당수는 원래 '순수 예술작품'이 아니라 '실용적이고 상업적인 작품'이었던 셈이다(미술가들의 서명 시작).

당시의 예술가들은 내적 동기에 의해 작품 활동을 하기보다는 주로 다른 사람의 주문을 받아 제품을 제작했다. 오늘날과 같은 작품 판매의 의미가 아니라 권력자들이 예술가들의 기능을 사 주는 형식이었다. 도시의 지배자인 군주 말고도 교회가 최고의 주문자였다. 교회를 새로 지으면 건축가를 비롯하여 화가, 조각가 등이 필요했으므로 교회는 말하자면 오늘날 영화산업처럼 종합예술의 공간이었다. 그중에서 최고의 보수와 최고의 영예를 동시에 누릴 수 있는 기회는 교황청이 의뢰하는 경우였다. 미켈란젤로의 시스티나 성당의 천당 벽화와 라파엘로의 「아테네

학당」은 이렇게 해서 만들어진 명화이다.

알프스 이북의 르네상스

북 이탈리아의 도시들이 르네상스를 발전시킨 비옥한 토양이었다면, 알프스 이북에도 그에 못지않은 환경으로 자리 잡은 곳이 플랑드르이다(한때 네덜란드 남부에서 프랑스 북동부를 일대를 통틀어 지칭하는 명칭이었다) 북 플랑드르는 80년간의 네덜란드 독립전쟁으로(1568~1648, 베스트팔렌 조약)으로 스페인의 지배에서 벗어나 네덜란드로 독립하고 남 플랑드르는 지금의 벨기에가 되었다. 벨기에는 1830년 벨기에 독립전쟁으로 네덜란드에서 분리되어 지금처럼 동 플랑드르와 서 플랑드르 2주가 성립되었다. 플랑드르에서는 반 에이크(Van Eyck) 형제가 유화 기법을 처음으로 도입하여 후대의 미술사가들에게서 북방 르네상스의 창시자로 평가되었다. 플랑드르에서는 미술의 새로운 양식뿐만이 아니라 새로운 인문주의도 가능케 했다. 북 이탈리아의 인문주의자들이 그리스 고전을 부활시키고 모방하는 데 열중했다면, 플랑드르에서는 훨씬 더 냉정한 자세를 취할 수 있었다.

교황이 지배하는 이탈리아에서는 성서에 대한 '권위 있는 해석'이 이미 존재하고 있었다. 아무리 개방적인 르네상스 학자라도 적어도 성서에 관해서는 교황청의 해석에 의문을 가질 수 없었다. 하지만 플랑드르의 학자들은 누구의 눈치를 볼 필요가 없었기에 성서 자체에 훨씬 자유롭게 접근할 수 있었다. 그렇게 해서 나온 것이 크리스트교 인문주의이며, 그 대표자가 플랑드르의 에라스무스(Erasmus)였다. 그는 철학자, 신학자, 성직자 등 지식인의 위선을 날카롭게 풍자한 '우신예찬'은 그런 토대에서 나온 작품이다. 에라스무스를 끝으로 교회와 성직자를 비판한 수많은 개혁적인 사상가들이 다가오는 종교개혁의 폭풍 속에서 탄압받기 시작한다. 요컨대 플랑드르만큼 르네상스의 정신을 충실히 계승한 지역은 없었다.

르네상스의 물결은 프랑스를 우회하여 동쪽으로는 플랑드르로, 서쪽으로는 에스파냐로 흘러들었다. 마침 에스파냐는 대항해 시대에 축적된 경제적 부를 바탕으로 문화예술에 대한 새로운 관심을 키워 가고 있었다. 르네상스 미술의 종합판이라 할 '초상화의 황제' 벨라스케스가 에스파냐 궁정에서 탄생한 것은 우연이 아니다. 하지만 르네상스 정신이 가장 큰 변혁의 바람을 일으킨 곳은 독일 지역이었다. 이탈리아에서 발생하고 플랑드르에서 전승한 르네상스의 정신은 당시 교회의 모순이 집약된 곳, 심지어 '교황청의 젖소'라는 불명예스런 별명으로 불리던 독일의 종교개혁에 지대한 영향을 미치게 되었다.

인간 정신의 각성

정작 르네상스가 서양의 역사에 가장 크게 기여한 부분은 학문 분야였다. 인간을 신의 수중에서 벗어나게 해서 성립된 인문주의는 인간을 다시 생각하게 하는 계기가 되었다. 중세에는 인간의 위상과 세계 내에서의 역할이 신에 의해 무조건적으로 규정되어 있었다. 하지만 이제부터는 인간이 세계를 바라보는 주체가 되면서 인간 바깥의 세계에 존재하는 모든 것도 당연히 새로워 보일 것이다. 이탈리아의 화가들이 신이 아닌 인간의 모습을 본격적으로 화폭에 담기 시작했을 때, 폴란드의 천문학자 코페르니쿠스(Copernicus)는 엄청난 학설을 준비하고 있었다. 그것은 그리스의 천문학자인 프톨레마이오스가 정립한 천동설을 정면으로 뒤집는 지동설이라는 혁명적인 이론이었다. 천동설은 그리스도교 이념에도 충실한 이론 체계였으므로 신앙심이라면 누구에게도 뒤지지 않은 신학자였던 코페르니쿠스의 고민은 이만저만이 아니었을 것이다.

사실 '지동설'은 코페르니쿠스의 발명품이라기보다는 발견물이었다. 고대 그리스 시대에도 아리스타르코스가 지동설을 주창한 적이 있었지만 이미 플라톤과 아리스토텔레스 등 쟁쟁한 학자들이 천동설을 주장했으므로 금세 묻혀 버렸다. 교회는 공식적으로 지동설을 부정했고 그것을 주장하는 학자들을 이단으로 몰기 시작했다. 브루노가 화형을 당하고 갈릴레이가 "그래도 지구는 돈다"고 속삭인 것에서 절정을 이루었다.

코페르니쿠스의 지동설이 금세 유럽 전역으로 퍼져나갈 수 있었던 것은 인쇄술이 발전했기 때문이다. 르네상스 시대의 기술 및 문화적 혁신에서 가장 중요한 사건은 1450년경 구텐베르크의 인쇄술 발명을 들 수 있다. 새로운 사상을 신속하고 값싸게 전파할 수 있는 능력이 없었다면 유럽은 그토록 빠른 속도로 발전할 수 없었을 것이다. 15세기 중반 독일의 구텐베르크가 금속활자와 인쇄기를 발명하면서 서적의 대량 인쇄와 유통이 가능해진 것이다. 이것은 급속도로 확산되어 가는 르네상스 문화와 사상에 날개를 달아준 셈이 되었다. 지식의 보급 이전에 인쇄술이 결정적인 위력을 발휘했던 분야는 따로 있었다. 인쇄술과 활자가 개발되면서 성서가 대량 인쇄되고 폭넓게 보급되면서 종교 개혁의 물결을 거센 파도로 바꾸어 놓게 된다.

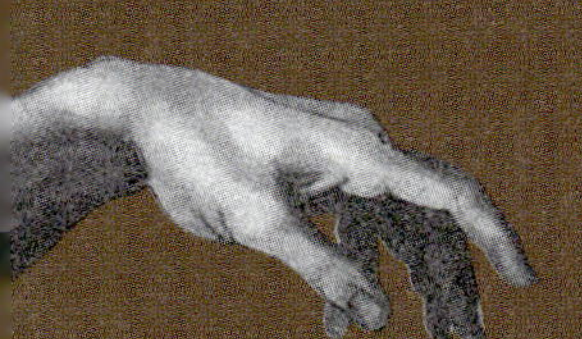

Chapter 09

대항해 시대

+ 이 원고는 한국해양대학교, 〈세계해양사〉, 2003(비매품)의 제3장의 내용을 일부 수정한 것이다.

유럽 해양팽창의 배경

근대 이후 세계사에 나타난 가장 두드러진 특징 가운데 하나는 유럽 문명이 비유럽 문명을 압도했다는 것이다. 15세기 이후 유럽인들은 어떠한 정치·경제적 배경하에서 세계로 뻗어나가게 되었던 것일까? 유럽의 15세기는 여러 가지 면에서 팽창이 아닌 위축의 시기였다. 중세 유럽이 전성기를 구가하고 있을 때 가장 강대하고 문명이 발달했던 곳은 중국이었다. 원 제국(1206~1388)이 통치하는 동안 유럽과 동양은 비단길과 바닷길을 통해 교역을 할 수 있었지만, 14세기 말 명이 원 제국을 대체하면서 쇄국 정책으로 회귀했다. 중앙아시아를 불교도와 이슬람교도가 양분하게 되자 극동과 유럽 간의 교류는 중단되었다. 게다가 오스만 투르크 제국(1296~1922)이 군사적으로 팽창하면서 1453년 동로마 제국을 멸망시키고, 16세기 초에는 중유럽 중심부를 압박해 들어갔다.

기독교권과 이슬람권은 중세 전반에 걸쳐 정치·군사적으로 적대관계에 있었다. 중세 전성기에 유럽 기독교권이 십자군 전쟁을 벌였던 것도 중세 전반기에 이슬람에게 시달렸던 것에 대한 반격의 성격을 띠고 있었다. 그러나 십자군 운동은 종교적 열망, 약탈욕, 경제적 욕구, 명예욕이 혼합됨으로써 자중지란으로 끝나고 말았다. 14세기에 오스만 투르크 제국이 팽창하게 되자 유럽은 수세에 놓이게 되었다.

근동에서 십자군운동이 최종적으로 실패했음에도 불구하고 십자군에 대한 이상은 이슬람교도들과 접하고 있는 유럽의 모든 나라에서 그대로 존속되고 있었다. 이들 나라에서 명문가들은 십자군에 참전하는 것을 당연한 것으로 여겼다. 특히 국가의 존립 자체를 오랜 십자군원정에 의지했던 포르투갈과 아직 이슬람에 대한 재정복 전쟁을 치르고 있었던 스페인보다 십자군 정신이 충만했던 나라는 없었다. 근동에서 대규모 십자군원정이 좌절되자 유럽인들은 다른 방향에서 이슬람세력을 공격하는 방법을 찾기 위해 노력했다. 육로가 아니면 해로를 이용할 수 있었고, 이교도가 정면공격을 막아 낸다면 측면을 포위하든지 배후를 공격할 수도 있었다. 유럽 십자군의 전력이 충분하지 않다면 다른 기독교 군주와 제휴를 시도할 수도 있었다. 이 무렵, 동아프리카나 아시아의 어딘가에 강대한, 그러나 오랫동안 잊혀져 왔던 사제 요한(Prester John)의 기독 왕국이 존재한다는 이야기가 널리 유포되었다. 만일 동양과 왕래할 수 있다면 더욱이 투르크의 영역이 아닌 또 다른 통로로 왕래할 수만 있다면, 동방무역을 할 때 유럽인들이 투르크인에게 지불해야만 했던 통과세는 납부하지 않아도 될 것이다. 또한 유럽인들은 기독교도가 장악하고 있는 전용통로를 통해 동방무역을 할 수 있게 될 것이었다. 십자군원정 말기에는 전쟁과 무역이 서로 공존하고 있었다.

포르투갈인들은 상업적·군사적으로 팽창하기 위한 최초의 목표를 서아프리카로 삼았다. 당시 서아프리카 부근에는 강력한 이슬람공동체가 자리 잡고 있었다. 포르투갈인들의 해외팽창은 1415년 모로코 북부 해안의 세우타(Ceuta) 요새에 대한 해상공격과 함께 시작되었다. 포르투갈 원정대는 공략 하루 만에 세우타를 점령하는 데 성공했다. 포르투갈인들이 세우타를 함락시켰다는 소식은 전 유럽에 크나큰 반향을 불러일으켰다. 세우타 원정은 단순히 무어인의 요새를 탈취한 원정이었을 뿐만 아니라, 이 요새를 파괴하지 않고 포르투갈의 요새로 유지했다는 데 그 중요성이 있었다. 이는 유럽의 한 국가가 이슬람의 세력권 안에 영토를 확보하여 이를 통치하게 되었다는 것을 의미했다. 포르투갈이 세우타를 확보함으로써 십자군운동은 중세적 국면에서부터 근대적 국면으로 이행하게 되었다. 또한 이전까지 지중해 연안에서 이슬람교도와 국지적으로 전개되고 있던 전쟁은 전 세계적으로 확대되었다.

유럽의 해외팽창에서 가장 걸출했던 인물은 포르투갈의 항해자 엔리케(Dom Henrique O Navegador:1394~1460) 왕자였다. 그는 두 가지 점에서 십자군원정과 밀접히 관련되어 있었다. 하나는 지중해에서 전개되어 왔던 무어인과 투르크인에 대항한 전쟁이었다. 이는 그 기원이 매우 오래된 것으로서 좁은 의미의 십자군 전쟁이라고 할 수 있다. 다른 하나는 보다 새로운 형태의 전쟁으로 이슬람교도를 전 세계적인 차원에서 포위하겠다는 전략이었다. 서아프리카 해안과 대서양 위의 여러 섬을 탐험한 것은 그 초보적인 조처에 불과했다. 오늘날 사람들은 엔리케 왕자를 주로 아프리카 탐험을 조직한 사람으로 기억하고 있다. 그러나 그는 아프리카 탐험을 십자군 전쟁을 완수하기 위한 새로운 시도로 생각했다. 유럽의 해양팽창은 과거와 단절함으로써 시작된 것이 아니라 지난 수세기 동안 진행되어 온 십자군원정을 통해 얻은 희망과 좌절의 산물로, 엔리케의 통솔하에 시작되었던 것이다.

포르투갈의 해양팽창

항해 왕자 엔리케의 아프리카 탐사

포르투갈의 주앙 1세(1385~1433)의 5남매 중 셋째 아들로 태어난 엔리케는 세우타 원정이 성공한 뒤 그 총독으로 임명되었다. 그는 아프리카 최북단 세우타에서 모슬렘과 아프리카인들 사이에 이른바 '침묵의 교역'을 통해 정향, 후추, 생강 등 이국적인 상품이 거래되는 것을 목격하고 이에 관심을 갖기 시작했다. 1419년에 포르투갈 최남단 알가르베(Algarve) 총독으로 임명된 엔리케는 세인트 빈센트곶에 거류지를 만들고, 1420년부터 아프리카 서해안으로 원정대를 파견하기 시작했다. 그러나 이후 14년 동안 별다른 성과를 거두지 못했는데, 이는 다음과 같은 이유 때문이었다.

당시 뱃사람들은 아랍인들이 남쪽 어딘가에 존재한다고 믿어온 '암흑의 녹색바다'(green sea of darkness)에 대한 두려움으로 남쪽으로 항해하는 것을 꺼려했다. 또한 당시 뱃사람들은 열대 지역의 바다는 그곳의 날씨만큼이나 뜨겁기 때문에 그 해역을 항해하게 되면 모두 검둥이가 될 것이라고 생각하여 항해하기를 주저했다. 그러나 이와 같은 두려움은 1434년 질 이아네스가 보자도르곶까지 항해한 뒤 무사히 귀환하여 남쪽 바다도 북쪽 바다와 마찬가지로 항해할 수 있다는 사실을 입증함으로써 극복되었다. 또 다른 심리적 장애물은 아프리카 탐험을 통해 어떠한 경제적 이득도 얻을 수 없다는 주장이었다. 이러한 회의론은 1441년 원정대가 보자도르곶 남쪽 해안에서 사금덩이와 흑인 2명을 잡아 옴으로써 극복될 수 있었다. 1448년까지 약 50여 척이 보자도르곶과 블랑코곶 사이에서 흑

+ 포르투갈의 노예 사냥, 이병철, 『위대한 탐험』, 가람기획, 1997, p.35.

인노예 927명을 포르투갈로 들여왔다.

시일이 지남에 따라 엔리케 휘하의 항해가들은 차츰 아프리카 서해안을 따라 남하하기 시작했다. 1445년에는 디니스 디아스가 세네갈강에 도달했고, 1446년에는 트리스타웅이 베르데곶을 지나 감비아(Gambia)강에 도달했다. 엔리케 왕자 말년에는 케이프 베르데 제도까지 도달했다.

자신의 주도하에 이루어진 발견의 경제적인 가치를 깨달은 엔리케는 기니연안에 대한 탐사와 교역에 관한 전권을 국왕으로부터 획득했다. 또한 교황으로부터는 아프리카 탐험에 참가하는 모든 사람들의 완전면제권을 획득함으로써 기니탐험을 종교적인 면에서도 매력적인 것으로 만들었다. 이와 함께 아프리카 흑인들을 기독교도로 개종시킬 수 있는 독점권도 획득했다. 엔리케는 아프리카 탐험에 대한 독점권과 노예무역을 통해 막대한 부를 쌓았으나, 평생 독신으로 살았다. 말년에 이르러서는 소유재산을 교회와 기사단, 휘하 부하들에게 양도했다. 엔리케는 노예와 금을 팔아 얻은 이익의 20분의 1을 예수기사단에, 그리고 나머지는 자신

+ 엔리케의 아프리카 서해안 탐험

의 '해상왕국'을 인계한 후계자에게 주도록 조치했다. 이와 비슷한 방식으로 자신이 포르토 산토와 마데이라에 세운 교회가 벌어들이는 수입을 앞서 말한 예수기사단에게 주고, 세속재산은 모두 포르투갈 왕에게 양도했다. 한평생을 아프리카 탐험에 헌신하여 유럽팽창의 길을 닦은 엔리케는 1460년 11월 13일 사그레스에서 생을 마감했다.

엔리케가 이처럼 열성적으로 아프리카 탐험을 조직하고 후원했던 동기는 무엇이었을까? 주라라는 엔리케가 아프리카 탐험을 조직했던 이유를 다섯 가지로 설명하고 있다. 첫째, 엔리케는 카나리아제도와 보자도르곶 너머에 무엇이 있는지 알고 싶어 했다. 둘째, 아프리카 금광업자들과 거래함으로써 경제적인 이익을 얻을 수 있을 것으로 생각했다. 셋째, 이교도인 무어인 세력을 잠식시키기를 원했다. 넷째, 미개인을 기독교도로 개종시키고자 했다. 다섯째, 만약 전설로 전해 내려오는 사제 요한의 왕국을 발견한다면 이와 연합하여 이슬람교도를 협공할 수 있으리라 생각했다.

이와 같은 믿음은 사제 요한이 다스린다는 전설상의 기독교 왕국이 아프리카 어딘가에 있다는 풍문이 전해짐으로써 더욱 증폭되었다. 엔리케는 사제 요한의 왕국을 찾는다면 동맹을 맺어 이슬람교도를 협공할 수 있을 것이라고 생각했던 것이다. 이러한 생각은 십자군원정 이래 유럽 기독교권에서 지속되고 있었던 목표이기도 했다. 이처럼 엔리케가 아프리카 탐험을 조직하고 후원했던 것은 어떤 새로운 이념이나 기대에서 시작한 것이 결코 아니다. 오히려 중세적인 동기와 지식을 바탕으로 아프리카 탐험에 나섰던 것이다. 유럽팽창의 기원을 모두 엔리케에게 돌리는 것은 잘못이다. 하지만 그가 이를 선도했다는 사실을 부정할 수 있는 사람은 아무도 없다.

인디즈 항로 탐사

어린 나이에 왕위에 오른 아퐁소 5세는 1446년 14세가 되어 법적인 권한을 행사할 자격을 갖추게 되었다. 그러나 엔리케의 둘째 형인 페드루가 여전히 섭정직을 행사하려고 했기 때문에 양 세력 간에 권력투쟁이 벌어지게 되었다. 아퐁소 5세는 1449년 리스본 전투에서 페드루를 물리치고, 권력을 확고하고 다진 뒤 대외팽창 정책을 추진했다. 그는 아프리카 북단의 세우타와 탕헤르 사이의 알카세르 세케르(Alcácer Cequer)를 점령하기도 했다. 그러나 포르투갈의 대내외적인 정세가 한가로이 아프리카 탐험을 계속할 수 있는 상황이 아니었기 때문에 엔리케가 사망한 1460년 이후 포르투갈의 해양탐험은 잠시 중단되었다. 아퐁소 2세에 이어 주앙 2세(1481~1495)가 왕위를 계승하자 오랫동안 중단되었던 아프리카 탐사가 재개되었다. 1482년 주앙 2세는 아프리카 북서해안의 베닌(Benin) 해안에 엘미나(Elmina) 요새를 축조하여 아프리카 무역의 중심지이자 아프리타 탐사를 위한 전진기지로 활용했다.

주앙 2세가 고용한 선장 가운데 특출했던 사람은 디오고 카옹(1480년대?)과 바르톨로메 디아스였다. 디오고 카옹은 1483년에 아프리카 탐험에 나서 콩고강 하구에 도달하여 상류까지 탐험하고 귀국했으며, 3년 뒤에는 크로스(Cross)곶까지 항해했다. 그런데 이즈음에 사제 요한의 왕국이 오늘날의 에티오피아 근방에 자리 잡고 있다는 풍문이 무성해졌다. 사제 요한의 왕국이 에티오피아에 자리 잡고 있다면 그의 왕국과 동맹을 맺어 무어인을 협공할 수 있었기 때문이다.

주앙 2세는 이 소문을 확인하기 위하여 육로로는 페드로 다 쿠빌량(1460?~1526)을, 해로로는 디아스를 각각 파견했다. 1487년에 포르투갈을 출발한 쿠빌량은 1488년에 캘리컷에 도착한 뒤 1490년 카이로로 되돌아오던 도중에 사자를 통해 인도까지 해로를 이용하여 갈 수 있다는 내용을 담은 보고서를 주앙 2세에게 보낸 것으로 알려지고 있다. 그러나 쿠빌량의 보고서는 포르투갈의 궁정에 전해지지 않았다.

사제 요한의 왕국을 찾기 위해 해로로 파견된 디아스는 1487년 8월 세 척의 배를 이끌고 포르투갈을 출항했다. 아프리카 서해안을 따라 연안항해를 계속한 디아스는 12월 아프리카 서남단인 월비스만(Gulf of Walvis)에 도착한 뒤 항해를 계속하려 했지만, 아프리카 연안에 흐르고 있는 빠른 조류 때문에 육지에서 벗어나 13일 동안이나 육지를 보지 못하고 항해하다가 마침내 아프리카 최남단인 모젤(Mossel)만에 도달했다. 선원들은 악천후로 고생을 한데다 보급선도 월비스만에 머물고 있었기 때문에 더 이상 항해하기를 거부했다. 결국 디아스는 선원들로부터 자신들이 귀항하기로 결의했다는 서명을 받아 낸 다음 귀항하는 데 동의했다. 보급선과 합류하기 위해 월비스만으로 회항하던 디아스는 도중에 '희망봉'을 목격하게 된다. 연대기 작가인 바로스(Barros)에 따르면, 디아스는 이곳에서 심한 폭풍우로 고생했기 때문에 이곳을 '폭풍우곶'이라고 명명했지만, 주앙 2세가 인도 항로를 개척할 수 있는 희망이 커졌다는 의미에서 '희망봉'으로 개명했다고 전하고 있다.

쿠빌량과 디아스의 탐사로 인도로 갈 수 있는 가능성은 한층 높아졌지만, 포르투갈 내에서는 아무런 성과도 거두지 못하고 있는 아프리카 탐험에 대해 반대하는 여론이 높아 갔다. 그에 따라 디아스의 희망봉 탐험 이후 포르투갈의 아프리카 탐험도 중단될 수밖에 없었다. 그러나 1492년 콜럼버스가 서인도제도를 발견하고 자신이 인디즈(Indies, 인도와 카타이, 시팡고를 포괄하는 아시아 전체를 나타내는 당시의 지명)에 도달했다고 떠벌리고 다니게 되자 상황은 급변했다. 유능한 지리학자이기도 했던 주앙 2세는 콜럼버스의 주장을 믿지 않았지만 대서양쪽에서 새로운 땅이 '발견'되었다는 것은 그곳이 인디즈이든 아니든 간에 포르투갈에게는 반가운 일이 아니었다. 주앙 2세는 1494년 인디즈 항로를 탐사할 배를 건조하도록 디아스에게 지시했으나, 이듬해 왕 자신이 사망하는 바람에 탐사 계획은 다시 유보되었다. 인도 항로 탐사는 마누엘 1세(1495~1521)가 즉위하고 난 뒤 다시 추진되었는데, 탐사대장으로 임명된 사람이 바스코 다 가마였다.

+ 바스코 다 가마

2년여의 준비 끝에 배 4척과 선원 170여 명을 이끌고 1497년 7월 출항한 가마는 아프리카 연안을 따라 항해하여 11월 말에 희망봉을 돌아 인도양으로 진입했다. 가마는 아프리카 동해안을 따라 항해하면서 인디즈까지 항로를 안내할 수로안내인을 물색해 보았지만 여의치 않았다. 아프리카 동해안의 정치와 상권을 장악하고 있는 이슬람인들이 가마 일행이 기독교도라는 사실을 알고는 쉽게 협조하려고 하지 않았기 때문이다. 가마는 아프리카 동해안을 따라 항해를 거듭하여 오늘날 케냐의 말린디(malindi)에 이르러 이븐 마지드(Ibn Majid)라는 수로안내인을 찾을 수 있었다. 가마는 이븐 마지드의 도움을 얻어 1498년 4월 말 말린디를 출항하여 5월 중순 인도의 캘리컷에 도달했다. 당시 가마의 선단에 동승했던 대원은 캘리컷의 첫 인상을 다음과 같이 적고 있다.

"캘리컷에는 기독교도들이 거주하고 있다. 그들은 얼굴빛이 황갈색이다.… 그들은 또한 대개 턱수염을 기르고 있으며, 귀를 뚫어 금 귀걸이를 하고 있었다. 그들은 하체에만 옷을 걸치고 있을 뿐, 상체에는 아무 것도 걸치지 않은 채 돌아다닌다.… 이곳의 여자들은 대체적으로 못생겼고 키가 작다. 여자들은 목걸이와 팔찌를 차고 있었으며, 발가락에도 장신구를 하고 있었다. 이곳 사람들은 성격이 모두 온순한 게 틀림없다. 그러나 그들의 첫인상은 욕심이 많고 무지한 것처럼 보였다."

+ 바스코 다 가마의 기함 사용 가브리엘호

가마는 캘리컷을 다스리는 자모린의 통치자와 교역 협상을 벌였으나, 여의치 않자 인도 서해안을 따라 북상했다. 가마는 고아 근처에서 후추와 정향, 여러 가지 상품을 구입하여 1498년 10월 출항하여 인도양을 횡단한 뒤 아프리카 연안을 따라 항해하여 1499년 9월 포르투갈로 귀환했다. 가마의 선단에 동행했던 탐사선 4척과 대원 170여 명 가운데 귀환한 것은 2척과 55명 내외에 불과했다.

가마의 항해로 엔리케 이래 70여 년 동안 계속되었던 인도항로가 개척되었다. 가마의 인도항로 개척은 역사상 중요한 영향을 끼쳤다. 첫째는 이제까지 육로를 통해서, 그것도 간접적인 방식으로 통교해 왔던 유럽과 동양이 해로를 통해 직접 통교할 수 있게 되었다는 점이다. 인도항로가 개척되기 전까지 동양물품은 여러 경로를 거쳐 유럽으로 전해졌다. 그 결과 동양물품은 유럽에서 고가에 팔리게 되었다. 그러나 이제 동양물품이 해로를 통해 대량 유입되었으며, 이는 유럽인의 일상생활과 경제생활을 크게 변화시켰다. 이런 의미에서 애덤 스미스는 가마의 인도항로 개척을 콜럼버스의 신대륙 발견과 함께 역사상 가장 위대한 사건 가운데 하나로 손꼽았던 것이다. 둘째는 동양의 실태를 목격한 유럽인들이 압도적인 무력을 바탕으로 동양을 잠식해 들어갈 수 있게 되었다는 점이다.

포르투갈의 뒤를 이어, 네덜란드와 영국이 해양팽창의 대열에 뛰어들게 됨으로써 유럽 각국은 동양무역을 차지하기 위한 각축전을 벌이게 되었다. 이 과정에서 유럽은 세계의 헤게모니를 장악해 갔다.

콜럼버스의 대서양 항해

콜럼버스의 지리관

콜럼버스는 포르투갈의 탐험대와는 달리 대서양을 서쪽으로 항해하여 인디즈(Indies)에 도달하려고 계획했지만, 그것을 개인의 힘으로 달성한다는 것은 매우 어려운 일이었다. 따라서 그는 막대한 재력을 갖춘 궁정의 후원이 필요했으며, 이러한 후원을 얻기 위하여 포르투갈, 스페인, 영국, 프랑스 궁정에 지원을 요청했다. 따라서 콜럼버스는 자신의 계획의 타당성과 실현가능성을 입증할 필요성이 있었으며, 이를 위해 당대의 지리학적인 지식을 탐구했다. 콜럼버스가 자신의 지리학적인 지식을 형성하는 데 기본으로 삼았던 책은 마르코 폴로의『동방견문록』과 다이이의『세계의 상』, 토스카넬리의 서한이라고 알려져 있다.

콜럼버스가 가장 주의 깊게 읽은 책은 마르코 폴로의『동방견문록』이라고 알려져 있다. 콜럼버스가 마르코 폴로의 책에서 가장 관심 있게 본

내용은 "아시아 본토로부터 남동쪽 1천 5백 마일에 황금이 가득한 씨팡고라는 섬이 있다"는 구절이었다. 이러한 마르코 폴로의 동방에 대한 묘사와 프톨레마이오스식 지리학이 결합되어 콜럼버스 탐험의 지적 배경 중 하나가 되었던 것이다.

콜럼버스는 또한 피에르 다이이의 『세계의 상』을 주의 깊게 읽었고 세심하게 방주를 달았다. 그가 이 책에서 가장 주의 깊게 읽은 내용은 대서양 서쪽 바다는 보통 알려진 것보다는 상대적으로 좁다는 것에 관한 것이다. 이 책에는 바다가 지표의 4분의 3을 뒤덮고 있지 않다는 결론을 증명하기 위해 아리스토텔레스·세네카·플리니의 저서가 인용되어 있다. 또한 이 책에는 "아프리카와 인도에 똑같이 코끼리가 서식하고 있는 것으로 보아 아프리카는 인도로부터 그리 멀리 떨어져 있지 않을 것이므로, 스페인과 인도 사이의 바다는 순풍이라면 며칠 안으로 항해할 수 있다"고 얘기한 세네카의 유명한 진술이 인용되어 있기도 하다.

콜럼버스가 스페인 궁정으로부터 후원을 얻을 때 결정적인 근거로 제시했던 것은 토스카넬리(P. Toscanelli:1397~1482)의 서한이었다. 토스카넬리가 보낸 두 통의 편지 중 첫 번째 편지는 토스카넬리가 마르틴(F. Martins) 신부를 통해 포르투갈의 아퐁소 5세(Afonso V)에게 보낸 1474년 6월 25일 자 편지의 사본이고, 두 번째 편지는 콜럼버스가 보낸 편지에 대한 답신으로 토스카넬리가 콜럼버스에게 쓴 것으로 첫 번째 편지에 뒤이어 썼으며, 첫 번째 편지를 요약한 것이다. 서한의 핵심적인 내용은 다음과 같다.

"…향료와 보석들로 가득 찬 기름진 [아시아] 땅에 도달하려면 항로를 항상 서방으로 잡아야 하고, 미지의 [대서양] 서쪽 바다는 생각보다 그리 넓지 않으며 향료와 후추가 활발하게 거래되고 있는 자이툰(Zaitun)항구와 이 도시를 지배하고 있는 대칸이 살고 있는 카타이는 금과 은, 보석과 향료가 풍부하여 찾아볼 만한 가치가 충분히 있습니다.…씨팡고는 안틸리아(Antilia)에서부터 225리그 거리에 있는 섬이며, 황금과 귀금속이 풍부하여 사원과 궁전은 금으로 뒤덮여 있습니다.…"

이는『동방견문록』과『세계의 상』의 기사를 종합하여 놓은 것이라고 할 수 있다. 이 두 책은 당대까지 서구의 지리관을 가장 잘 반영하고 있는 책으로서 광범위하게 유포되어 있었다. 두 책의 내용을 잘 알고 있었던 콜럼버스는 동시대인인 토스카넬리의 편지에서도 향료·금·은이 풍부한 카타이라는 곳이 있다는 것과 항로를 서쪽으로 잡으면 그곳에 더 빨리 도달할 수 있다는 사실을 확인하고, 후원자를 찾는 데 하나의 근거자료로 활용할 수 있었다.

콜럼버스는 많은 저서를 탐독했다. 그는 특히『동방견문록』을 통해 아시아 대륙 가까운 곳에 씨팡고라는 황금향이 있다는 사실을 알게 되었고, 다이이 추기경의『세계의 상』에서는 대서양 서쪽 바다가 그리 넓지 않다는 사실을 알게 되었다. 또한 토스카넬리의 서한에서는 향료와 금은 보석으로 가득한 대칸의 영토인 카타이에 도달하려면 항로를 서방으로 잡아야 하며, 서방의 바다는 그리 넓지 않다는 사실을 확인하고 자신의 탐험을 보다 구체화할 수 있었다.

이와 같은 탐구의 결과 콜럼버스는 프톨레마이오스의 학설에 따라 지구둘레를 1만 8천 마일로 추산했다. 또한 다이이(d'Ailly)의『세계의 상』과 외경「에즈드라스(Esdras)서」의 문구를 받아들여 지구의 7분의 6이 육지로 되어 있고 그 나머지인 7분의 1만이 바다로 되어 있으므로 황금향인 씨팡고(Cipango)까지의 바다는 길어야 2600여 해리를을 넘지 않을 것이라 생각했다. 결과적으로 콜럼버스는 지구의 둘레를 실제 2만 4860해리보다 절반이나 작으며, 씨팡고까지의 거리도 실제 거리 1만 2천 해리보다 4분의 1이나 작게 계산했다. 그리하여 그의 지리관에 의하면, 카타이(Cathay)는 오늘날 멕시코 서해안에, 씨팡고는 서인도제도상에 위치하게 되었다.

역사적 의의와 영향

콜럼버스의 대서양 탐험으로 야기된 최초의 문제는 포르투갈과 스페인 사이의 영토분계선 문제였다. 콜럼버스가 발견한 영토에 관해서는 상당한 의구심이 존재하고 있었던 것도 사실이다. 콜럼버스는 자신이 발견한 지역이 '카타이' 대륙의 일부라고 확신하고 있었지만, 오랫동안 해양탐험에 종사했던 포르투갈은 콜럼버스가 발견한 지역이 기니 남서쪽에 위치하고 있다고 확신했다. 포르투갈은 1480년 스페인과 맺은 조약과 교황의 칙서에 의해, 기니와 보자도르곶 남쪽에서 발견되는 모든 영토에 대한 지배권을 소유하고 있었다. 그리하여 포르투갈의 주앙 2세는 교황 알렉산더 6세에게 이 문제를 해결해 줄 것을 요청했다. 알렉산더 6세는 1493년 5월 4일 〈칙서(Inter Caetera)〉를 통해, 아조레스제도와 베르데곶 서방 1백 리그 위에 가상의 선을 긋고, 그 선의 동쪽에서 발견되는 영토에 대해서는 포르투갈이 이미 보유하고 있던 모든 권리와 사법권을 인정하고 그 선의 서쪽에서 발견되는 영토에 대해서는 스페인 국왕에게 모든 권리와 사법권을 인정했다. 그러나 포르투갈의 주앙 2세는 이에 만족하지 않고 스페인 국왕과 직접 협상함으로써 교황이 칙서로 정한 경계선을 베르데곶 서방 370리그로 옮기는 〈토르데시야스 조약〉을 1494년 6월 7일 체결했다. 이 조약은 이후 북미와 남미의 전역이 소상하게 알려지게 되고 난 뒤 포르투갈이 브라질을 자국의 식민지로 삼게 되는 근거가 되었다.

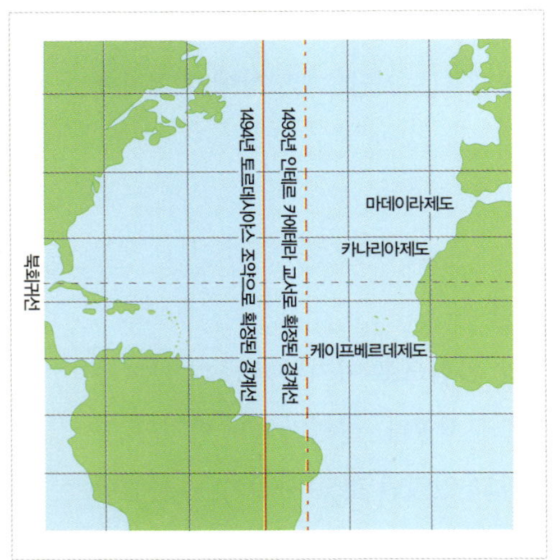

+ 토르데시야스 조약에 따른 스페인-포르투갈 영토 분계선, 김성준, 『유럽의 대항해 시대』, 2019, p.117.

콜럼버스의 대서양 탐험은 유럽의 해외팽창에서 하나의 전환점이었다. 이때까지 아프리카 연안을 돌아 인도로 가는 해상로를 찾으려는 노력은 포르투갈 한 나라로 한정되었지만, 콜럼버스의 대서양 탐험 이후에는 유럽의 각국이 해외 탐험에 관심을 갖게 되었으며 그 결과 유럽은 바야흐로 본격적인 식민지 획득경쟁에 나서게 되었기 때문이다. 포르투갈이 15세기 동안 국책사업으로 전개했던 아프리카 탐험은 기본적으로 연안항해를 지리적으로 확장한 데 불과했다. 콜럼버스가 대서양 항해를 감행할 수 있었던 것은, 오늘날의 견지에서 보면 잘못된 지식에 근거한 것이었지만, 그의 지리학적인 지식은 당시까지는 가장 보편적인 지식이었다는 점에서 그가 원양항해를 시도하고 또 성공했다는 것은 항해사적으로 중요한 의의를 지닌다고 하겠다.

콜럼버스가 지리상의 발견에서 차지하고 있는 위치는 중요하고도 두드러진 것이었다. 왜냐하면 콜럼버스는 이들 땅으로의 항해와 귀항이 가능하다는 것을 입증했으며, 그의 뒤를 이은 많은 탐험가들은 그가 개척한 항로를 통해 대서양을 횡단했기 때문이다. 항해사가인 조지 넌(G. Nunn)이 말한 바와 같이, 콜럼버스는 지리상의 '발견'에서 세 가지 중요한 발견을 했다. 그는 유럽인들이 일찍이 발견하지 못한 육지를 '발견'했을 뿐만 아니라, 유럽에서 북아메리카로 가는 서쪽 항로와 북아메리카에서 유럽으로 돌아오는 가장 좋은 동쪽 항로를 발견한 것이다. 그 가운데서도 대서양을 횡단하는 항로를 발견한 것이 콜럼버스의 가장 두드러진 업적일 것이다. 왜냐하면 그것은 항로를 개척했다는 단순한 차원에 그친 것이 아니라 미지의 바다에 대한 당대인들의 공포와 미신을 타파시켰다는 데 더 큰 의의가 있었기 때문이다.

콜럼버스는 1492년부터 1504년까지 12년 동안 네 차례 대서양 항해를 통해 오늘날의 아이티 섬에 식민도시를 건설하여 '신대륙 발견자'라는 칭호를 얻을 수 있었다. 그러나 애당초 인디즈로 가는 항로를 발견하고, 황금향을 발견하겠다고 주장했던 것에 비하면 그가 이룩한 실질적인 성과는 미미한 것에 지나지 않았다. 자신이 약속했던 대륙을 발견하지도 못했고 서인도제도에서 막대한 경제적인 이익이 산출된 것도 아니었다. 이룩한 것이 있다면 서인도제도에 최초의 식민도시인 이사벨라와 산토 도밍고를 건설하여 차후 유럽의 신대륙 경영을 위한 하나의 근거지를 마련했다는 것이었다. 콜럼버스는 자신의 탐험으로 스페인이 세계에서 가장 부유한 나라가 되었다고 자평했다. 그러나 그의 탐험으로 스페인이 부유한 나라가 될 만큼 실질적인 경제적 성과를 거둔 것은 아니었다. 그렇지만 그가 죽고 난 뒤 불과 반세기도 못되어 아메리카 대륙에서 광산이 개발되어 16세기 중반까지 신대륙으로부터 약 1억 3972만 달러에 상당하는 귀금속이 스페인으로 유입되었다. 그리고 17세기 중반까지 아메리카로부터 유입된 귀금속의 양은 유럽 자체 광산에서 산출된 양의 5배에 달했다. 이렇게 유입된 신대륙의 귀금속은 유럽의 화폐가치를 폭락시켜 '가격혁명'을 촉발시켰고, 이는 다시 '상업혁명'으로 이어져 유럽 자본주의의 성장과 발전에 밑바탕이 되었음은 두말할 나위 없다. 이러한 역사적인 사건이 아메리카 대륙의 '발견'으로 가능할 수 있었다는 점을 상

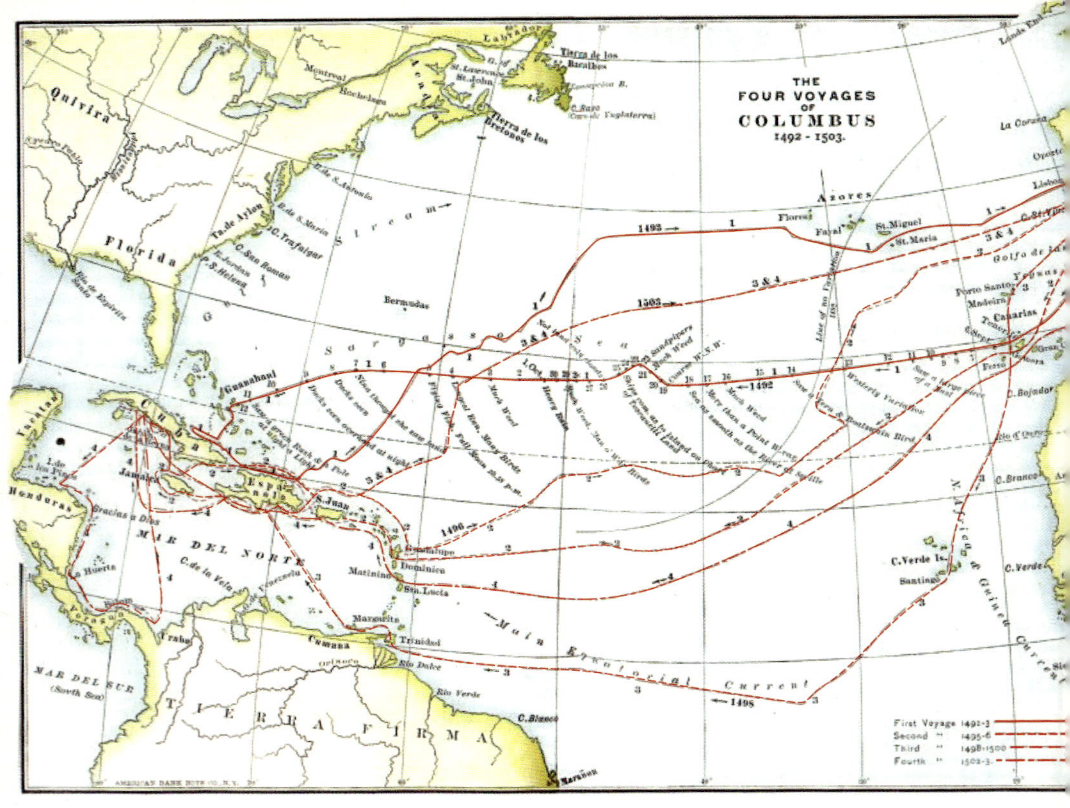

+ 콜럼버스 항해도, Cecil Jane, 『Four Voyage of Columbus』, Dover Publications, 1988, f.xii.

기한다면, 콜럼버스가 대서양 탐험으로 이룩한 성과를 과소평가해서는 안될 것이다.

콜럼버스가 이룩한 가장 두드러진 업적은 이제까지 상호 고립적으로 발전해 오고 있던 여러 문명을 연계시키는 하나의 계기를 마련했다는 데 있었다. 그의 '신대륙' 탐험 이후에야 유럽과 아메리카 대륙은 지속적으로 연관을 맺게 되었으며, 이로써 서구에 의한 비서구 세계의 지배가 본격화되고 서양이 동양을 경제–문화적으로 압도할 수 있는 계기가 마련되었다. 그리하여 대서양 국가들을 중심으로 하는 세계–경제가 형성되었고, 아시아·아프리카·아메리카에 식민 제국이 성립되어 서구문화가

전 세계로 확산되게 되었던 것이다.

콜럼버스의 대서양 탐험은 유럽의 해외팽창에서 하나의 전환점이었다. 이때까지 아프리카 연안을 돌아 인도로 가는 해상로를 찾으려는 노력은 포르투갈 한 나라로 한정되었지만, 콜럼버스의 대서양 탐험 이후에는 유럽의 각국이 해외탐험에 관심을 갖게 되었으며 그 결과 유럽은 바야흐로 본격적인 식민지 획득경쟁에 나서게 되었기 때문이다. 콜럼버스 탐험의 영향은 당대에서보다는 그 뒤 5세기에 걸쳐 지속적으로 확대되었다. 콜럼버스 탐험으로 말미암아 스페인은 자국의 언어와 문화·인종을 중남미 전역에 걸쳐 이식할 수 있는 발판을 마련했으며, 그 결과 오늘날 브라질을 제외한 중남미의 모든 나라가 스페인어를 모국어로 하고 있고, 문화적으로도 라틴문화권을 형성하고 있는 것이다. 이러한 측면에서 본다면 콜럼버스의 아메리카 대륙 '발견'은 유럽의 제국주의적인 해외팽창의 서막이었으며, 아메리카 대륙의 모든 역사는 어느 면에서는 콜럼버스의 탐험으로부터 유래했다고도 할 수 있을 것이다. 고마라(Gomara)의 주장처럼, "콜럼버스의 아메리카 대륙 '발견'을, 예수의 탄생과 죽음을 제외하고는 인류 역사상 가장 위대한 사건"이라고 단언할 수는 없겠지만, "신대륙을 유럽에 소개함으로써 '세계의 조망'을 크게 변형시키는 계기를 마련한 사건"이었다는 점에서 그 역사적인 의의는 자못 크다고 하겠다.

아시아로 가는 새로운 길: 북동·북서항로

1492년 콜럼버스가 서인도제도에 도달한 이후 유럽은 항해열에 휩싸이게 된다. 그러나 희망봉을 돌아가는 인도항로는 이미 포르투갈이 장악하고 있었고, 서인도제도와 아메리카 대륙은 아직 그 실체가 정확하게 알려지지 않은 상태였다. 따라서 유럽 각 나라의 항해자들은 '향료와 황금의 나라'로 상징되는 카타이와 인디즈로 가는 항로를 찾으려고 했다. 지구가 둥글다는 사실을 잘 알고 있던 항해자들은 희망봉을 돌아서 가는 것보다 북극해를 가로질러 가는 북동항로나, 아메리카를 관통하든가 남북 끝을 돌아 아시아로 가는 북서항로를 찾는다면 아시아에 더 빨리 도달할 것이라고 생각했다. 15세기 말부터 18세기 말까지 유럽의 항해가들의 탐사의 주된 목표는 바로 이 두 항로를 찾는 것이었다.

아메리고 베스푸치와 마젤란도 어느 면에서는 콜럼버스가 도착한 미지의 대륙을 가로질러 아시아로 갈 수 있는 북서항로를 찾아 나선 셈이었다. 아메리고 베스푸치는 1499년 "프톨레마이오스가 (아시아 대륙의 동쪽 끝인) 카티가라(Catigara)곶"을 찾기 위하여 항해에 나섰다. 그는 브라질 북부 해안을 탐사한 뒤 베네수엘라 만 앞의 보네르 섬에 브라질우드(brazilwood)가 자생하는 것을 보고 '브라질우드의 섬'이라고 명명하여 역사상 처음으로 브라질이라는 지명을 사용했다. 베스푸치는 이어 보네르 섬 남쪽의 아루바 섬에서는 원주민들의 집이 물 위에 지어져 있는 것을 목격하고 이탈리아의 베네치아를 연상하여 작은 베네치아란 뜻으로 '베네수엘라'라고 명명했다. 1차 항해 때 스페인 탐사대의 일원으로 참가했던 베스푸치는 2차 항해 때는 포르투갈의 후원을 받아 남미 남단까지 탐사했다. 브라질 북부 해안에서부터 남미 대륙을 탐사하기 시작한 베스푸치는 리우 데 자네이루, 라 플라타 강, 남미 남단의 산 훌리앙(san Julian)까지 항해한 뒤 리스본으로 귀환했다.

+ 아메리고 베스푸치의 항해도

콜럼버스가 신대륙에 처음 '도착'한 것으로 알려지고 있지만, 이는 역사적 사실과는 맞지 않는다. 콜럼버스가 실제 도착한 곳은 서인도 제도였을 뿐만 아니라, 그는 잠시 브라질 북부 해안을 탐사했을 뿐 결코 아메리카 대륙을 탐사했다거나 제대로 인지하지도 못했다. 그는 유언장에서 조차도 자신이 도착한 곳이 아시아의 일부라고 주장했다. 새로운 대륙의 실체가 유럽인들에게 제대로 알려지게 된 것은 아메리고 베스푸치에 의해서였다. 따라서 발트제뮬러라는 독일인 지리학자는 "새로 발견된 네 번째 대륙을 발견자인 아메리고의 이름을 따 아메리고의 땅, 즉 아메리카라고 부를 것"을 제안했던 것이다.

마젤란은 세계를 일주한 항해자로 널리 알려져 있다. 그러나 그는 세계를 일주하려고 하지도 않았을 뿐만 아니라, 세계 일주를 완수하지도 못했다. 포르투갈인인 마젤란은 포르투갈의 동양 함대의 일원으로 몰루카 제도에서 복무했던 경험을 바탕으로 아시아로 가기 위해서는 희망봉을 돌아가는 것보다는 아메리카 대륙을 돌아가는 것이 더 가까울 것이라고 생각했다. 그는 토르데시야스 조약에 따라 이 해역의 소유권을 가진 스페인의 후원을 받아 항해에 나서게 되었다. 1519년 8월 출항한 마젤란은 두 차례에 걸친 반란을 진압하고, 남미 남단에 이르러 해협을 지나 대양으로 빠져 나왔다. 마젤란은 465마일밖에 안되는 이 해협을 통과하는 데 무려 36일이나 걸렸다. 그러나 새로 접어든 바다는 잔잔하기 이를 데 없어서 마젤란은 이를 보고 '잔잔한 바다'라는 뜻으로 '태평양'으로 이름지었다. 그는 태평양을 가로질러 괌을 지나 필리핀제도에 이르렀으나, 원주민과의 전투에서 치명상을 입고 사망했다. 탐사대장인 마젤란이 사망하자 델카노가 빅토리아호에 향료를 싣고 희망봉을 돌아 스페인으로 귀환함으로써 처음으로 세계를 일주했다. 당시 빅토리아호는 향료 26톤과 선원 18명만을 싣고 돌아왔으나, 향료의 판매대금으로 항해 비용을 충당하고도 엄청난 이익을 남겼다.

엄격하게 얘기한다면 베스푸치와 마젤란은 그저 아시아로 가는 항로를 찾아 나선 데 불과했다. 엄밀한 의미에서 북동·북서항로를 찾는다는 의식을 갖고 탐사한 사람들은 잉글랜드인들이었다. 잉글랜드 왕실의 후원을 받아 인디즈로 가는 새 항로를 처음 탐사한 항해자는 이탈리아 출신 존 캐봇이었다. 캐봇은 1497년 "특서항로를 통해 카타이와 인디즈를 발견"하기 위해 북대서양을 서쪽으로 항해하여 캐나다 북동부 연안에 도달했다. 그가 탐사한 지역은 '새로 발견한 땅'이란 뜻으로 뉴펀들랜드(Newfoundland)로 불리게 되었다. 그의 아들인 세바스천 캐봇도 스페인과 잉글랜드 왕실의 원조를 받아 남미와 북극해에서 북서항로와 북동항로를 찾으려고 시도했으나 실패했다. 캐봇 부자는 새로운 항로를 찾지는 못했으나, 뉴펀들랜드 해역에서 대구 어장을 발견하여 북대서양 어업의 발전에 기여했다.

영국인으로서 북서항로를 조직적으로 탐사한 항해가는 프로비셔였다. 프로비셔는 1576년 캐나다와 미국을 가르고 있는 허드슨 해협에서

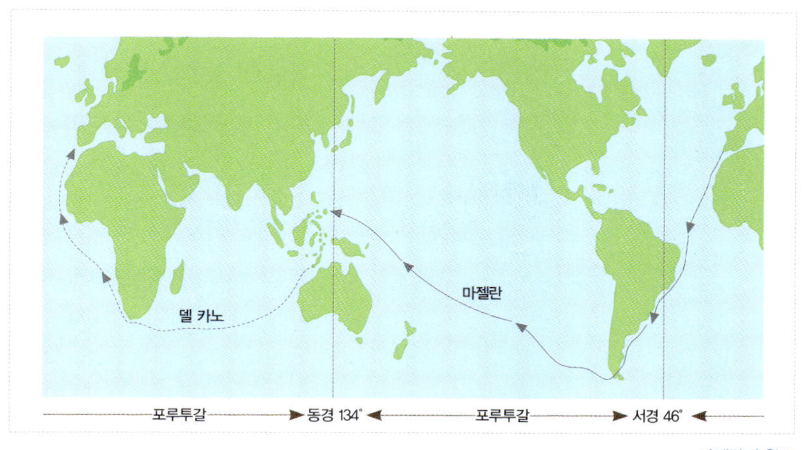

+ 마젤란의 항로

북서항로를 찾으려고 시도했다. 잉글랜드의 북서항로 탐사는 16·17세기에도 계속되었다. 1586년 데이비스가 이끄는 탐사대는 그린랜드 서해안과 배핀섬에서, 배핀은 1615~1616년 두 차례에 걸쳐 허드슨 만 부근에서 태평양으로 빠져나가는 북서항로를 찾으려고 시도했고, 허드슨은 1607년에서 1611년 사이에 네 차례에 걸쳐 뉴욕과 바렌츠해에서 북서항로와 북동항로를 찾으려고 시도했다.

잉글랜드와 더불어 북서항로 탐사에 열성적이었던 사람들은 프랑스인이었다. 프랑스의 후원을 받아 처음으로 북서항로를 탐사한 항해자는 이탈리아 출신 베라자노였다. 프랑스와 1세의 후원을 받은 베라자노는 1524년 대서양을 횡단하여 뉴욕 만을 시작으로 북미 북동해안을 북상하면서 탐사를 했다. 그러나 대양으로 빠져나가는 항로를 찾지 못하자 인디안 아이 한 명을 데리고 귀국하는 데 그쳤다. 프랑스인으로서 북아메리카를 처음으로 탐사한 항해가는 카르티에이다. 카르티에는 1534년

+ 캐봇·베라자노 항해도

과 1535년 두 차례에 걸쳐 세인트 로렌스만에서 퀘벡까지 탐사하고 '몬트리올'(왕의 구릉, Montreal)이라고 명명했다. 북서항로를 찾는 데 실패한 카르티에는 금이 함유되어 있을 것으로 추정되는 원광석을 갖고 왔으나, 모두 쓸모없는 것으로 밝혀졌다.

수많은 항해가들이 그토록 찾고자 했던 북서항로는 18세기 말에 가서야 존재하지 않는다는 사실이 밝혀졌다. 이에 대해 북동항로는 16세기부터 18세기에 이르기까지 윌러비·챈설러·빌렘 바렌츠·베링 등 유럽 각국의 항해가들이 찾아 나섰지만, 항로를 찾는 데 실패했다. 북서항로와는 달리 북동항로는 북극해를 관통하는 항로가 존재했지만, 북극해의 험한 날씨 때문에 범선으로 항해할 수는 없었던 것이다. 처음으로 북동항로를 항해한 사람은 스웨덴의 과학자 노르덴시욀드였다. 그는 포경선인 베가호를 타고 1878년 북극해를 완항(完航)하는 데 성공했다.

항해가들이 북서항로를 찾는 데 실패했다고 해서 그들의 노력이 전혀 무가치한 것은 아니었다. 유럽 각국은 자신들의 후원한 항해가들이 탐사한 지역을 거점으로 식민지를 확보할 수 있었다. 잉글랜드는 북미 북동해안을 중심으로, 프랑스는 퀘벡과 루이지애나를 중심으로, 네덜란드는 뉴욕을 중심으로 각각 식민지를 개척했다.

대항해 시대 항해가들의 도구

십자군 전쟁에 대한 엔리케 왕자의 열정이 포르투갈인들의 해양탐사 활동을 부추긴 것은 사실이다. 그러나 미지의 바다를 항해하는 데 없어서는 안될 배와 항해술과 같은 기술적 요인들도 나름대로 중요한 역할을 했음에 틀림없다. 유럽의 해양팽창에서 지리학과 항해술 분야에서의 기술적 발전이 특히 중요한 역할을 했다.

고대 지리학은 프톨레마이오스의『지리학』에서 집대성되었으나, 이 저서는 중세 내내 유럽인들에게는 알려지지 않고 있었다. 중세 유럽인들의 지리관은 그리스 지리학을 계승한 아랍인들의 지리학에 크게 영향을 받았다. 아랍의 지리학자들은 대서양은 '암흑의 녹색 바다'여서 항해할 수 없으며, 지구상에는 중심이 있고, 이를 중심으로 상하로 대칭되어 있을 것이라고 생각했다. 이와 같은 생각들이 담긴 아랍의 지리서들이 라틴어로 번역되어 유럽으로 전해졌고, 이는 중세 후기 유럽의 지리학의 기초가 되었다. 이러한 기초에 수많은 저술가들과 탐험가, 여행자의 주장과 전언 등이 덧붙여졌다. 그 가운데 가장 권위가 있었던 책은 피에르 다이이(Pierre d'Ailly) 추기경이 1410년에 저술한『세계의 상』(Imago Mundi)이었다. 다이이 추기경은 그리스어, 라틴어, 아랍어 원전을 인용하여 세계의 지리에 대해 설명했는데, 그의『세계의 상』은 콜럼버스가 주의깊게 읽었던 책 가운데 하나였다.

1410년에는 프톨레마이오스의『지리학』이 라틴어로 번역되어 유럽에 소개되었다. 프톨레마이오스의 세계지도는 적지 않은 오류를 포함하고 있었지만, 로마 제국과 그 인근 영역은 비교적 정확하게 묘사되어 있었

+ 중세의 T-O 지도, 이희연, 『지리학사』, 법문사, 1991, p.58.

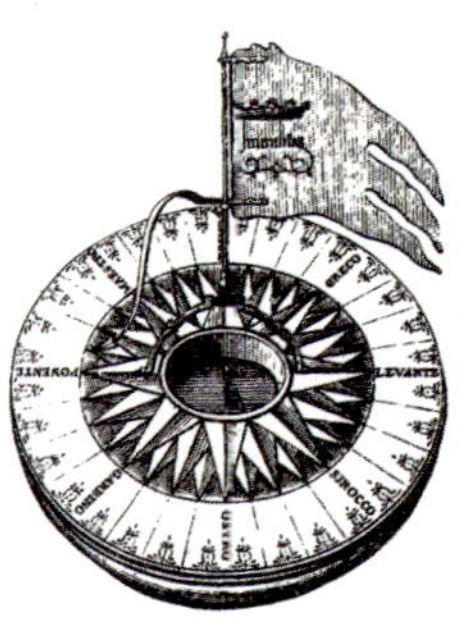

+ 15세기 유럽의 컴퍼스, RD. Casterreagh, 『The Great Age of Exploration』, 1971, p.161.

기 때문에 당시 가장 권위 있는 세계지도로 인정받고 있었다. 프톨레마이오스는 지구의 크기를 실제보다 1/6이나 작은 것으로 추정했다. 콜럼버스를 비롯한 수많은 항해가들이 16~18세기까지 200여 년 동안 무모하게 난바다로 나아갈 수 있었던 것도 바로 프톨레마이오스의 지리관에 영향을 받은 바 컸다. 지구의 크기가 실제보다 훨씬 작다면 항해 거리가 그만큼 짧다는 것을 뜻했기 때문이다.

그러나 이와 같은 전문적인 지리서들은 뱃사람들에게는 무용지물이나 다름없었다. 이들 지리서들이나 지도들이 실제 뱃사람들이 항해에 이용하는 데는 아무 쓸모가 없었기 때문이다. 그럼에도 불구하고 15세기 뱃사람들은 해도 없이는 바다로 나아가지 않았다. 13세기부터 이탈리아와 스페인의 카탈란에서는 전문적으로 포르톨라노 해도를 제작했다. 이 해도를 누가 처음 제작했는지는 알려져 있지 않다. 이 해도에는 항로를 표시하는 등사곡선이 삽입되어 있었고, 아프리카 서해안을 남하하기 시작하면서 알려지게 된 아프리카의 일부가 새로 첨가되고 나침반도 추가되었다. 포르톨라노 해도는 투사법에 의해 작성된 것이 아니라 일정한 거리 비율에 따라 작성되었기 때문에 비교적 가까운 거리에서만 이용될

+ 가장 오래된 포르톨라노 해도 Carta Pisana(1300 경), Hale, 『탐험시대』, p.77.

수 있었다. 포르톨라노 해도의 단점을 보완한 메르카토르 해도는 16세기 중엽에 이르러서 개발되었다.

해도와 함께 항해를 하는 데 없어서는 안될 도구는 나침반과 천측기구였다. 12세기 이래 유럽의 항해가들은 바다에서 방향을 찾는 데 나침반을 이용했다. 15세기 유럽의 항해가들도 나침반을 이용하기는 했으나, 나침반의 지북성(指北性)을 마술적인 현상으로 치부하여 그렇게 일반적으로 이용한 것은 아니었다.

또한 점차 아프리카를 남하하게 되면서 위도를 결정하는 문제가 새롭게 대두되었다. 특정 지역의 위도는 북극성의 고도와 대체로 일치한다. 따라서 위도를 알아내기 위해서는 북극성의 고도를 특정할 천축기구가 필요했다. 천체의 고도를 측정하는 데 처음으로 이용된 기구는 십자형의 직각기(cross staff, 또는 forestaff)였다. 직각기는 눈금 달린 일직선 막대기와, 수평선과 천체를 한 줄로 맞출 수 있도록 조정할 수 있는 수직막대기로 구

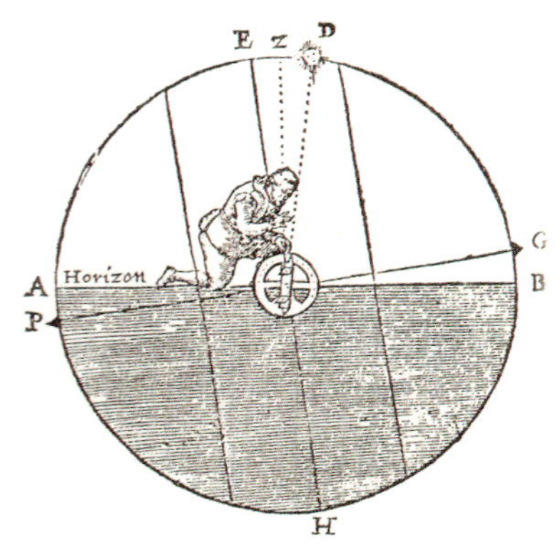

+ 원측의 / 사분의

성되어 있었다. 직각기는 태양을 맨눈으로 관찰해야 하는 단점이 있었지만, 사용법이 간단하여 18세기까지 이용되었다. 15세기 중엽에 가장 널리 이용된 천측기구는 원측의(圓測儀, astrolabe)였다. 원측의는 본래 항해용으로 개발된 것이 아니라 아랍인들이 점성술을 위해 만든 것이었다. 1450년경에 이르러 점성가들이 천측용으로 이용하던 사분의(四分儀, quadrant)가 항해용으로 활용되기에 이른다. 그러나 사분의는 사용법이 불편했기 때문에 포르투갈 항해가들 이외에는 그렇게 널리 이용되지는 않았다. 직각기를 개량한 후측의(後測儀, backstaff)는 16세기에 이르러 영국인에 의해 개발되었다.

이런 천측기구로 천체의 고도를 정확하게 측정하는 데는 한계가 있었다. 따라서 아프리카 서해안을 탐사하던 포르투갈 항해가들은 주로 연안항해를 하다가 위도를 측정할 필요가 있을 경우에는 닻을 내린 뒤 해안으로 상륙하여 삼각대 위에 원측의를 설치하고 북극성의 고도를 측정하여 위도를 측정했다. 유럽인들이 배에서 북극성의 고도를 측정하여 위도를 관측한 것은 엔리케 왕자가 사망하고 2년이 지난 1462년이었다.

엔리케는 또한 선박개량작업을 후원하기도 했다. 1436년까지 아프리카 탐험에는 사각돛을 단 바르카(barcha) 또는 바리넬이라는 작은 배가 이용되었다. 그러나 보자도르곶 이남으로 점차 내려가면서 북동무역풍과 거친 바다에 적응할 수 있는 새로운 선형의 배가 필요하게 되었다. 그리하여 엔리케 휘하의 조선공들은 이집트와 튀니지아 연안에서 아랍인들이 사용하던 세모돛을 단 카라보스선과 포르투갈에서 이용되던 카라벨라선의 장점을 조합하여 카라벨선을 개발해 냈다. 초창기의 카라벨선은 돛대를 두 개 설치하고, 각 돛대에는 세모돛과 네모돛을 달았다.

카라벨선이 개발되기 이전에 유럽인들은 네모돛을 사용했다. 그러나 네모돛은 바람을 많이 받기 때문에 맞바람이 불 때는 항해하기가 곤란했다. 이에 비해 아랍인들은 세모돛을 사용했는데, 세모돛을 단 배는 돛의 면적을 크게 하는 데는 한계가 있었지만 맞바람이 불 때도 항해할 수 있다는 이점이 있었다. 물론 세모돛을 단다고 해도 정면에서 부는 맞바람을 맞으며 항해할 수 있었던 것은 아니다. 맞바람이 불 경우 네모돛을 단 배는 바람을 피하기 위해 거의 정횡(正横)으로 항해해야 했지만, 세모돛을 단 배는 맞바람을 비스듬히 옆에서 받으며 항해할 수 있는 정도였다. 결국 1488년 바르톨로메 디아스의 항해 이후 카라벨선은 바람이 센 원양항해용으로는 적합하지 않음이 판명되었다. 세모돛을 장착한 카라벨선은 일정한 크기 이상으로 건조할 수 없어 원양항해에 필요한 충분한 식량과 비품을 선적할 수 없었던 것이다. 이와 같은 단점을 보완하기 위하여 15세기 말경에 카라벨라 레돈다선이 개발되었다. 15세기 말에서 16세기 초에 이루어진 대부분의 해양탐험에는 주로 카라벨라 레돈다선이 이용되었다. 이 배는 세 개의 돛대를 장비했는데, 앞돛대와 가운데 돛대에는 가로돛을 달고, 뒷돛대에는 세로돛을 달았다.

+ caravela redonda 선, R. Humble, 『The Explorer』, Time-Life Books, 1979, p.49.

대포 또한 유럽인들이 비유럽인들을 제압할 수 있는 강력한 수단이었다. 중세 내내 해전은 배를 맞댄 다음 서로 상대선으로 난입하여 육박전을 치르는 방식이었다. 그러다가 베네치아와 제노바가 지중해의 해상 패권을 놓고 겨루었던 14세기에 처음으로 배에 대포가 장착되면서 해전의 양상이 바뀌기 시작했다. 카라벨선에서는 대포를 고물이나 이물에 설치하여 전방으로 대포를 쏘았다. 15세기 말에 이르러 대포를 쉽게 발사할 수 있도록 현측사격이 도입되었고, 16세기 초에는 배의 현측에 포문을 내고 그 사이로 포를 발사하기에 이르렀다. 포르투갈인들은 함포를 배를 침몰시킬 목적으로 사용한 최초의 사람들이었다. 바스코 다가마는 2차 인도 항해 때인 1502년 자모린 통치자와 분쟁이 발생하자 캘리컷 앞바다에서 이슬람 선단과 맞붙었다. 유럽 함대와 아시아 함대 간에 처음으로 겨룬 캘리컷 해전에서 가마 함대는 대포를 이용하여 일방적인 승리를 거둘 수 있었다.

대항해 시대의 항해술

위도 측정

바다에서 배의 위치는 위도와 경도로 나타낼 수 있는데, 위도를 알아내는 방법은 비교적 간단했다. 북극성은 지축과 거의 일직선을 이루고 있기 때문에 북극성의 고도를 알면 위도를 쉽게 알 수 있다. 즉 지구상의 특정 위치에서 바라본 북극성의 고도가 바로 해당 지점의 위도가 된다. 이와 같은 사실은 이미 엔리케 생존 시에도 알려져 있었던 것으로 보이지만, 실제 북극성의 고도를 측정하여 위도를 측정한 것은 엔리케가 죽은 지 2년 뒤인 1462년이었다.

그러나 포르투갈 뱃사람들이 적도 부근을 탐사하게 되면서 새로운 문제에 부닥쳤다. 적도가 가까워져 감에 따라 북극성의 고도는 점차 낮아졌고, 적도 아래에서는 그나마 보이지 않게 되었다는 것이다. 15세기 말 뱃사람들이 남반구에서 위도를 측정할 수 없게 되었다는 것은 심각한 문제였다. 이제까지 위도를 측정하고, 속력과 침로, 파도, 바람의 방향을 고려하여 경도를 추정하여 배의 위치를 추측해 왔다. 그러나 이제 위도를 계산할 수 없게 되었고, 그로 인해 경도 추정은 더욱 믿을 수 없게 되었기 때문이다. 다행히 1484년 포르투갈의 주앙 2세로부터 이 문제를 해결하라는 지시를 받은 천문학자들이 정오에 태양의 높이를 관측하면 위도를 계산해 낼 수 있다는 사실을 밝혀냈다.

태양의 고도를 측정하여 위도를 계산하려면 태양의 적위(赤緯, 천체를 지나는 天의 자오선상에서 天의 적도로부터 천체까지의 弧)를 알아야만 했다. 이미 1478년에 자쿠토라는 천문학자가 적위를 계산해 놓은 『천측력(Almanach Perpetuum)』을 히브리어로 편찬한 바 있었다. 주앙 2세는 이 책을 자쿠토의 제자인 비지뉴(Joseph Vizinho)에게 라틴어로 번역하도록 했다. 이로써 항해학은 과학의 길로 접어들게 되었다. 1485년 포르투갈은 새로운 위도관측법을 실험하기 위해 탐사대를 기니로 파견했다. 여러 차례의 시험 결과 15세기 말경 포르투갈의 항해자들은 3마일(5.55km) 정도의 오차 범위에서 위도를 측정할 수 있었다.

경도 문제와 쿡의 대항해

위도측정은 이로써 과학적으로 계산할 수 있게 되었지만, 경도측정은 이보다 훨씬 어려운 문제였다. 15세기에서 18세기 중엽까지 유럽의 모든 항해자들은 위도는 비교적 정확하게 측정했지만, 경도는 침로와 속력을 고려하여 추정하는 데 그쳤다. 바스코 다가마와 마젤란과 같은 숙련된 항해자들은 이와 같은 방법으로 항로를 그럭저럭 찾아갈 수 있었다. 그러나 경도를 정확하게 추정하지 못하여 전혀 예측하지 못하는 사태가 발생하는 경우가 비일비재했다. 유럽인들이 오스트레일리아에 상륙하게 된 것도 바로 경도를 잘못 추정한 데서 비롯되었다. 17세기 초 네덜란드는 인도네시아를 근거지로 하여 동양무역을 장악하고 있었다. 당시 네덜란드인들은 자바섬으로 항해하기 위해 희망봉을 돈 뒤 인도양의 편서풍을 타고 거의 정동으로 항해하여 자바섬의 경도에 도달했을 즈음에 침로를 바꾸어 자바섬으로 향했다. 1616년 디르크 하르토그 선장은 경도를 잘못 추정하는 바람에 오스트레일리아 서해안에 도착하고 말았다. 그는 자신이 탄 배의 이름을 따 오스트레일리아 서해안을 덴드라히트란트(d'Entrachtland)라고 이름지었다.

하르토그 선장은 그래도 운이 좋은 편이었다. 1707년 영국 해군의 쇼

벌(Cloudesley Shovel) 제독이 이끄는 지브롤터 함대는 경도를 100마일(185km) 이상 잘못 추정하는 바람에 영국 해협으로 진입하지 못하고 브리튼 섬 남단의 실리(Scilly) 섬에 좌초하여 전함 4척이 침몰하고 승무원 2000여 명이 사망했다. 당시 세계 최강의 해양국가로 자타가 공인하고 있던 영국으로서는 크나큰 타격이 아닐 수 없었다. 이에 영국 의회는 경도위원회를 구성한 뒤 "실질적이고 유용한 방법으로 30마일(55.5km) 이내의 오차 범위 내에서 경도를 측정할 수 있는 방법"을 개발한 사람에게 2만 파운드의 상금을 주기로 결정했다.

1530년 독일의 천문학자 프리스우스(Gemma Frisius)는 "시간을 정확하게 잴 수만 있다면 간단하게 경도를 계산할 수 있다"고 주장했다. 그가 제시한 원리는 간단했다. 지구는 24시간만에 360도, 즉 한 시간에 15도씩 돌기 때문에 출발 위치와 현재 위치 사이의 시간 차이에 15도를 곱하기만 하면 간단하게 경도를 구할 수 있다는 것이다. 그러나 정확한 시계를 개발한다는 것이 말처럼 쉬운 일이 아니었다. 1610년 갈릴레오는 네덜란드 동인도회사로부터 정확한 시계를 만들어 달라는 요청을 받아 추시계를 만들어 보도록 제안했다. 그의 제안에 따라 네덜란드의 휴이겐스(Huygens)가 추시계를 만들었으나, 흔들리는 배 위에서 추시계는 무용지물이나 다름없었다. 태엽시계가 대안으로 제시되었으나 오랫동안 지속적으로 작동할 수 있는 강력한 태엽을 만들기가 쉽지 않았다. 게다가 강력한 태엽이 발견되고 난 뒤에는 시계에 사용되는 여러 가지 금속의 수축팽창률이 온도 변화에 따라 다르다는 사실이 발견되었다. 배가 한 군데에 머물러 있다면 이는 큰 문제가 아니었지만, 배는 온도 변화가 심한 해상에서 이동한다는 것이 문제였다. 4초의 오차가 난다면 선위 오차는 1마일(1.852km)에 달한다. 경도위원회의 위원이었던 뉴톤(Issac Newton)이 "배의 요동, 온도, 습도, 중력 등 여러 가지 요인 때문에 이제까지 정확한 시계가 제

+ K-1 크로노미터

작된 적이 없다"고 말했던 것도 무리는 아니었다.

1752년 독일의 천문학자 마이어(Torbias Meyer)가 달의 고도를 측정하여 경도를 계산하는 방법을 고안했다. 그러나 이 방법은 복잡한 계산을 해야 했기 때문에 전문 항해자들조차도 몇 시간을 걸려야 겨우 경도를 계산할 수 있었다. 결국 경도위원회는 "마이어의 방법이 정확하기는 하지만, 일반적으로 이용할 수 있는 방법이 아니라는 이유"로 받아들이지 않았다. 경도 문제를 해결하는 방법은 결국 정확한 시계를 개발하는 수밖에 없었다. 이 문제는 결국 영국 링컨셔 출신의 목수 해리슨(Harrison, 1693~1776)에 의해서 해결되게 된다.

해리슨은 1720년 즈음부터 정밀시계를 만들기 시작하여 40여 년 만에 '타임키퍼(Timekeeper)라는 시계를 만드는 데 성공했다. 1761년 영국에서 자메이카까지 항해하는 배 위에서 해리슨의 타임키퍼를 시험한 결과 불과 5초밖에 틀리지 않았다. 경도위원회는 해리슨이 만든 타임키퍼를 모방하여 켄달(Kendal)이라는 시계공인 만든 K-1 정밀시계를 캡틴 제임스 쿡에게 시험하도록 지시했다.

쿡은 1772년부터 1775년까지 만 3년 동안 '미지의 남방대륙'(Terra Australis Incognita)을 탐사하는 동안 K-1 크로노미터와 다른 3개의 시계를 이용하여 경도를 측정하는 방법을 시험했다. 이 가운데 K-1 크로노미터만이 제대로 작동하자 쿡은 이 크로노미터를 "절대로 실패를 모르는 우리들의 안내자이자 믿을 수 있는 친구"라고 치켜세웠다. 이로써 3세기 동안 유럽의 뱃사람들을 괴롭혔던 경도 문제가 해결되었다.

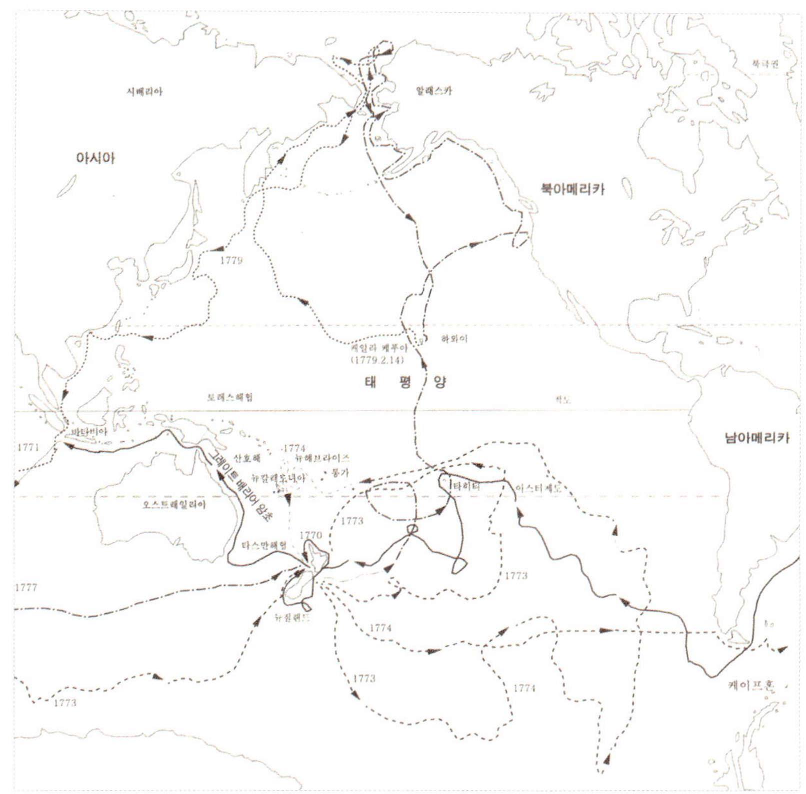

+ 쿡의 대항해, Tony Howitch, 이순주 옮김, 『푸른 항해』, 뜨인돌, 2003, p.77.

쿡은 경도 문제를 해결하는 데 공헌했을 뿐만 아니라, 뱃사람들에게 치명상을 입혔던 괴혈병을 극복하는 데도 기여했다. 그는 또한 북극해에서 남극해, 태평양, 인도양을 항해하여 오늘날 우리가 알고 있는 수많은 섬과 대륙의 위치를 확인하고 지도를 그렸다. 쿡의 대탐사가 완료되었을 즈음에는 감비에 제도와 마르케사즈 제도의 북부, 쿡 섬의 일부, 투아모투 제도의 일부만이 알려지지 않은 채 남아 있었을 뿐이었다. 영국인들은 쿡의 이름 앞에 캡틴이라는 경칭을 덧붙여 줌으로써 그의 뛰어난 업적을 기리고 있다.

Chapter 10

종교개혁

종교개혁의 전야

기독교는 중세 동안 유럽인에게 결정적인 가치를 부여했으며 세계를 인식하는 핵심 준거가 되었다. 현실에 대한 이해와 가치 규정이 모두 기독교에서 출발했으며 심지어 사후의 세계를 상상하는 것까지 여기에 기반했다. 그러나 알려진 것과 다르게 기독교가 중세 모두를 지배한 것은 아니었다. 도리어 기독교는 중세 대다수의 기간에 걸쳐 전파와 정리가 이루어졌다. 서로마 제국 멸망 이후 많은 혼란이 있었던 5~11세기는 기독교의 전파가 이루어진 시기였고, 전성기에 해당하는 12~13세기는 교회법을 세운 시기였으며, 근대로의 전환이 조금씩 진행되던 14~15세기는 권위에 균열이 가던 시기였다.

교황 보니파시오 8세가 프랑스의 필리프 4세에 의해 아비뇽으로 납치된 사건은 가톨릭의 권위를 처참히 무너뜨린 사건이었다. 교황의 억류, 대립교황의 발생, 세속 권력의 우위는 교황권에 대한 그간의 환상을 깨뜨렸다. 억류에 따른 외적 요인과 함께 가톨릭은 내적으로도 한계에 봉착하고 있었다. 성직자들의 부패와 사치는 비판의 대상이 되었고, 성적 방종은 종종 사회적 조롱거리로 활용되었다.

내·외부적으로 가톨릭의 권위가 무너진 상황 속에서 사람들은 새로운 길을 찾기 시작했다. 개인과 신 사이의 직접적인 관계를 강조하는 신비주의와 요한계시록에 기반한 천년왕국설이 득세하기 시작했다. 이 시기 발생한 다양한 이단들은 기존의 상황에 대한 한계성을 사람들이 어떻게 인지했는지를 보여 준다. 한편에서는 공동생활 형제회와 같은 대안적 탐구 또한 이루어졌다. 『그리스도를 본받아』로 대표되는 이들의 활동은 종교개혁에서 공통적으로 등장하는 성서에 대한 권위 부여 및 성서 읽기의 토대를 제공한다고 할 수 있다.

종교개혁 이전의 대표적 개혁가로는 위클리프와 후스를 들 수 있다. 이들은 각각 영국과 체코의 개혁가로 자국어를 기반으로 한 신앙생활을 강조했다. 이들 또한 성서를 신앙생활의 중심으로 두었는데 특히 후스의 경우 체코의 민족주의적 성향과 결합하여 큰 영향력을 끼쳤다. 그는 체코어를 기반으로 한 저술 활동과 찬송가 제작, 대중 설교를 진행했고 가톨릭과 교황에 대해 비판을 가했다. 파문 당한 후스는 안전을 보장해 주겠다는 약속을 믿고 자신을 변호하기 위해 콘스탄츠 공의회에 참석하였으나 붙잡혀 화형에 처했다. 이단과 한 약속은 지킬 필요 없다는 것이 가톨릭의 입장이었다.

종교 밖의 영역으로 눈을 돌리면 오스만 제국의 확장이 가장 큰 화두로 떠오르고 있었다. 1453년에 비잔틴 제국의 수도였던 콘스탄티노플을 함락해 유럽을 충격에 빠뜨렸던 이들은 동지중해를 장악하고, 발칸 반도를 자신의 영향력 아래에 두었다. 그뿐 아니라 이집트, 중동 영역까지 자신의 지배권을 확립하여 명실상부한 이슬람 세계의 맹주가 되었다. 그러나 기독교 세계는 분열에 빠져 있었다. 특히 프랑스와 신성로마 제국 사이의 분열은 고질적인 것으로 라인강 일대에서 이탈리아에 이르기까지 광범위한 영역에서 갈등을 빚고 있었다.

유럽 내부에서는 상업의 발달에 따른 경제적 변화가 일어나고 있었다. 십자군 전쟁 이후 동무역이 발달하면서 베네치아, 제노바와 같은 도시국가가 성장했다. 동지중해를 통한 무역의 활성화가 이탈리아를 중심으로 경제적 풍요와 사회적 역동성을 만들어 낸 것이다. 그뿐 아니라 상파뉴 정기시로 대표되는 내륙 무역거점 또한 활기를 띠었다. 상인길드를 기반으로 한 자치도시들이 등장하기 시작했으며 도시법을 근거로 치안, 징세, 군사, 사법 등 다양한 영역에서 독립적인 권한을 행사하기 시작했다. 특히 북해 연안을 중심으로 성장한 한자동맹은 유럽을 관통하여 확산된 경제활동을 독일 북부와 북유럽에까지 미치도록 만들어 주었다.

사회 분야에서는 활판 인쇄술이 등장하여 거대한 변화를 예고했다. 마인츠의 금세공인이었던 구텐베르크는 금속을 이용한 활자를 만들었다. 그뿐만 아니라 포도즙을 짜는 틀을 개조하여 인쇄 속도와 질을 개선해 줄 프레스를 만들었고 인쇄에 적절한 잉크와 종이도 찾아냈다. 이후 그는 구텐베르크 성서를 인쇄하여 인쇄술에 기반한 정보의 확산이 이루어질 것을 보이게 된다.

중세 동안 서적 출판은 필사를 기반으로 했다. 많은 시간과 노력을 통해 일일이 옮겨 적는 필사 작업은 노동이나 고행으로 인식되었으며 심지어는 숭고한 행위로 여겨지기도 했다. 그러나 가치 정의와 상관없이 정보의 소통과 이를 통한 공동체의 형성이라는 관점에서 본다면 필사 행위는 곧 지식의 공유와 공통된 가치관의 형성 범위가 한정적이었음을 의미한다. 즉 소수의 사람이 지식을 점유하고, 공유하는 상황이었던 것이다.

인쇄술의 발달은 정보의 공유를 둘러싼 구조가 변화했음을 의미한다. 동일한 내용의 대량 텍스트가 생산 및 배포되면서 단시간에 유럽을 하나로 묶을 수 있는 지식 체계가 등장했기 때문이다. 이러한 상황은 종교개혁에 앞서 등장한 위클리프나 후스 같은 개혁가와 루터가 처한 환경 사이에 결정적인 차이를 보여 준다. 인쇄술은 위클리프나 후스의 시대에는 없었으나 개발 이후 얼마 지나지 않아 적극적으로 활용되었으며 새로운 경제 분야로 떠오르게 된다. 가톨릭 또한 인쇄술을 적극적으로 활용했는데 인쇄술을 통해 대량의 면벌부를 발행한 것이다. 이는 종교개혁의 시작을 생각할 때 역사적 아이러니라 할 수 있다.

독일의 종교개혁

1517년 10월 31일, 비텐베르크 대학의 한 교수는 대학 사람들이 논쟁거리를 적어 붙여 놓던 성(城)비텐베르크 교회 문에 면벌부에 대한 자신의 생각을 적어 놓았다. 『95개 논제』에는 면벌부가 인간에게 구원을 가져다주지 않으며, 진정한 회개와 믿음만이 구원에 이르는 길임을 이야기했다. 그뿐만 아니라 면벌부의 판매와 판매를 위한 이설들이 거짓된 것임을 명백히 밝히고 있다.

논제를 붙인 사람은 마르틴 루터였다. 아이슬레벤에서 태어난 루터는 아버지의 뜻에 따라 에르푸르트 대학에서 법학을 공부하고 있었다. 그런 그가 사제가 된 것은 슈토테른하임 인근에 함께 걷던 친구가 벼락에 맞아 죽은 것을 목격했기 때문이다. 광부의 수호성인인 성 안나를 찾으며 두려움에 떨던 그는 자신의 목숨을 살려 준다면 신학을 공부하겠다고 맹세했다. 이후 그는 법학에서 신학으로 진로를 바꾸었으며 아우구스티누스 수도회의 수도사가 된다. 수도사가 된 이후 루터의 삶은 치열함과 엄격함으로 정리된다. 자신에게 부과된 계율과 의무들을 이행하고자 노력했으며 지나칠 정도로 죄에 민감한 모습을 보였다. 루터는 종종 자신의 육체를 혹사했으며 규율에 따른 엄숙한 생활을 이어갔다. 이와 함께 학업에도 매진하여 비텐베르크 대학의 교수로 청빙되었다.

죄와 벌에 대한 두려움 가운데 스스로를 채찍질하며 엄숙한 삶을 살던 그에게 동전 몇 푼으로 구원을 받을 수 있다는 이야기는 분노를 자아내기 충분한 것이었다. 각국어로 번역된 『95개 논제』는 상인들의 발걸음을 통해 유럽 전역으로 퍼져 나갔다. 독일 지역에서 판매되는 면벌부에 대한 항의에서 출발한 논제는 인쇄술을 타고 곧 가톨릭 전체를 겨누는 잘 벼려진 창이 되었다.

자신에 대한 공격과 논쟁이 진행되는 동안 루터는 다양한 저술을 펴냈다. 그는 이 과정을 통해 자신의 가치관을 보다 명확하게 정리했는데 특히 1520년에 펴낸 '독일 크리스천 귀족에게 보내는 글'과 '교회의 바벨론 감금', '크리스천의 자유'는 이후의 방향성을 잘 보여 준다. 루터를 둘러싼 논란이 증대되는 가운데 교황은 루터를 파문했다. 루터는 파문장을 불태우며 응수했을 뿐만 아니라 이듬해 보름스 제국의회에 출석하여 자신의 주장을 철회할 뜻이 없음을 재차 밝혔다. 황제인 카를 5세는 루터에 대해 법 밖에 있는 존재로 규정했으며 3주 내로 비텐베르크로 돌아갈 것을 명령했다.

그러나 루터는 비텐베르크로 돌아갈 수 없었다. 그의 신변을 걱정한 현명공 프리드리히 3세가 납치를 가장하여 루터를 은신시켰기 때문이다. 현명공은 루터의 종교개혁이 존재하는 데 가장 큰 역할을 한 인물이었다. 신성로마 제국 황제의 후보로 오르기도 했던 그는 작센의 선제후로 종교개혁 이전부터 수 많은 성물을 모아 유럽 최고의 컬렉션을 보유한 인물이었다. 그는 비텐베르크 대학을 세워 루터를 비롯한 학자들을 초빙했을 뿐만 아니라 종교개혁의 진행 과정 속에서 루터를 후원했다. 이로 인해 작센은 신성로마 제국의 영역 가운데 종교개혁을 진행하는 중심지 역할을 하게 되었다.

현명공의 도움을 받아 루터는 바르트부르크에 은거하며 외르그라는 이름으로 생활했다. 은거한 10개월 동안 그는 자신의 개혁적인 가치관을 더욱 군건하게 했다. 자신의 사상을 정리했을 뿐만 아니라 저술 활동에도 힘을 쏟았다. 특히 은거 기간에 번역된 독일어 신약성서는 종교개혁뿐만 아니라 독일어 자체에 큰 영향을 끼쳤다. 지역에 따라 여러 갈래

+ 루터의 성서에는 대중의 이해도를 증대하기 위해 다양한 삽화가 사용되었다. 삽화 중 다수는 요한계시록에 집중되었는데 이는 계시록이 지닌 난해함에 기인한 것이다. 그림은 바벨론의 음녀를 표현한 것으로 교황의 상징인 삼중관을 머리에 쓰고 있다.

로 나뉘어 있던 독일어에 루터 성서는 전범이 된 것이다. 또한 그는 성서를 번역할 때 보통 사람들이 일상에서 사용하는 용어를 사용하여 성서가 대중에게 더 쉽게 다가갈 수 있도록 만들어 주었다.

1522년에 비텐베르크로 돌아온 그는 온건한 형태로 종교개혁을 진행했다. 칼슈타트로 대표되는 급진파, 우상 파괴주의자들과 결별했으며 폭력적인 형태가 아닌 평화적인 형태의 개혁을 주장했다. 그는 이 기간에 라틴어 미사를 저술했으며, 찬송가를 작곡하는 등 종교개혁을 더욱 구체화해 나갔다.

이러한 가운데 루터는 수녀원을 탈출한 카타리나 폰 보라와 결혼했다. 보라는 10명의 수녀와 함께 수녀원을 탈출하여 비텐베르크로 향했다. 이후 다른 수녀들은 결혼을 했으나 그녀는 끝까지 루터와의 결혼을 주장했다. 결국 나이 차이와 종교개혁에 걸림돌이 될 수 있다는 염려를 딛고 두 사람은 1525년에 결혼하게 된다. 이 결혼은 매우 상징적인 가치를 가지는데 가톨릭의 성직자 결혼 금지 조항을 어긴 것이자, 당시 많은 가톨릭 성직자들이 내연녀와 사생아를 두고 있던 현실에 대한 비판이기도 했다.

한편으로 두 사람의 결합은 루터에게도 사적으로 큰 동력을 제공해 주었다. 보라는 여성의 활동이 제한적이었던 시대에 적극적인 경제활동을 통하여 가계를 책임졌다. 그녀는 양조장과 숙박업을 통해 수입을 벌어들였으며 유럽 각지에서 찾아오는 많은 방문자를 맞이했다. 또 자신에게 결혼 선물로 주어진 수녀원을 관리했으며 6명의 자녀와 4명의 양자를 키웠다. 거기에 잔병치레가 잦고, 불안정했던 루터를 돌보았다. 루터에게 보라가 가지는 중요성은 "나의 주인"이라는 호칭 속에서 잘 드러난다.

종교개혁이 진행되어 가던 과정 속에서 독일 지역은 농민전쟁의 불길에 휩싸여 갔다. 경제 상황이 점차 악화되는 가운데 분트슈로 이야기되는 농민봉기는 이전에도 발생했다. 그러나 1524~1525년 동안 벌어진 농민전쟁은 규모와 영향력 면에서 이전의 상황과 비견할 바가 아니었다. 독일 곳곳에서 농민들의 처절한 항거가 일어나는 가운데 뮐하우젠에서는 종종 루터와 비교되는 인물인 토마스 뮌처가 활약했다. 그는 루터의 온건한 개혁 방향을 비판했으며 급진적 개혁과 무력활동을 통해 새로운 변화를 만들고자 했다. 그러나 농민들은 영주군에 비해 군사적 경험과 훈련량이 적었으며 무장의 질 또한 낮아 영주의 군대를 당해 낼 수 없었다. 결국 농민들은 대량으로 학살당했고, 전쟁은 독일뿐 아니라 인근 지역에까지 큰 상처를 남기게 되었다.

이 시기를 지나며 루터의 종교개혁은 보다 조직적인 형태로 변화하게 된다. 일전에 만들어진 라틴어 미사집을 대신해 독일어 미사집을 발간했으며 작센 내 교구 시찰 또한 시작했다. 즉 종교개혁의 조직화가 조금씩 이루어지기 시작한 것이다. 또한 교육 분야에 대한 투자를 촉구하면서 남녀 구분 없이 교육이 이루어져야 함을 강조했다. 이는 모든 사람들이 성서를 읽을 수 있어야 한다는 생각에 따른 것으로 남녀의 차별이나 교육에 관한 차별을 모두 배제한 접근이었다.

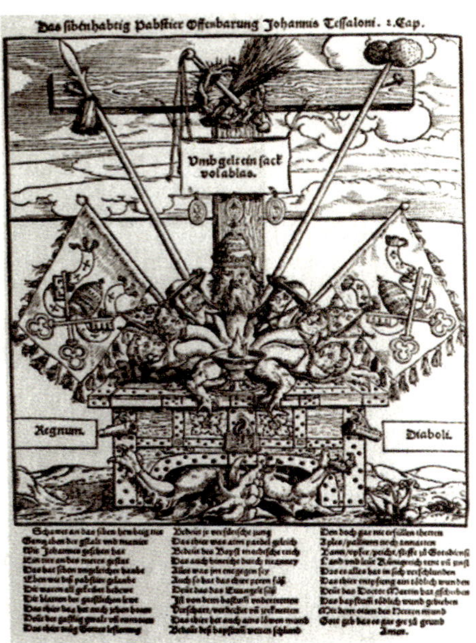

+ 종교개혁은 인쇄물을 통한 선전전의 양상을 보였다. 교황, 추기경, 주교, 수도사로 이루어진 일곱 개의 머리는 돈궤를 통하여 악마와 이어져 있다.

일련의 과정들이 루터 개인의 힘으로만 진행된 것은 아니었다. 필립 멜란히톤은 종교개혁을 도운 핵심 인물로 유명한 인문주의자인 로이힐린의 인척이었다. 그는 21살의 나이로 비텐베르크 대학 교수로 임용되었으며 루터에게 그리스어를 가르치기도 했다. 학문적 깊이와 관용적 성격을 바탕으로 멜란히톤은 종교개혁이 체계화되고, 분열되지 않도록 도왔다. 또한 그가 정리한 〈아우크스부르크 신앙고백〉은 루터파에 관한 신앙원리를 담고 있었다. 그는 여기에서 오직 믿음으로 의로워짐과 오직 은혜에 따른 구원을 주장했다. 이뿐 아니라 멜란히톤은 교육활동에 적극적으로 참여했으며 교구 관리를 위한 지침서를 발간하기도 했다.

화가인 루카스 크라나흐 또한 대표적인 조력자로 작품을 그리는 속도가 빠른 것으로 유명했다. 그는 비텐베르크 시 전체에서 순위를 다투는 재력가였으며, 시장을 역임하기도 했다. 종교개혁 선전이라는 영역에서 볼 때 크라나흐는 매우 중요한 인물이었다. 그는 이미 종교개혁 초기에 멜란히톤의 자문을 받아 제작한 『그리스도와 적그리스도의 생애』 연작은 예수와 교황의 모습을 대조함으로써 적극적으로 교황청을 비난했다. 그뿐 아니라 크라나흐는 루터의 독일어 성서에 사용된 삽화들과 주요한 종교개혁 관련 회화 및 판화를 그렸다. 그의 활동은 이후 아들에게로 이어졌으며 소(小) 크라나흐 또한 종교개혁을 적극적으로 옹호하게 된다.

루터의 신학관은 세 가지 솔라로 요약된다. 오직 성서(Sola Scriptura), 오직 믿음(Sola Fide), 오직 은혜(Sola Gratia)가 바로 그것으로 서두의 Sola를 모아 세 가지 솔라라고 이야기한다. 특히 솔라 그라티아는 루터의 핵심이론인 이신칭의론과 밀접하게 관련되어 있다. 그에 따르면 인간은 신 앞에서 악한 존재이나 신의 은혜로 인해 의롭다고 칭해지는 존재이다. 즉 구원에 관한 문제에서 개인의 노력이나 타인의 공덕이 아닌 신의 은혜만이 중요한 역할을 하게 된다. 오직 믿음은 이러한 과정을 믿는 것이며, 오직 성서는 인간의 삶과 가치 판단에서 신의 목소리를 대변해 주는 것이 성서임을 밝히는 것이다.

1530년을 넘어서면서 종교개혁은 점차 정치적인 영역의 문제로 바뀌어 가기 시작했다. 루터를 비롯한 개혁가들의 영향력은 점차 감소했으며 가톨릭을 옹호하는 카를 5세와 루터파를 옹호하는 슈말칼덴 동맹의 대립으로 상황이 변화된 것이다. 대립 초기 양상은 개혁세력에 유리하게 전개되었다. 황제는 오스만 제국의 확장과 프랑스와의 지속적인 마찰로 인해 제국 내부의 안정과 제후들의 지지가 필요한 상황이었다. 특히 오스만 제국은 1526년에 벌어진 모하치 전투에서 헝가리의 왕 러요시 2세를 죽이고 헝가리를 복속시켰으며, 1529년에는 합스부르크 왕가의 근거지인 빈을 포위하여 전유럽을 공포에 떨도록 만들었다.

양보는 오래가지 않았다. 위협이 사라지자 황제는 내부 정리에 나섰고, 뮐베르크 전투에서 승리함으로써 결정적인 우위를 점하게 되었다. 그러나 종교적인 차이가 여전히 존재하는 가운데 황제는 아우크스부르크 화의를 통하여 양 세력의 공존을 허락하게 된다. 화의를 통해 영주들은 종교적 자유를 얻게 되었으나 영지에 사는 사람들은 영주의 선택에 따라 종교를 받아들여야 했다. 결국, 독일의 종교개혁은 개인의 분노에서 시작하여 정치적 합의로 결론지어졌다.

스위스의 종교개혁

16세기 초 스위스는 13개 주의 연맹체로 구성되어 있었다. 이들은 정치적, 경제적으로 독립적이었으며 각각 자치권을 가지고 있었다. 알프스 자락에 위치한 이 작은 연맹체는 신성로마 제국의 지배권에서 벗어나기 위해 노력 중이었는데 빌헬름 텔 전설은 이들의 독립 의지를 상징적으로 보여 준다.

스위스의 최대 수출품은 사람이었다. 라이슬로이퍼(Reisläufer) 로 불리는 이들은 유럽 전역에서 용병으로 활약했고, 오늘날까지 교황청의 근위부대로 활약하고 있다. 용병제는 종교개혁가인 츠빙글리에게도 영향을 미쳤다. 츠빙글리는 종군신부로 전투에 참여했는데 이때의 경험으로 인해 용병제를 반대했다. 그가 보기에 용병제는 많은 급여로 인해 사람들의 도덕적 타락을 부추기고, 많은 이들의 생명과 삶을 앗아가는 제도였다. 그런 그가 전장에서 전사한 것은 아이러니한 일이라 할 수 있다.

취리히는 츠빙글리가 활동한 도시이다. 5~6천 명의 인구를 가진 이 도시는 스위스 내에서는 큰 규모의 도시였으며, 상업활동을 통해 비교적 번영한 도시였다. 이곳에서 츠빙글리는 성서에 기반한 종교활동을 내세우며 비성서적 행위나 제도에 대한 비판을 이어 갔다. 특히 1522년 그는 자신의 지지자들과 함께 사순절 기간에 소시지를 나누어 먹었다. 이는 금식이라는 규율을 의도적으로 어김으로써 교황청에 도전한 것으로 이후 츠빙글리의 종교개혁이 진행되었다. 성화와 성상이 제거되었으며, 사제 독신제 또한 폐지되었다.

개혁적 움직임의 융성은 내외적으로 갈등 상황을 초래했다. 내적으로는 유아세례를 부정하는 재세례파가 나타났는데 급진적 성향으로 인해 츠빙글리와 갈등을 빚었다. 외적으로는 개혁에 반대하는 가톨릭 주들이 힘을 합치기 시작했다. 자치적인 성격이 강한 각 주는 자신들의 이익에 따라 세력이 나뉘었다. 외교적 상황은 스위스를 넘어 독일과도 연계되었는데 헤센백 필립의 주도로 마부르크에서 루터와 만난 것이다. 그러나 양자를 화해시켜 보다 많은 동맹을 끌어들이려는 필립의 시도는 두 사람 사이에 존재하는 성찬식에 대한 인식 차이로 인해 실패로 끝나게 된다.

종교개혁이 진행될수록 스위스 내부의 대립 또한 격화되었다. 가톨릭을 지지하는 다섯 개의 주는 합스부르크 왕가와 동맹을 맺었다. 합스부르크 왕가는 신성로마 제국의 황제를 배출하는 가문으로 전통적으로 스위스의 적대 세력이었다. 결국 이를 계기로 개혁 찬성 세력과 반대 세력 사이에 군사적 충돌이 일어나게 되었다. 제1차 카펠 전투는 평화롭게 마무리되었으나, 1531년에 벌어진 제2차 카펠 전투는 많은 희생을 낳았다. 특히 전투에 나선 츠빙글리가 전사함으로써 스위스에서 진행되던 종교개혁의 흐름은 일시적으로 끊기게 된다.

츠빙글리 이후 스위스의 종교개혁을 주도한 인물은 칼뱅이었다. 그는 프랑스 출신으로 법학을 공부하다가 종교개혁에 동조하게 되었다. 개종 이후 칼뱅은 『기독교 강요』를 저술했으며 이는 칼뱅파의 신학관을 대표하게 된다. 프랑스의 가산을 정리한 칼뱅은 제네바로 왔으나 추방당하게 되고, 마르틴 부처가 있는 스트라스부르에 체류하게 된다.

부처는 하이델베르크에서 루터를 만난 이후 종교개혁가의 길을 걸은 인물이었다. 그는 스트라스부르에서 개혁을 진행했는데 교회의례를 정비하고, 학교를 세워 남녀 모두에게 기초교육을 실시했다. 그뿐만 아니라 장로를 중심으로 한 감독체계를 구성함으로써 개인이 아닌 집단이 관리하는 형태의 종교개혁을 진행했다. 이러한 교회 치리 제도는 칼뱅에게도 영향을 끼쳤고, 이후 제네바에서도 비슷한 형태로 적용되었다.

사보이 공국에서 독립한 제네바는 혼란기를 겪고 있었다. 이주자들과 선주자 간의 갈등, 사회 내부적인 계층 갈등은 물론이고 종교개혁의 실행 여부를 둘러싸고도 갈등이 있던 것이다. 칼뱅은 시의회에서 벌어진 반대파와의 논쟁에서 승리한 이후 교회법을 통해 종교예식과 관례를 개혁했다. 특히 콘시스토리(Consistory)를 통해 출교권을 요구했는데 이는 종교영역 안의 권리였으나 사법당국의 권한과 중첩되는 부분이 있었다.

그러나 칼뱅의 종교개혁이 순탄한 것만은 아니었다. 정치적으로 볼 때 칼뱅은 이방인이었고, 시의회를 중심으로 구성된 사회 지배체제를 흔들 수 있는 인물이었다. 따라서 경건주의나 콘시스토리는 기득권을 지닌 이들에게 불편한 문제가 될 수밖에 없었다. 특히 방종파로 규정되는 사람들은 칼뱅을 면직시키기 위해 노력했으며 자신들의 도시 지배권을 유지하기 위해 노력했다.

그럼에도 칼뱅에 대한 반대는 점차 수그러들었다. 스위스 교회가 칼뱅을 지지했을 뿐만 아니라 프랑스 출신 이주민의 급격한 증가 속에서 시의회의 주요 요직 또한 그의 지지자들로 채워졌다. 이같은 정치적 안정은 종교개혁을 보다 적극적으로 추진할 수 있는 토대를 제공했다. 유럽 여러 지역으로 칼뱅주의에 기초한 서적과 신학자들이 보내졌을 뿐만 아니라, 교육을 위한 아카데미 또한 설립되었다.

칼뱅의 노력은 유럽 각국에 다양한 칼뱅파가 출현한 것을 통해 결과를 알 수 있다. 프랑스의 위그노, 네덜란드의 고이센, 스코틀랜드의 장로회, 영국의 청교도가 모두 칼뱅주의에 잇닿아 있으며 특히 위그노는 향후 프랑스 역사의 전개에서 중요한 역할을 하게 된다. 성 바르톨로메우 축일의 대학살에서 앙리 4세의 낭트 칙령에 이르기까지 사회적 갈등이 출현했기 때문이다. 칼뱅의 영향을 받은 종파들은 공통적으로 성경을 중심으로 하는 경건주의를 지향하고 있었으며 전반적으로 사회 중산층을 차지하는 경우가 많았다.

칼뱅파에 중산층이 많은 연유로는 직업소명설이 주목받는다. 직업소명설은 개개인의 직업을 신이 정해 준 것으로 보고, 직업활동에 정당성을 부여해 준다. 사실 중세 동안 노동의 신성성은 농업에 집중되어 있었고, 상업활동은 타인을 속이는 행위로 보았다. 성경에서는 속이지 말 것과 부자가 천국에 가기 어려움을 이야기하고 있다. 결국 상행위는 두 영역 모두에 해당하므로 선하지 못한 경제활동으로 본 것이다. 그러나 직업소명설은 개개인에게 주어진 직업에 대한 정당성을 부여함으로써 상공업 활동과 재산 증식에 대해 긍정하고 있다. 유럽의 사회·경제 구조가 변화해 가는 가운데 직업 소명설은 그를 반영한 것이라 할 수 있다.

칼뱅의 또 다른 신학 사상은 예정설이다. 이는 인간의 구원이 신에 의해서 예정되었다는 의미로 신과 인간 사이의 중재자를 자처했던 가톨릭 사제의 역할을 부정한다. 구원이라는 종교적 목표를 향해 나아가는 가운데 타자의 개입이나 중재 없이 신에 의한 절대적인 형태의 구원을 강조하는 것이다. 이는 개인에 대한 강조이며 역으로 예정된 존재로서 경건한 삶을 살아야 한다는 요구이기도 했다.

칼뱅의 종교개혁은 작은 도시에서 시작해 서유럽 전반으로 확장되었다. 점차 서양의 영향력이 증대되는 가운데 사상적 토대나 가치 판단의 준거로 기능했다. 특히 제국의 확장을 타고서 칼뱅주의는 세계적인 파급력을 가지게 된다.

영국의 종교개혁

헨리 8세는 1521년에 『칠성사의 옹호』를 저술하여 교황 레오 10세로부터 신앙의 신앙의 수호자(defensor fidei)라는 칭호를 받는다. 가톨릭의 성례를 옹호하고, 루터의 종교개혁을 반대하여 명예로운 칭호를 얻은 것이다. 이 칭호는 영국 왕실을 통하여 지속적으로 계승되었으며 엘리자베스 2세 또한 여전히 사용하고 있다. 그러나 수호 대상을 말해 주는 목적어는 역사적 상황에 따라 종종 바뀌곤 했다.

백년전쟁과 장미전쟁을 거치며 영국은 대대적인 변화를 겪게 된다. 프랑스와의 대결 속에서 대륙의 영토는 점차 감소했으며 귀족들의 세력은 점차 축소되었다. 헨리 7세는 랭카스터와 요크 가문의 대립을 끝내고 튜더 왕조를 열었으며 그의 아들인 헨리 8세는 아버지의 유지를 이어받아 왕권 강화에 힘썼다. 종교개혁의 원인이 되는 결혼문제 또한 왕권강화의 일환이었다.

헨리 8세의 결혼생활은 시작부터 순탄하지 않았다. 그는 자신의 형수인 아라곤의 캐서린과 결혼했다. 본래 캐서린은 장자인 아서 튜더와 결혼했으나 그가 요절하면서 헨리 8세와 혼인하게 된 것이다. 지참금과 함께 스페인의 왕녀라는 지위가 그녀를 매력적으로 보이게 만들었으나 캐서린이 딸 한 명만 낳은 채 유산을 거듭하자 헨리 8세는 초조함을 감출 수 없었다. 당대 관습 속에서 여성은 결혼 시 지참금을 마련해야 했는데, 이는 곧 영국 왕실의 재정 혹은 영토 감소를 의미하는 것이었다. 여기에 튜더 왕조는 개창한 지 얼마되지 않아 불안정한 상황으로 정통성과 안정을 위해 더욱 아들이 필요했다. 그러나 이혼을 위한 그의 여정은 쉽지 않았다. 캐서린의 뒤에는 카를 5세가 버티고 있었고, 교황청은 유럽에서 가장 강한 군주의 눈치를 볼 수밖에 없었다. 결국 헨리 8세는 스스로를 영국 기독교의 수장으로 규정하는 수장령을 선포함으로써 가톨릭과 결별하게 된다.

수장령 공표는 헨리 8세에게 왕권강화와 재정 이익을 동시에 가져다주었다. 수장령은 영국교회에 관한 모든 권한이 국왕에게 있음을 규정한 법령이다. 이로 인해 헨리 8세는 영국교회의 지배자가 될 수 있었다. 그리고 이를 기반으로 교회와 수도원의 재산을 차지했으며 성직임명권 또한 갖게 되었다. 국왕을 중심으로 한 권력집중이 일어난 것이다. 또한 이를 통해 영국 바깥에서 가해지는 종교적 압력과 간섭을 피할 수 있었다. 그는 절대왕정을 강화해 나갔는데 상비군 형태의 해군을 창설하고, 스코틀랜드와 아일랜드 지역에 대한 지배력을 강화했다.

헨리 8세는 국왕의 권력강화라는 공적 이익과 캐서린과의 이혼이라는 사적 목표 또한 이루었다. 이후 캐서린의 시녀였던 앤 불린을 왕비로 맞아들여 후사를 잇고자 했다. 그러나 그녀는 엘리자베스를 출산했고, 불륜과 이단의 혐의를 받아 사형당했다. 세 번째 부인인 제인 시무어는 에드워드 6세를 낳았으나 난산으로 사망하였고, 에드워드 6세 또한 헨리 8세 사후 얼마가지 않아 사망하였다. 결국 왕권은 캐서린의 딸인 메리에게 넘어갔다. 메리는 어머니의 성향을 따라 가톨릭을 지지했으나 통치 기간 중 많은 사람을 처형하게 된다. 이로 인해 피의 메리라는 별칭으로 불리었으며 영국의 마지막 대륙 영토인 칼레를 잃으면서 민심을 완전히 잃게 된다. 그녀의 뒤를 이어 왕위에 오른 엘리자베스 1세는 국교회를 옹호했으며, 귀족들의 지지와 강화된 왕권을 기반으로 영국의 전성기를 열어 가게 된다.

헨리 8세는 다섯 명의 왕비를 맞아들였고, 이는 종종 잉글랜드의 종교개혁을 방종에서 출발한 것으로 인지하도록 만든다. 실제로 헨리는 성적으로 문란했을 뿐만 아니라 폭식과 무절제한 모습을 보인다. 그러나 헨리 8세의 성정과 상관없이 영국의 종교개혁은 왕권강화의 주춧돌이 되었으며, 유럽의 변두리에 불과했던 영국이 성장할 수 있는 토대를 제공해 주었다.

가톨릭 종교개혁과 종교 갈등

종교개혁의 확산은 개혁 대상으로 규정된 가톨릭 내부의 변화를 불러왔다. 종교개혁으로 인한 사회적 압력이 고착되어 있던 가톨릭의 상황을 변화시키는 동기가 된 것이다. 특히 트리엔트 공의회는 내부 정화와 규율 확립을 만들어 냈다. 가톨릭 교회 내에 상존하던 부패와 종교적 가치 상실에 대해 비판했고, 교회 내부의 교리적 재정립을 결의했다. 한편으로 공의회는 종교개혁 세력과 가톨릭 간의 완전한 결별을 만들어 냈다. 양자의 차이는 더욱 명확해졌으며 서방교회는 통합이 아닌 분리의 길을 걷게 되었다.

예수회의 등장은 가톨릭 종교개혁의 핵심 사건이었다. 군인 출신의 로욜라는 환시를 경험한 이후 예수회를 창립했는데, 교황의 지시를 따르는 예수의 군사가 될 것임을 선언했다. 예수회 이전에 일반적으로 수도회는 청빈, 순결, 순명과 같은 전통이고 공적인 가치를 내세워 왔다. 그러나 예수회는 여기에 군사적 가치를 대입함으로써 보다 공격적인 조직으로 스스로를 규정지었다. 이들의 회칙 또한 군사적인 엄격함을 반영하고 있는데 일련의 과정은 군인 출신인 로욜라의 가치관을 반영한 것이었다.

조직적이고, 군사적인 예수회의 가치가 명확하게 드러난 영역은 선교이다. 이들은 공격적으로 선교에 임했으며, 이들에게 아메리카는 준비된 땅이었다. 예수회의 활약은 오늘날 중남미 지역에 가톨릭 신자가 다수 거주하는 것으로 나타났다. 역사상 첫 비유럽 출신 교황인 프란치스코 1세가 아르헨티나 출신인 것은 이러한 배경과 관련이 있다.

예수회의 선교 노력은 아시아에서도 이어졌다. 인도, 동남아, 일본, 중국 등으로 파견된 선교사들은 현지 문화를 존중하면서 가톨릭을 전파했다. 이러한 선교 활동 기조는 지역의 지배 세력과 예수회 사이의 협력이 이루어지는 특징을 보인다. 선교와 교류라는 상호 간의 목적에 따라 우호적 관계를 유지한 것이다. 예를 들어 하비에르는 일본 선교 과정에서 다이묘와의 우호적 관계를 위해 조총을 선물했으며, 마테오리치는 중국 선교 과정에서 세계지도인 곤여만국전도를 만드는 데 협력했다.

한편으로 가톨릭 종교개혁은 폭력적인 형태로 진행되기도 했다. 종교재판은 종교에 의한 폭력을 잘 보여 주는 예로 가톨릭의 보루였던 스페인에서 많이 행해졌다. 금서지정은 종교개혁을 탄압하기 위한 또 다른 방법이었다. 종교개혁의 확산이 텍스트와 인쇄술에 기인하고 있는바, 서적들의 출판과 소유를 금지함으로써 종교개혁의 확산을 막고자 했다. 그러나 금서의 확산을 막으려는 시도는 한계에 부딪힐 수밖에 없었다. 교황청의 금서지정은 도리어 필독서 리스트로 활용되었고, 인쇄업자와 상인들은 경제적 이익 앞에서 금지령을 어기기 일쑤였다.

종교개혁을 둘러싼 갈등은 점차 격화되었는데 특히 스페인령 네덜란드에서 종교개혁과 독립열망이 결합했다. 이 지역은 상공업이 발달한 지역이었으나 스페인 왕실의 재정 악화에 따라 가혹한 징세를 당하고 있었다. 따라서 사람들의 불만이 폭증했는데 종교적 갈등은 불만을 증폭시키는 역할을 했다. 네덜란드에는 칼뱅파가 많았으나 스페인은 가톨릭을 수호하는 대표국가였기 때문이다. 결국 불만의 기운은 오라녜 공 빌럼을 중심으로 규합되었고, 네덜란드의 독립을 향한 투쟁은 30년 전쟁의 말미에 가서 결실을 맺게 된다.

체코에서는 예수회에서 교육받은 페르디난트 2세가 국왕으로 즉위할 것이 유력해지면서 긴장 상황이 벌어졌다. 이 지역은 후스로 대표되는 종교개혁의 성향이 강한 곳이었기 때문에 종교로 인한 충돌이 쉽게 예견될 수 있었다. 갈등은 프라하 창문 투척 사건으로 나타나게 되는데 프로테스탄트 귀족들이 가톨릭의 입장을 대변하는 섭정관을 창밖으로 밀어 버린 것이다. 창문 밖으로 떨어진 이들은 다행히 목숨을 건지게 되었는데 가톨릭에서는 천사나 성모가 이들을 보호했다고 선전했고, 프로테스탄트 측에서는 두엄더미에 떨어져 산 것이라고 말했다. 투척 사건 후 보헤미아의 귀족들은 종교적, 정치적 자유를 주장하기 시작했다. 그러나 페르디난트의 군대는 백산전투를 통해 저항을 분쇄한 뒤 대대적으로 피의 숙청을 진행했다. 이 사건은 종교적 감정과 대립을 격화시켰고 곧 독일 지역을 황폐화한 30년 전쟁의 서막이 되었다.

종교에 따른 탄압이 심해지는 가운데 덴마크왕 크리스티안 4세가 전쟁에 뛰어들었다. 이는 외연적으로는 프로테스탄트를 돕기 위한 것이었으나 실제로는 독일 북부 지역에서 가톨릭과 황제의 지배력이 강화되는 것을 막기 위한 노력이었다. 그러나 전쟁의 양상은 덴마크왕의 바람과는 다르게 흘러갔다. 황제인 페르디난트는 발렌슈타인 장군을 필두로하여 반격을 펼쳐 독일 북부 지역과 덴마크를 정복하는 데 성공했다. 그러나 황제군의 압도적인 승리로 종료될 것 같던 전쟁은 북구의 사자인 스웨덴이 개입하면서 양상이 바뀌게 된다. 스칸디나비아 지역을 장악한 스웨덴은 30년 전쟁을 통해 중부유럽으로 진출을 모색했다. 스웨덴 군은 빠르게 독일 지역을 장악해 갔으나 국왕인 구스타브 2세가 전투 도중 사망함으로써 힘의 구심점을 상실했다. 이러한 상황 속에서 가톨릭이 국교인 프랑스가 스웨덴과 연합했다. 이는 종교적인 가치보다 국가의 이익이 중요하다는 것을 보여 주는 동맹이었으며 자신의 오랜 경쟁국인 신성로마제국의 힘을 약화시키기 위한 행위였다.

30년 전쟁은 1648년에 체결된 베스트팔렌 조약으로 마무리되게 된다. 이 조약은 최초의 근대적 외교조약으로 근대 국가가 형성되는 기틀을 제공했다. 조약을 통해 프로테스탄트는 종교적 자유를 얻게 되었으며, 네덜란드와 스위스는 독립을 명시적으로 인정받게 되었다. 또한 신성로마 제국과 스페인을 다스리던 합스부르크 왕가의 패권이 약화되었고, 반대급부로 프랑스와 영국, 네덜란드의 영향력이 강화되었다.

전쟁의 최대 피해지는 전장인 독일이었다. 30년 전쟁 기간 동안 인구의 절반 가량이 사망했으며, 각 지역을 중심으로 발전하던 영방과 자치도시들은 크게 몰락했다. 신성로마 제국은 이후 2세기가 지나 나폴레옹에 의해 해체될 때까지 영방의 연합체로 기능하며 느슨한 형태의 지배력을 갖게 된다.

Chapter 11

계몽주의와 시민혁명

계몽주의

최고 통치자인 왕에 의한 인격적 지배와 신분제, 그리고 그리스도교는 고대와 중세를 거치며 유럽이라는 공간 속의 삶을 규정하는 중요한 요소였다. 그러나 이성을 기반으로 한 인간 능력에 대한 믿음이 커지고, 인간 개개인이 가지는 자연적인 권리에 대한 자각이 생겨나면서 사람들은 자신의 삶을 옭아매어 온 신분적 차별, 유일신과 절대권력에 대한 맹종 등에 대해 의구심을 가지게 되었다.

이러한 인식의 변화는 인간이 자신을 둘러싼 현상들을 이성으로써 설명하고 법칙화하려는 노력에 기반을 둔 것이었다. 관찰과 분석을 통해 과학적 방법론을 기초한 베이컨과 데카르트, 천문학적 발견을 통해 지구중심의 우주관을 바꾼 코페르니쿠스, 브라헤, 케플러, 갈릴레이, 그리고 이와 같은 새로운 천문학적 지식이 어떤 방식으로 작동하는지를 법칙으로써 설명한 뉴턴 등, 일련의 선각자들로 인해 16~17세기에 일어난 과학혁명은 세상을 바라보는 당대 사람들의 시각을 급격히 변화시켰다. '마땅히 그러한 것'으로 여겨 왔던 삶의 조건들을 이성의 눈으로 돌아보게 된 것이다. 이러한 과정을 통해 계몽주의가 형성되었다. 계몽사상은 "아직 잠들어 있는 인간에게 이성의 빛을 던져 줌으로

+ 뉴턴(1642~1727)

+ 존 로크(1632~1704)

+ 볼테르(1694~1778)

+ 루소(1712~1778)

+ 몽테스키외(1689~1755)

써, 편견이나 헛된 믿음에서 빠져나오게 한다"는 의미를 내포하고 있다.

17~18세기 프랑스를 중심으로 확산된 계몽주의는 영국의 존 로크로부터 많은 영향을 받았다. 로크는 자신의 저서를 통해 '자연법사상'과 '사회계약설'을 주장했다. 그의 사상에 따르면 "인간은 자연 상태의 자연법 아래 자유롭고 평등하며 재산과 생명, 자유라는 자연권을 누렸고, 이 권리를 더욱 확고히 하기 위한 방편으로써 계약을 통해 국가를 형성했다. 계약에 의한 국가의 성립은 개인의 권리를 양도한 것이 아니라 위탁한 것에 지나지 않는다. 따라서 개인은 국가나 군주에게 복종해야 하지만, 지배자가 자연권을 침해할 때 국민은 이에 반대하여 계약을 파기할 수 있다"는 것이다. 이러한 그의 사상은 미국 독립전쟁, 프랑스혁명 등 시민혁명의 이념적 토대가 되었다.

프랑스의 계몽주의자들로는 볼테르, 몽테스키외, 루소 등이 대표적이다.

몽테스키외는 저서 『법의 정신』(1748)에서 '삼권 분립'을 주창했다. 개인의 자유는 국가권력이 사법·입법·행정의 삼권으로 나뉘어 서로 규제·견제함으로써 비로소 확보된다고 하는 그의 '삼권 분립'의 이론은 미국의 성립 과정뿐만 아니라, 19세기 자유주의가 옹호하는 인간의 기본적 자유를 규정하는 데 영향을 끼쳤다.

당대에 '철학자의 왕'으로 불리웠던 볼테르는 현실문제에 끊임없는 관심을 보이며 그리스도교의 종교적 편협성과 세속 권력의 억압을 비판함과 동시에 시민적 자유와 관용의 정신을 옹호했다.

루소는 이성보다 감성을 중요시하는 낭만주의의 기초를 마련했으며 문명사회의 타락을 비판하고 자연으로 돌아갈 것을 역설했다. 자신의 저서 『인간 불평등 기원론』에서 사회적 불평등을 낳는 근원이 사유재산제도에 있음을 전제하고, 계급제도와 이에 따른 경제적 불균형을 비판했다. 또한 『사회계약론』에서 그는 모든 인간은 자유롭고 평등하게 태어났음을 강조했다. "인간이 복종해야 할 대상은 세속권력이 아니라 사회 전체의 이익을 추구하는 일반의지이다. 이러한 일반의지가 구체적으로 표현된 것이 법이며 주권은 일반의지의 행사이다. 권력은 단지 법의 집행을 대신할 뿐이다. 그러므로 주권은 인민에게 있으며, 권력은 일반의지를 벗어나거나 침해해서는 안된다." 이것이 루소가 표방한 정치사상의 핵심인 「인민주권론」이다.

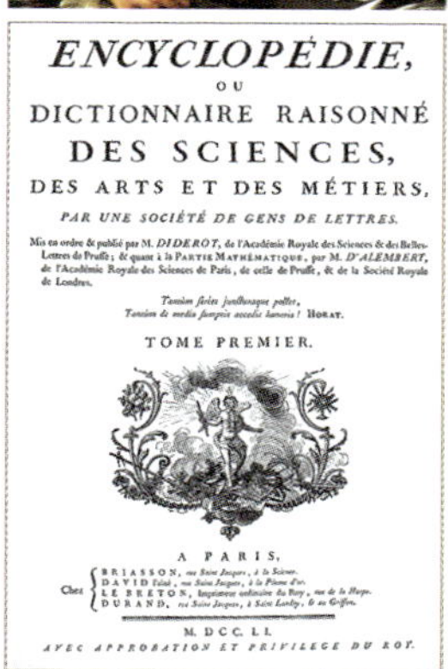

ENCYCLOPÉDIE,
OU
DICTIONNAIRE RAISONNÉ
DES SCIENCES,
DES ARTS ET DES MÉTIERS,
PAR UNE SOCIÉTÉ DE GENS DE LETTRES.

Mis en ordre & publié par M. *DIDEROT*, de l'Académie Royale des Sciences & des Belles-Lettres de Prusse; & quant à la PARTIE MATHÉMATIQUE, par M. *D'ALEMBERT*, de l'Académie Royale des Sciences de Paris, de celle de Prusse, & de la Société Royale de Londres.

Tantùm series juncturaque pollet,
Tantùm de medio sumptis accedit honoris! HORAT.

TOME PREMIER.

A PARIS,
Chez BRIASSON, rue Saint Jacques, à la Science.
DAVID l'aîné, rue Saint Jacques, à la Plume d'or.
LE BRETON, Imprimeur ordinaire du Roy, rue de la Harpe.
DURAND, rue Saint Jacques, à Saint Landry, & au Griffon.

M. DCC. LI.
AVEC APPROBATION ET PRIVILEGE DU ROY.

+ 디드로(1713~1784)(위)
+ 백과전서(아래)

이들과 더불어 '백과전서파'는 백과사전을 통해 새로운 과학지식과 계몽사상을 널리 보급했다. 『백과전서』는 디드로, 달랑베르의 책임편집 하에 당대 대표적 계몽사상가들이 집필에 참여했다. 1751년에서 1772년까지 지속적으로 간행되어 프랑스뿐만 아니라 유럽 전체에 계몽주의를 전파하는 데 기여했다.

계몽사상가들의 요구와 주장은 군주들로 하여금 보다 개방적이고 개혁적 태도를 갖게 만들었으며, 일반대중을 계몽시킴으로써 구체제와 절대왕정에 대한 저항정신을 고취시켰다. 계몽사상가들은 불합리한 권위와 전통을 비판하면서도 폭력과 혁명을 강조하지는 않았다. 그러나 일반 대중은 계몽사상 속에서 혁명을 합리화할 수 있는 근거를 찾고자 했다.

계몽주의는 궁극적으로 17세기 영국혁명에 정당성을 부여했으며, 18세기 미국 혁명과 프랑스혁명에 영향을 주었을 뿐만 아니라 19세기 자유주의, 민족주의, 민주주의 운동의 사상적 기반이 되었다.

시민혁명

서양 역사에서 17, 18세기의 시민혁명이란 경제적으로 성장한 근대 부르주아 계급이 중심이 되어 국가권력을 전제군주의 절대권력으로부터 시민에게 넘긴 일련의 정치변혁을 의미한다. 시민혁명은 봉건제적 신분사회와 전제군주의 속박에서 벗어나 시민이 정치의 주체가 되는 과정이었다. 시민혁명을 통하여 고대 그리스 세계의 아테네에서 싹텄던 민주주의가 근대 유럽에서 꽃을 피우게 되었다.

영국의 혁명은 의회를 중심으로 왕권을 제한하는 과정에서 이루어졌으며, 미국은 독립을 쟁취하기 위한 과정에서, 프랑스는 절대왕정을 타도하는 과정에서 이루어졌다. 시민의 자유와 평등을 추구한 이 세 혁명은 '세계 3대 시민혁명'으로 일컬어지기도 한다. 서양의 근대 시민사회는 이들 시민혁명의 과정과 결과를 통해 그 기틀을 마련했다고 해도 과언이 아니다.

영국혁명

영국은 유럽에서 가장 먼저 의회를 제도화하고 발전시켜 나간 나라이다. 13세기 이래로 왕에 대한 의회의 자문권을 점차 정립하며, 새로운 세금과 법령을 만들 때 의회의 동의를 구해야 하는 관행을 정착시켰다. 이러한 전통의 토대 위에 17세기 영국(잉글랜드)에서는 '청교도혁명'(1640~1660)과 '명예혁명'(1688)이 발생했다. 의회를 중심으로 왕권을 제한하는 과정에서 발생한 이들 혁명을 '영국혁명'이라고 일컫는다.

+ 제임스 1세(좌) / 찰스 1세(우)

청교도혁명

엘리자베스 1세는 독신으로 자식이 없었기 때문에, 사후에 튜더 왕조의 외손인 스코틀랜드 왕 제임스 6세가 잉글랜드 왕위를 계승하여 제임스 1세(1566~1625)가 되었다. 이로써 잉글랜드의 스튜어트 왕조가 시작되었는데 스코틀랜드 출신의 제임스 1세는 1215년 존 왕이 승인한 《마그나카르타》를 바탕으로 유지되어 왔던 전통적인 의회와 왕권과의 균형을 깨뜨리게 된다. 잉글랜드 절대주의의 정점이라고 할 수 있는 엘리자베스 1세 시기에도 왕은 중요한 국가 정책을 결정할 때 의회의 동의를 구했기 때문에 왕권과 의회 사이에 큰 갈등은 없었다. 그러나 제임스 1세는 왕권신수설을 신봉하여 전제적 통치를 펼쳤으며, 영국국교회 이외의 종교를 탄압했다. 이로 인해 제임스 1세와 의회와의 관계는 원만하지 못했고 왕에 대한 반대세력은 늘어나게 되었다.

1625년 제임스 1세를 계승한 아들 찰스 1세(1625~1649)의 통치는 더욱더 전제적인 것이었다. 의회의 동의 없이 여러 가지 세금을 거둬들이고, 이에 반발하는 의회 의원들을 탄압했다. 왕권과 의회와의 갈등관계가 계속되는 가운데 에스파냐, 프랑스와의 전쟁을 치르게 된 찰스 1세는 부족한 전쟁자금을 조달하기 위한 마지막 방법으로 의회를 소집하게 되었다. 이것을 계기로 의회는 《권리청원》을 제출하여 전제적 왕권에 제동을 가하고자 했다. 의회의 동의 없는 과세, 군대의 민가 유숙, 자의적인 구속이나 투옥 등을 금지하는 내용의 권리청원이 의회에서 결의되자 찰스 1세는 의회를 해산하고 이후 11년 동안 의회를 소집하지 않았다. 이 기간 동안 찰스 1세는 신교도를 탄압하고, 의회 없이 국가 재정을 마련하기 위해 국왕의 권력을 남용했다. 특히, 1637년부터 신교의 장로파 세력이 강했던 스코틀랜드에 영국국교회의 기도서와 교리를 강요함으로써 반발을 불러일으켰다. 종교의 자유를 지키려는 스코틀랜드의 반란을 진압하기 위해 찰스 1세는 1639년에 의회의 승인 없이 전쟁을 시작했지만 군비 부족으로 승리하지 못했다. 이후 스코틀랜드 의회가 영국국교회의 감독제도와 기도서 폐지를 결의하자 찰스 1세는 권위회복을 위해 다시 전쟁을 준비했다.

1640년 찰스 1세는 전비 마련을 위해 의회를 다시 소집했으나 의회는 왕의 전제적 통치를 성토하는 장이 되었다. 이에 찰스 1세는 3주 만에 의회를 해산해 버렸다. 이것이 '단기의회'(1640.4.13.~5.5.)이다. 단기의회 해산 후, 스코틀랜드군의 잉글랜드 침입이 계속되었다. 찰스 1세는 이에 대처하기 위해서 11월에 다시 의회를 소집했다. 이것이 1953년까지 지속된 '장기의회'이다. 의회는 왕의 실정에 대해 비판하고 이를 바로잡기 위해 1641년 12월 《대간의서》를 채택했다. 이 과정에서 의회는 '왕당파'와 '의회파'로 분열되었다. 1642년 1월 찰스 1세는 군대를 동원하여 존 핌을 비롯한 의회파 지도자들을 체포하려 했으나 의회파도 무력으로 대항했다. 사태는 더욱 악화되어 왕당파와 의회파 간의 전쟁이 8년 동안 계속되었다.

전쟁 초기 왕당파가 우세했으나 올리버 크롬웰이 지휘하는 철기군의 활약으로 전세는 역전되었다. 크롬웰은 1645년 6월 14일 네이즈비 전투에서 왕의 군대를 격퇴하여 대세를 되돌렸다. 1647년에 이르러 의회파의 승리로 내전은 마무리되었으나, 의회파는 온건주의 장로파와 급진주의 독립파로 분열하게 되었다. 처음에는 장로파가 우위에 있었으나, 점차 군대를 장악한 독립파가 주도권을 장악했다. 왕은 스코틀랜드의 장로파와 결탁, 각지의 왕당파 지지를 얻어 다시 내전을 일으켰다. 그러나 제2차 내전도 독립파의 승리로 끝났고, 스코틀랜드로 도주했던 찰스 1세는 포로가 되어 독립파의 손에 넘겨졌다. 1648년 12월 독립파는 장로파를 배제한 채 의회를 구성했다. 의회는 1649년 찰스 1세를 처형하고 공화

+ 올리버 크롬웰(1599~1658)

제를 선언했다.

공화국 성립 이후 왕당파의 봉기와 아일랜드 및 스코틀랜드의 반란을 진압한 크롬웰은 공화국의 실질적 통치자가 되었다. 크롬웰은 상공업 발전을 위해 노력하여 잉글랜드의 국력을 신장시켰다. 특히, 항해조례의 발표로 촉발된 네덜란드와의 전쟁에서 승리함으로써 잉글랜드가 유럽 최강국으로 발돋움할 수 있는 기틀을 마련했다. 1653년 크롬웰은 의회를 강제로 해산하고 잉글랜드, 스코틀랜드, 아일랜드의 호국경으로 정식 취임했다. 이때부터 잉글랜드는 크롬웰의 군사독재 아래 놓이게 되었다. 그의 독재정치로 잉글랜드는 표면적으로 안정을 유지하게 되었으나 국민들은 금욕적인 생활을 강요당했다. 크롬웰은 자신의 장남을 후계자로 지명하고 사망했으나, 크롬웰의 아들은 6개월 만에 호국경 자리에서 물러났다. 지나치게 엄격했던 청교도적 호국경 정치에 염증을 느낀 국민들의 압력으로 잉글랜드의 공화정은 막을 내리고 다시 왕정으로 돌아가게 되었다.

프랑스로 망명했던 찰스 1세의 아들 찰스 2세가 1660년 왕위에 추대되었다. 의회에 대한 존중, 신앙의 자유 등을 약속하며 즉위한 찰스 2세는 이와 반대로 점점 전제정치를 강화하고 가톨릭 세력을 옹호했다. 이에 의회는 찰스 2세의 친가톨릭 정책과 의회 및 국민에 대한 횡포를 막기 위해 《심사율》과 《인신보호율》을 제정하여 국왕의 권한을 제한했다.

한편, 찰스 2세의 동생인 제임스의 왕위계승권을 놓고 의회는 '친제임스파'와 '반제임스파'로 분열되었다. 가톨릭교도인 제임스의 왕위계승을 인정한 친제임스파는 귀족, 지주를 중심으로 한 보수적 왕권옹호파로서 '토리당'으로 불렸다. 제임스의 왕위계승을 반대한 반제임스파는 중산층과 신교도를 중심으로 한 진보적 반왕권파로서 '휘그당'으로 불렸다. 의회에서의 격론 끝에 투표를 통해 제임스의 왕위계승권이 인정되었는데, 이 과정에서 형성된 두 정치세력은 이후 19세기의 보수당과 자유당으로 발전하여 영국 정당정치의 토대가 되었다.

+ 찰스 2세(1630~1685, 재위 기간 1660~1685)

명예혁명

1685년 찰스 2세의 뒤를 이어 왕위에 오른 제임스 2세는 의회와 국교회를 탄압하고 절대군주로 군림하고자 했다. 이로 인해 친왕권파인 토리당도 국왕과 대립하게 되었다. 제임스 2세의 전제정치가 계속되는 가운데 1688년 왕자가 태어나자 전제왕권의 계승 가능성을 없애기 위해 의회는 제임스 2세의 딸인 메리와 그 남편인 네덜란드의 총독 빌렘을 국왕으로 추대했다. 그해 11월 빌렘과 메리는 군대를 이끌고 잉글랜드에 상륙했다. 물리적인 충돌 없이 제임스 2세가 스스로 왕위를 포기하고 프랑스로 망명함으로써, 빌렘은 윌리엄 3세로서 메리와 함께 잉글랜드 왕위에 오르게 되었다. 이 과정을 '명예혁명'이라고 한다. 윌리엄 3세와 메리여왕은 즉위식에서 의회가 제출한 권리선언을 승인했는데 이는 《권리장전》으로 법률화되었다.

《권리장전》에는 영국의 왕은 국교도이어야 하며, 의회의 승인 없이 자의로 법을 제정하거나 폐기할 수 없고, 세금을 부과하거나 군대를 동원

+ 제임스 2세(1633~1701, 재위 기간 1685~1688)(좌) / 윌리엄 3세와 메리여왕(우)

+ 앤 여왕(1665~1714, 재위 기간1702~1714)(좌) / 조지 1세(1660~1727, 재위 기간 1714~1727)(우)

할 수 없으며, 의원을 감금하거나 발언의 자유를 제한해서는 안 된다는 점 등이 규정되어 있다. 《권리장전》은 국왕이 국민의 뜻을 거역하면 퇴위될 수 있음을 인정한 결과로서 《마그나카르타》, 《권리청원》과 함께 영국 헌법의 근간을 이루고 있다.

윌리엄 3세와 메리여왕은 자식이 없었기 때문에 메리여왕의 여동생인 앤이 왕위를 잇게 되었다. 앤 여왕 시대 잉글랜드는 더욱 성장했고, 1707년 스코틀랜드를 병합하여 대브리튼왕국을 수립했다. 1714년 앤 여왕이 후계자를 남기지 못하고 세상을 떠남으로써 111년간 유지되었던 스튜어트 왕조는 막을 내리게 되었다.

영국의 왕위는 제임스 1세의 외증손자인 독일의 하노버 공에게 돌아갔다. 그가 조지 1세로 왕위에 오름으로써 영국의 하노버 왕조 시대가 시작되었다. 독일 출신의 조지 1세는 영어를 하지 못했고 영국에 대해 무지했기 때문에 실질적인 국가 통치는 여당과 야당으로 분립된 의회 내 정치세력 중 다수당인 여당의 지도자가 담당하게 되었다. 여당 의원 중에 장관이 선출되어, 국정을 담당하는 내각을 구성하고, 국왕을 대신하여 의회에 책임을 지는 내각책임제가 성립된 것이다. 이리하여 조지 1세의 위임을 받은 국정 최고 책임자이자 내각의 수반으로 휘그당의 로버트 월폴이 초대 수상에 취임하게 되었다. “국왕은 군림하되 통치하지 않는다”는 말처럼 영국의 정치권력은 국민대표의 모임인 의회로 집중되고 국왕은 상징적인 국가원수로 자리 잡게 되었다.

결과적으로 영국혁명은 왕의 권한을 축소시킴으로써 스튜어트 왕조 초기부터 의회와 맞서왔던 문제들을 해결하고 의회민주주의, 입헌군주제, 내각책임제의 기초를 확립했다는 점에서 중요한 의미를 가진다.

미국혁명

일반적으로 '미국독립전쟁'이라 불리는 '미국혁명'은 북아메리카 대륙의 영국 식민지 13개 주가 협력하여 본국의 가혹한 지배와 중상주의 정책으로부터 벗어나 미국이라는 새로운 독립국가를 건설하는 과정에서 전개된 영국과의 전쟁과 식민지 내부의 전반적 개혁을 의미하는 것이다.

영국과 북아메리카 식민지

북아메리카에서 영국 식민지 건설의 역사는 1620년부터 본격적으로 시작되었다. 엘리자베스 1세의 뒤를 이은 제임스 1세가 청교도에 대한 억압을 강화하자, 영국의 청교도 102명이 종교적 자유를 염원하며 '메이플라워 호'를 타고 대서양을 건넜다. 북아메리카 대륙 동부해안 플리머스에 도착한 이들은 새로운 세계를 개척하기 시작했다. 이후 본국으로부터의 이주자가 점점 늘어나 동부해안 지역에 인구 25만의 뉴 잉글랜드가 형성되었고, 1730년대에 이르러서는 13개의 주가 성립되

+ 플리머스 항의 메이플라워호

었다.

+ 벤자민 프랭클린(1706~1790)

영국정부는 이들 식민지에 총독을 파견하여 통치했으나, 본국의 이익을 침해하지 않는 범위에서 식민지인들의 자치권을 인정해 주었다. 그러나 빈번한 전쟁으로 재정난을 겪게 된 본국 정부는 통제를 강화하는 방향으로 식민지 정책을 전환했다. 특히, '7년 전쟁'을 통해 프랑스를 누르고 해외식민지에서 우위를 차지하게 된 영국은 그 지위를 확고히 하기 위해 1만 명의 상비군을 북아메리카 식민지에 상주시키게 되는데, 이에 대한 유지비를 식민지에 떠안김으로써 식민지인들의 불만이 더 커지게 되었다.

영국의회는 식민지 보호의 명목으로 '인지세'를 신설하고 1765년 《인지조례》를 통과시켰다. 이를 통해 식민지 내에서 거래되는 모든 상품과 심지어 문서에까지 인지를 붙여 세금을 징수했다. 인지조례가 선포되자 식민지에서는 거센 반대운동이 벌어졌다. 펜실베니아주 의원 벤자민 프랭클린은 본국 의회에 출석하여 "대표 없는 곳에 세금이 있을 수 없다"고 주장하며 본국의 과세정책에 저항했다. 인지조례에 대한 식민지의 반대는 영국상품 불매운동으로 번졌으며, 밀수의 증가와 세수 감소로 이어졌다. 이로 인해 인지조례는 1년 만인 1766년에 폐기되었다. 그러나 1767년 타운센드 경이 유리, 염료, 종이, 차(茶) 등 제한된 품목에 대한 징세와 밀수범 처벌을 내용으로 하는 '타운센드조례안'을 의회에 제출했다. 타운센드조례가 의회를 통과하자 다시 조례폐지와 불매 운동이 재개되고 본국과 식민지 간의 갈등은 첨예화되었다. 그 와중인 1770년 5월 5일 보스턴에서 영국 군이 식민지인들에 총격을 가해 사상자가 발생하는

+ 보스턴 차 사건

'보스턴 사건'이 일어났다. 이 사건으로 타운센드조례는 폐지되었으나, 영국에 대한 식민지의 저항은 서서히 조직화되어 갔다.

《타운센드조례》의 폐지에도 불구하고 차에 대한 관세만은 식민지 과세의 상징으로서 유지되었다. 식민지인들은 차에 대한 세금을 거부하고 공식 수입된 차의 불매운동을 전개했다. 이로 인해 식민지에서의 차 판매가 급격히 줄어들어 동인도회사는 큰 타격을 입게 되었다. 영국의회는 1773년 식민지에서의 차 판매를 늘리기 위해 새로운 법을 제정했다. 신설된 《차법》은 식민지에서 동인도회사의 차 판매독점권 보장과 면세를 규정한 것이었다.

1773년 12월 16일 불평등한 법제정에 격분한 보스턴의 상인들이 본국의 배를 습격하여 차 상자를 모두 바다에 던져 버렸다. 이 '보스턴 차 사건'을 보고받은 영국의회는 게이지 장군을 매사추세츠의 새 총독으로 임명하고 함대를 보내 보스턴 항을 봉쇄해 버렸다. 이와 함께 의회는 식민지의 저항을 억압하기 위해 5개 항목의 법안을 통과시켰다. 《참을 수 없는 조례》라고도 불리는 이 법안은 차 값을 배상할 때까지 보스턴 항을 폐쇄할 것, 매사추세츠 식민지 의회 상원의원의 임명권을 국왕에게 부여할 것, 형사 재판 시 본국 법률을 적용할 것, 본국 군대를 아메리카 대륙 영국 식민지 전 지역에 주둔시킬 것 등을 규정한 것이었다.

독립전쟁과 미국의 탄생

본국의 강경한 대응에 분노한 식민지인들은 대표를 구성해 1774년 9월 필라델피아에서 제1차 대륙회의를 개최했다. 대륙회의에는 조지아 주를 제외한 12개 주에서 55명의 대표가 참석했다. 회의석상에서 버지니아 대표 패트릭 헨리는 "자유가 아니면 죽음을 달라!"고 외침으로써 독립에 대한 열정을 불러일으켰다. 식민지 대표들은 식민지인들의 자유와 권리를 위해 싸우기로 합의하고 《권리의 선언》을 작성했다. 세금문제로 시작된 식민지인들의 투쟁이 독립을 위한 투쟁으로 전환되기 시작한 것이다.

1775년 4월 18일 밤 매사추세츠 주 북동부의 렉싱턴에서 영국 군과 식민지 의용군 사이에 최초의 전투가 벌어짐으로써 독립전쟁은 본격화되었다. 그 해 5월 필라델피아에서 제2차 대륙회의가 열렸다. 이 회의에서 식민지 대표들은 2만 명으로 구성된 연합군 창설을 결정하고 사령관에 조지 워

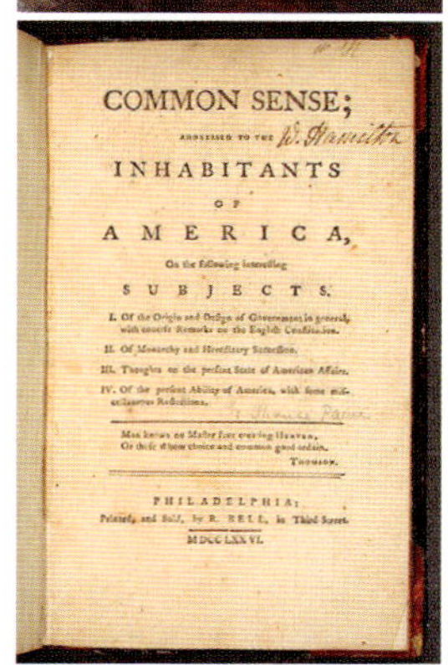

COMMON SENSE;

ADDRESSED TO THE

INHABITANTS

OF

AMERICA,

On the following interesting

SUBJECTS.

I. Of the Origin and Design of Government in general, with concise Remarks on the English Constitution.

II. Of Monarchy and Hereditary Succession.

III. Thoughts on the present State of American Affairs.

IV. Of the present Ability of America, with some miscellaneous Reflections.

Man knows no Master save creating Heaven,
Or those whom choice and common good ordain.

THOMSON.

PHILADELPHIA;
Printed, and Sold, by R. BELL, in Third Street.
MDCCLXXVI.

\+ 토머스 페인(1737~1809)(위)
\+ 상식(1776)(아래)

+ (왼쪽부터)조지 워싱턴 미국 초대 대통령(1732~1799, 재임 기간 1789~1797) / 존 아담스 미국 제2대 대통령(1735~1826, 재임 기간 1797~1801) / 토마스 제퍼슨 미국 제3대 대통령(1743~1826, 재임 기간 1801~1809)

+ 독립선언서 서명

싱턴 장군을 추대했다. 영국에 대한 무력 투쟁이 시작되자 토머스 페인은 『상식』이라는 소책자를 발간해 영국의 군주제를 비난하고 식민지 독립의 당위성을 주장함으로써 독립전쟁에 미온적이었던 식민지인들을 일깨웠다.

본국과의 투쟁의 성격이 독립전쟁으로 바뀌면서 대륙회의는 자신들의 입장을 《독립선언서》를 통해 대외적으로 공표했다. 토머스 제퍼슨, 존 애덤스, 벤저민 프랭클린 등이 작성한 독립선언서는 1776년 7월 2일 대륙회의를 통과해 7월 4일 공식 발표되었다. 이날이 오늘날 미국의 독립기념일이다.

미국독립선언서(부분발췌)

우리들은 다음과 같은 것을 자명한 진리라고 생각한다. 즉, 모든 사람은 평등하게 태어났으며, 조물주는 몇 개의 양도할 수 없는 권리를 부여했으며, 그 권리 중에는 생명과 자유와 행복의 추구가 있다. 이 권리를 확보하기 위해 인류는 정부를 조직했으며, 이 정부의 정당한 권력은 인민의 동의로부터 유래하고 있는 것이다. 또 어떠한 형태의 정부이든 이러한 목적을 파괴할 때에는 언제든지 정부를 변혁 내지 폐지하여 인민의 안전과 행복을 가장 효과적으로 가져올 수 있는, 그러한 원칙에 기초를 두고 그러한 형태로 기구를 갖춘 새로운 정부를 조직하는 것은 인민의 권리인 것이다. ... 오랜 동안에 걸친 학대와 착취가 변함없이 동일한 목적을 추구하고 인민을 절대 전제 정치 밑에 예속시키려는 계획을 분명히 했을 때에

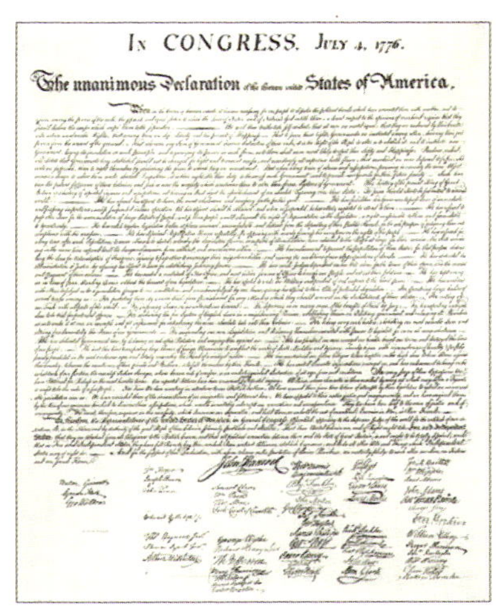

+ 독립선언서

는, 이와 같은 정부를 타도하고 미래의 안전을 위해서 새로운 보호자를 마련하는 것은 그들의 권리이며 또한 의무인 것이다. 이와 같은 것이 지금까지 식민지가 견디어 온 고통이었고, 이제야 종래의 정부를 변혁해야 할 필요성이 바로 여기에 있는 것이다. ... 이에 아메리카의 연합 제 주의 대표들은 전체 회의에 모여서 우리의 공정한 의도를 세계의 최고 심판에 호소하는 바이며, 이 식민지의 선량한 인민의 이름과 권능으로써 엄숙히 발표하고 선언하는 바이다. 연합한 제 식민지는 자유롭고 독립된 국가이며, 또 권리에 의거하고 자유롭고 독립된 국가여야 한다. ... 이 국가는 자유롭고 독립된 국가로서 전쟁을 개시하고 평화를 체결하고 동맹 관계를 협정하고, 통상 관계를 수립하여 독립 국가가 당연히 해야 할 모든 행동과 사무를 할 수 있는 완전한 권리를 갖고 있는 바이다. 우리들은 이에 우리의 생명과 재산과 신성한 명예를 걸고 신의 가호를 굳게 믿으면서 이 선언을 지지할 것을 서로 굳게 맹세하는 바이다.

전쟁 초기 모든 면에서 열세에 있던 식민지 연합군은 연전연패하며 위기상황에 빠졌다. 그러나 1777년 10월 '새라토가 전투'에서 조지 워싱턴의 지휘 아래 대승을 거둠으로써 전세는 역전되었다. 전쟁을 지켜보던 프랑스, 에스파냐, 네덜란드 등 유럽 국가들은 영국의 세력을 약화시키기 위한 목적으로 식민지 연합군 측에 참가했다. 러시아, 스웨덴, 덴마크, 프로이센, 포르투갈 등은 식민지 연합과의 무장중립동맹을 통해 영국과 거리를 둠으로써 간접적인 지원을 했다. 특히 프랑스는 대규모의 군사적 지원을 함으로써 식민지 연합의 독립에 크게 이바지했다. 그러나 이로 인해 심각한 재정난에 빠지게 되어 프랑스혁명이 발생하는 주요한 원인을 제공하게 되었다.

조지 워싱턴이 이끄는 연합군은 1781년 요크타운 전투에서 최종 승리하여 영국 군의 항복을 받아 내었다. 이로써 6년간의 독립전쟁은 끝이 났다. 전후 1783년 9월에 영국과 미국은 프랑스 베르사유에서 평화조약

+ 요크타운전투 : 영국 군의 항복

+ 베르사유 평화조약(1783) : 조약 체결당시의 장면을 그린 이 그림은 영국의요청으로 그림 오른쪽의 영국 측 모습이 지워졌다.

을 체결했다. 《베르사유 평화조약》으로 영국은 미국의 독립을 정식 승인했고, 프랑스는 서인도 제도의 일부 섬을, 에스파냐는 메노르카 섬과 플로리다를 얻게 되었다.

독립을 쟁취한 13개 주 대표는 1787년 필라델피아에서 제헌회의를 개최했다. 이 회의에서 연방주의, 삼권 분립주의, 민주주의의 3대 원칙을 토대로 헌법이 제정되고 '아메리카합중국(미국)'이 탄생했다.

아메리카 대륙에 탄생한 민주공화국은 절대왕정의 낡은 체제 아래 고통 받고 있던 사람들에게 희망의 메시지를 던져 주었고, 절대왕정을 유지하려는 통치자들에게는 공포와 경계의 대상이 되었다. 미국의 독립은 유럽과 라틴아메리카 식민지에 새로운 혁명의 불씨가 된 것이다.

프랑스혁명

1789년에 일어난 프랑스혁명은 시민혁명의 전형으로 평가받고 있다. 그러나 프랑스혁명이 단지 부르주아계층에게만 한정된 것은 아니었다. 프랑스혁명은 절대왕정의 체제하에서 고통 받고 있던 모든 계층이 낡은 제도를 타파하고 자유와 평등을 획득하고자 하는 과정에서 이루어졌다. 따라서 프랑스혁명은 보다 넓은 의미를 포함하고 있는 것이다.

혁명의 배경

16세기 말에서 18세기 말에 이르는 시기에 프랑스의 국가 수준은 유럽에서 가장 높은 위치를 차지하고 있었다. 그러나 프랑스의 신분제도는 매우 엄격했다. 제1신분인 성직자, 제2신분인 귀족,

제3신분인 시민과 농민으로 구성된 신분제도는 각 신분에 따라 사회적 지위와 법적 권리를 달리했다. 특권계급인 제1신분과 제2신분은 소수에 불과했지만, 넓은 토지를 소유하고 주요 관직을 독점했다. 반면 다수의 제3신분은 뿌리 깊은 봉건제의 굴레 속에서 어떠한 정치적·법적 권리도 가지지 못했다. 신분제로 인해 다수의 피지배계급, 특히 경제력을 갖춘 능력 있는 부르주아 계층의 불만이 점증하는 가운데 부르봉 왕조의 재정 위기는 혁명을 재촉했다. 또한 자유와 평등을 내세운 미국의 독립과 계몽사상의 확산은 프랑스혁명의 발발에 큰 영향을 미쳤다. 혁명의 이념은 계몽주의자들에 의해 배양되었다. 그중에서도 특히 루소의 문명에 대한 격렬한 비판과 「인민주권론」이 혁명사상의 기반이 되었다.

혁명의 과정

삼부회

절대왕권을 휘두르던 루이 14세가 1715년에 세상을 떠나고, 그의 증손자 루이 15세가 다섯 살의 나이로 왕위에 오르자 귀족들의 세력이 날로 커져 갔다. 세제를 뜯어고쳐 모든 세금을 제3신분에게 전가함으로써 전 인구의 98%에 이르는 평민들은 무거운 세금에 핍박받는 삶을 연명한 반면, 단 2%에 불과한 귀족과 성직자는 사치와 방종의 삶을 구가했다.

+ 루이16세(1754~1793, 재위 기간 1774~1792)

혁명의 조짐은 1774년 루이 16세가 즉위한 후 지배계급의 억압과 착취가 더욱 심해짐으로써 나타났다. 루이 14세 때부터 축적된 재정난은 미국독립전쟁에 대한 과도한 지원으로 더욱 악화되었고, 루이 16세의 통치기에 이르러서는 심각한 위기에 봉착하게 되었다. 이를 해결하기 위해 세수를 늘릴 수밖에 없었는데 제3신분에 대한 징세는 이미 한계에 도달한 상황이었다. 이에 귀족들의 납세를 촉구했으나 귀족들은 새로운 세금의 부과는 신분대표회의인 '삼부회'를 통해서만 가능하다고 주장하며 납세를 거부했다. 귀족들의 저의는 재정 위기를 이용해 삼부회를 소집함으로써 절대왕정으로 약화된 자신들의 정치권력을 회복하는 데 있었다. 한편, 경제력을 보유한 부르주아 계층도 "대표 없이는 세금도 없다"고 주장하며 삼부회를 통한 정치참여를 요구했다.

루이 13세가 폐지한 이후 175년 만인 1789년 5월 5일 마침내 삼부회가 소집되었다. 그러나 삼부회는 열리자마자 논쟁 끝에 중단되고 말았다. 그 원인은 표결방식 때문이었다. 삼부회는 제1신분 대표 300명, 제2신분 대표 300명, 제3신분 시민 대표 600명이 참석했는데 제1·2신분은 각 신분의 전체 의견을 한 표로 할 것을 주장했고, 제3신분은 대표 1인당 한 표를 주장했다. 이로 인해 삼부회는 아무런 성과없이 끝나고 만 것이다.

테니스 코트 서약, 바스티유 감옥 습격

1789년 6월 17일 실내 테니스 코트에 모인 제3신분 대표들은 독자적으로 전 프랑스를 대표하는 국민의회의 결성을 결의하고 정당한 헌법을 제정할 때까지 공동으로 투쟁할 것을 약속하는 《테니스 코트 서약》을 발표했다. 시민들의 환호 속에 국민의회가 탄생되었고 의장에 콩트 드 미라보가 선출되었다. 루이 16세는 국민의회를 무효라고 선언했으나 진보적인 성직자와 일부 귀족이 국민의회에 참여하게 되

+ 콩트 드 미라보(1749~1791)

+ 프랑스 국기 : 파리시의 깃발에 왕실기의흰색을 조합한 적백청의 삼색기는 혁명의 열기 속에 만들어진 것이다.

+ 바스티유감옥 습격

자 이를 인정하지 않을 수 없었다.

그러나 루이 16세는 국민의회를 무력으로 해산시키기 위해 독일과 스위스의 용병을 프랑스로 불러들였다. 이 사실이 알려지자 분노한 파리 시민들이 봉기하여 1789년 7월 14일 절대왕정의 상징인 바스티유 감옥을 공격함으로써 프랑스혁명은 시작되었다. 이 소식은 삽시간에 전국으로 퍼져 억압받던 농민들은 귀족들의 저택에 난입하여 살상과 방화를 저질렀다. 혁명은 피로 물들기 시작했다. 라파예트는 국민 자위대를 조직하고 혁명의 상징으로 삼색기를 만들었다.

인간과 시민의 권리 선언

국정을 접수한 국민의회는 제1·2신분의 특권을 철

+ 라파예트

DÉCLARATION
DES DROITS DE L'HOMME
ET DU CITOYEN

PREAMBULE

AUX REPRESENTANS DU PEUPLE FRANCOIS

+ 프랑스인권선언문(인간과 시민의 권리 선언)

폐하고 8월 26일에 라파예트가 기초한 《인간과 시민의 권리선언(인권선언)》을 발표하여 혁명의 이념을 밝혔다. 총 17개 조항으로 이루어진 인권선언은 미국혁명 당시에 발표된 《독립선언》과 함께 근대 민주주의 발전의 이정표가 된 중요한 선언으로 평가받고 있다.

인간과 시민의 권리 선언 (부분발췌)

인권에 대한 무지와 소홀함과 경멸이 공공의 재난과 정부 부패의 유일한 원인이라고 믿는, 국민의회로 조직된, 프랑스 민중의 대표자들은, 사회의 모든 구성원들이 언제나 그들의 권리와 의무를 상기하고, 입법권과 행정권 행사가 언제라도 모든 정치적 제도의 목적과 대상에 부합되는지를 비교하여 좀 더 신중하게 행사되도록 하고, 앞으로는 단순하면서도 의심할 바 없는 원칙에 기초하여 시민들의 불편과 고충을 해결하기 위해 헌법이 유지되고 만인의 행복이 증진되도록 하기 위해, 인간이 갖는 빼앗길 수 없는 신성한 자연권을 선언하기로 결정했다. 그러므로 국민의회는 절대적 존재의 후원아래 인간과 시민의 다음과 같은 권리를 인식하고 선언한다.

- 인간은 권리에 자유로우며 평등하게 태어나고 생존한다. 사회적 차별은 오직 일반적인 선에 기초하여 마련된다.
- 모든 정치적 단결의 목적은 소멸될 수 없는 인간의 자연권을 보존하기 위한 것이다. 이들 권리란 자유 재산권, 안전 및 억압에 대한 저항을 뜻한다.
- 모든 주권의 원리는 본질적으로 국민에게 있다. 어떤 단체나 개인을 막론하고 국민으로부터 직접 유래하지 않는 어떠한 권한도 행사할 수 없다.
- 자유란 다른 사람을 해치지 않는 한 뭐든지 할 수 있다는 것을 의미한다. 그러므로 각 개인의 자연권 행사는 사회의 다른 구성원도 동등한 권리를 누릴 수 있다는 점을 제외하고는 어떤 제한도 받지 않는다. 이러한 제한은 오직 법에 의해서만 정해진다.
- 법은 오직 사회에 해로운 행위만을 금지한다. 법에 의해 금지되지 않는 한 아무것도 방해받지 않으며, 누구도 법에 의해 규정되지 않은 일을 하도록 강요받지 않는다.
- 법은 일반 의지의 표현이다. 모든 시민은 직접 또는 대표자를 통하여 법의 제정에 참여할 권리를 가진다. 법이 보호하는 것이든 금지하는 것이든, 모든 경우에 똑같다. 모든 시민은 법 앞에 평등하며, 그들의 품성이나 능력을 제외하고는 아무런 차별 없이 능력에 따라 직업을 택하고, 공직을 맡고, 모든 지위를 얻을 수 있는 동등한 자격이 있다.
- 사상 및 의견의 자유로운 전달은 인간의 가장 소중한 권리의 하나이다. 따라서모든 시민은 자유롭게 말하고, 쓰고, 인쇄할 수 있다. 그러나 법에 규정된 경우처럼 이러한 자유의 남용에 관해서는 책임을 져야만 한다.
- 인권과 시민권의 보장을 위해 공권력은 필요하다. 그러나 공권력은 권력을

위임받은 사람들의 이익이 아니라, 모든 사람의 이익을 위해 확립되어야 한다.

- 재산권은 신성 불가침한 것이므로, 누구도 공익을 위해 필요하고, 법에 의해 규정된 경우, 또한 소유자가 사전에 정당한 보상을 받는다는 조건이 아니고는 빼앗기지 않는다.

인권선언 후 10월에 루이 16세는 신변보호의 명분으로 친위대를 베르사유 궁에 배치했다. 이를 구체제로 복귀하려는 왕의 음모로 의심한 파리 시민들은 베르사유로 몰려가 루이 16세와 왕족들을 파리로 호송해 왔다. 이 사건을 계기로 선거를 통해 최고 지도자를 뽑자는 공화파의 목소리가 높아지기 시작했다. 이제 왕은 시민들의 감시 속에 혁명을 지켜볼 수밖에 없었다. 한편, 11월에 국민의회는 성직자의 특권 폐지와 재정난 해소의 방편으로 교회 재산을 몰수하고, 성직자의 지위를 공무원으로 규정한 《성직자 시민헌장》에 대한 성직자 서약을 의무화했다.

1791년 6월 20일 밤, 오스트리아로 망명을 시도하던 루이 16세가 바렌에서 붙잡혔다. 국외망명을 통해 절대왕권을 부활시키고자 한 왕의 의도를 파악한 시민들은 루이 16세의 폐위와 재판 회부를 요구하며 시위와 서명 운동을 벌여 나갔다.

입법의회

혼란의 와중인 1791년 《9월 헌법》이 제정되었다. 새로운 헌법에 따라 프랑스는 권력분립, 단원제, 경제적 자유주의를 토대로 한 입헌군주제 국가가 되었다. 그러나 새 헌법은 일정한 재산을 가진 시민에게만 참정권을 부여했고, 국민대표의 선출도 간접선거 방식을 채택함으로써 혁명에 참여한 수많은 무산자 시민들을 실망시켰다. 10월에는 새 헌법에 따라 입법의회가 소집되었다. 의회는 공화제를 주장하는 급진적인 혁명세력인 '자코뱅파'와 입헌군주제를 지지하는 온건파인 '푀

양파'로 구성되었다. 수적으로 푀양파가 다수를 차지하고 있었지만, 의회의 주도권은 자코뱅파 내에서 상대적으로 온건한 세력인 지롱드파가 쥐고 있었다.

+ 조르주 당통(1759~1794)(좌) / 장 폴 마라(1743~1793)(우)

한편, 혁명을 주시하고 있던 주변 국가들은 혁명이 자국으로 전파될 것을 두려워했다. 1792년 4월 프로이센과 오스트리아가 혁명을 저지하고 절대왕정을 수호하기 위해 프랑스 국경으로 군대를 이동시키기 시작하자 혁명정부는 선전포고를 하고 전쟁에 돌입했다. 전쟁 개시로 인해 혁명정부 안에서는 장 폴 마라와 조르주 당통을 중심으로 한 자코뱅파가 세력을 잡게 되었다.

프로이센-오스트리아 연합군과의 전쟁에서 프랑스는 대패했다. 프랑스 군의 대부분은 훈련되어 있지 않은 의용군이었고, 귀족 출신의 장교들은 이들을 제대로 지휘하지 못했기 때문이다. 패전 후 입법의회는 "조국이 위기에 처해 있다"는 선언과 함께 망명귀족들로부터 몰수한 재산을 매각하기로 결정했다. 《조국의 위기선언》으로 전국 각지에서 의용군이 결성되었다. 전쟁에서의 패배가 오히려 시민들의 애국심과 혁명에 대한 열정을 더 강화한 것이다.

혁명정부의 급진세력인 자코뱅파는 왕과 왕비가 적국에 은밀히 군사기밀을 유출했다는 주장으로 시민들을 선동했다. 이에 1792년 8월 파리 시민들은 왕이 머물던 튈르리궁을 습격하여 왕과 왕족들을 감옥에 가두어 버렸다. 혁명정부는 왕권을 정지시키고 보통선거에 의한 새로운 의회 소집을 결정했다.

국민공회

1792년 9월, 임시 혁명정부였던 입법의회가 해산되고 공식입법기관인 국민공회가 성립되었다. 국민공회는 왕정을 폐지하고 공화정을 선포했다. 9월 20일 프랑스혁명군이 발미에서 프로이센-오스트리아 연합군을 무찌르고 첫 승리를 거두었다. 발미에서의 승전 소식은 혁명의 불길을 더욱 타오르게 했다.

1793년 1월 20일 루이 16세는 적과 내통했다는 반국가혐의로 혁명재판을 받고 다음 날 단두대에서 처형되었다. 루이 16세의 처형으로 유럽 전역에서 반혁명, 반프랑스 여론이 일어났다. 혁명에 대한 공포와 분노에 쌓인 각국의 군주들은 '대불동맹'을 결성했다. 이에 국민공회는 전쟁대상국을 확대하며 《30만 징집령》을 선포했다. 이로써 영국·오스트리아·프로이센·러시아·네덜란드·에스파냐 등이 연합한 대불동맹군과의 전면전이 시작되었다. 전쟁 초기 프랑스 혁명군은 연전연패했다. 국내에서는 대규모 반혁명 반란이 발생했다. 전쟁에서의 패배와 혁명을 반대하는 반란

+ 루이 16세 처형

은 국민공회를 주도해 온 지롱드파에 심각한 타격을 주었다. 경제적 자유주의와 지방분권적 연방주의를 주장하며 온건 부르주아 노선을 견지해 온 지롱드파의 집권능력에 대해 민중들의 불신이 커진 것이다. 1793년 6월 8만여 민중이 국민공회 앞에 운집해 지롱드파의 탄핵을 요구했으며, 결국 이를 관철시켰다.

공포정치

+ 로베스피에르(1758~1794)

지롱드파 지도자 29명을 처형한 뒤 국민공회를 장악한 자코뱅파(산악파)는 1793년 재산에 따른 참정권 제한 철폐, 노동권 및 생존권 보장, 사회적 약자에 대한 지원 등을 골자로 하는 혁신적인 헌법을 제정했다. 또한 모든 봉건적 공납의 폐지와 최고 가격제를 기초로 한 통제경제를 입법화했다. 이외 미터법에 의한 도량형 통일, 혁명력 제정 등을 통해 내부적 통합을 위한 노력도 기울였다. 이러한 노력에도 불구하고 국내외 상황은 호전되지 않았다. 대불동맹과 반혁명세력이 강화되고, 경제위기까지 겹치게 되었다. 이에 비상독재체제를 선포한 로베스피에르는 공안위원회, 보안위원회, 혁명재판소를 중심으로 공포정치를 실시하여, 국내의 반혁명 세력과 대외적으로 대불동맹에 대한 강력한 투쟁을 벌여 나갔다. 반혁명분자들은 약식 기소되어 처형되었고, 국민총동원령을 통해 군대를 재조직하여 대불동맹에 맞섰다.

테르미도르 반동

국내외 상황이 호전되자 로베스피에르는 중앙집중적 통제체제를 확립하기 위해 공포정치를 더욱 강화했다. 특히 혁명노선을 놓고 이견을 보인 내부 인사들을 숙청함으로써 혁명정부를 지지하던 민중들과 이반되게 되었다. 반대숙청작업으로 1794년 6월 12일부터 7월 27일까지 1300여 명이 단두대로 보내졌다. 폭력과 피로 점철된 이같은 공포정치에 국민들의 반감은 한계에 다다랐다. 1794년 7월 27일 자코뱅파의 반대파들이 로베스피에르를 체포하여 다음 날 그 추종자들과 함께 처형했다. 또다시 프랑스 전역에 피바람이 불었다. 수많은 자코뱅 세력이 목숨을 잃었다.

1795년 헌법, 총재정부

로베스피에르의 처형과 함께 자코뱅 세력이 몰락하자 혁명에 대한 국민적 열정은 약화되었다. 국민공회는 보수파를 중심으로 자코뱅 독재 시기의 유산들을 폐기했다. 공포정치 기구들과 정책들은 그 효력을 상실했고, 온건파 정치세력이 복권되었다. 1795년 8월 새로운 헌법이 제정되었다. 《95년 헌법》은 보통선거를 폐지하고 일정한 금액의 납세자에게만 참정권을 부여할 것을 규정했다. 국민공회의 주도권을 획득한 온건·보수 성향의 혁명가들은 부르주아 공화국을 보전하고자 했던 것이다. 새 헌법에 따른 제한선거에 의해 양원제의 입법부와 5인의 총재로 구성된 총재정부가 수립되었다. 총재정부와 의회는 혁명의 여파로 빚어진 혼란상황을 극복하고 부르주아 지배체제를 안정시키기 위해 노력했으나, 지속적인 대외 전쟁으로 인한 재정난과 물가상승, 왕당파와 빈민 대중들의 봉기 등으로 국가 상황은 악화되었다.

브뤼메르 쿠데타

지속되는 혼란 속에 국민공회와 총재정부는 무기력해졌다. 게다가 1799년 영국을 중심으로 오스트리아, 러시아가 제2차 대불동맹을 맺고 프랑스를 위협했다. 이에 국가위기를 극복할 강력한 지도자를 원하는 국민여론이 형성되기 시작했다. 이러한 분위기에 편승하여 이집트 원정에서 귀환한 나폴레옹은 의회 내 보수파와 결탁하여 1799년 11월, 쿠데타를 일으켰다. 이 '브뤼메르 쿠데타'는 프랑스 혁명의 종말을 의미하는 것이었다.

나폴레옹과 유럽

쿠데타로 권력을 장악한 나폴레옹은 총재정부를 해체하고 새로운 헌법을 제정하여 집정정부의 제1통령이 되었다. 새 헌법에는 임기 10년의 통령 3인이 통치하도록 규정하고 있으나, 제1통령 이외 2인의 통령은 자문 역할이었기 때문에 실제 권력은 제1통령에게 있었다. 또한 두 개의 입법기관이 규정되어 있었으나 입법권이 없었고, 통령이 입안한 법률에 대해 거부권만을 행사할 수 있었다. 따라서 새 헌법은 권력분립의 원칙에서 벗어나 모든 권력을 나폴레옹에게 집중시켜 주었다.

제1통령에 취임한 나폴레옹이 프랑스의 혼란상황을 정리해 나가는 동안에도 대불동맹의 위협은 소멸되지 않았다. 수차례의 평화회담이 무산되자 나폴레옹은 전쟁을 시작했다. 1800년 알프스산맥을 넘어 이탈리아로 진격한 프랑스 군은 오스트리아 대군을 격파하고 1801년 뤼네빌에서 조약을 체결했다. 강력한 나폴레옹의 세력에 영국도 1802년 3월 27일 아미앵에서 평화조약에 조인함으로써 제2차 대불동맹은 해체되었고, 프랑스혁명으로 인해 1792년부터 지속되었던 전쟁은 종결되었다. 한편

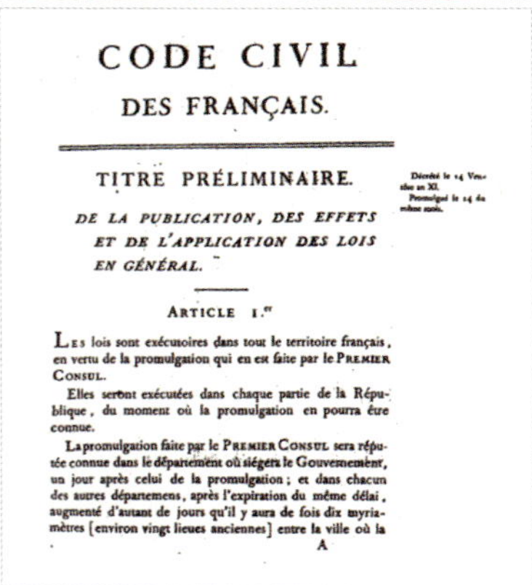

CODE CIVIL

DES FRANÇAIS.

TITRE PRÉLIMINAIRE.

Décrété le 14 Ventôse an XI. Promulgué le 24 du même mois.

DE LA PUBLICATION, DES EFFETS ET DE L'APPLICATION DES LOIS EN GÉNÉRAL.

ARTICLE 1.er

LES lois sont exécutoires dans tout le territoire français, en vertu de la promulgation qui en est faite par le PREMIER CONSUL.

Elles seront exécutées dans chaque partie de la République, du moment où la promulgation en pourra être connue.

La promulgation faite par le PREMIER CONSUL sera réputée connue dans le département où siégera le Gouvernement, un jour après celui de la promulgation; et dans chacun des autres départemens, après l'expiration du même délai, augmenté d'autant de jours qu'il y aura de fois dix myriamètres [environ vingt lieues anciennes] entre la ville où la

A

+ 나폴레옹 (1769~1821)(위) / 나폴레옹 법전(아래)

나폴레옹은 1801년 교황과의 종교협약을 통해 가톨릭교회와 화해함으로써 종교문제로 인한 갈등과 분열을 봉합했다.

전쟁 승리로 위상을 높인 나폴레옹은 1802년 국민투표를 통해 종신통령이 되었다. 영구집권의 길에 들어서게 된 나폴레옹은 산업발전을 통한 경제재건과 의무교육제, 국민은행제, 국민개병제 등 새로운 제도를 시행함으로써 사회개혁을 강력하게 추진했다. 또한 혁명의 발전적 계승을 취지로 2천 2백 81개의 조항으로 구성된 민법전을 1804년에 편찬했다. 《나폴레옹 법전》이라고도 부르는 이 법전은 법 앞에서의 평등, 직업과 신앙의 자유, 재산권의 신성불가침, 균등상속 등의 혁명 원리를 집대성한 것이었다.

국민투표로 제정을 수립한 나폴레옹은 1804년 12월 2일 나폴레옹 1세로 황제에 즉위했다. 혁명을 통해 공화국을 건설했던 프랑스는 다시 절대적 권력을 가진 황제의 나라가 된 것이다. 황제가 된 나폴레옹은 혁명정신의 기치 아래 전 유럽을 제패하고자 했다. 영국은 1805년 오스트리아, 러시아, 스웨덴과 제3차 대불동맹을 결성하고 프랑스를 압박했다.

나폴레옹은 1805년 10월 21일 트라팔가르 해전에서 영국의 넬슨 제독에게 패배함으로써 영국상륙계획은 실패했으나 이후 벌어진 육상전에서는 연전연승했다. 울름전투에서 오스트리아군을 격파한 후 아우스터리츠에서 오스트리아-러시아 연합군에 대승을 거두었다. '세 황제의 전투'라고도 하는 이 전투는 유럽의 지도를 바꾸어 놓았다. 1806년 나폴레옹이 오스트리아를 정복함으로써 신성로마 제국은 붕괴되었다. 962년 프랑크왕국의 오토 대제가 로마교황의 관을 수여받으며 건립한 신성로마 제국이 845년 만에 막을 내린 것이다.

나폴레옹은 오스트리아 영토 중 이탈리아와 남부 독일 지역을 프랑스령으로 점령하고, 라인강 유역을 오스트리아에서 독립시켜 '라인동맹'으로 만듦으로써 신성로마 제국은 오스트리아, 프로이센, 라인동맹으로 분할되었다. 이로써 나폴레옹의 프랑스는 영국과 러시아, 스칸디나비아 반도 일부를 제외한 전 유럽의 지배자가 되었다.

1806년 나폴레옹은 영국을 경제적으로 고립시키기 위해 전 유럽에 《대륙봉쇄령》을 내렸다. 대륙봉쇄령은 영국에 막대한 피해를 입혔을 뿐 아니라, 프랑스와 여타 유럽국가의 경제에도 악영향을 미쳤다. 결과적으로 대륙봉쇄령은 프랑스에 대한 유럽국가들의 불만과 저항을 불러일으켰고, 나폴레옹의 지배체제는 약화되기 시작했다. 대륙봉쇄령으로 경제적 어려움에 처한 러시아가 영국과 통상을 재개함으로써 나폴레옹은 1812년 러시아 정벌에 나섰지만 추위와 굶주림으로 실패하고 말았다. 1813년 영국은 스웨덴, 오스트리아 등과 제4차 대불동맹을 결성하여 라이프치히 전투에서 나폴레옹군대를 격파했다. 1814년 3월 파리는 동맹군에 의해 점령당했고, 나폴레옹은 엘바 섬으로 유배되었다. 1815년 엘바 섬을 탈출한 나폴레옹은 다시 황제로 입성하여 권력을 잡았지만, 워

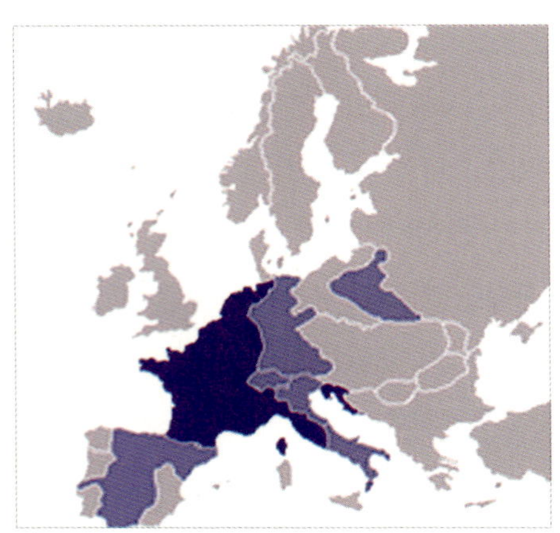

+ 나폴레옹 지배 하의 유럽(1811), 지도상 짙은 색깔의 지역은 프랑스 제국, 옅은 색깔은 프랑스의 동맹국 및 위성국

털루전쟁에서 대패함으로써 세인트헬레나 섬에 유배당한 후 1821년 생을 마감했다.

프랑스 혁명과 나폴레옹의 유럽 지배는 전제 군주의 지배에서 벗어나 자유와 평등을 누리고자 한 여러 민족에게 커다란 반향을 일으켰다. 이 과정에서 발생된 혼란과 공포는 혁명의 이상과는 거리가 멀었지만 이러한 경험은 또 다른 시대의 시작을 예지하는 것이었다.

프랑스 혁명은 사회 전 분야에 대한 개혁을 통해 억압받던 무권리의 제3계급이 자유와 권리를 쟁취함으로써 인간에 대한 새로운 가치와 이상을 부여했다. 봉건적 구체제와 절대왕정은 타파되었고 새로운 정치질서로서 공화정이 수립되었다. 이는 자유주의, 민족주의, 민주주의, 사회주의 등 세계적 정치질서를 새롭게 만드는 사상의 토대가 되었다. 비록 '평등하지 않은 자유'의 보장에 그친 한계에도 불구하고 프랑스 혁명은 자유와 평등이라는 가치를 인류의 역사 속에 아로새기는 중요한 계기가 되었다.

Chapter 12

자유주의와 민족주의

자유주의는 각 개인이 가지는 인격의 존엄성을 인정하고, 개성을 자발적으로 발전시키고자 하는 사상을 말한다. 자유주의는 중세적 세계의 해체, 근대 합리주의의 대두, 17~18세기의 시민혁명 등을 거치며 형성되어온 것으로, 19세기 시민사회의 주요 이데올로기였다. 자유주의가 포괄하는 사상, 즉 인간 한 사람 한 사람은 고유의 가치를 지니고 있으며, 자기 완성능력을 갖추고 있다는 인간관, 원리적으로 개인의 자유와 모순되지 않는 정치제도가 존재할 수 있다는 정치관, 개인의 자발성을 보장하는 것이 사회발전의 조건이라는 사회관 등은 모두 근대사회의 확립에 중요한 전제조건이다.

민족주의는 민족의 독립과 통일을 가장 중시하는 사상으로 19세기 이래 근대 국가 형성의 기본 원리가 되었으며, 분열되어 있는 민족의 정치적 통일과 외국의 지배로부터의 해방이나 독립을 지향하는 것이다. 근대 유럽의 민족주의는 프랑스혁명의 산물이라고 할 수 있다. 혁명의 과정에서 프랑스 국민 사이에 일어났던 애국심과 민족주의는 국민 통합과 민족 단결의 중요성을 일깨워 준 것이다. 19세기 유럽의 민족주의는 각 민족이 처한 상황에 따라 외세지배로부터의 해방과 독립, 국가와 민족의 정치적 통일, 국가 내부적 통합과 대외 팽창 등 그 성격을 달리한다. 독립에 성공한 그리스, 벨기에와는 달리 동유럽에서는 자유를 향한 시도가 실패한 뒤 장기간의 예속상태로 되돌아갔다. 그러나 유럽의 민족주의는 독일과 이탈리아의 통일로 다시 불붙게 되었다.

자유주의와 민족주의는 프랑스혁명과 나폴레옹의 침략 전쟁과정에서 유럽 전역에 확산됨으로써 이후 서양의 근대 시민사회가 확립되어 발전해 나가는 데 중요한 역할을 담당했다.

빈 체제

1814년 9월 나폴레옹을 엘바 섬으로 유배시킨 승전국 대표들이 오스트리아의 수도 빈에 모였다. 이 회의를 주도한 인물은 오스트리아의 수상 클레멘스 폰 메테르니히였다. 빈 회의에서 논의된 것은 프랑스혁명과 나폴레옹 통치로 자유, 평등사상에 물든 유럽을 혁명 이전의 상태로 되돌리자는 것이었다. 정통주의에 따른 빈 회의의 결정으로 유럽 전역의 왕조와 분할된 영토가 프랑스혁명 이전 상태로 복원되었다. 또한 유럽의 패권을 영국, 프랑스, 러시아, 오스트리아가 나누어 가짐으로써 세력균형을 유지하고자 했다.

이들 국가들은 회의 결과의 보장을 위해 군사동맹을 체결했다. 1819년 왕정으로 돌아간 프랑스가 가입함으로써 5국 동맹으로 발전했다. 빈 회의로 인해 형성된 이러한 국제 체제를 '빈 체제' 혹은 회의를 주도한 메테르니히의 이름을 따서 '메테르니히 체제'라고 한다. 그러나 빈 체제는 시대의 물결을 거스르는 수구적이고 반동적인 것이었다.

빈 체제의 이러한 반동적 성격은 혁명 이념으로 자유와 평등사상에 눈뜬 진보주의자들과 낡은 제도하에 압박받는 민족들의 거센 반발을 불러일으켰다. 빈 체제 국가들의 자유주의, 민족주의에 대한 탄압 정책에 대한 저항 운동이 유럽 각국으로 확산되었다.

가장 먼저 독일에서 대학생을 중심으로 자유와 민족 통일을 요구하는 운동이 시작되었다. 1817년 10월 18일 독일 바르트부르크 시에서 결성된 '부르센샤프트'는 최초의 대학생 동맹 조직으로 학생운동의 출발점이라고 할 수 있다. 이 조직은 이듬해 전국적으로 번져 '연합 독일 학생 연

+ 빈 회의(좌) / 메테르니히(1773~1859)(우)

맹'으로 발전했다. 메테르니히는 학생운동을 금지하는 것은 물론 언론기본법을 제정하여 사전검열을 실시하고, 저항운동에 관련된 사람들을 체포했으며 국민에 대한 감시, 감독을 강화했다. 이러한 탄압에도 불구하고 자유주의, 민족주의 운동은 이탈리아, 러시아는 물론 라틴아메리카에까지 확산되었다.

빈 체제에 결정적인 타격을 가한 것은 1821에 발발한 그리스 독립전쟁이었다. 그리스는 16세기 이후 오스만 투르크 제국의 지배를 받고 있었다. 프랑스혁명과 나폴레옹 전쟁은 그리스인들에게 자유주의, 민족주의 사상을 심어 주었고 발칸 반도에서 오스만 투르크와 대결하던 러시아의 지원에 힘입어 1821년 독립전쟁을 시작했다. 영국과 프랑스도 독립전쟁을 지원함으로써 1829년 그리스는 마침내 독립을 쟁취했다.

모든 혁명을 부정하고 자유주의, 민족주의를 억압했던 빈 체제는 그리스 독립전쟁을 계기로 영국, 프랑스, 러시아가 탈퇴함으로써 해체되었다. 빈 체제라는 둑의 붕괴는 유럽과 세계로 자유주의와 민족주의의 물결이 뒤덮게 됨을 의미하는 것이었다.

프랑스의 1830년 7월 혁명

나폴레옹이 세인트헬레나 섬으로 유배되자 프랑스는 루이 16세의 동생 루이 18세를 왕으로 옹립했다. 1814년 즉위한 루이 18세는 나폴레옹의 '100일 천하' 동안 벨기에로 도피했다가 다시 돌아와 1824년까지 프랑스를 통치했다. 그 뒤를 이어 그의 동생 샤를 10세가 왕위에 올랐다. 절대군주로 군림하고자 한 샤를 10세의 반동정치에 프랑스 국민은 격렬히 저항했다. 샤를 10세는 시민들의 항의 시위를 무력으로 진압했고 사전검열로 언론을 탄압했다.

1830년 실시된 선거에서 왕의 반대세력이 의석의 과반수를 차지하는 승리를 거두자 샤를 10세는 그해 7월 26일 의회를 강제 해산했다. 이에 맞서 파리 시민은 또다시 혁명의 깃발을 들었다. 7월 혁명이 발발한 것이었다. 파리는 국왕 친위대와 시민들의 시가전에 휩싸였다. 샤를 10세는 군대를 동원했으나 군대는 시민들의 진압을 거부했다. 이로 인해 국왕이 영국으로 도피함으로써 7월 혁명은 시민들의 승리

+ 루이 18세(1755~1824, 재위 기간 1814~1824)(좌) / 샤를 10세(1757~1836, 재위 기간 1824~1830)(우)

로 종결되었다.

프랑스의 부르봉 왕조는 샤를 10세를 끝으로 막을 내렸다. 7월 혁명의 승리는 전 유럽에 자유주의를 고무시켜 벨기에, 폴란드, 독일, 이탈리아 등으로 시민혁명이 확산되는 계기가 되었다.

프랑스의 1848년 2월 혁명

7월 혁명 이후 프랑스는 군주제와 공화제의 갈림길에 있었다. 프랑스혁명 당시 인권선언을 기초했던 라파예트의 제안으로 프랑스 국민은 '시민의 왕'을 선출하기로 결정했다. 이로써 오를레앙 공 루이 필리프가 왕위에 오르게 되었다. 루이 필리프는 시민의 왕으로서 상대적으로 자유주의적이었다. 그러나 참정권을 소수 부유층에 한정시켰고 대외정책에서도 소극적으로 대처해 이집트 원정에 실패했다. 산업혁명이 진행됨에 따라 급증한 노동자들과 해외시장 진출을 희망하던 산업 자본가는 루이 필리프의 통치에 실망하게 되었다.

1847년 루이 필리프는 집회금지령을 발표하고 자유주의자들을 억압하기 시작했다. 정부의 집회금지령에 대한 항의 시위는 내각 사퇴와 선거권 확대를 요구하는 정치집회로 이어졌다. 1848년 2월 23일 집회에 대해 군대의 무력진압이 시작되자 시민들도 무력으로 맞섰다. 치열한 시가전 끝에 시민의 왕 루이 필리프는 시민의 적이 되어 해외로 도피했고 프랑스는 다시 공화국이 되었다.

+ 루이 필리프(1773~1850)

+ 2월 혁명

노동자가 주축이 되어 소수 자본가 계급과 결탁한 왕을 하야시킨 2월 혁명의 반향은 7월 혁명을 능가하는 것이었다. 2월 혁명의 영향을 받은 오스트리아의 대학생들은 1848년 3월, 빈에서 민중들과 함께 봉기하여 시가전 끝에 승리를 거두었다. 이에 굴복한 메테르니히가 영국으로 도피함으로써 자유주의와 민족주의을 억눌렀던 빈 체제는 완전히 무너져 내렸다. 빈에서의 혁명은 이탈리아, 헝가리, 체코 등 오스트리아의 지배를 받던 국가들로 연쇄적으로 이어졌다. 또한 프로이센에서도 국민의 자유와 권리를 쟁취하려는 혁명이 베를린을 중심으로 발발했다.

영국 민주주의의 발전

1789년 프랑스가 혁명의 소용돌이 속에 있을 때 영국은 민주화의 길을 내딛고 있었다. 영국은 프랑스와 달리 왕권보다 강한 입법기관인 의회를 보유하고 있었다. 의회는 귀족과 대지주 중심의 보수적인 토리당과 중산층과 신교도 중심의 진보적인 휘그당이 이끌고 있었다. 의회가 뽑은 수상과 내각이 왕의 이름으로 정권을 쥐고 있었다. 선거는 왕의 간섭 없이 자유롭게 실시되었고, 영국 국민의 자유와 권리는 헌법에 의해 보장되었으며, 범죄는 정당한 재판에 의해 적절히 처벌되었다. 그러나 당시 영국의 민주주의는 여러 가지 미흡한 점을 가지고 있었다. 참정권을 가진 사람은 귀족, 지주 등 전체 국민의 10%에 불과했다. 나머지 90%의 노동자, 농민들에게는 투표권조차 부여되지 않았다.

+ 윌리엄 4세

영국의 선거제도는 산업혁명으로 인해 선거구 내 유권자 수의 변화가 심해지면서 문제점이 발생되었고, 새롭게

+ 차티스트 폭동

형성된 중산층과 노동자들까지 투표권을 요구했다. 휘그당은 이러한 민의를 수용해 폭넓은 선거권을 보장하는 법안을 의회에 상정했다. 새 선거법이 상원에서 거부되자 영국 국민들은 거세게 저항했다. 이에 유혈 혁명의 발생을 두려워한 윌리엄 4세는 새 선거법의 승인을 상원에 청원했다. 이로 인해 새로운 선거법이 1832년 선포되었다. 새로운 선거법은 중산층의 정치적 세력화를 의미하며 반대로 귀족과 대지주의 권력약화를 뜻하는 것이었다. 그러나 새 선거법도 유산계급에게만 투표권을 부여한 것이었기 때문에 프롤레타리아 계급은 여전히 정치에서 소외되었다.

1838년 노동자들은 《인민헌장》을 내걸고 투쟁을 시작했다. 무산자들의 참정권, 보통선거 등을 주장한 '차티스트운동'은 실패했지만 최초의 노동운동으로 이후 노동조합으로 발전했다. 스스로의 권리와 이익을 지키려는 노동자들의 노력으로 1928년 성인 남녀 모두가 투표권을 보유하게 되었다. 영국은 입헌군주제하의 의회 제도를 기반으로 폭력과 유혈 혁명 없이 모범적인 민주주의를 구현해 나갔다. 안정된 정치 체제 속에 영국은 '해가 지지 않는 나라'로 발전할 수 있었다.

독일 통일

1648년 30년 전쟁이 끝난 후 독일은 폐허가 되었고, 수많은 영방국가의 자치권이 신·구교의 종교에 따라 인정됨으로써 분할되었다. 이들 영방국가들은 자치제와 종교적 차이 때문에 그 분열을 극복하지 못했다. 그러나 18세기 후반부터 괴테, 실러 등에 의해 계몽사상과 자유정신을 이식받은 젊은 지식인들이 '질풍노도 운동'을 일으켜 독일 민족을 각성시켰다. 또한 프랑스혁명과 나폴레옹 전쟁은 독일의 민족의식을 고양시켰다.

수많은 영방국가 중 프로이센은 독일 통일의 구심점으로 성장했다. 독일 지역을 점령했던 나폴레옹은 자유, 평등이라는 혁명이념을 내걸고 농노를 해방시켰다. 해방된 농노들이 산업 시민과 자영농민으로 성장하면서 독일 지역의 산업혁명이 활성화 되고 자본주의가 발전하게 되었다. 산업혁명이 진행되면서 각 영방국가 사이에 교역이 활발해지자 1834년 프로이센의 주도로 대부분의 영방국가들이 관세동맹을 체결했다. 이로

+ 빌헬름1세(1797~1888, 재위 기간 1871~1858)(좌) / 비스마르크(1815~1898)(우)

써 독일 지역은 경제적 통일을 이루어 냈지만 정치적으로는 여전히 분리된 상태가 계속되었다.

1848년 프랑스의 2월 혁명이 독일 지역에도 영향을 미쳐 베를린의 자유주의자들이 3월 혁명을 일으켰고, 혁명의 물결은 전 영방국가를 휩쓸었다. 프로이센도 예외는 아니었다. 혁명의 결과로 프랑크푸르트에서 제헌의회가 소집되었으나 논의 도중 프리드리히 빌헬름 4세에 의해 강제로 해산당했다. 그 다음으로 왕위에 오른 빌헬름 1세는 보수적 인물이었다. 그가 군복무 기간의 연장을 요구하자 프로이센 의회는 이를 적극적으로 반대했다. 왕과 의회의 대립 속에 1862년 브란덴부르크 출신의 오토 폰 비스마르크가 새 수상으로 취임했다. 수상 취임연설에서 비스마르크는 "현재의 가장 큰 문제는 언론이나 다수결에 의해서가 아니라 쇠와 피, 즉

무기와 병력에 의해 해결된다"고 주장했다. 이로 인해 그는 '철혈재상'으로 불리게 되었다. 군제 개혁을 통해 군사력 강화를 주도한 비스마르크는 통일의 장애물인 오스트리아와 프랑스를 무력화시키기 위한 전쟁에 착수했다.

1866년 비스마르크는 오스트리아와 전쟁을 벌여 7주 만에 대승을 거두었다. 이로써 오스트리아의 간섭에서 벗어난 프로이센은 마인 강 이북의 22개 영방국가들을 결집해 '북독일 연방'을 결성했다.

1870년 8월 시작된 프랑스와의 전쟁에서 프로이센은 대승을 거두고 나폴레옹 3세를 포로로 붙잡았다. 북독일 연방군은 전쟁 시작 두 달 만에 파리를 포위했다. 1871년 1월 18일 베르사유 궁전에서 비스마르크는 독일 제국의 성립을 세상에 알리고 빌헬름 1세의 황제 즉위식을 거행했다. 마침내 독일 민족의 염원이었던 독일 통일이 이루어졌고, 신성로마제국에 이어 제2 제국이 수립된 것이다. 이로써 유럽에 독일이라는 새로운 강대국이 출현했다.

이탈리아 통일

+ 주세페 마치니(1805~1872)(위) / 카보우르(1810~1861)(아래)

빈 체제가 형성된 시기 이탈리아는 분단과 외세의 지배라는 이중고를 겪고 있었다. 이탈리아 반도의 남부 섬 시칠리아는 에스파냐에 예속된 시칠리아왕국이었고 북부 지역은 오스트리아의 통치를 받았으며 중부 일대는 교황령에 속해 있었다. 반도 북서부의 조그만 왕국 사르데냐 만이 독립을 유지하고 있었다.

이탈리아의 자유, 통일의 선구자는 주세페 마치니였다. 그는 비밀모임인 '카르보나리 당'을 만들어 1830년 혁명을 일으켜 이탈리아의 자유를 위해 싸웠으나 메테르니히의 오스트리아군에 의해 진압되었다. 혁명에 실패한 마치니는 다시 '청년 이탈리아당'을 조직해 줄기찬 독립운동을 전개해 나갔다. 마치니는 뜨거운 애국심으로 점철된 연설과 글을 통해 이탈리아 국민을 각성시켰으나 강국들의 이해가 얽힌 이탈리아의 통일을 위한 현실적 대안을 가지지 못했다.

이탈리아의 통일을 현실적으로 이끈 인물은 1852년 사르데냐왕국의 수상으로 취임한 카밀로 카보우르였다. 외세의 지배를 받지 않고 있

+ 가리발디(1807~1882)(좌) / 붉은셔츠의 가리발디(우)

던 사르데냐왕국은 이탈리아 독립운동의 중심지가 되었다. 카보우르는 강한 군사력을 배양하는 데 심혈을 기울이는 한편 외교에도 힘써 1858년 나폴레옹 3세와 밀약을 체결했다. 1859년 오스트리아에 대한 전면적인 투쟁을 선포하고 롬바르디아 평원으로 진격했다. 사르데냐-프랑스동맹군과 오스트리아와의 전쟁이 시작된 것이다. 사르데냐-프랑스동맹군은 1859년 6월 마젠타와 솔페리노 전투에서 승리했다. 사르데냐의 승리로 전 이탈리아에 통일과 독립의 기운이 일어나자 나폴레옹 3세는 밀약을 깨고 오스트리아와 휴전조약을 체결하고 말았다. 그러나 프랑스의 배신은 이탈리아민족의 민족주의를 더욱 자극했고 파르마, 모데나, 토스카나 왕국이 사르데냐와 연합하여 대 오스트리아 전쟁을 선포했다.

이 시기 붉은 셔츠를 입은 천명의 애국청년 군대를 이끌고 주세페 가리발디가 독립운동에 합류했다. 가리발디는 한때 마치니와 함께 '로마공화국' 건설을 위해 앞장섰던 인물로 '붉은 셔츠단'을 이끌고 통일 전선의 최전방에 뛰어들었다. 가리발디의 '붉은 셔츠단'은 시칠리아에서 오스트리아 군을 격퇴한 후 본토에 상륙하여 나폴리 지역을 점령했다.

+ 비토리오 엠마뉴엘 2세(1820~1878)

한편 사르데냐의 왕 비토리오 엠마뉴엘 2세는 이탈리아 북부에서 남부지역으로 진군을 계속했다. 가리발디가 이탈리아 남부의 점령 지역을사르데냐 왕에게 넘김으로써 이탈리아 반도의 대부분 지역이 사르데냐 왕국에 속하게 되었다. 1861년 3월 17일 사르데냐 의회는 공식적으로 '이탈리아 왕국'의 성립을 선포했고 비토리오 엠마뉴엘 2세가 초대 국왕에 추대되었다.

1866년 덴마크 지역의 영토를 놓고 벌어진 오스트리아와 프로이센 간의 전쟁으로 인해 이탈리아 반도에서 오스트리아 세력이 크게 약화되었다. 이 상황을 이용해 이탈리아는 오스트리아를 완전히 축출했다.

미국의 성장

미국은 대서양 연안에 정착했던 영국 이주민을 모태로 성장해 영국과 벌인 독립전쟁에서 승리함으로써 새로운 국가로 탄생했다. 이후 미국은 민주자치정부의 원칙을 구체화한 헌법을 기반으로 세계의 강국으로 발전해 나갔다. 미국은 19세기와 20세기 초 새로운 모습으로 다시 태어났다. 미시시피 강 동부와 대서양 연안에 한정된 농경국가이던 미국은 광대한 영토를 보유한 강력한 산업국가로 변모했다. 노예제도와 남북전쟁으로 깊은 분열의 상처를 입었던 미국은 이를 극복하고 제1차 세계대전을 통해 전 세계에 막강한 영향력을 행사하는 국가로 발돋움했다.

1783년 독립 당시 미국의 영토는 대서양 연안의 13개 주와 미시시피 강 동쪽 지역에 한정되어 있었다. 1803년 제퍼슨 행정부는 미시시피 강 서쪽 지역의 루이지애나를 프랑스로부터 1,500만 달러에 사들였다. 이후 1819년 에스파냐로부터 플로리다 반도를 사들이고, 1840년대 멕시코와의 전쟁에서 승리함으로써 텍사스(1845)와 캘리포니아 지역(1848)으로 영토를 확장해 나갔다. 그리하여 1850년대에 이르러 오늘날 미국 영토의 대체적인 윤곽이 드러나게 되었다.

영토 확장과 더불어 유럽으로부터 밀려드는 이민으로 인해 1790년 390만 명에 불과하던 인구가 1860년에는 3,100만 명으로 증가했다. 1840년대 이래의 서부개척은 이들 이민자들과 동부의 빈민들에 의해 급속도로 진행되었다. 인구가 증가함에 따라 산업도 크게 발전하게 되었다. 기존의 거주 중심지인 동북부 지역에서는 상공업이 활성화되었고,

새롭게 개척된 서북부 지역은 경제적으로 동북부 지역에 의존하고 있었다. 반면 기후가 따뜻하고 토양이 비옥한 남부 지역에서는 목화와 담배 경작 등의 농업이 발달했다. 남부 지역에서의 농업형태는 아프리카로부터 유입된 흑인 노예들의 노동력에 의존한 대규모 농장 경영이 지배적이었다.

+ 최초의 미국국기(13개의 별과 줄무늬는 13개 주 상징)

상공업을 기반으로 자본주의가 강화된 북부 지역은 산업발전을 위해 보호무역과 연방정부의 역할 증대를 주장한 데 반해 남부 지역은 자유무역과 지방분권을 지향했다. 이처럼 산업상의 차별성은 지역 간의 사회·경제 구조의 차이를 심화시키고 정치적 갈등으로 비화되었다. 특히, 노예문제에 대한 이견으로 남북 지역 간의 대립은 첨예화되었다. 노예문제는 사회·경제·정치적 문제뿐만 아니라 인도적인 측면에서도 논란의 대상이 되었다.

노예제를 둘러싸고 남부와 북부의 대립이 격화되는 가운데, 공화당의 링컨이 1860년 제16대 대통령에 당선되었다. 강력한 노예제 폐지론자였던 링컨이 대통령에 당선되자 사우스캐롤라이나를 필두로 남부의 7개 주가 연합하여 아메리카합중국으로부터의 분리를 선언했다. 1861년 앨라배마 주 몽고메리에서 열린 대표자회의에서 노예제를 인정하는 새로운 헌법을 채택하고, 버지니아 주 리치먼드를 수도로 하는 '아메리카 동맹'을 결성했다. 더불어 민주당의 제퍼슨 데이비스를 '아메리카 동맹'의 대통령으로 추대했다. 전쟁을 피하기 위한 링컨의 노력에도 불구하고, 1861년 4월 '아메리카 동맹'은 무력 도발을 시작했고 버지니아 주를 비롯한 4개 주가 아메리카 동맹에 가담했다. 인구 900만의 아메리카 동맹 11개 주와 인구 2,200만의 아메리카합중국 23개 주 사이의 본격적인 내전, 즉 '남북전쟁'이 시작된 것이다. 자원, 인구, 무기와 군수품 생산능력, 철도망 등 객관적인 전력은 북부 진영이 우위에 있었으나 전쟁 초기의 양상은 리 장군을 위시해 경험 많은 군사지도자들이 활약한 남부가 우세했다.

1863년 1월 1일 링컨은 노예해방을 선언했다. 이는 전쟁에 대한 정치적 명분과 세계 여론을 북부에 유리하게 이끌었다. 더불어 흑인노예들이 남부 지역에서 이탈하여 북군 진영에 참여함으로써 상대적인 전력강화의 효과도 가져왔다.

1863년 7월 게티스버그 전투에서 북군이 대승을 거둠으로써 전세는 역전되었고, 이어서 남군의 군사요충지 빅스버그까지 점령함으로써 전쟁의 주도권을 잡게 되었다. 1865년 4월 그랜트 장군이 이끄는 북군이 아메리카 동맹의 수도 리치먼드를 점령하고 리 장군의 항복을 받아 냄으로써 남북전쟁은 끝이 났다.

이 전쟁은 60여 만 명의 목숨을 앗아갔고 엄청난 물적 피해를 가져왔다. 그러나 전쟁을 통해 국내에 남아 있던 식민지의 잔재와 노예제의 그늘을 청산함으로써 통합된 국민국가로 성장할 수 있는 기틀을 마련했다.

Chapter 13

러시아혁명

1917년 10월 러시아에서 발생한 프롤레타리아 혁명을 일반적으로 '러시아혁명'이라고 한다. '볼셰비키 혁명', '10월 혁명'이라고도 하는데, 러시아에서는 '10월 사회주의 대혁명'이라는 명칭을 붙이기도 한다. 서방에서는 '11월 혁명'이라는 용어도 쓰는데 이는 당시 러시아가 사용했던 역법의 차이 때문이다. 1918년 2월 14일 이전까지 러시아는 '율리우스력(Julian calendar)'을 사용했다. 20세기에 율리우스력은 현재 우리가 사용하는 그레고리력보다 13일이 늦다. 따라서 10월 혁명이 일어난 날짜는 율리우스력으로 10월 24일이지만, 그레고리력으로는 11월 6일이 된다. 이로 인해 '11월 혁명'이라고 부르는 것이다.[1]

러시아혁명은 넓은 의미에서 1905년 혁명과 1917년 2월 혁명을 포함한 광범위한 사회변혁의 과정을 아우르는 용어이다. 이때 1905년 혁명을 제1차 러시아혁명, 1917년 2월 혁명을 '2월 부르주아혁명'이라고 하기도 한다.

러시아혁명의 결과 사회주의 및 공산주의 사회의 실현을 지향하는 노동자, 병사, 농민의 대표자들이 통치하는 국가가 탄생했다. 이를 통해 새로운 국가는 기존의 자본주의적 발전의 경로가 아닌 사회주의적 근대화라는 대안을 제시했다. 또한 러시아혁명은 이후 자본주의와 사회주의 사이에 전개된 이데올로기적 대립의 근원이 되는 역사적 사건이었다.

1 이 장의 본문에서 1918년 2월 14일 이전까지의 날짜는 율리우스력에 따른 것이다.

1905년 러시아혁명

19세기 전반까지 러시아는 정치적으로 차르[2] 1인 지배하의 전제국가였다. 경제적으로는 농노제를 토대로 한 농업국가로서 상공업 부문의 자본주의적 발달이 유럽에 비해 현저히 떨어지는 봉건적 제도가 유지되고 있었다. 사회적으로는 귀족과 농노라는 두 신분을 축으로 하는 신분제 사회이자, 자유로운 시민계층의 형성 기회가 거의 봉쇄된 신민사회에 머물러 있었다. 그러나 알렉산드르 2세가 시행한 사회 전반적인 개혁정책으로 1860년대 이후 러시아는 자본주의적 발전 경로에 들어서게 되었다.

러시아 혁명은 심각한 경제적, 정치적 위기로 인해 시작되었다. 20세기 초 러시아는 이전 시대와 비교해 산업생산이 급격히 증대되었고 이에 따라 국가경제는 역동적으로 성장했다. 이러한 자본주의화 과정에서 다양한 내부 문제들이 발생되었다. 특히, 20세기 초 러시아의 농업문제는 계층 간 첨예한 갈등을 야기했다. 귀족, 고위성직자, 기업가 등 소수의 상위계층이 전체 토지의 65%를 소유하고 있었고, 1억에 달하는 농민들의 토지는 35%에 불과했다. 농민들은 심각한 토지부족으로 고통 받았으며, 1861년 농노해방으로 분여받은 토지 대금을 49년간 계속 지불해야만 했다. 빈곤한 삶 속에서 농민들은 법적 권리를 보호받지 못하는 상태로 남아 있었다. 노동자들의 문제도 심각했다. 1894년 6월에 공표

---

2 러시아 군주의 칭호. 1547년 이반 4세의 즉위 시에 정식 칭호가 되었다.1721년 표트르 1세가 러시아 황제의 칭호로 '임페라토르'를 사용하기 시작했으나 이후에도 러시아 군주의 정식명칭으로 병용되었다.

+ 알렉산드르2세(1818~1881, 재위 기간 1855~1881)(좌) / 니콜라이2세(1868~1918, 재위 기간 1894~1917)(우)

된 헌법에 따라 노동시간이 하루 11시간으로 단축되었고 일요일 휴무제가 규정되었다. 그러나 실제 이 법은 지켜지지 않았다. 더불어 자본주의의 확산에 따라 부르주아와 노동자의 간극은 점점 커져만 갔다. 노동자들은 인간으로서 자신들의 기본적인 권리가 박탈당하고 있다는 데 대해 분노했다. 한편, 소수민족에 대한 러시아화 정책도 사회 불안정을 증대시켰다.

이처럼 러시아의 근대화 과정에서 발생한 문제들은 1905년 혁명으로 이어지게 되었다. 농노해방 과정에서 완결되지 않은 농민문제와 급속히 진행된 산업화 과정의 노동문제가 결합하여 밑으로부터의 불만들이 표출된 것이다. 특히, 1900~1903년에 걸친 경제 위기와 러-일 전쟁에서의 패배는 혁명의 기폭제가 되었다.

1905년 러시아혁명(제1차 러시아혁명)은 1905년 1월에서 1907년 6월에 이르는 기간 동안 러시아 제국 내에서 벌어진 정치, 사회적 격변을 지칭한

+ 가폰(1870~1906)(좌) / 가폰과 시위대(우)

+ '전함 포템킨호 반란' 기념 포스터

+ 피의 일요일

다. 1905년 1월 9일은 혁명의 직접적인 계기가 된 날이었다. 정교 성직자 가폰을 필두로 노동자들이 성상과 니콜라이 2세의 초상화를 들고 차르가 거처하는 겨울 궁전으로 모여들었다. 평화적 시위대를 향해 페테르부르크 경찰은 총격을 가해 공식 추산에 따르면 130명이 사망하고 수백명이 부상당했다. 대량학살은 인민 대중들의 분노를 촉발시켰고, 전국적으로 혁명운동이 고양되었다. 이 '피의 일요일 사건'으로 인해 차르와 인민 대중들 간의 결정적 단절이 초래되었다.

'피의 일요일 사건'의 여파로 1905년 여름에는 전국적으로 노동자 파업과 농민소요가 발생했고, 소수민족들도 반정부 운동에 적극적으로 동참했다. 심지어 군대 내에서조차 '전함 포템킨호 반란'과 같은 소요가 발생했다. 페테르부르크의 노동자들은 파업 과정에서 노동자 대표들의 평의회, 즉 '소비에트'를 조직했다. 노동자들의 총파업은 10월 말에 절정을 이루었다. 반정부 운동이 조직화되고 장기화되면서 니콜라이 2세의 전제정부는 마침내 굴복했다.

10월 17일 차르는 《10월 선언》을 발표했다. 이 선언은 개인 불가침의 원리에 입각한 시민의 자유, 언론 집회 결사의 자유를 보장하는 것이었다. 이와 함께 10월 선언으로 국가 소비에트와 국가 두마로 이루어진 의회의 창설이 예정되었다. 1906년 5월 간접선거에 의해 의회인 '두마'가 구성되었다. 그러나 1905년 혁명의 주요 결과물이라고 할 수 있는 두마는 입헌군주제의 입법기관으로서의 역할을 제대로 수행하지 못하고 파행을 거듭했다.

'10월 선언'의 수용과 실행과정에서 혁명세력은 분열되었고, 이로 인해 혁명의 열기는 점차 사그라졌다.

1917년 2월 혁명

1905년 혁명 이후 차르는 변화되고 있는 사회상황과 민심을 제대로 읽어 내지 못하고 반동정책의 기조를 유지했다. 사회적 긴장을 해소할 수 있는 유연한 정책과 국가발전을 위한 장기적 목표의 부재는 모든 정치세력의 저항에 직면하게 되었다. 특히, 제국정권에 결정적인 타격을 준 것은 제1차 세계대전에 참전한 러시아의 전쟁수행능력 부족이었다. 장비의 열세와 지휘관들의 무능력으로 인해 러시아 군대는 참패를 거듭했다. 전쟁에서의 패배는 이제 더 이상 러시아가 강력해진 유럽 국가들의 군사적 상대가 되지 못함을 보여 줌과 동시에 러시아의 국민경제를 위기상황으로 몰고 갔다. 제1차 세계대전에 참가한 러시아는 1916년부터 경제적 붕괴의 위기에 빠졌다. 연료 및 산업원료가 부족했고 산업생산은 전쟁 물자를 충당하기 힘들었다. 철도는 급격히 늘어난 물자와 피난민들의 수송을 감당하지 못했다. 공급 정체로 인해 대도시들, 특히 페트로그라드[3]와 모스크바에서는 식량 품귀 현상이 발생했고 거리에는 물건을 사려는 긴 행렬이 등장했다. 식량사정은 점점 악화되었고, 국민들의 불만이 적극적인 단체행동으로 표출되기 시작했다. 1916년은 전년과 비교해서 동맹파업의 수가 2배 이상 증가했다. 농촌에서는 지속적인 전쟁물자 징발로 농민 폭동이 빈번해졌다.

한편, 혁명세력인 볼셰비키의 영향으로 군 내부에서의 반전 분위기가 고조되었다. 1914년 가을, 레닌과 러시아 사회주의 노동당 중앙위원회는 '혁명적 패전주의'라는 슬로건을 제기했다. 볼셰비키는 전쟁을 불평등하고 약탈적인 것으로 규정했다. 1916년 동부전선의 일부 특정 지역에서는 러시아 병사들이 독자적으로 적군들과 휴전을 체결하는 일까지 발생했다.

1917년 초 러시아 수도 페트로그라드에서 무능한 정부에 대한 고조된 불만이 폭발했다. 2월말 페트로그라드 노동자의 80% 이상이 동맹파업에 돌입했다. 페트로그라드의 중심거리인 네바대로는 수많은 대중들의 시위행렬로 메워졌다. 그들은 적색기와 '차르 타도'라는 기치 아래 행진했다. 질서회복을 위해 페트로그라드 군단 하발로프 장군의 지휘하에 행해졌던 모든 시도들은 무위에 그치고 말았다. 2월 27일에는 페트로그라드에서 숙영하던 보충대 병사들이 혁명 진영으로 옮겨가기 시작했다.

3 1914년 발발한 제1차 세계대전으로 독일과 전쟁을 벌이게 된 러시아는 수도의 이름을 독일식인 '페테르부르크'에서 러시아식인 '페트로그라드'로 바꾸었다.

+ 1917년 2월 페트로그라드 시위

2월 28일 수도 페트로그라드는 군대에 의해 통제할 수 없는 상황에 이르게 되었다.

3월 2일, 한계 상황을 인식한 니콜라이 2세는 사태 수습을 포기하고 왕위를 자신의 동생인 미하일에게 넘기지만 그 또한 이를 고사했다. 이로써 1613년 시작되었던 로마노프 왕조가 막을 내리고 러시아에서 전제군주제는 붕괴되었다.

권력은 형식적으로 임시정부의 손으로 옮겨갔으나, 실질적으로는 노동자와 병사들의 대표자 2500명으로 구성된 '페트로소비에트'와 양립된 '이중권력'의 형태가 되었다. 페트로소비에트는 정상적인 정부수립을 위해 보통선거를 통한 제헌의회 구성을 조건으로 임시정부를 지지했다.

리보프를 수반으로 하는 임시정부는 시민적 자유를 선포했다. 뒤이어 정치사상범을 복권시켰고, 약속한 제헌의회의 소집도 공포함으로써 소

+ 임시정부 초대내각 (앞줄 왼쪽에서 오른쪽 순으로 리보프, 코노발로프, 케렌스키, 구치코프,V.N. 리보프, 밀류코프) (좌) / 게오르기 예브게니예비치 리보프(1861~1925, 임시정부 초대수상)(우)

비에트와의 관계를 유지했다. 그러나 '전쟁문제'에 대해서는 소비에트와 입장을 달리 했다. 소비에트 진영은 '전쟁 종결'과 '무병합, 무배상 원칙의 강화조약 체결'을 주장한 반면 임시정부는 "전쟁 승리를 위해 끝까지 싸워야 한다"고 주장했다. 이로 인해 두 세력은 첨예하게 대립하게 되었다.

임시정부는 3월에서 10월에 걸쳐 4차례나 개편되었다. 최초의 내각은 사회혁명당 당원인 알렉산드르 케렌스키를 제외하고는 전적으로 자유주의적인 인사들로 조직되었으며, 이후에 구성된 내각들은 일종의 연립내각이었다. 이 가운데 어느 내각도 농민들의 무단 토지점유, 비(非)러시아 지역에서의 소수민족 독립운동, 전선에서의 사기저하 등 국가의 위기를 초래한 문제들에 적절하게 대처하지 못했다. 그러는 사이에 도시, 촌락, 군대에서 페트로그라드를 본보기로 삼아 많은 소비에트들이 형성되었다. 이들 소비에트는 임시정부보다 민중들에 더 가까이 있었다.

1917년 10월 혁명

2월 혁명 이후, 해외로 망명 중이던 혁명가들이 귀국했다. 1917년 4월 3일 스위스의 사회 민주당과 독일 정부의 협력을 얻어 러시아로 귀환한 레닌은 "임시정부의 해산, 모든 권력의 소비에트 이양, 제국주의와의 즉각적인 전쟁 중단, 사유 재산 몰수, 토지 국유화" 등의 주장을 담은 《4월 테제》를 발표했다. 부르주아 혁명을 거부하고 '프롤레타리아 독재', '사회주의 혁명으로의 즉시 이행'을 선포한 것이다. 이는 노동자와 농민의 이해를 충실이 담은 것이었기 때문에 러시아 민중들의 적극적인 지지를 받았다.

이에 대해 임시정부의 국방장관이었던 케렌스키는 6월말 독일에 대한 총공세를 펼쳐 좌익 반전파의 세력을 약화시키려 했으나, 참패하고 말았다. 그 결과, 물가고와 식량난이 가중되어 임시정부는 더욱 위기에 처하게 되었다.

7월초에 페트로그라드에서 다시 노동자와 병사들의 봉기가 발생하여 무장 투쟁으로까지 확대되었으나 전선에서 이동해 온 군대에 의해 진압되고 말았다. 이를 계기로 임시정부는 볼셰비키에 대한 대대적인 체포를 단행했다. 레닌은 다시 핀란드로 망명의 길에 올랐다.

7월 8일, 임시정부 초대 수상이었던 리보프가 사임하고, 케렌스키가 그 뒤를 이었다. 케렌스키는 국내 질서 회복을 위해 개각을 단행하고, 코르닐로프를 총사령관으로 임명했다. 그러나 혁명세력 진압을 위해 발탁되었던 코르닐로프가 8월 27일 쿠데타를 일으켰다. 진압에 어려움을 겪던 케렌스키는 소비에트와 볼셰비키에 지원을 요청하게 되었다. 페트로

소비에트 의장인 트로츠키가 노동자 중심의 자위대를 조직하고, 혁명적 성향의 군인들이 반쿠데타 대열에 참여함으로써 반란은 진압되었다. 이를 계기로 볼셰비키는 소비에트의 주도권을 장악하게 되었다.

망명지 핀란드에서 이 같은 정세를 관망하던 레닌은 당중앙위원회에 무장 봉기를 권고하는 편지를 보냈고, 10월에 열린 볼셰비키 당중앙위원회에서는 이를 수용하여 '전 러시아 소비에트 대회'가 개막되는 10월 25일이 거사일로 정해졌다. 10월 하순에 레닌은 은밀히 귀국하여 트로츠키와 함께 봉기를 위한 구체적인 계획을 수립했다. 전세가 이미 기울어진 상황에서 혁명군은 별다른 저항을 받지 않고 예정된 계획에 따라 주요 관공서와 전신전화국, 국립은행 등 전략적 요지를 점거했다. 저항운동을 전개하려던 케렌스키의 시도는 물거품이 되고, 그 자신은 국외로 망명했다.

10월 25일 거사에 이어 열린 제2차 전 러시아 소비에트 대회에서 노동자·농민·병사 대표로 구성되는 '소비에트 정부'의 수립이 선포되었다. 레닌, 트로츠키, 스탈린 등으로 구성된 인민위원회가 혁명정부로서 발족되었으며 의장에 레닌이 추대되었다. 혁명의 주요 과업들을 해결하지 못함으로써 대중의 신뢰와 지지를 상실한 임시정부의 과오를 되풀이 하지 않기 위해 혁명정부는 민족과 계층에 따른 불평등을 폐지하는 《평화·토지·권력》에 대한 포고령을

+ 레닌(1870~1924)

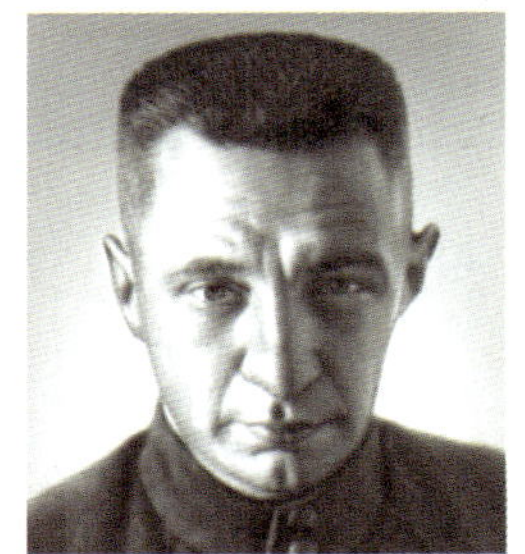

+ 알렉산드르 표도로비치 케렌스키(1881~1970)(위)

+ 라브르 게오르기예비치 코르닐로프(1870~1918)(아래)

+ 1917년 제2차 전 러시아 소비에트 대회

공표했다. 이로써 볼셰비키는 전국적으로 자신의 권력을 빠르게 확립해 갔다.

혁명정부는 11월 12일 제헌의회를 구성하기 위해 보통선거에 의한 총선거를 실시했다. 결과는 볼셰비키의 참패였다. 볼셰비키는 24%밖에 득표하지 못했고, 사회혁명당과 멘셰비키, 카데트 등 사회주의 정당들이 76%의 득표율을 보인 것이다. 1918년 1월 5일 소집된 제헌의회에서 볼셰비키는 제헌의회를 강제 해산하고, 다음 날 열린 제3차 전 러시아 소비에트 대회에서 통합된 노동자·병사·농민 소비에트만이 러시아의 유일한 합법정부임을 선언했다. 제헌의회의 강제 해산은 볼셰비키가 소비에트 국가를 의회제 민주공화국으로 대체할 의도가 없음을 입증하는 것이었다.

소비에트 정부는 제1차 세계대전으로부터 벗어나고자 독일과의 단독 교섭을 통해 1918년 3월 《브레스트-리톱스크 조약》을 체결했다. 이 조약으로 소비에트 러시아는 약 1백만 평방킬로미터에 이르는 영토를 상실했지만, 전쟁에서 벗어남으로써 사회주의적 재편에 나설 수 있었다. 볼셰비키는 1918년 3월 당명을 '러시아 사회민주노동당'에서 '러시아공산당'으로 바꾸고 수도를 페트로그라드에서 모스크바로 옮겼다. 소비에트 정부는 산업 전반에 대한 국유화, 국가 통제 경제, 사회주의적 분배의 원칙

+ 브레스트-리톱스크 조약 체결

+ 트로츠키(1879~1940)(위)
+ 스탈린(1879~1953)(아래)

을 도입했으며, 임시정부의 국채와 해외차관을 무효화했다.

한편, 사회혁명당과 멘셰비키, 카데트 등 사회주의 정당들은 평화협정 체결에 대해 부정적인 입장을 취하고 반볼셰비키 연합세력을 형성했다. 특히 사회혁명당 좌파는 반볼셰비키 무장투쟁을 전개했으나 진압되어 소비에트에서 축출당했다. 신생 소비에트 정부는 1918년 7월 프롤레타리아 독재의 확립을 공식적으로 입법화한 '러시아 사회주의 연방 소비에트 공화국 헌법'을 채택함으로써 반볼셰비키 세력을 불법화했다. 이로써 볼셰비키는 여타 사회주의 계열의 정당들과 결별하고 공산당 일당독재 확립을 위한 토대를 구축하게 되었다.

내전

혁명 이후 볼셰비키의 권력 장악 과정에서 형성된 정치적 대립은 결국 내전으로 비화되었다. 미래체제의 대안 세력들 간에 벌어졌던 내전은 1922년 10월 극동에서의 무장투쟁이 종결되기까지 장기간 지속되었다.

소규모의 지엽적인 무장봉기 양상을 띠었던 초기 내전은 1918년 5월 블라디보스토크로 이동 중이던 체코슬로바키아 군단이 서시베리아에서 반란을 일으키고 이들의 지원을 받은 사회혁명당-멘셰비키 세력이 독자적인 지방정부를 수립하고 백군을 조직함으로써 본격화되었다. 구체제의 지지자들인 다수의 장교와 카자크 군대가 반혁명세력에 합류하고, 외국 간섭군이 개입함으로써 내전의 양상은 더욱 격화되었다. 제1차 세계대전의 동부전선을 유지하고자 한 영국, 프랑스, 미국 등 14개국이 연합하여 1918년 여름 러시아에 군대를 파견함과 동시에 경제적 봉쇄를 시작했다. 자본주의 진영 간섭군의 활동은 백군을 원조하는 형태를 띠었다.

소비에트 정부는 국민 경제를 극단적으로 통제하는 '전시 공산주의'[4] 체제를 유지하면서 1918년 1월 창설된 적군(붉은 군대)을 강화하는 한편 일종의 비밀경찰인 '체카'[5]를 통해 반혁경세력을 분쇄하고자 했다.

4 국가가 산업전반을 통제한 내전기 비상경 제정책을 말한다. 이 체제 속에 국가는 산업의 국유화를 확대하고 자원과 산업생산물을 직접 통제, 관리, 분배했다. 식량위기의 해소를 위해 농민들이 보유하던 가축과곡물을 강제 징발함으로써 큰 반발을 불러일으켰다.

5 1917년 12월 반볼셰비키혁명 세력에 대항하기 위해 창설된 특별 경찰기구

9186

+ (왼쪽부터)콜차크 제독(1874~1920) / 데니킨 장군(1872~1947) / 유데니치 장군(1862~1933)

여러 지역에서 백군과 적군이 대치했다. 백군은 시베리아·우랄 지역의 콜차크 제독, 러시아 남부 지역의 데니킨 장군, 발트해 연안의 유데니치 장군의 지휘 하에 전선을 형성하고 모스크바와 페트로그라드로 진격해 왔다. '전시 공산주의' 체제 속에서 군사력을 강화한 소비에트 정부는 반혁명세력 토벌에 나섰다. 그 결과 적군은 1919년 4월 서시베리아 이르티시강 유역에서 콜차크 군을 격파했고, 1919년 11월 데니킨 군과 유데니치 군도 패퇴시켰다. 반볼셰비키의 깃발 아래 모인 백군은 다양한 이념들을 하나의 사상으로 통합할 수 없었고, 인민 대중의 마음을 끄는 미래의 러시아 정치체제를 제시하지 못했다. 러시아의 여러 지역에 주둔했던 외국간섭군도 복잡한 자국 문제로 인해 철수하고 말았다. 그 결과 백군의 세력은 크게 약화되었으며, 1922년 적군이 극동지방을 회복함으로써 내전은 마무리되었다.

그러나 내전의 승리가 소비에트 정권에 대한 전적인 지지로 이어진 것은 아니었다. 치열한 내전과 공산화에 따른 경제 위기로 소비에트 정권에 대한 국민들의 불만이 고조되었다. 농민폭동, 노동자들과 크론슈타트 수병들의 반란으로 위기에 직면한 소비에트 정부는 경제정책을 변경하지 않을 수 없었다. 이에 레닌은 1921년 3월 제10차 공산당대회에서 전시 공산주의를 일시적으로 폐지하고, 자본주의 경제 방식을 일부 도입한 '신경제정책'[6]을 채택했다. 신경제정책으로 소비에트 러시아의 경제는 빠른 속도로 회복되었다. 1926년에는 농업, 공업 생산력이 모두 전쟁 전의 수준을 회복했고, 이를 기반으로 새로운 사회주의 경제건설에 착수할 수 있었다.

소련의 성립

혁명 이전 제정 러시아에는 다양한 민족이 공존하고 있었다. 혁명 과정에서도 분출되었듯이 전제 체제하에서 다민족의 공존은 불안정한 것이었다. 소비에트 정부는 10월 혁명 후 《러시아내 모든 민족의 권리선언》을 발표했다. 이 선언은 각 민족의 자결권을 확립하고,

---

6 러시아어로 '네프'라고 하는데 '새로운 경제 정책'을 의미한다. 산업 전반에 자본주의적 요소를 부분적으로 허용한 정책이다. 사적인 영리추구를 인정함으로써 생산력을 향상시키려는 목적에서 도입되었다. 그러나 궁극적인 목표는 국가 주도의 사회주의 계획 경제를 위한 물적 . 기술적 토대를 마련하는 데 있었다.

민족적·종교적 특권과 제한을 폐지했다. 혁명과 내전의 공동투쟁 과정에서 형성된 유대감은 국가적 통일을 위한 기반이 되었다.

1920년 러시아의 중앙 지역에서는 '러시아 사회주의연방 소비에트 공화국'이 비러시아계 소수민족들을 자치 단위로 결속시키고 있었다. 그 주변으로는 민족별로 8개의 지역 국가가 형성되어 있었다. 우크라이나, 벨라루스, 아제르바이잔, 아르메니아, 조지아 등 5개 국가에서 사회주의 소비에트 공화국이 수립되었다. 중앙아시아에서는 호레즘 인민 소비에트 공화국과 부하라 인민 소비에트 공화국, 시베리아의 치타에는 극동 공화국이 수립되었다.

1922년 봄 캅카스산맥 지역의 아제르바이잔, 조지아, 아르메니아 3국이 '자캅카스 사회주의 연방 소비에트 공화국'을 창설하는 조약을 체결했다. 뒤이어 레닌의 제안에 따라 "모든 공화국이 동등한 권리를 가지고 자유의사로 연방에 가입하며 최고권력기관으로 연방 중앙집행위를 둔다"는 소비에트 연방의 구성안이 마련되었다.

1922년 12월 23일 모스크바 볼쇼이 극장에서 제10차 전 러시아 소비에트 대회가 열렸다. 이 대회에서 "러시아 연방, 우크라이나, 벨라루스, 자캅카스 공화국이 '소비에트 사회주의 공화국연방'으로 통합하는데 찬성한다"는 결의가 채택되었다. 이어서 12월 30일 개최된 제1차전 연방 소비에트 대회에서 소비에트 연방 결성이 선언되고 조약이 체결되었다. 《선언문》에는 연방이 여러 민족의 자발적 통합이라는 것, 각 공화국의 자유로운 연방 탈퇴권이 보장되어 있다는 것, 모든 사회주의 소비에트 공화국에 연방가입의 문호가 열려 있다는 것, 새로운 연방 국가는 1917년 10월에 구축된 모든 민족의 평화공존과 협력의 토대를 더욱 확고히 다져 완성되었다는 것 등이 명시되었다. 이후 1924년 1월, 제2차 연방 소비에트 대회에서 1차 대회의 선언과 조약을 토대로 만들어진 《소련 헌

법》이 승인되었다.[7]

스탈린 집권

1924년 1월 21일 레닌이 사망한 후에 당 지도부 내에서는 치열한 권력투쟁이 벌어졌다. 이 권력투쟁에서 러시아공산당 중앙위원회 서기장 스탈린이 최종 승리자가 되었다. 스탈린은 한 나라에서도 사회주의를 건설할 수 있다는 비전과 그 프로그램을 제시했고 많은 인민 대중들이 이에 호응했다.

스탈린은 1928년 신경제정책을 중지하고 농업 집단화를 동반한 강력한 공업화 정책을 채택했다. 국가계획위원회(고스플란)는 1928년 10월 1일을 기점으로 '제1차 5개년 계획'을 수립했다. 제1차 5개년 계획 기간에 소련은 성공적인 도약을 이루어내었다. 연이어 실행된 제2차(1933~1937), 제3차(1938~1941) 5개년 계획으로 1930년대 말 산업생산의 절대적 총량에서 소련은 세계 2위를 차지했다. 이 시기의 경제적 발전을 위해 소련 내부의

7 1922년에 성립된 소련(소비에트 사회주의공화국 연방)은 1920년대 말 중앙아시아 3개 공화국이 연방 구성 공화국으로 승인되고, 1940년 발트해 연안 3개국(라트비아, 리투아니아, 에스토니아)이 포함됨으로써 총 15개 공화국으로 확대되었다.

+ 스탈린의 소련 공산당 당원증

모든 자원이 총동원되었다. 농업 집단화는 강제적인 방법으로 추진되었고, 부농들뿐 아니라 중농들에 대한 대규모 탄압을 수반했다. 농촌의 수탈이 산업화 과정에서 필요한 자본의 주요 공급원이 되었다. 이로 인해 국민들의 삶의 질은 여전히 낮은 수준에 머물러 있었다.

모든 국력이 총동원된 계획경제의 산업화 과정은 전체주의 정권의 형성을 초래했다. 스탈린의 개인적 성향뿐만 아니라 러시아인들에게 존재했던 공동체적 집단성과 평등 지향, 그리고 최고 권력에 의존하고 그 보호를 기대하는 전통은 전체주의적 정권 수립에 적지 않은 영향을 미쳤다. 1930년대 소련의 국가권력은 스탈린을 정점으로 한 소수 지도층에 의해 완전히 장악되었다. 이 과정에서 스탈린은 사실상 모든 반대세력을 숙청했다. 절대적 권력을 확립한 그는 이를 바탕으로 국가 개조를 위한 현대화의 노정에 수백만 명을 동원할 수 있었다. 그는 인민들에게 짧은 기간에 지상에서 가장 정의로운 사회를 건설하겠다는 매력적인 전망을 제시했다. 스탈린이 수립한 초중앙집권적 전체주의 체제는 급격한 산업화를 추진하는 데 있어서 민주주의와 시장경제보다 어떤 점에서는 훨씬 더 효율적이었다. 스탈린의 전체주의 체제는 소련을 역사상 가장 단기간에 강력한 산업국가의 반열에 올려놓았다.

혁명 그 이후

러시아 혁명은 인류에게 새로운 희망을 제시했다. 사람들은 더 이상 인간에 대한 착취가 용납되지 않는 사회가 오리라고 믿었다. 혁명기 러시아에는 노동자 민주주의와 평등에 대한 열정이 솟구치고 있었다. 러시아는 전 세계의 수많은 노동자와 농민들에게 희망의 등대와 같은 존재였다. 러시아 혁명은 지금은 우리가 당연하다고 생각하는 남녀평등, 계급 간의 평등, 기회의 평등, 식민국가와 피식민국가 사이의 평등을 제시했다.

그러나 후진국에서 사회주의를 건설하는 데에는 엄청난 무리가 뒤따랐다. 수많은 노동규율과 억압적 조치가 시행되었고, 스탈린 대테러가 소련사회를 짓누르면서 러시아 혁명이 불러일으킨 희망은 사라져갔다. 스탈린주의로의 변질은 자본주의의 대안으로서 인간의 삶을 훨씬 더 풍요롭게 할 수 있다는 사회주의 사상에 깊은 상처를 남겼다. 이러한 점에서 러시아혁명은 '사회민주주의의 실험'과 '억압과 테러'라는 이중적 의미를 갖는다.

모두가 평등한 사회가 이루어질 것이라는 혁명의 이상은 실현되지 않았지만 러시아 혁명이 20세기 세계정치에 미친 영향은 적지 않았다. 유럽에서는 공산주의에 대한 반발로 무솔리니와 히틀러가 권력을 장악했고, 파시즘이 등장했다. 러시아혁명은 식민지 해방운동과도 깊은 관련을 맺었으며 중국혁명에 결정적인 영향을 미쳤다. 제2차 세계대전 이후 냉전의 양극체제 속에서 소련은 공산권의 맹주로서 한국전쟁과 쿠바혁명, 베트남 전쟁에도 관여했다. 또한 사회주의적 발전 경로를 보여 줌으로써 제3세계 국가들에게 근대화의 대안을 제시하고, 자본주의 국가들의 사회적 평등과 복지 문제에 대한 정책적 고려에도 자극을 주었다. 1991년 소련은 붕괴되었다. 1917년 10월 세계 최초로 사회주의 혁명이 성공함으로써 시도되었던 소비에트의 실험은 실패로 끝났다. 러시아는 다시 자본주의의 길로 들어서게 되었다.

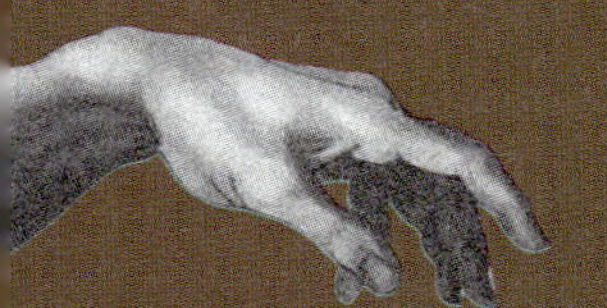

Chapter 14

양차 세계대전과 민주주의

제1차 세계대전의 발발

유럽이 세계무대에서 가장 강력한 지위를 누리고 있던 20세기 초, 유럽은 1905년과 1911년 두 차례에 걸친 모로코 위기가 보여 준 바와 같이 경제적, 식민주의적 경쟁으로 심각하게 분열되었다. 유럽은 '삼국동맹'과 '삼국협상'이란 두 개의 동맹체제로 분열되어 군비 경쟁에 총력을 기울임으로써 국제적 긴장이 고조되었다. 프랑스는 '실지' 알자스–로렌에 대한 기억으로 독일과 어떠한 종류의 화해도 생각하지 못했다. 독일은 야심에 찬 식민정책을 추진했고 해상 세력과 경제 대국이 되기 위해 노력했다. 이 때문에 독일은 영국과 긴장관계에 놓이게 되었다. 독일 제국에서는 삼국협상 세력에 의해 포위되어 전쟁이 불가피하다는 생각이 힘을 얻었다. 러시아는 모든 슬라브족, 특히 세르비아의 이해관계를 보호하려 했고, 오스트리아–헝가리 왕국은 다민족국가의 통합을 위해 애썼다. 이 두 국가는 발칸 반도에서 대립했다. 이 지역에서 1912년과 1913년 무력 분쟁이 발생했다. 이 때 극단적인 폭력의 가능성이 이미 나타났다. 바로 여기서 1914년에 전쟁이 발발했다.

1914년 6월 28일, 합스부르크 왕위계승자 프란츠–페르디난트 공은 사라예보에서 한 세르비아 민족주의자에 의해 살해되었다. 빈 정부는 이 살인 책임을 세르비아에게 물었고, 최후통첩을 보냈다. 하지만 세르비아는 이를 받아들일 수 없었다. 오스트리아–헝가리 왕국은 독일 제국의 지원을 확보했다. 독일은 전쟁이 유럽 전체로 확대될 것을 알면서 오스트리아–헝가리 왕국을 지원하기로 결정했다. 다시 말하면, 독일은 오스트리아–헝가리 왕국에게 "독일의 백지수표"를 주었던 셈이다. 세르비아

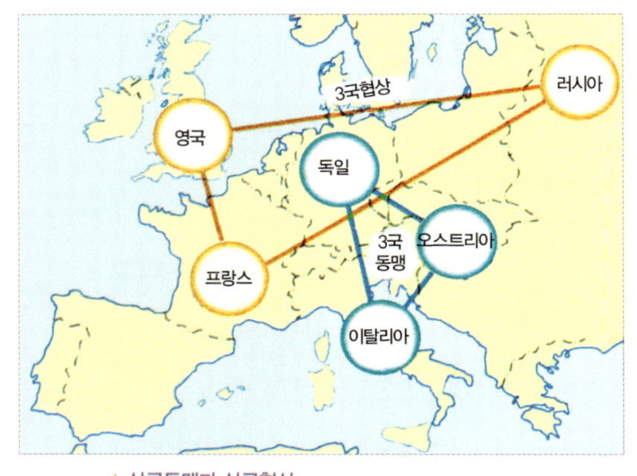

+ 삼국동맹과 삼국협상

가 최후통첩을 거부하자, 빈 정부는 7월 28일 전쟁을 선포했다. 외교적 노력과 평화시위 그 어떤 것도 이번에는 위기가 전쟁으로 비화하는 것을 막지 못했다. 러시아는 7월 30일 총동원령을 내렸고, 오스트리아–헝가리 왕국과 독일은 다음 날인 8월 1일 러시아에게, 8월 3일 프랑스에게 각각 전쟁을 선포했다. 그리고 벨기에로 진군해 들어갔다. 벨기에의 중립성을 침해한 행위는 영국이 참전하게 된 계기를 마련해 주었다.

전쟁의 원인

제1차 세계대전은 독일 동맹세력의 패전으로 끝났기 때문에, 패전국에게 전쟁 책임이 있고, 따라서 그들에게 전쟁 배상책임이 있다고 베르사유 조약에서 규정되었다. 그러나 이후 역사 연구 결과 원인 제공의 정도는 다르게 평가할 수 있지만, 참전국 모두에게 부분적인 전쟁 발발 책임이 있다는 데 일반적인 합의가 형성되었다.

전쟁 원인은 1914년 6월 말부터 8월 초까지 6주간의 위기에 내재되어 있는 단기적 원인과 그 이전의 장기간에 걸쳐 존재했던 장기적 원인으로 나누어 볼 수 있다. 제1차 세계대전의 원인은 오스트리아–헝가리 왕국과 세르비아의 전쟁 원인뿐만 아니라 이것이 유럽 열강들을 모두 끌어들

+ 제1차 세계대전 후 신생국

인 대전으로 비화한 원인이 되어야 한다. 전쟁에 참가한 열강들은 이 전쟁이 최소한 유럽적 차원의 대규모 전쟁이 될 것을 예상하면서 전쟁결정을 내렸기 때문이다. 이러한 인식의 배후에는 최소한 장기간의 긴장관계를 통해 형성된 국익계산의 유형이 존재했기 때문에, 제1차 세계대전의 원인은 바로 장기적 원인에서 찾아져야 한다.

첫째, 오스트리아-헝가리 왕국의 자기보존적 제국주의와 세르비아 민족주의의 갈등이다. 19세기 터키의 세력이 약화되면서 부상했던 남슬라브족의 민족주의, 특히 세르비아의 민족주의가 바로 이 민족주의의 부상으로 제국의 해체 위기에 놓여 있는 오스트리아-헝가리 왕국의 자기

보존적 팽창주의에 맞서서 19세기 후반부터 이 지역 전화의 불씨를 키우고 있었다. 이것이 세계대전의 직접적 원인으로 작용했다.

둘째, 제국주의 세력들의 긴장과 갈등이다. 레닌에 의해 정치하게 이론화된 이 논리는 독점자본주의의 경쟁적 해외 진출과 불가피한 경쟁이 제1차 세계대전의 근본적 원인이라고 지적한다. 그러나 서로 경쟁하던 전통적인 제국주의 세력인 영국, 프랑스, 러시아가 일시적 합의를 했다는 사실은 제국주의적 팽창이 반드시 전쟁으로 귀결된다는 논리가 지나친 비약임을 말해 준다. 그러나 이들 전통적인 제국주의 세력에 대한 독일의 도전(특히 모로코에서 프랑스와의 갈등, 해군 경쟁으로 영국과의 긴장관계 형성)은 전쟁의 원인으로서 중요하다고 볼 때, 레닌의 논리는 부분적인 진실을 담고 있다고 볼 수 있다.

셋째, 국제동맹체제의 문제점이다. 프로이센의 재상 비스마르크가 프랑스와의 전쟁을 통해 독일을 통일한 이후 구축한 유럽 국가체제는 프랑스를 유럽에서 고립시키고 통일 독일이 러시아와 협력체제를 구축하는 것을 골자로 한 것이었다. 그러나 그가 퇴임한 1890년 이후 독일은 러시아와 멀어졌고, 그 결과 프랑스와 러시아는 동맹관계를 체결하게 되었다. 이리하여 독일에게는 오스트리아-헝가리 왕국만이 동맹세력으로 남게 되었다. 독일과 프랑스의 갈등, 오스트리아-헝가리 왕국과 러시아의 갈등 관계가 형성되었고, 프-러 동맹에 영국이 합세함으로써 '협상국 대 동맹국'이라는 서로 적대적인 갈등관계가 조성되었다. 이것은 유럽 대륙 내 어디든지 분쟁이 생길 경우 그 동맹의 의무를 통해 열강을 끌어들일 수 있는 위험을 내포한 것으로 제1차 세계대전의 중요한 원인이었다.

넷째, 적대적 민족주의 간의 긴장과 갈등이다. 위의 세 가지 원인을 관통하는 요소가 바로 이것이다. 제국주의는 강대국 민족주의의 표현이고, 민족국가 수립은 피압제 인민의 민족주의이며, 강대국들 간의 대립은 결국 민족주의적 대립이었다.

이러한 장기적 원인들은 그것이 발생한 시점에서 이미 제1차 세계대전의 필연적 결과를 잉태했다고 볼 수 없지만, 1914년 발칸의 위기가 세계전쟁으로 비화하도록 만든 원인이다.

전쟁의 성격과 결과

제1차 세계대전은 일반적으로 '거대 전쟁'이라고 불릴 만큼 충격적인 전쟁이었다. 왜냐하면, 근대의 낙관적인 진보사상에 일대 타격을 가한 최초의 전쟁이었다는 점, 나폴레옹 전쟁 이후 19세기 내내 열강들이 참전한 대규모 전쟁이 없었다는 점, 전혀 예상치 못한 4년 동안의 전쟁기간 그리고 사상 유래 없는 희생자(참호전 또는 진지전 때문에)를 만든 전쟁이었기 때문이다.

이 전쟁은 유럽에서 에스파냐, 네덜란드, 스칸디나비아 3국, 스위스를 제외한 모든 유럽 국가들이 참전했을 뿐만 아니라 식민지 인민들도 대거 참전했다. 인도인들이 유럽과 중동에 보내졌고 중국의 노동자 부대가 서구에 왔으며 아프리카인들과 인도차이나인들이 프랑스 군대의 일원으로 싸웠다. 일본과 중남미가 전쟁 특수로 경제적으로 급부상하는 계기가 되기도 했다. 그러므로 이 전쟁은 최초의 세계전쟁이라고 할 수 있다.

전쟁 결과 네 개의 군주국(독일, 오스트리아-헝가리, 러시아, 터키)이 붕괴되었다. 체제의 대결 양상을 보인 제1차 세계대전은 미국, 영국, 프랑스의 자유주의 체제의 승리로 귀결되었다. 그러나 승리한 자유주의는 두 가지 점에서 환골탈태해야 했다. 첫째, 부유한 시민에게만 제한적으로 참정권을 부여하는 자유주의 대의제는 제1차 세계대전을 계기로 모든 시민에게 참정권을 부여하는 민주주의 대의제로 전환했다. 특히 여성도 이때부터 선거에 참여할 수 있게 되었다. 민족의 이념으로 국민을 동원한 유럽 각국은 국민들에게 참정권과 복지권에 대한 약속했고, 전후 이를 실행하지 않을 수 없었다. 민주주의란 최소한 보편적 국민참정권이 보장된 정치체제를 말한다. 둘째, 러시아 공산혁명과 그 뒤를 이은 유럽 혁명들은 자유주의 체제의 위기를 초래했다. 서양의 자유주의는 1929년에 시작된 세계 대공황의 발발과 파시즘 및 나치즘의 대두로 더욱 위태롭게 되었다.

제1차 세계대전의 결과 중 가장 중요한 것은 미국과 소련의 등장이다. 소련은 앞선 장에서 살펴보았으니, 여기서는 미국을 집중적으로 고찰해 보자. 제1차 세계대전은 영국 헤게모니 체제에 대한 독일의 도전이라고 해석할 수 있다. 패전으로 독일은 이 꿈을 이룰 수 없었지만, 영국도 결정적인 타격을 받았다. 사실 19세기 말부터 영국의 생산력이 미국과 독일에 추월되었고, 영국 경제의 쇠퇴는 제1차 세계대전으로 더욱 가속화된 것이다. 전쟁 후 영국은 이미 쇠퇴한 제국이라고 할 수 있다. 전쟁 기간 중 가장 중요했던 두 사건, 즉 미국의 참전과 러시아 공산혁명은 20세기 후반의 서양 현대사를 규정하는 두 세력이 등장하기 시작한 시점이다.

미국은 독립 이후 줄곧, 후에 '먼로 선언'에 명시된 바와 같이, 유럽에 대해 고립주의 정책을 펼쳐 왔다. 19세기 중반 태평양과 대서양을 잇는 운하에 대해 영국과 협상을 할 때 미국은 평등한 동반자로 인정을 받았고 미·서 전쟁 및 영국과의 경쟁에서 승리함으로써 대서양 좌안에 대한 지배권을 확보하기에 이른다. 이것은 서부 개척을 종결지은 시점이기도 하다. 이제 미국은, 헤이 국무장관의 말처럼, 지중해에서 시작해서 대서양을 경유했던 서양 문명이 태평양으로 뻗어 나가야 하는 사명을 지닌 국가로 인식되었다. 이것이 바로 미국의 유럽에 대한 고립주의와 동양에 대한 개방정책의 본질이었다.

이러한 미국이 1917년 대독전에 참전했던 것이다. 독일의 '무제한 잠수함 작전'으로 인한 미국 선박들의 침몰이 미국 참전의 원인이긴 했지만, 이보다 더 중요한 것은 미국 참전을 유도하기 위한 영국의 노력이었다. 영국은 독일을 주축으로 한 동맹세력을 압도할 수 없자, 1917년 3월 독일의 외상 침머만이 멕시코 정부에게 보낸 전문을 확보하여 미국 언론에 공개했다. "독일은 멕시코가 텍사스, 뉴멕시코, 애리조나 등지의 빼앗긴 영토를 회복하는 것을 이해한다"는 내용의 전문 공개는 당시 멕시코와 긴장관계에 있던 미국의 여론을 자극하기에 충분했고, 이것은 독일의 무제한 잠수함 작전으로 인한 피해와 함께 미국이 이 전쟁에 참전하도록 하는 결정적인 계기를 마련해 주었다. 미국은 독립전쟁 이후 19세기 말까지 영국과의 갈등관계에 있었는데, 제1차 세계대전 참전을 계기로 협력관계를 지속할 것이었다. 영국은 미국의 참전을 유도하고 미국 병력을 자신의 지휘권에 복속시키고자 했다. 미국 참전 유도와 미 해군의 영국 지휘권에로의 복속은 성공했지만, 미 육군은 미국이 직접 지휘했다. 이로 인한 마찰은 윌슨 대통령의 전후 처리 구상에 대한 영국의 반대로까지 확대되었지만, 이러한 불협화음은 대독일전을 위한 미국과 영국의 협력관계에 큰 지장을 초래하지는 않았다.

대독전 참전으로 미국은 자신의 표준을 유럽에 전파할 수 있는 위치에 오르기 시작했다. 그 첫 번째 예가 윌슨의 전후 처리안인 '14개조(비밀외교 포기, 항해의 자유, 경제적 기회의 균등, 군비축소, 민족자결, 창설 등)'이다. 여기에 '개방정책'과 '이상주의(민족자결과 국제연맹)'라는 미국의 표준이 반영되었음을 알 수 있다. 특히 윌슨의 '국제연맹안'은 독일 철학자 칸트의 '영구평화론'에 큰 영향을 받은 것이었다. 이것은 세력균형에 의한 국제평화질서(유럽협조체제)를 대체하는 집단안전보장체제였다. "세력균형은 독일적 방식이며 자국의 권력에 의존하는 정책이지만, 집단안전보장은 세계의 국가를 집결하는 것으로서 국제주의의 입장에 서는 것"이라고 윌슨은 주장했다. 그러나 이것은 다시 고립주의로 선회한 미국 상원의 반대로 인한 미국 불참과 영국과 프랑스의 민족주의적 이해관계 때문에 잘 작동될 수 없었다.

전후 처리를 위한 베르사유 강화조약이 체결되었다. 그러므로 제1차 세계대전 이후 질서를 '베르사유 체제'라 칭한다. 그런데 베르사유 체제는 많은 문제점을 지니고 있었다. 전쟁 책임을 일방적으로 독일에게만 전가하여 감당할 수 없는 전쟁보상금을 부과한 점, 윌슨의 14개조 평화질서구축 제안이 영국과 프랑스에 의해 대부분 거부되었던 점, 러시아가 조약 당사국이 되지 못한 점, 윌슨이 제안한 국제연맹에 미국이 불참한 점, 국제금융체제의 불안정 등과 같은 이유로 인해 국제평화체제 구축 노력이 결국 실패함으로써 베르사유 강화조약은 또 다른 대규모 전쟁의 불씨를 잉태했다고 볼 수 있다.

나치즘

이념과 운동으로서의 나치즘

파시즘은 이탈리아의 파시즘만을 지칭할 때도 있고 이를 모델로 한 유럽의 모든 정치사회체제를 지칭할 때도 있다. 기원은 이탈리아이지만 이보다 더 철저한 파시즘은 독일의 나치즘이다. 나치즘은 하나의 이념이며 운동일 뿐 아니라 하나의 체제였다.

국가사회주의독일노동자당은 이념적으로 그 명칭과는 반대로 사회주의나 노동자와는 거의 관계없는 당이다. 나치즘은 서구의 자유주의, 개인주의와 동유럽의 사회주의를 반대하고 '인종적 민족주의'를 주장한 이념이다. 그러나 나치즘과 민족주의가 동일한 것은 아니다. 나치즘은 민족주의적이지만, 모든 민족주의가 나치즘은 아니며, 따라서 모든 민족주의자가 나치즘에 공감했던 것도 아니다. 나치즘의 민족주의가 그 이전의 민족주의와 다른 점은 인종주의적 요소, 즉 반유대주의가 그 본질적 구성요소로서 포함되어 있다는 점이다. 유대인은 자유주의와 개인주의 및 사회주의를 배후에서 조종하며 독일 민족을 타락시키는 존재, 즉 독일인들의 '독버섯'이라고 여겨졌고 그렇게 선전되었다.

운동차원의 나치당은 바이마르 공화국 시기에는 주목받지 못하다가 대공황을 계기로 경제가 붕괴되고 극심한 좌우 대립으로 혼란해진 틈을 타서 1930년 9월 의회 선거에서 제2당(제1당은 사회민주당)으로, 1932년 7월 선거에서 제1당으로 급부상한 정당이다. 히틀러는 1933년 1월 제국수상이 되었으며 1933년 3월 소위 '수권법'을 발동하여 의회기능을 정지하고 나치체제를 수립하기에 이른다. 나치즘은 보수주의적 수사를 사용했지

Hetze gegen die Juden.

+ 나치 시기 독일 전역에 유포되었던 선전 포스터. 유대인은 자본주의 국가 미국과 영국, 그리고 사회주의 국가 소련의 배후에서 음모를 꾸미는 인류의 공적으로 묘사되어 있다.

만, 나치주의자들이 광범위한 대중의 지지를 받고 권력을 쟁취했다는 점에서 기존의 보수우파와는 다르다. 나치즘은 전통적 반동주의자들의 신분적이며 폐쇄적인 '유기적 국가주의'를 부정하고 대중의 사회적 역동성을 강조했는데 하사관 출신인 히틀러가 이를 상징했다. 지지자를 분석해 보면, 사민당이나 공산당을 지지했던 유권자가 그대로 사민당이나 공산당을 지지한 데 비해 기존 자유주의 정당들의 유권자들은 대거 나치당을 지지했다. 특히 경제위기에 커다란 타격을 받은 중산층이 대거 나치당을 지지했다. 농민과 노동자들도 지역에 따라 상당수 나치당을 지지했다.

히틀러는 1932년 여름 대기업가와의 회동에서 이들의 지원을 얻는 데 성공했다. 이때 히틀러는 이들의 이해관계가 보장되는 정책(사회혁명에 대한 방파제, 노동운동세력의 파괴, 대자본가 중심의 경제정책, 산업합리화 등)을 펼 것을 약속했다. 이때부터 나치당은 외관상 중간층 사회주의적인 성격이 사실상 사라지고, 대자본의 이해를 일정하게 대변하는 역할을 하기 시작했다. 이러한 측면에서 코민테른의 '도구론'(나치즘은 위기에 처한 독점자본의 반동적 정치형태이다)은 어느 정도 진실에 가깝다. 그러나 실제의 역관계는 나치당이 우위에 있었고, 나치의 폐쇄적인 자립경제 정책을 국제거래를 원하는 대자본가들이 찬성했던 것이 아니기 때문에, 나치즘은 독점자본의 도구로만 볼 수 없는 측면도 있다.

그러면 나치즘이 성공할 수 있었던 배경은 무엇인가? 첫째, 선진자본주의 국가의 일반적 위기, 즉 자유주의 경제체제의 전반적 위기(대공황). 대공황이 없었다면 나치즘은 성공하지 못했을 것이다. 둘째, 패전의 부담, 즉 경제적·정치적·심리적 부담. 베르사유조약은 전승국의 보복주의에 기초해 있었기 때문에 독일 민족은 이에 대한 수정을 강력하게 요구하여 왔고, 이것을 가장 잘 대변했던 것이 나치당이었다. 셋째, 바이마르 공화국의 자유민주주의 실험의 실패. 이 시기 내내 좌우 세력이 날카롭게 대립되어 자유민주주의 기제가 잘 작동할 수 없었다. 보수주의자들은 소련의 체제공세와 국내의 노동세력 및 공산당의 부상에 두려움을 느꼈고, 노동세력은 보수층의 특권의식과 독점자본의 공세에 두려움을 느꼈다. 나치당은 이 두 세력을 통합할 수 있는 민족주의를 내세우면서 최초의 국민정당으로 부상했던 것이다.

체제로서의 나치즘 : 논쟁점

나치즘 체제의 성격에 대한 전통적인 이론은 '전체주의론'과 '파시즘론'(독점자본주의의 도구)이다. 이 두 입론은 1930년대 당시 정책결정자들의 인식틀이었기 때문에 나치즘을 과학적으로 분석하기에는 많은 문제점을 지니고 있고, 실제로 많은 비판을 받아 왔다. 여기서는 이에 대해 다루지는 않겠다. 오늘날 관심을 끌고 있는 문제틀은 다음과 같은 것들이다.

첫째, 나치즘의 근대성 문제이다. 나치즘이 얼마나 근대적 현상이었는가에 대한 해묵은 논쟁에서 나치즘의 근대성을 강조하는 목소리가 점점 강해지고 있다. 지난 70년대에만 해도 나치즘은 '반근대주의'의 대명사였다. 나치 정책, 나치의 이데올로기 전반이 기껏해야 서구식 의회민주주의와 자유주의로 대표되는 '좋은 근대'에서 일탈한 '사이비 근대'로서 파악되었다. 반면 나치즘을 19세기 이래로 진행된 장기적인 근대화 과정의 한 단계를 이루는 하나의 역사적 단계로서 파악하여 나치즘에 의한 근대화 과정에 주목하려는 입장들도 있었지만, 이 입장 역시 '좋은 근대'라는 신화에 사로잡혀, 제3 제국 시기의 근대화 과정은 나치의 의도와는 상관없이 진행된 과정이었음을 강조한다. 하지만 1970, 80년대를 경과하면서 나치즘 자체가 갖는 근대성 내지 근대적 현상 자체로서 나치즘에 대한 관심이 높아졌다. 이때 나치즘은 근대문명이 갖는 이중성, 즉 한편으로 기술적 합리성, 경제적 효율, 사회정책적 통합력과 다른 한편으로 파괴적이고 병리적인 성격을 대표하는 것으로서 파악된다.

둘째, 나치지배체제에 대한 '의도주의'와 '기능주의'의 대립. 기존의 전체주의론적 시각에서 히틀러의 '빅브라더'로서 성공적 역할을 주장하던 이른바 의도주의적 관점에 대한 비판을 언급할 수 있다. 이러한 비판은 1960년대 이후 서독의 소위 '수정주의' 또는 '기능주의'를 대변하는 역사가들에 의해 강조되었다. 이 관점에 의하면 나치체제는 히틀러나 나치 지도부의 장기적인 목표를 위해 통일적이고 원활하게 작용하던 체제가 아니라, 당, 군부, 기업 등의 다극적 혹은 분극적인 권력점들이 경쟁하던, 원심화의 경향을 내포한 체제였다는 것이다. 이러한 관점에서 볼 때, 대중의 지지를 끌어내기 위한 나치의 노력들은 일관된 모습을 갖추고 있었다기보다는 개별 사안들에 따라 다양했고, 나아가 자체 내에 상호충돌과 모순의 실행과정을 지녔던 것이 된다.

셋째, 나치의 독재체제와 사회복지정책. 사회복지정책을 통해 대중들의 지지를 획득하고자 한 나치의 정책 중에서 가장 중요한 것이 대량실업의 해결이었다. 공황으로 인한 대량실업을 해결할 것을 약속한 나치정권은 전국고속도로 건설 등 여러 가지 방법을 통해 이를 해결했다. 그러나 그것은 군수산업 덕분이었고, 군수산업은 팽창정책의 일환이었다는 점에 대해서는 학자들 사이에 이견이 없다. 그 원인이야 무엇이었든지 간에 나치가 대량실업을 경기부양을 통해서 해결했고, 이 점에서 대중들의 전폭적인 지지를 받았다는 것은 명확하다. 나치정권이 때때로 기업의 희생 위에서 자신의 군수정책을 실시하여 양자 사이에 긴장관계가 없었던 것은 아니지만, 나치정권에서 문제되는 것은 무엇보다 노동자들과 농민이라는 대중들이었다. 나치정권은 사회경제체제에 대한 일관된 이론을 가지고 있지 못했다. 나치의 사회경제정책은 히틀러의 핵심적인 정치적 이념과 목적에 종속되었다. 예컨대, 나치의 민족공동체이념은 계급으로 대립되는 사회가 아니라 민족 동지로 구성된 사회를 지향하는 것인데, 현실사회의 노동–자본의 대립관계를 어떻게 해결할 것인가에 대한 내용은 미리 규정되어 있지 않았다.

넷째, 이상의 시각이 위로부터의 나치연구 시각이라면 아래로부터의 연구시각에서 그간 많은 나치연구가 이루어졌다. 여기에 있어서 하나의 큰 줄기를 형성하고 있는 연구경향이 지난 70년대 이후 싹트기 시작한 제3 제국 시대의 일상사 연구이다. 일상사 연구들은 기존의 전체주의론, 파시즘론과 같은 거대이론을 부정하면서, 아래로부터 그리고 미시적인 관찰을 통해 나치즘 치하의 대중의 태도에 초점을 맞추고 있다. 지금까지 진행된 일상사 연구의 전반적 결론에 의하면 제3 제국 시기 대중들은 탈정치화, 개인주의화, 나아가 원자화되어 있었기 때문에 나치정부가 일정한 소비욕구와 여타의 물적 조건들을 충족시켜 주는 한 나치즘에 대해 기본적 지지를 할 수 있었다는 것이다. 그러나 일상사가들의 연구는 그렇다고 해서 대중들이 항상 적극적으로 나치즘을 지지했던 것은 아니며, 동시에 비록 명확하고 극적인 정치적 저항의 형태를 취하지는 않았지만 나름대로(예를 들어 태업 등의 형태로) 나치정부의 정책에 대한 저항행위도 발견할 수 있다는 것이다. 세부적으로 보면 개별 정책들과 사안에 따라, 또한 지역에 따라, 계층에 따라, 세대에 따라 대중들은 적극적인 지지와 저항 사이에서 상이한 편차를 보이고 있다. 특히 노동계급의 태도는 나치즘에 대한 '유보적 수용'으로 특징 지울 수 있다. 한마디로 제3 제국 시기 대중은 나치즘에 대해 합의, 수용, (비공식적) 저항이라는 다양한 태도들이 혼합된 행동양식을 보인다는 것이다. 이런 점에서 볼 때 제3 제국기의 일상사 연구는 기존의 '나치즘의 폭력적 지배하에서 희생당한 독일 민중'이라는 선입관을 깨는 데는 성공했다고 할 수 있다.

제2차 세계대전

연합세력은 전쟁 발발을 왜 막지 못했나?

제2차 세계대전 아시아-태평양에서는 1937년 일본이 중국을 침략하면서 시작되었고, 유럽에서는 1939년 독일이 폴란드를 침공하면서 시작되었다. 1945년 추축국(독일, 일본, 이탈리아)이 연합국(미국, 소련, 영국)에 의해 패배하면서 종결되었다.

제2차 세계대전은 1939년 9월 나치 독일이 폴란드를 침공함으로써 시작되었다. 제1차 세계대전과 달리 제2차 세계대전의 주요 책임은 독일에게 있다는 점에 학자들 사이에서 이견이 없다. 논쟁은 “왜 다른 강국들이 처음에는 독일 세력의 성장을 받아들이고 나서, 뒤에 그를 저지하기로 결정하였는가(유화정책)”라는 질문을 둘러싸고 벌어지고 있다. 즉, ‘불필요한 전쟁’이라는 처칠의 진술 속에 함축되어 있듯이 실현 가능한 대안이 있었는가? 아래에서는 이러한 문제들을 검토하겠다.

영국의 예를 살펴보자. 전쟁 직후 처칠은 전쟁은 불필요했었는데, 유화정책으로 인해 전쟁을 초래했다고 비판했다. 영국이 일방적인 양보정책으로 독일과의 평화를 사려고 했었으며, 그것은 불명예스럽고도(체코에 대한 배신) 비참한 것(독일에 의한 전쟁을 막지 못한 것)이었다고 한다. 이 문제는 영국의 유화정책과 영·불·소의 조속한 협력 문제와 관계된다.

먼저 영국의 유화정책에 대한 연구 결과를 살펴보자. 영국은 군사적으로 약했고 전쟁 준비가 되어 있지 않았다. 1937년 참모총장들은 영 제국을 위협하는 적들, 즉 독일, 이탈리아와 일본의 군사력에 비해 영국은 전면전을 불사할 수 없었다고 평가했다. 이에 따라 군부는 재무장화가 상당히 진전되기까지는 영국의 적국 수를 줄이는 것이 외교 정책의 주요 과제여야 한다고 건의했다. 사실 재무장은 1934년부터 계속 추진되었지만, 그 정도에 대해 합의하지 못했다. 즉, 유한 책임(유럽 전쟁에 단지 소규모 육군을 참전시키고 해상 및 공중전과 유럽 대륙의 동맹국들을 위한 경제 지원에 주된 노력을 기울이는 것)과 대륙에 대한 책임(대량의 희생을 감수해야 하는 직접 참여)사이에서 논의되었는데, 군부의 위와 같은 건의로 체임벌린은 당분간 제한적 책임 선호정책을 취하기로 했다. 신속한 무력 증강을 위해 재원을 생산적 부분에서 비생산적 부분인 재무장에 대량 투자해야 하는데, 앞으로의 전쟁은 경제력이 뒷받침되는 장기전이 될 가능성이 많기 때문에, 이를 위해 재무장의 속도를 늦추는 대신 정상적인 경제를 유지하는 것이 전략상 더욱 유리하다고 영국정부는 판단했던 것이다. 그리고 재무장을 위해 통제경제가 요구되는데,

당시 자본 측이 이에 대해 반대하는 입장이었다. 그밖에 전쟁에 대한 대중의 반감, 나치 독일에 의해 제기된 위험의 과소평가, 공산주의에 대한 공포로 인해 독일이 그에 대한 하나의 방파제 역할을 해 줄 것에 대한 기대 등도 체임벌린 정부의 정책결정에 영향을 미쳤다. 즉, 유화정책은 단순히 체임벌린 한 사람이 만들어 낸 것이 아니라, 영국인의 감정에서 나왔을 뿐만 아니라 영국의 국익에 대한 합리적 계산에서 나왔으며, 신속한 재무장에 기반을 둔 대안적인 정책은 심각한 어려움을 제기 했던 것이다. 따라서 처칠의 주장은 과장된 것이다. 프랑스도 이와 유사했고, 미국은 아직 고립정책을 취하고 있었다.

다음으로 영·불·소의 조속한 협력 문제를 검토해 보자. 1936년 독일이 라인 지방에 군사력을 앞세워 진주할 때나 아니면 늦어도 전쟁 발발 몇 개월 전인 1939년 여름, 영·불·소 협상이 성공했다면, 독소불가침 조약도 체결되지 않았을 것이고, 또한 독일의 폴란드 침공은 다른 양상으로, 최소한 더욱 조심스럽게, 시도되었거나, 아니면 무기한 연기되었을 수도 있었기 때문에 전쟁은 불필요했다고 처칠은 주장했다. 그러나 삼국 간의 협상 성공 가능성이 대단히 희박했다. 그 이유는 영국과 프랑스의 반공주의적 편견, 소련의 영토적 요구에 대한 불신, 에스파냐 내전에서 확인된 영·불의 비협조에 대한 소련의 배신감, 일본과 독일 양면 전쟁의 회피라는 절실한 소련의 필요를 영·불이 충족시킬 수 없다고 소련이 판단했기 때문이다.

전쟁의 성격과 결과

제1차 세계대전 때 총력전이 본격적으로 시작되었다면, 제2차 세계대전 동안 총력전은 그 피해 규모와 영향력에서 모든 전쟁을 능가했고, 인류의 멸망을 초래할 것 같았다. 제1차 세계대전의 신무기가 기관총과 대포였다면, 제2차 세계대전의 신무기는 전폭기와 탱크, 그리고 무엇보다 핵무기였다. 핵무기는 인류의 종말을 가져올 위협과 함께, 그 때문에 전면전을 방지했던 이중의 효과를 지녔다.

제1차 세계대전이 민주주의 체제의 도래에 결정적 계기였다면, 제2차 세계대전은 서양 진영에서 민주주의 안정화 조치(복지정책)가 도입되는 데 결정적 역할을 했다. 물론, 공산주의 국가에서 제2차 세계대전은 스탈린 체제의 우월성을 입증하는 것으로 받아들여졌고, 그만큼 기왕의 공산주의 체제를 강화하는 역할을 했다. 영국에서 전쟁 직후 집권한 노동당은 '요람에서 무덤까지'라는 구호로 의료보험 등 다양한 복지정책을 도입했다. 프랑스에서는 드골 망명정부와 레지스탕스의 사회복지 정책 구상이 전후 차근차근 실현되었다.

새로운 질서는 국제적 차원에서도 모색되었다. 미국과 영국은 1944년 여름 브레튼우즈회의에서 각국의 확대재정 정책과 국제 환율의 안정을 동시에 추구하는 체제를 구축하고 그 실행기구로 세계은행과 국제통화기금을 설립했다. 이 체제를 회의 장소의 이름을 빌려 '브레튼우즈 체제'라 부른다. 평화 구축을 위한 경제적 노력이 시작된 외에 국제 안보를 위한 새로운 제도도 만들어졌다. 특히 루스벨트가 추진했던 "하나가 된 세상"은 유엔 창립으로 구체화되었다. 1944년 10월 전문가로 구성된 위원회가 덤버튼옥스에서 기본원칙들을 구상한 후 1945년 6월 26일 51개국이 유엔헌장에 서명했다.

독일과 유럽의 분단이 서양의 전후 질서 변화에 가장 두드러진 현상일 것이다. 스탈린은 폴란드 국경을 서쪽으로 이동시켜 소련의 영토를 확장하고자 했다. 그는 폴란드가 오더-나이세 선에 이르는 독일 영토를 이양받도록 했다. 처칠과 루스벨트는 이 계획에 조건부로 찬성했지만,

+ 독일의 분할점령지역(1945)

스탈린은 포츠담 회담(1945.7.17.~8.2.)이 열리기 전에 새로운 국경의 확정을 이미 끝내 버림으로써 이를 기정사실화했다. 소련은 동유럽에 대한 영향력을 점점 확대시켜 가면서 미국에 이어 새로운 초강대국으로 부상했다. 1947년부터 시작된 냉전으로 독일의 분단은 유럽의 분단으로 확대되고 고착되기 시작했다. 이 분단은 1991년 소련이 붕괴될 때까지 지속되었다.

전쟁 기간 동안의 엄청난 피해는 유럽 강대국들의 힘을 약화시켰다. 몇몇 식민지 국가에서 일어난 봉기로 탈식민지화 과정이 시작되었고, 이로 인해 프랑스와 영국은 국제적으로 정치적 영향력을 상실했다. 세력구도는 유럽 국가들에게서 새로운 두 강대국으로 옮겨졌다.

Chapter 15

제국주의의 발호와 식민 제국의 해체

제국주의의 발호

제국주의는 일반적으로 유럽이 1873년 시작된 대불황을 극복하기 위해 해외팽창과 식민지 건설에 박차를 가한 시기부터 1945년 제2차 대전을 계기로 제국이 해체되는 시기까지를 지칭하는 개념이다. 물론 1870년대 이전에도 유럽의 각국은 해외로 팽창하여 식민지를 건설하는 등 침략을 감행했다. 1870년대 이전 포르투갈, 에스파냐, 네덜란드, 프랑스, 영국 등은 아메리카 대륙, 아프리카와 인도의 해안 지역 등 제한된 지역에서만 식민지를 건설했고, 주로 원료의 공급과 상품의 판매 등 상업적 교역이 종주국과 식민지의 주된 관계를 이루었다.

1870년대 시작된 제국주의는 러시아, 벨기에, 미국, 일본 등 새로운 제국주의 국가들이 가세했을 뿐 아니라 십수 년 만에 자본주의가 발전하지 않은 세계의 거의 대부분이 제국주의 식민지로 전락하게 했다. 또한 원료와 상품의 교역뿐 아니라 자본의 수출이라는 특징을 갖는다. 1870년대 이후의 유럽 해외팽창은 그 이전과 비교했을 때, 그 규모와 질에서 전혀 다른 것이었다.

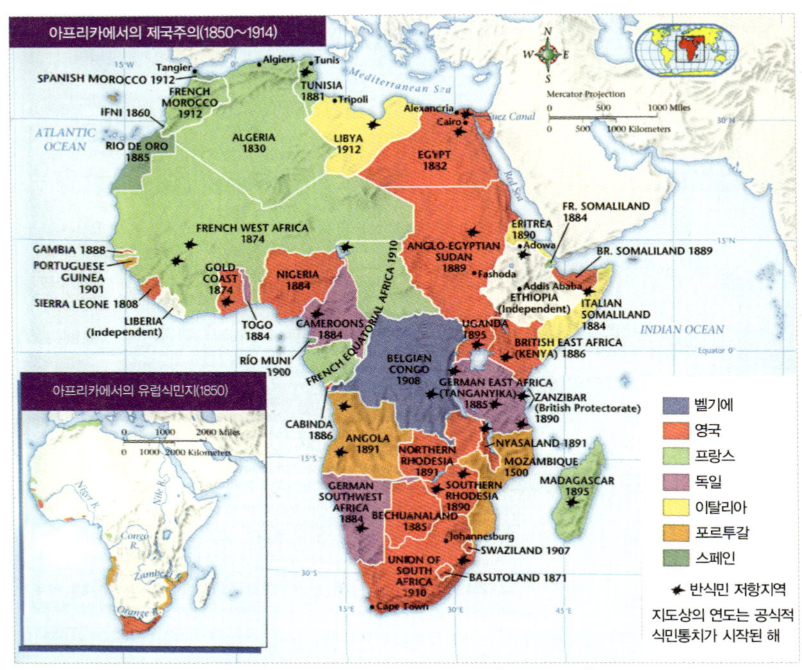
아프리카에서의 제국주의(1850~1914)
SPANISH MOROCCO 1912
FRENCH MOROCCO 1912
IFNI 1860
ATLANTIC OCEAN
RIO DE ORO 1885
ALGERIA 1830
TUNISIA 1881
LIBYA 1912
EGYPT 1882
Mediterranean Sea
FRENCH WEST AFRICA 1874
GAMBIA 1888
PORTUGUESE GUINEA 1901
SIERRA LEONE 1808
LIBERIA (Independent)
GOLD COAST 1874
TOGO 1884
NIGERIA 1884
CAMEROONS 1884
RÍO MUNI 1900
FRENCH EQUATORIAL AFRICA 1910
ANGLO-EGYPTIAN SUDAN 1889
ERITREA 1890
FR. SOMALILAND 1884
BR. SOMALILAND 1889
ETHIOPIA (Independent)
ITALIAN SOMALILAND 1884
UGANDA 1895
BRITISH EAST AFRICA (KENYA) 1886
BELGIAN CONGO 1908
GERMAN EAST AFRICA (TANGANYIKA) 1885
ZANZIBAR (British Protectorate) 1890
CABINDA 1886
ANGOLA 1891
NORTHERN RHODESIA 1891
NYASALAND 1891
MOZAMBIQUE 1500
MADAGASCAR 1895
GERMAN SOUTHWEST AFRICA 1884
BECHUANALAND 1885
SOUTHERN RHODESIA 1890
SWAZILAND 1907
UNION OF SOUTH AFRICA 1910
BASUTOLAND 1871
INDIAN OCEAN
아프리카에서의 유럽식민지(1850)
벨기에
영국
프랑스
독일
이탈리아
포르투갈
스페인
반식민 저항지역
지도상의 연도는 공식적 식민통치가 시작된 해

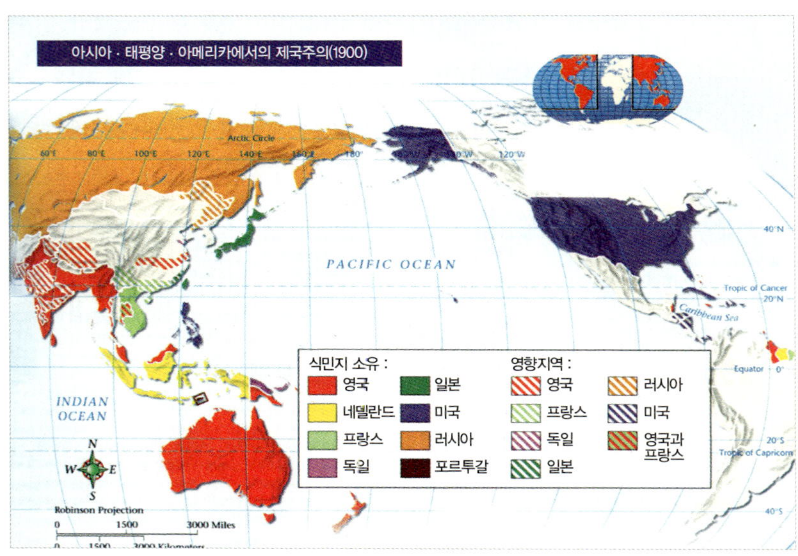
아시아 · 태평양 · 아메리카에서의 제국주의(1900)
PACIFIC OCEAN
INDIAN OCEAN
식민지 소유 :
영국
일본
네델란드
미국
프랑스
러시아
독일
포르투갈
영향지역 :
영국
러시아
프랑스
미국
독일
영국과 프랑스
일본
Robinson Projection

양차 세계대전과 식민 제국의 위상

제1차 대전은 승승장구 했던 제국주의에 처음으로 타격을 가한 사건이었다. 유럽 열강들의 식민지 쟁탈전은 선발 식민 제국과 후발 식민 제국 간의 전쟁을 야기했다. 식민 제국들은 승리를 위해 식민지의 물적, 인적 자원을 서슴없이 동원했으며, 종주국을 위해 값진 희생을 치른 식민지인들은 적어도 완전한 독립까지는 아니더라도 일정한 자치를 얻어 낼 수 있으리라 기대했다.

이러한 기대를 더욱 부추긴 것은 미국 대통령 윌슨의 민족자결주의와 러시아 혁명의 주역 레닌의 민족자결주의였다. 이 둘은 해방된 민족의 사회구성에 대한 구상은 다르지만 제국주의를 비판하는 데는 공통점을 보였다. 민족자결주의는 독일 및 오스트리아-헝가리와 러시아 사이의 슬라브 민족들의 독립을 가져왔다. 하지만, 미국은 자신의 제국주의와 유럽 식민 제국들과의 타협으로, 공산 혁명에 성공한 러시아는 몇 년간 내전을 겪어야 했기 때문에 이들의 민족자결주의는 동유럽 지역을 제외하면 오스만 터키의 해체 지역과 조선 등 피압박 민족들의 저항으로만 표출되었다. 조선은 그대로 일본의 식민지로 남아 있었고, 미국의 식민지 필리핀의 경우도 마찬가지였다. 그리고 오스만 터키 제국의 해체 지역인 이라크, 시리아, 레바논은 국제연맹이 지정한 식민 제국의 위임통치하에 놓이게 되었다.

그러나 영국의 입장은 대폭 바뀌었다. 식민지 유지의 경제적 부담에 골몰하던 영국은 1926년 웨스트민스터 회담을 계기로 캐나다, 오스트레일리아, 뉴질랜드, 남아프리카 연방 등 다수 백인 거주지에 주권 국가와 다름없는 자치령의 지위를 부여한 후 영국 본토와의 유대를 강화한 영연방을 결성했다. 이집트에서 격렬한 반식민주의 봉기에 직면한 영국은 국제사회의 압력 속에서 1922년에 이집트의 독립을 허용했으며, 1932년에는 이라크의 독립을 승인했다. 그러나 이러한 제반 현상이 식민 제국의 지위를 흔들지는 못했다. 오히려 나치즘 독일, 파시즘 이탈리아, 군국주의 일본의 식민지 침략이 가열됨으로써 제국주의가 더욱 강화된 측면이 있었다. 아래 표는 제2차 대전 발발 무렵 식민 제국들이 세계의 영토와 인구를 얼마나 많이 지배하고 있었는지 보여 준다.

제2차 세계대전 발발 무렵 식민 제국의 영토와 인구(1938)

식민 제국	종주국		식민지	
	면적	인구	면적	인구
영국	244	47,500	13,930	466,520
프랑스	552	42,000	11,840	70,636
네덜란드	41	8,700	2,070	68,375
이탈리아	301	43,600	3,425	12,870
벨기에	31	8,400	2,404	14,300
포르투갈	92	7,500	2,110	10,610
에스파냐	505	25,600	340	1,055
미국	9,373	130,000	328	18,585
일본	378	71,900	299	30,976
합계	11,872	385,200	37,841	694,450
합계 (미국, 일본 제외)	2,121	183,300	37,214	644,891

단위 : 면적은 1000km2, 인구는 1000명

그러나 제2차 대전은 달랐다. 유럽의 파국을 몰고 온 이 전쟁에 참여한 식민 제국들은 쇠퇴의 길로 접어들었던 것이다. 프랑스는 나치 독일에 점령당했고, 영국은 서유럽에서 홀로 독일에 대항했다. 소련이 동부 전선에서 독일에 맞섰지만, 미국의 참전이 없었다면, 이 전쟁은 아마도 추축국의 승리로 끝났을 가능성이 높았다. 더욱이 일본이 동남아시아와 서태평양에 있는 영국, 네덜란드, 프랑스의 식민지를 점령하자, 인도에서는 일부 원주민 병력이 독립을 위해 일본과 연합했다. 또한 소련과 미국이 본격적으로 유럽의 식민 제국이 건설한 세계질서에 제동을 걸었다. 1945년 추축국의 패배로 전쟁은 끝나 영국, 프랑스, 네덜란드는 일본에게 빼앗겼던 동남아시아 식민지를 되찾았지만, 본격적인 위기에 봉착하게 되었다. 이 위기는 아시아 식민지를 넘어 아프리카에까지 이어졌다.

냉전과 식민 제국의 해체

미국은 제1차 대전 이후 줄곧 민족자결주의와 문호개방을 요구하며 식민 제국들의 폐쇄된 제국질서에 문제를 제기했다. 미국은 세계 대공황이 또 한 차례의 세계대전을 유발했다는 점에 주목하고, 이제 문제제기 수준을 넘어 전후 세계질서를 자유주의적 방식으로 개방하는 쪽으로 틀을 잡았다. 1944년 수립된 브레튼 우즈 체제와 1947년 수립된 '관세 및 무역에 관한 일반협정'이 바로 그것이다.

미국은 종전 이후 필리핀을 독립시키고 유럽 식민 제국들을 압박하기 시작했다. 1947년부터 냉전기에 접어들면서 미국은 신생 독립국들이 소련의 영향권에 편입될 것을 우려하여 유보적이고 때로는 상충된 입장을 취하기는 했지만, 베트남의 경우와 같이 해당 지역이 공산주의로 기울지 않는 한 식민지 해방에 호의적인 정책을 고수했다. 더욱이 해당 지역의 독립이 부존자원에 대한 자유로운 접근과 같은 자국의 이해관계와 밀접한 관련이 있을 경우, 식민지 해방에 대한 미국의 태도는 더욱 적극적이었다. 말레이시아, 인도네시아, 모로코, 알제리 등이 바로 이런 경우에 해당한다.

소련도 레닌의 민족자결주의를 제2차 대전 종전 직후부터 적극 내세우며 식민 제국들의 세계질서를 본격적으로 흔들기 시작했다. 소련의 주도로 1947년에 창립된 코민포름은 프랑스에 맞서 해방전쟁을 벌인 인도차이나 공산당을 배후 지원했다. 1949년 중국 공산혁명의 성공은 공산주의와 민족해방의 전파력을 더욱 강화시켰다. 이제 소련은 공산진영의 종주권을 놓고 중국과 경쟁 관계에 놓이게 되자 더욱 반식민주의 노선을 밀고 나갈 수밖에 없었다.

여기에 세계평화와 공영을 위해 설립된 국제연합은 비록 식민지 해방전쟁에 직접 개입하지 않았지만, 식민지들의 독립에 우호적인 국제 환경을 마련하는 데 기여했다. 국제연합은 국가 간의 평등한 권리와 민족자결권을 국제관계의 원리로 재확인했다. 신생 독립국의 가입이 늘어날수록 국제연합의 각종 회의장은 식민 제국들의 횡포와 전횡을 규탄하는 성토장이 되었다.

전쟁의 폐허 속에서 유럽 식민 제국들 내부에서도 식민주의에 대해 회의적이거나 반대하는 입장이 고개를 들었다. 지나치게 확대된 식민 제국이 경제적 측면에서 종주국에 이익이 되기보다 부담이 된다는 냉정한 문제제기에서부터 제국주의를 비판하는 오래된 논변인 침략과 착취에 대한 도덕적 비판까지 다양했다. 영국의 노동당과 프랑스의 공산당 등 좌

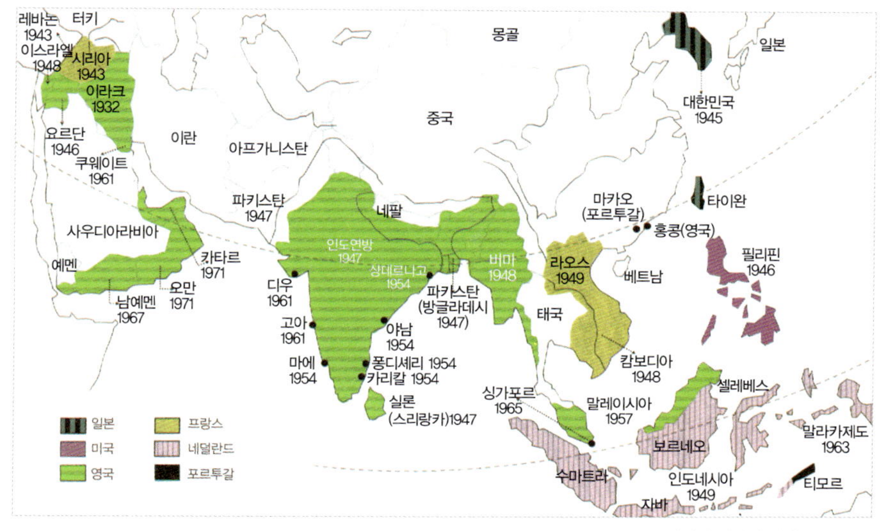

+ 아시아 식민지 해방

파 세력은 식민 제국을 유지하려는 보수 세력을 비판하고 나섰다. 더욱이 제2차 대전에서 식민지 병력을 전선으로 동원하기 위해 전쟁 후 개혁과 자치를 허용하겠다고 약속했던 종주국으로서는 식민지의 반발을 막으려면 어떤 모양으로든 유연한 대응이 필요했다.

이 모든 요인들이 식민지 해방에 영향을 미쳤지만, 무엇보다 중요한 것은 피압박 민족들의 민족 자결권에 대한 자각과 해방투쟁이었다. 검은 아프리카를 제외한 거의 모든 식민지에서 제국주의 침략 초기부터 저항 세력이 형성되었다. 이 세력은 특히 제1차 대전 이후 조직화되었다. 튀니지의 초기 독립운동을 이끈 데스투르당, 19세기 말에 창설된 후 반세기 이상 인도 독립운동에 앞장선 인도국민회의 등은 국민주권, 대의제 민주주의 등 서구식 제도에 기반을 둔 반식민지 민족해방운동의 구심점이었다. 또한 이슬람교도 이슬람 지역의 독립을 추진한 사상적 기반이 되었으며, 소련의 영향으로 식민지역에 공산계열의 민족해방투쟁 조직이 형성되었다. 그 대표적인 예가 바르 인도차이나에서 호치민이 이끈 베트민이었다. 말레이시아와 인도네시아에서 보듯이, 친서방 민족해방세력과 친소련 민족해방세력의 다툼이 없었던 것은 아니나 냉전은 이들 다툼이 민족해방에 방해가 되었다기보다 도움이 되도록 이끌었다. 예를 들면, 제2차 대전 후 말레이시아로 돌아온 종주국 영국은 화교출신의 말레이시아 공산 계열 민족해방투쟁 세력과 맞서게 되었다. 그러나 영국은 말레이시아의 친서방적 세력을 앞세워 이에 대처했는데, 이를 위해 말레이시아의 독립을 인정해야 했다. 그러나 냉전이 식민지 해방투쟁에 매우 부정적으로 작용하기도 했다. 공산세력에 의해 베트남이 해방되려 하자 미국은 1950년 중반 이에 적극적으로 개입했다. 한국의 경우 1945년 독립했지만, 냉전의 여파로 분단과 전정의 비극을 초래했다.

인도의 독립

인도 독립운동의 구심점은 1885년에 설립된 인도국민회의였다. 인도가 제1차 대전에서 영국 측에 참전했음에도 약속과 달리 자치령의 지위를 얻지 못하자, 마하트마 간디는 비폭력 저항운동을 전개했다. 알리 진나의 무슬림동맹이 펼치는 급진 투쟁도 이에 가세했다. 영국은 결국 1935년에 새로운 인도통치법을 만들어 인도인들에게 제한적인 참정권을 부여했다.

제2차 대전이 발발하자 영국은 다시 인도의 도움을 요청했다. 영국은 전쟁이 끝난 후 인도에 완전한 자치권을 주기로 약속했다. 그러나 인도국민의회는 인도의 자치가 아니라 독립을 요구하며 이를 거부했다. 1942년 간디의 지휘 아래 '인도 철수' 운동을 펼쳤다. 그러나 영국은 간디와 네루 등 인도국민의회 지도자들을 체포했다. 제2차 대전 중 영국은 인도인들의 거대한 저항 운동에 봉착하게 되었다.

전쟁 종결 후 정권을 잡은 노동당 정부는 시대의 흐름에 순응하기로 결정했다. 인도 마지막 총독인 마운트배튼은 마침내 인도의 독립을 승인했다. 하지만 1947년 영국은 힌두교 인도와 이슬람교 파키스탄의 분리 독립을 추진했다. 전체 인구의 5분의 1에 지나지 않는 무슬림들은 다수의 힌두교도들과 섞여 지내기를 원치 않았다. 신생국 인도에서는 네루가, 동서로 나뉜 파키스탄에서는 진나가 초대 수상이 되었다. 이어서 실론(스리랑카)과 미얀마가 독립했다. 1971년에는 동파키스탄인 방글라데시가 파키스탄과 분리 독립했다. 하지만 인도는 독립 이후 순탄하게 발전하지 못했다. 분리 독립으로 지방 토호세력들의 분규가 일어나고 힌두교 주민과 이슬람교 주민들이 이합집산하면서 전국에서 수많은 소요가 발행했다. 국경 지방인 카슈미르 지역에서는 영유권을 둘러싼 분쟁이 발생했다. 이 와중에 간디가 사망했다. 하지만, 이후 인도는 유엔 회원국으로, 비동맹세력의 주축세력으로 국제무대에서 활발히 활동했다.

인도네시아의 독립

네덜란드령 인도네시아는 자바, 수마트라, 보르네오로 구성된 인구 6000만 명이 넘는 거대한 군도다. 1942년 인도네시아를 점령한 일본군은 네덜란드의 식민통치 구조를 해체하고 독립을 약속했으나 패전 후 곧 물러났다. 1927년부터 국민당을 이끌던 수카르노는 1945년 8월 인도네시아 공화국을 선포했다. 하지만 전후 복구 과정에서 네덜란드는 인도네시아 군도를 재식민화하려 했다. 네덜란드는 인도네시아를 자국의 영향권 안에 두는 연방제 개편안으로 타협을 시도하면서 동시에 독립운동단체들을 1947~1948년 동안 두 차례에 걸쳐 무력으로 진압하기도 했다. 민족주의 진영은 대대적인 저항운동으로, 공산주의 진영은 게릴라 투쟁으로 이에 맞섰으며 수천 명의 사상자가 발생했다.

인도네시아 문제를 둘러싸고 국제적 긴장이 고조되는 가운데, 수카르노의 반공산주의 민족진영에 안도감을 느낀 미국은 공산주의 세력의 확산을 차단하기 위해 서둘러 네덜란드에 압박을 가해 협상을 유도했다. 분열된 인도네시아 공산당은 군소 세력으로 전락했다. 국제사회의 중재로 1949년 12월에 개최된 헤이그 회담에서 네덜란드 연방 안에서 인도네시아의 주권을 인정하는 타협안이 마련되었지만, 인도네시아는 네덜란드와의 관계를 완전히 단절한 연방국가로 독립했다.

말레이시아의 독립

일본군이 물러난 후 다시 돌아온 옛 식민 제국 영국은 1948년 이 지역을 말라야 연방이라는 이름으로 보호령에 편입시켰다. 하지만 일본군 축출에 앞장섰던 화교 소수파가 말라야 공산당을 창설하고 말레이시아 공산주의 공화국을 선포했다. 말라야 공산당은 8000여 병력의 민족해방군을 조직하고 영국에 맞섰으며, 고무, 주석 등 주요 원료 생산지를 접수하고 해방구를 선포했다. 중국 공산당의 후원을 받는 말라야 공산 해방군에 맞서 영국은 1952년 한 해에만 정규군 4만과 헌병대 5만 그리고 25만 향토자치대를 동원해야 했으며 반군의 거점을 소탕하기 위해 60만 명의 농민을 다른 지역으로 이주시켜야만 했다. 공산군의 세력 확대를 막기 위해 영국은 전략적 요충지인 싱가포르를 계속 영유한다는 조건으로 1957년에 서둘러 말레이시아의 독립을 승인했다. 10년에 걸친 말레이시아 전쟁은 1만 3000명의 희생자를 내고 막을 내렸다.

베트남의 독립

제2차 세계대전 막바지 몇 주 동안 공산주의자 호치민이 이끄는 베트민이 북부 지역을 장악하고, 미국의 독립선언과 프랑스의 인간과 시민의 권리선언 정신에 근거하여 베트남 독립을 선언했다.(자료 I 참조) 하지만, 돌아온 식민 제국 프랑스와 베트민 간의 독립 협상이 실패하자 1946년 인도차이나 전쟁이 발발했다. 중국은 1949년 공산혁명 성공 후부터 베트남을 적극적인 지원하기 시작했다. 디엔비엔푸의 프랑스 요새가 1954년 함락되면서 인도차이나 전쟁은 끝이 났다. 1883년 이래 프랑스의 식민지였던 베트남, 캄보디아, 라오스는 1954년 체결된 제네바 협정을 통해 독립하게 됐다.

1954년 체결된 제네바 협약은 베트남을 일단 분단하고 1년 안에 통일정부를 수립하기 위한 총선거를 실시할 것을 확정했다. 미국은 프랑스가 물러난 이 지역에 공산정권이 들어서는 것을 막기 위해 개입하기 시작했다. 미국은 소련과 중국의 지원을 받는 북부 지역이 공산주의에 유리한 방향으로 통일할 것이라는 우려 때문에 총선거를 거부하고 남부 지역을 집중 지원했다.

1960년대 중반에는 50만 명이 넘는 미군이 정글에서 1962년 설립된 공산주의 저항단체인 남베트남민족해방전선(베트콩)과 맞서 싸웠다. 미국은 기술적 우위에도 불구하고 군사적으로 매우 어려운 상황에 처했다. 더욱이 미국 국민은 점점 전쟁을 거부하게 되었다. 1968년 집권한 닉슨은 일단 전쟁을 계속했지만, 결국 미군 철수를 결정했다. 곧 부정부패가 만연했던 남부 지역은 스스로 붕괴하고 말았다. 남베트남민족해방전선은 전쟁 중이던 1969년 남베트남 임시혁명정부를 수립하고, 1975년에 사이공 정권을 무너뜨려 남북 베트남은 해방전쟁을 통해 통일되었다. 이와 함께 라오스와 캄보디아에도 공산 정권이 들어서게 되었다.

자료 1 베트민(월맹) 지도자 호치민의 독립선언(1945.9.2.)

"모든 인간은 태어나면서부터 평등하다. 창조주는 인간에게 몇 가지 침해할 수 없는 권리, 즉 생명, 자유 그리고 행복추구권을 부여했다." 영원한 가치를 지닌 이 표현은 1776년에 선포된 미합중국 '독립선언문'의 일부다. 이 문장을 넓게 해석하면 다음과 같은 내용을 의미한다. "지구상의 모든 민족은 평등하다. 모든 민족은 살아갈 권리와 자유로울 권리를 갖는다." 1789년 프랑스혁명 과정에서 선포된 '인간과 시민의 권리선언'도 같은 내용을 담고 있다. "인간은 태어날 때부터 영원토록 자유롭고 평등할 권리를 갖는다." 이는 부정할 수 없는 진리다. 그러나 프랑스 제국주의자들은 '자유, 평등, 우애'라는 미명하에 80년 이상 우리 땅을 유린했고 우리 민족을 억압해 왔다. 그들의 행위는 인간의 이상과 정의에 반하는 것이다.

북부 아프리카의 독립

튀니지에서는 아비브 부르기바가 주도하는 신데스투르당이 이미 오래 전부터 보호령의 종식을 위해 노력해 왔다. 민족 운동은 온갖 협박과 체포의 위협 속에서도 확산됐다. 1954년 프랑스 총리 피에르 멘데스(망데스) 프랑스는 대대적인 정치 개혁을 일단 허가했다. 결국 1956년에 튀니지는 독립했다.

모로코의 상황도 이와 유사하게 전개됐다. 프랑스는 미국의 지원 속에 보호령 개혁을 요구한 술탄을 1953년 폐위했다. 그러나 심각한 소요에 직면해 정책 방향을 바꾸어야 했다. 그 결과 술탄은 개선장군처럼 다

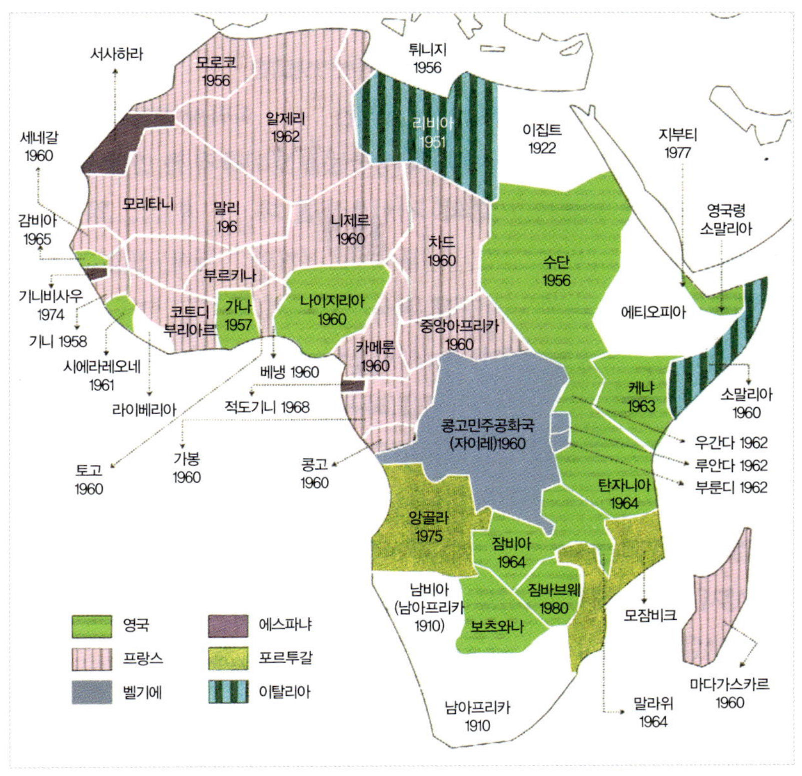

+ 아프리카의 식민지 해방

시 수도 라바로 돌아와 1956년 3월 모로코 국왕 모하메드 4세로 왕위에 올랐다.

19세기 중반 이래 프랑스의 식민지가 된 알제리 문제 해결은 튀니지와 모로코의 경우보다 훨씬 어려웠다. 100만 명에 달하는 알제리 거주 프랑스인은 850만 명의 이슬람교도와 권력을 나눠 갖기를 거부했다. 1930년대 이후의 모든 개혁 시도는 이들의 반대로 좌초되었다. 이 때문에 알제리 민족 운동은 과격해졌다. 1954년 11월 1일 젊은 민족해방전선 추종자들이 감행한 일련의 암살을 계기로 알제리 무장봉기가 시작되었다.

알제리 문제의 평화적 해법을 제시하여 프랑스 총리가 된 기 몰레는 1956년 알제리를 방문했다. 그는 알제리 거주 유럽인들의 비타협적인 태도로 알제리 민족주의자들과의 평화협상을 포기하고 프랑스 군대를 알제리로 파병했다. 곧 무자비한 전쟁이 시작됐다. 산 속으로 들어간 알제리 민족해방전선이 암살과 폭력으로 대응하는 일이 점점 더 빈번해졌다. 군대는 질서유지를 위한 잔혹한 진압 작전으로 대처했다. 프랑스에서는 알제리 거주 프랑스인들을 지지하는 진영과 이를 비판하는 진영이 서로 극단적으로 대립했다. 전자가 군사적 해결을 주장한 반면, 주로 좌익 세력과 지성인들로 구성된 후자는 알제리인에게 자행된 고문을 비판하고 즉각적인 평화를 요구했다.

프랑스 정부는 점점 늘어만 가는 국제적 비판과 국내 여론의 분열로 알제리 문제를 해결할 수 없었다. 1958년 5월 13일 알제리 봉기가 일어나자 드골은 권좌에 복귀했다. 신임 대통령은 1961년 1월 국민투표를 통해 채택된 민족자결의 원칙을 따랐다. 배신당했다고 생각한 군대의 일부는 쿠데타를 도모했으나 드골에 대한 군대의 충성심 때문에 실패했다. 에비앙에서 협상이 진행되는 동안 알제리와 프랑스에서는 비밀무장단체의 테러가 더 심해졌다. 1962년 7월 알제리 독립이 선포되자 백만 명에 달하는 알제리 거주 백인들과 아르키들(프랑스 군대에 복무한 알제리의 이슬람교도들)이 알제리를 떠났다.

사하라 이남 검은 아프리카의 독립

독립을 쟁취하려는 의지는 그칠 줄 몰랐다. 영국 식민지에서의 독립과정은 1957년 골드코스트(가나)로부터 시작하여 1964년 북로디지아(잠비아)로 일단락 됐다. 프랑스는 1956년 데프르 법과 1958년 프랑스연합을 프랑스 공동체로 재편하면서 식민지에 상당한 자치권을 부여했다. 이 식민지들은 1960년대 완전히 독립했다.

식민 정권이 끝까지 극도의 폭압으로 통치했던 벨기에령 콩고는 독립에 대한 준비를 전혀 할 수 없었다. 1960년 폭력적 소요 이후 콩코인들이 독립을 요구하자, 벨기에는 콩고 부족들 간에 전쟁이 일어나도록 했다. 1965년까지 지속된 이 부족 전쟁은 국가 통합을 위협했다. 남로디지아에서는 1980년에 이르러서야 짐바브웨 건국으로 백인 식민통치자들이 물러났다. 포르투갈과 에스파냐 역시 이 시기에 식민지를 포기했다. 이로써 이제 거의 모든 아프리카 식민지들은 독립했다.

탈식민화 이후

독립 쟁취 직후 제3세계 국가와 경제적 선진국 간의 차이는 매우 컸다. 여전히 취약한 농업 기반으로 국민은 영양 결핍에 시달렸고, 문맹 때문에 취업률이 낮았다. 식민지화로 인해 사회적·문화적 전통의 기반이 무너진 경우가 많았다. 유럽이 임의로 정한 국경들은 1967년에서 1970년까지 계속된 나이지리아의 피비린내 나는 내전의 경우처럼 많은 분쟁을 야기했다. 식민지 시기 식민 본국이 천연자원 개발에 집중함으로써 식량을 생산하는 농업을 희생시켰고 식민지 산업을 의도적으로 발전시키지 않았기 때문에, 그렇지 않아도 취약한 신생 독립국가의 국민 경제가 세계 시장에 종속되고 말았다.

민주주의 경험이 없었던 신생 국가들은 거의 예외 없이 권위주의적인 군사 정권이나 민간 정권을 선택했고(인도는 아주 예외적인 사례이다), 이런 정부들은 부정부패와 족벌 체제로 상징되는 소수 집단을 보호해 주었다. 쿠데타가 유달리 잦았던 남미는 정치적으로 특히 불안했다.

한국, 대만, 싱가포르, 인도 등 소수를 제외하면, 사회주의적이건 자유주의적이건 상관없이 신생 국가들은 국가 발전 모델을 수입했다. 이 때문에 신생 국가들은 효율적인 성장 전략을 개발할 수 없었다. 이 나라들은 급작스러운 인구 팽창, 농촌으로부터의 주민 이탈, 지하경제 같은 당면 문제에 봉착해 있었을 뿐만 아니라 국제경제의 무자비한 법칙에도 예속되어 있었다. 천연자원의 수출로 벌어들인 수입보다 공산품 수입으로 인한 지출이 훨씬 더 많았기 때문에, 무역지수는 악화됐다. 다국적 기업 전략(저임금, 하청)은 국제적 노동 분업을 강화했고, 사회적·지역적 불평등을 확대했다. 이러한 현상은 옛 식민 제국들이나 미국에 경제적으로 종속되는 결과를 초래했다.

하지만 신생독립국들은 무기력하지만은 않았다. 1955년 4월 17일부터 24일까지 인도네시아의 반둥에서는 세계 인구의 50%를 대표하는 29개국의 대표단이 참석한 가운데 아프리카-아시아 연대회의가 열렸다. 인도의 네루와 인도네시아의 나세르 등이 주도한 이 회의는 동·서 블록 어디에도 속하지 않을 비동맹의 자유와 평화로운 공존을 강조했다. 그러나 강대국에 맞서 공동노선을 구축하는 데는 실패했다. 이렇게 해서 인도나 이집트같은 비동맹 국가를 중심으로 한편에는 친서방적인 파키스탄과 터키, 다른 한편에는 공산주의 중국이 서로 대립하는 양상이 되었다.

그러나 제3세계는 국제적 주목을 받게 되었고 자신들의 주장에 귀를 기울이도록 만들겠다고 결심한 '빈자의 인터내셔널'로 널리 알려졌다. 이 말은 나세르가 노동자 인터내셔널을 빗대어 부른 말이었다. 한마디로, 반둥 회의는 반식민지 연대의식과 모든 동맹으로부터 자유롭고자 하는 의지의 표현이었다. 이 회의로 1961년 베오그라드에서 비동맹국가운동이 결성되었다. 이 운동은 특히 서방의 '신식민주의'를 비판했다. 비동맹주의는 남북 갈등의 국제 환경 속에서 소련 정책에 대한 암묵적인 찬성으로 받아들여지곤 했다. 남미에서는 수많은 혁명 시도가 있었지만, 이 시기 쿠바에서만 게릴라가 정권을 잡을 수 있었다.

국제연합 총회에서 다수를 차지한 아시아, 아프리카, 남미의 국가들은 '제3세계에 대한 착취'를 비난했고 새로운 세계경제 체제 확립을 주창했다. 1974년 국제연합은 '경제에 대한 국가의 권리와 의무 헌장'을 선포했지만, 그 영향을 그리 크지 않았다. 1976년 천연자원 보호기금이 설치되고, 1978년 빈곤 국가의 채무가 탕감됐을 뿐이다.

Chapter 16

유럽통합

유럽의 세력균형체제의 동요

2009년 11월 3일 체코가 유럽연합의 '미니 헌법'이라 불리는 리스본 조약에 서명했다. 이것은 유럽통합사에서 또 하나의 커다란 획을 긋는 사건이다. 유럽연합은 유럽 단일 화폐인 유로로 상징되는 경제적 통합을 정치적 차원으로 심화하기 위해 8년 전 유럽연합 헌법을 마련하기 시작했다. 2005년 프랑스와 네덜란드의 비준 거부로 이 원대한 꿈은 좌절되었지만, 유럽연합 대통령과 외무장관 등 유럽연합 헌법의 핵심적 내용을 간직한 리스본 조약이 체코를 끝으로 27개의 유럽연합 회원국 모두에서 비준되었다. 그리고 11월 19일 벨기에 총리 헤르만 판롬파이가 대통령으로, 유럽연합 통상담당 집행위원인 영국인 캐서린 애슈턴이 외무장관으로 각각 선출되었다. 12월 1일 리스본 조약이 발효하여 유럽연합은 그야말로 '유럽합중국'을 향한 거보를 내딛었다.

하지만 유럽은 수백 년 동안 주권국가들 간 경쟁 속에서 발전과 동시에 분쟁으로 몸살을 앓았던 경험을 갖고 있다. '30년 전쟁'(1618~1648)을 끝맺은 베스트팔렌 조약(1648)에 의해서 '그리스도교 유럽'의 정체성이 뒤로 물러서고 주권을 지닌 국가들의 국제질서를 형성하는 '국가들의 유럽'의 시대가 막을 열었다. 유럽은 오랜 동안 그리스도교적 질서 속에서 어느 정도 평화를 유지해 왔었다. 베스트팔렌 조약은 주권 국가들의 세력 균형을 통해 평화를 유지할 수 있으며 이것이 바람직하다고 천명했다. 그러나 20세기 양차 세계대전은 국가들 간의 견제와 균형의 원리가 평화를 유지할 수 있다는 수백 년 동안의 통념을 뿌리째 흔들어 놓았다. 이제 유럽인들은 국가 주권의 절대성에 문제를 제기하고 새로운 평화 질서

구축을 위해 주권이 제한되는 국가 모델을 모색하기 시작했다. 이것이 오늘날 유럽통합의 역사적 배경이다.

유럽통합의 직접적인 기원은 양차 세계대전 사이에 꽃피기 시작한 '유럽 이념'에 대한 담론과 '유럽 통일'에 대한 호소였다. 오스트리아의 사상가 쿠덴호베칼레르기와 프랑스의 정치인 브리앙 등은 범유럽 연합을 주창했으며, 반파시스트 레지스탕스에 가담한 이탈리아의 스피넬리는 전쟁의 재발을 막기 위해 국민국가로 구성된 유럽체제를 재편해 유럽연방을 건설하자는 운동을 전개했다. 2차 세계대전 직후 유럽 각국이 재건에 몰두하면서 잠시 유럽통합에 대한 논의는 뒷전으로 밀려났다.

1947년부터 본격화된 냉전은 유럽통합에 새로운 전기를 마련해 주었다. 미국은 소련의 동유럽에 맞서 서유럽의 경제 재건을 적극 지원하는 마셜 플랜을 실시하는 등 냉전 정책을 구체화했다. 미국은 서유럽 국가들의 협력과 경제 통합이 미국의 경제 지원과 결합될 때 냉전의 교두보로서 여겨진 서유럽이 성공적으로 재건될 수 있다는 생각을 갖고 유럽통합을 추진했다.

유럽통합의 핵심은 전통적인 적대국이던 프랑스와 독일의 화해였다. 바로 여기에 유럽통합의 새로운 발판이 마련된 것이다. 물론 처음에 유럽 각국은 국가 주권의 절대성에 집착하여 이에 반발했지만, 프랑스 외무장관 슈만이 1950년에 제안한 유럽석탄철강공동체 회의를 필두로 통합의 길로 접어들게 되었다. 냉전은 서유럽통합만을 추진함으로써 민간의 유럽통합론자들이 주장한 전유럽(동유럽 포함)의 통합을 좌절시켰다. 하지만 오늘날 동유럽에까지 확대된 유럽통합의 발전을 감안하면, 냉전은 결국 유럽통합의 산파 역할을 했다고 평가할 수 있다.

유럽통합의 태동

앞서 보았듯이, 유럽통합의 환경을 마련한 것은 미국의 냉전 정책이었지만, 이를 구체화한 것은 프랑스였다. 외무장관 슈만은 프랑스 경제기획청장 모네의 구상에 따라, 1950년 5월 9일에 유럽의 석탄과 철강의 생산과 판매를 공동 관리할 것을 제안하는 이른바 '슈만 플랜'을 발표했다. 슈만 플랜은 철강이나 석탄과 같은 경제적 분야에서의 협력을 위한 제도를 마련하는 것이었지만, 그 역사적 의의는 독일과 프랑스의 화해를 위한 첫걸음을 내딛었다는 데 있었다. "석탄과 철강 산업의 통합은 (...) 오랫동안 전쟁물자 생산에 사용되었던 이 지역들의 운명을 바꿀 것이다. (...) 이제 탄생할 생산의 연대는 프랑스와 독일의 장차 모든 전쟁을 생각할 수 없게 만들뿐만 아니라 물리적으로도 불가능하게 만들 것이며, 생산의 연대는 먼저 오랜 동안 적대관계였던 프랑스와 독일로부터 시작되어야 한다"고 강조했다. 슈만 플랜의 기획자 모네가 볼 때, 수많은 국민국가들로 구성된 유럽은 단지 "주권국가들을 더하기 한 것"에 불과했다. 진정 필요한 것은 "과거의 형태를 버리고, 공동의 경제적 기초를 건설함과 동시에 국민주권국가들이 받아들일 수 있는 새로운 권위체들의 창설을 통해서 변혁의 길로 들어서는 것"이었다. 이것이 그 안에서 독일과 프랑스가 긴밀한 협력의 틀을 제공할 수 있는 초국가적 유럽통합이었다.

프랑스가 서독의 급속한 경제 성장을 보면서 독일의 정치적·군사적 재기 가능성을 우려하며 군수 산업에 필요한 원료들을 공동 관리할 것을 제안했다면, 서독은 주권이 상실된 피점령국의 지위를 하루 빨리 탈피하여 정상 국가로 재건하는 것이 필요했기 때문에 이 제안을 받아들일 만했다. 이탈리아도 패전국으로서 서독의 입장과 유사했다. 한편 독일과 프랑스 사이에 있는 벨기에, 네덜란드, 룩셈부르크는 이웃 강대국과 보조를 맞추어야 할 필요성이 있었기 때문에 슈만 플랜에 호의적이었다. 결국 이 6개 국가들이 1952년 최초의 유럽통합체인 유럽석탄철강공동체를 설립한 창립 국가들이 되었다.

참가국들은 석탄과 철강 분야에 대한 주권을 유럽석탄철강공동체 고등관리청(한 국가의 행정부와 같은 역할을 한다)에 이양하기로 합의했다. 의회의 고등관리청 통제 기능이 적고, 고등관리청 결정 과정이 가중다수결(3분의 2 찬성이면 결정)로 결정할 수 있는 사항이 많기 때문에 그 초국가성은 보장된 셈이지만, 고등관리청에 각국 대표가 참여하고, 유럽석탄철강공동체 의회에 각국 의회 의원들이 참여하여 고등관리청을 통제하기 때문에 이양이라기보다는 주권의 공유라고 부르는 것이 더 적합하다. 초대 고등관리청장에 이 공동체 기획자인 모네가 선출되었다.

하지만 경제 통합과 달리 정치·군사 통합은 실패하고 말았다. 한국전쟁을 계기로 서독의 재무장이 절실해지자 미국과 영국은 이를 추진하기 시작했다. 문제는 몇 년 전까지 프랑스를 점령했던 독일 나치군의 부활을 프랑스가 받아들일 수 없었던 것이다. 이에 프랑스는 슈만 플랜의 예에 따라 1950년 10월 서유럽 군사통합을 제안했다. 창설될 초국가적 유럽방위공동체에서 프랑스가 서독의 군사력을 통제할 수 있는 제도가 마련되었는데, 서독 입장에서 보면 지나친 차별이기 때문에 이를 받아들일 수 없었다. 협상 끝에 평등한 파트너로서 통합이 이루어지게 되자, 1954년 8월 이번에는 프랑스가 이를 거부한 것이었다. 유럽방위공동체와 함께 논의되던 유럽정치공동체도 좌초되고 말았다. 서독군은 국가들의 전통적인 군사동맹체인 나토에 가입함으로써 서독의 재무장 문제는 해결되었다. 하지만 유럽통합은 좌절된 것 같았다.

그러나 이런 절망은 사실이 아닌 것으로 입증되었다. 정치군사적 통합 문제는 전통적인 정부간주의의 방식으로 해소되었지만, 이로써 부담스런 경제통합은 정치군사통합의 문제에서 벗어날 수 있었던 것이다. 유럽은 재건을 위해 그간 추진했던 통합을 위해 재도약을 시작했다. 1955년 6월 이탈리아 메시나에서 개최된 회의는 1957년 3월 로마에서 유럽경제공동체 및 유럽원자력공동체 조약, 일명 '로마 조약' 타결로 성공을 거두었다. 특히 유럽경제공동체에는 상품, 자본, 노동력의 공동시장 조성을 위한 거대한 계획이 포함되었다. 이 세 개의 기구는 이후 유럽통합 발전의 토대가 되었다.

유럽통합의 발전

유럽통합의 발전 과정은 심화와 확대의 과정으로 설명할 수 있다. 심화는 통합의 분야와 정도가 심화되고 있음을 나타내는 말이고, 확대는 회원국의 수가 증가하는 현상을 가리키는 말이다. 심화가 강화되면 확대가 어려워지고, 회원 수가 확대되면 될수록 심화는 어려워진다. 그러므로 유럽통합은 이와 같은 심화와 확대의 상관관계속에서 전개되었다고 볼 수 있다.

심화의 측면을 먼저 살펴보자. 유럽경제공동체와 유럽원자력공동체는 1957년 회원국 의회의 비준을 받아 1958년 창설되었다. 유럽경제공동체의 공동시장 형성에 공산품 시장뿐 아니라 농산물 시장도 포함되었다. 1960년대는 이 두 시장의 통합문제가 논의되어 단일 대외관세를 통해 역외권과 구별되는 6개국 공동시장이 창출되었다. 그렇지만 이 공동시장은 많은 예외규정으로 인해 형식적인 공동시장에 불과했다. 1967년에는 세 개의 통합체들이 유럽공동체로 통합되었다. 유럽경제공동체의 가장 큰 특징은 공동의 대외관세를 도입하여 하나의 경제권을 건설하는 것이다. 세계적 규모의 오일 파동으로 어려움을 겪던 1970년대에는 유럽통합도 잠시 주춤하여 '유럽 회의론'이 유행하기도 했다. 1985년 합의된 단일의정서가 1987년부터 실현되면서 유럽공동체는 사람, 상품, 자본, 서비스가 자유롭게 이동할 수 있는 국경 없는 실질적인 공동체로 발전했다. 하지만 명칭과 달리 유럽공동체는 정치와 군사 분야의 통합이 부재한 경제공동체였다.

경제통합을 더욱 공고히 하고 결핍된 정치, 군사, 사회 통합을 달성하기 위해 회원국들은 1992년 마스트리히트 조약에 합의하고 1993년 유럽공동체는 한 단계 높은 수준인 유럽연합으로 발전했다. 여기에는 단일 유럽통화(유로) 도입, 공동 외교안보 정책의 도입, 내무·사법 분야의 협력이라는 세 가지 목표가 설정되었다. 유로는 2002년부터 회원국 통화를 대체했고, 내무·사법 분야도 어느 정도 진척을 보이고 있지만, 군사·정치 통합은 2005년 야심찬 유럽헌법이 몇몇 회원국 국민투표에서 승인을 받지 못하여 실현되지 못하는 등 큰 진전을 이루지 못했다. 하지만 2009년 11월 유럽연합의 '미니 헌법'이라 불리는 리스본 조약이 각국의 승인을 받아 발효됨으로써 유럽연합의 정치적 정체성을 서서히 갖추어가고 있

유럽연합의 기구

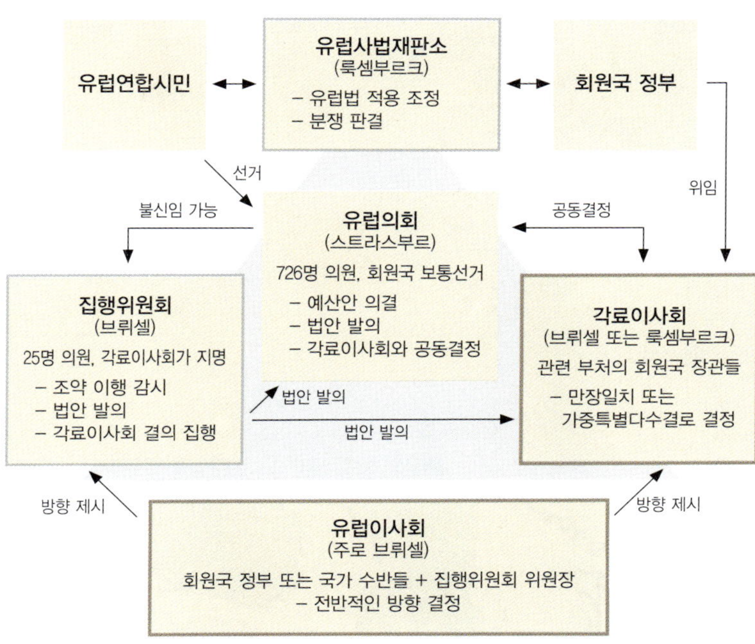

유럽연합 회원국 가입 연도

가입 연도	가입국 수(누계)	유럽연합 회원국
1957	6개국	독일(서독), 프랑스, 이탈리아, 벨기에, 룩셈부르크, 네덜란드
1973	9개국	영국, 덴마크, 아일랜드
1981	10개국	그리스
1986	12개국	에스파냐, 포르투갈
1995	15개국	오스트리아, 핀란드, 스웨덴
2004	25개국	슬로바키아, 슬로베니아, 폴란드, 헝가리, 체코, 에스토니아, 라트비아, 리투아니아, 키프로스, 몰타
2007	27개국	불가리아, 루마니아
가입희망국		터키, 크로아티아, 마케도니아

6개국 유럽(1957년, 로마조약)

인구 1억 7000만 명
네덜란드
벨기에
룩셈부르크
독일
프랑스
이탈리아

15개국 유럽(1995년, 마스트리히트조약)

인구 3억 7000만 명
스웨덴
핀란드
오스트리아

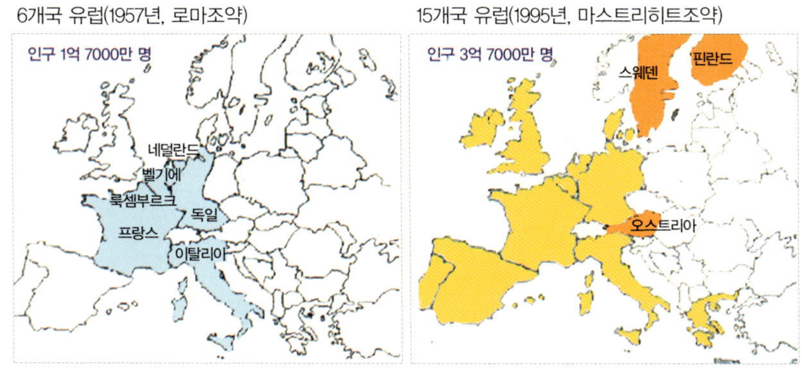

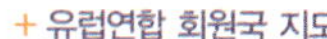

+ 유럽연합 회원국 지도

기존 회원국(2004년까지)
2007년 신규가입국
가입희망국
핀란드
스웨덴
에스토니아
라트비아
리투아니아
네덜란드
벨기에
아일랜드
영국
폴란드
슬로베니아
독일
슬로바키아
프랑스
헝가리
룩셈부르크
루마니아
불가리아
스페인
포르투갈
크로아티아
마케도니아
터키
그리스
몰타
키프로스

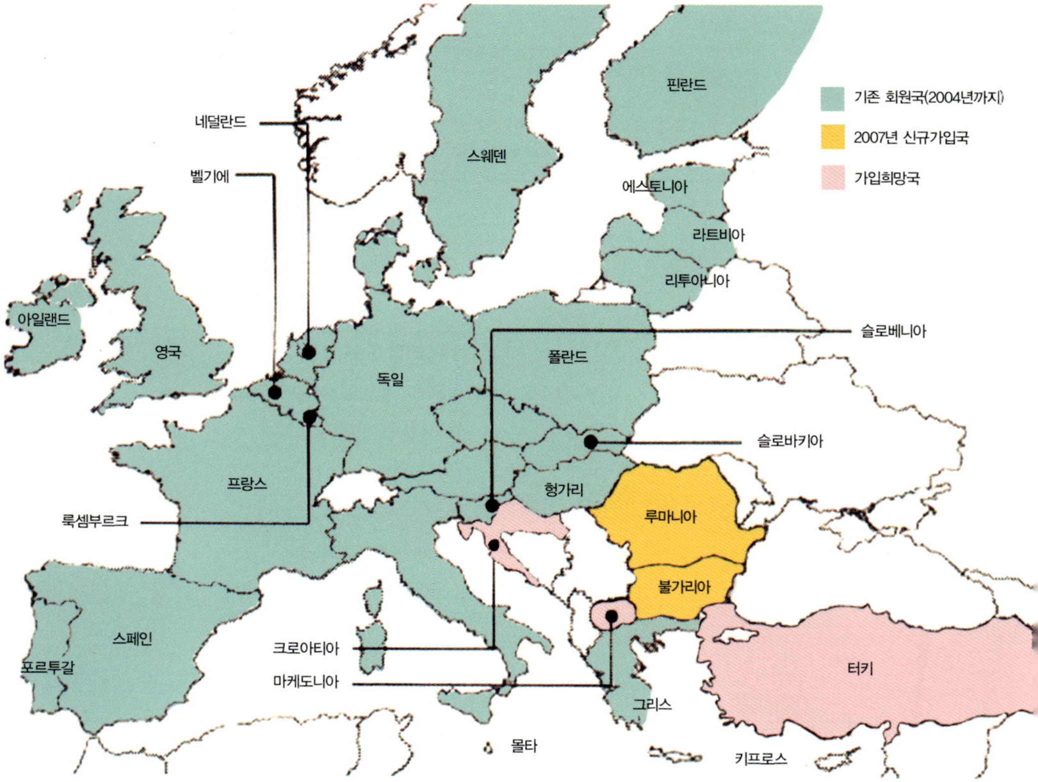

다.

유럽통합의 심화 과정은 확대 과정과 함께 진행되었다. 1952년 유럽석탄철강공동체 창설 회원국 6개국(독일, 프랑스, 이탈리아, 벨기에, 네덜란드, 룩셈부르크)은 1973년 영국, 덴마크, 아일랜드로 확대되었고, 1980년대에는 민주화를 달성한 그리스(1981), 에스파냐, 포르투갈(이상 1986)로 확대되었다. 동구공산권 붕괴 이후 오스트리아, 스웨덴, 핀란드가 1995년에 유럽연합에 가입했고, 2000년대에는 구 동구권 국가들이 대거 가입했다. 체코, 헝가리, 폴란드, 에스토니아, 라트비아, 리투아니아, 슬로베니아, 몰타, 키프로스가 2004년에, 불가리아, 루마니아가 2007년 유럽연합 회원국이 되었다. 내전을 겪었던 구유고 지역 후속 국가들과 터키가 현재 가입협상 중이다.

유럽통합의 특성: 초국가성, 평등성, 자발성

유럽통합은 19세기와 20세기 전반기 국민국가들로 대립된 유럽이 제2차 세계대전 이후 화해와 통합을 향해 나아가는 현상을 지칭하는 개념이다. 유럽통합이라는 용어는 'European integration'의 번역어다. integration이라는 용어 자체에 '초국가성'이 본질적 요소로 포함된 것은 아니다. 이 용어는 "이전 시기에" "이상적으로 조화롭게 전체를 이루는 상태의 복원"을 의미하는 라틴어 'integratio'에서 나왔다. 'integer'(완전한), 'integritas'(육체의 완전함, 영혼의 순수함) 등의 단어들이 이 단어로부터 분화되어 나왔다.

20세기 전반기 자유주의 경제학자들은 1차 대전 이후 유럽 경제 위기의 원인을 국가별로 분열되고 해체된 상황이라 진단하고, 이를 극복하기 위해 19세기 후반과 같은 자유주의 경제 질서(통상의 자유, 다자 협정, 국제금융 질서의 안정 등)를 복원할 것을 주장했다. 이들은 이것을 integration이라 지칭했다. 그러므로 이들에게 있어 integration은 국제 경제협력의 긴밀화를 의미할 뿐, 국민국가의 주권을 중앙의 상위기구에 이양하는 방식에 의해서 통합되는 과정을 의미하지 않았다. 이러한 이유 때문에, 전후 유럽통합을 구상했었던 반나치 저항세력들은 integration이라는 용어보다는 '연방(federation)'이라는 용어를 주로 사용했다. 하지만 마셜플랜을 통해 유럽의 재건을 드모하던 미국인들은 초국가적 유럽통합을 원했지만 'federation' 용어를 의도적으로 회피했는데, 이는 국민국가적 전통이 강하게 남아 있던 유럽 국가들을 자극하지 않기 위해서였다. 마셜플랜을 계기로 유럽정치의 상징어로서 부상한 'integration' 용어는 유럽석탄철강공동체 성립을 계기로 초국가성이라는 새로운 내용을 내포하는 용어로 그 내연이 심화되었다. 이에 따라 전후 유럽의 'integration'은 국가간 긴밀한 협력관계의 뜻을 지니고 있었던, 2차 대전 이전 경제학자들이 사용했던 integration 개념에서 결정적으로 분리되었다.

유럽통합 기구는 초국가적 성격을 지닌 통합체만을 가리킨다. 그러므로 유럽석탄철강공동체, 유럽경제공동체, 유럽원자력공동체, 유럽공동체, 유럽연합이 여기에 해당하지만, 유럽경제협력기구(1948년 창설), 유럽평의회(1949년 창설), 서유럽연합(1954년 창설), 나토와 같은 정부간 협력체는 이에 해당하지 않는다. 초국가주의는 참여 국가들의 주권의 일부를, 그 국가 규모나 위상과 관계없이 평등하게 그리고 자발적으로, 민족국가보다 상위에 위치한 통합체에 이양함으로써 회원국 모두가 회원국의 주권을 공유하고 공동으로 행사하는 유럽통합의 특징을 가리킨다. 나폴레옹과 히틀러에 의해서도 유럽이 통합되었지만, 이것은 비자발적이고 불평등했다는 점에서 오늘날의 유럽통합과 구별된다. 초국가성을 지닌 유럽통합은 국제관계의 역사에서 하나의 혁명이다. 그 결과 이를 기초로 새로운 국제관계이론들이 속출했다. 힘의 논리에 기초한 전통적인 현실주의적인 시각을 비판하면서 국제사회에서도 제도, 법 그리고 규칙의 성립과 강화 과정을 긍정적으로 평가하는 자유주의적 입장이 바로 그것이다.

앞에서 보았듯이, 유럽통합에는 여러 차원이 있다. 경제통합, 정치·군사통합, 사회통합, 문화통합이 바로 그것이다. 이것은 통합이 진행되어 온 순서에 따른 배열이면서 동시에 통합의 정도에 따른 나열이다. 즉 경제통합이 가장 먼저 추진되었고, 가장 강한 정도로 통합되었다면, 문화통합은 통합이라는 용어를 사용할 수 없을 만큼 진척되지 않고 있다. 문화통합은 통합이라는 명칭을 사용하고 있지만 기실 각국 및 지역의 특수한 문화들 간의 조화를 꾀하는 '다양성 속의 통합'을 추구하고 있다. 문화통합에서 중요한 위치를 점하는 것이 정체성 문제다.

이점에서 1990년대 실시된 여론조사는 흥미롭다. 아래 표는 유로바로미터의 1993년, 1997년, 1999년 조사 중 개별 국가와 유럽의 정치적 일체감에 대한 자료를 정리한 것이다. '유럽 시민' 응답률은 겨우 4~5%, '유럽 시민이 우선이고 그 다음이 개별 국가의 국민' 응답률이 평균 7%

를 넘지 못하는 데 반해, '개별 국가의 국민'이거나 '개별 국가의 국민이 우선이고 그 다음이 유럽 시민'에 대한 응답률은 85~90%정도로 압도적이다. 이 결과는, 룩셈부르크를 제외한다면, 개별 국가의 국민이라는 '전통적인' 정치적 정체감이 아직도 강력하다는 것을 보여 준다. 만약 1950~60년대에 이런 조사를 했다면, 이 수치는 더 높았을 것이다. 앞으로 정체성 형성에 많은 영향을 미치는 정치 및 사회 통합이 진척됨에 따라 최소한 '개별 국가의 국민이 우선이고 그 다음이 유럽 시민'의 응답률이 '개별 국가의 국민'의 응답률을 훨씬 상회할 것으로 예상된다. 이것은 다시 유럽통합의 초국가성을 더욱 발전시킬 것이다.

유럽연합 회원국 국민들의 정치적 일체감

일체감 / 국명	연도	개별 국가의 국민	국가의 국민이 우선, 다음이 유럽 시민	유럽 시민이 우선, 다음이 국가 국민	유럽 시민
룩셈부르크	1993	36	50	9	4
	1997	26	44	14	13
	1999	23	45	13	15
이탈리아	1993	26	55	11	4
	1997	35	52	6	4
	1999	29	56	8	5
프랑스	1993	32	52	8	5
	1997	33	49	8	7
	1999	35	49	9	7
네덜란드	1993	40	49	9	1
	1997	43	48	5	4
	1999	40	51	6	2
에스파냐	1993	38	46	5	4
	1997	43	44	5	5
	1999	34	53	6	4
벨기에	1993	32	52	9	4
	1997	47	36	7	6
	1999	44	41	6	6

독일	1993	43	43	8	4
	1997	49	35	6	5
	1999	46	37	9	4
그리스	1993	41	52	4	0
	1997	61	34	3	2
	1999	50	46	3	1
덴마크	1993	50	43	4	3
	1997	57	36	4	2
	1999	52	42	3	3
영국	1993	59	29	5	3
	1997	60	26	6	5
	1999	62	27	4	5
아일랜드	1993	48	43	5	2
	1997	50	40	4	4
	1999	51	42	4	1
포르투갈	1993	41	47	4	2
	1997	52	40	8	4
	1999	56	36	3	3
스웨덴	1997	64	26	6	3
	1999	60	34	3	2
핀란드	1997	59	35	5	1
	1999	53	42	4	1
오스트리아	1997	53	33	8	3
	1999	49	37	6	4
유럽 평균	1993	40	46	7	4
	1997	46	40	6	5
	1999	43	43	7	4

*Eurobarometer, No.40 (1993, 12) : No.46 (1997, 5) : No.50 (1999, 3)

유럽통합의 목적

오랜 민족적 전통을 간직했던 유럽 국가들이 왜 스스로 주권의 일부를 초국가적 기구에 이양했는가? 최초로 유럽통합을 진지하게 구상했던 유럽 반나치 저항세력들의 목적을 먼저 살펴보자. 독일의 유럽통합사가 립겐스는 이를 크게 3가지로 구분했다.

1) 극단적인 민족주의의 극복 : 유럽통합은 독불 관계에서 알 수 있는 바와 같은, 민족적 침략과 보복의 끊임없는 악순환에 종지부를 찍고 평화적인 공영을 보장하는 길로서, 특히 2차 대전 후 독일문제 처리를 위한 대안이었다.

2) 동서의 중재자로서의 '제3세력' : 사회체제를 서로 달리하는 미국과 소련이 세계 강대국으로 부상하는 현실에 직면하여 유럽통합은 동서의 중계자로서 '제3세력'의 역할을 할 수 있을 것으로 기대되었다. 통합주자들은 사회체제 면에서 미국의 비(非)인간주의적 자본주의와 소련의 전체주의적 공산주의 사이에 교량역할을 할 수 있는 사회민주주의를 정착시키고, 권력정치 면에서 미국과 스련에 맞설 수 있는 강대한 통합유럽을 통해서 동서의 중재역할을 할 수 있다고 생각했다. '제3세력' 이념에는 양차 세계대전으로 몰락해 가는 유럽의 강대국들이 통합을 통해서 과거의 강대국 위상을 회복하고자 하는 의지도 포함되어 있었다.

3) 경제성장을 위한 경제통합 : 전간기 유럽 경제는 높은 통상장벽으로 서로 분열되었었다. 이것이 유럽경제 몰락의 주원인이라고 진단한 통합주의자들은, 유럽경제의 부흥은 이 장벽을 제거하고 시장통합을 달성함으로써만 가능하다고 생각했다. 규모의 경제를 추구하는 현대경제는

이를 더욱 절실히 요구했다.

1)과 2)가 정치적 목적이라면 3)은 경제적 목적이라고 할 수 있다. 1)이 유럽통합의 직접적이고 최소한의 정치적 목적이라면, 2)는 궁극적이고 최대한의 정치적 목적이라고 할 수 있다. 이러한 3가지 목적은 전후 유럽통합에도 적용될 수 있는 구분이라는 점에서 일반적으로 유럽통합 사가들에게 받아들여지고 있다.

그리고 전후의 특수한 사정에서 연원한 목적으로 국제공산주의에 대항하기 위한 유럽적 냉전전략으로서의 유럽통합이 첨가되어야 한다. 군사, 경제, 정치적인 면에서뿐만 아니라 사회적 차원에서도 자유민주주의가 노동자들에게도 더 좋은 것으로 받아들여지기 위해서 노동과 자본 간의 일정한 타협이 필요했고, 이것은 민주주의의 강화의 방향으로 진행되었다.

전후의 구체적인 유럽통합은 위의 네 가지 기본적인 목적들을 지지하는 각 국민국가들과 이들 내의 정치, 경제, 사회세력들의 경쟁과 합의에 의해 추진되어 왔다고 볼 수 있다.

유럽통합의 성격 논쟁 :
국민국가와 유럽통합의 관계

현재 유럽통합은 반나치 저항세력들이 소망한 정도로 국민국가를 완전히 대체한 것이 아니다. 하지만 그 가능성을 완전히 배제할 수 없다. 반면 유럽통합이 실패로 돌아갈 가능성도 완전히 배제할 수 없다. 현재 국민국가와 초국가적 유럽통합체가 적절히 균형을 유지하고 있는 상태라고 보아야 할 것이다. 그렇다면 국민국가와 초국가적 유럽통합의 관계를 어떻게 설명할 것인가? 그리고 유럽통합 발전의 논리를 어떻게 설명할 것인가? 이에 대한 설명은 지난 역사 과정에 대한 분석뿐 아니라 미래 전망을 위해서도 필요하다.

반나치 저항세력들의 연방주의론을 먼저 살펴보자. 연방주의자들의 '유럽 이상주의'를 신봉하는 립겐스에 의하면, 국민국가와 초국가적 유럽통합은 제로섬 게임을 하는 두 축으로서 서로 상반되는 관계에 있는 것이었다. 따라서 국민국가와 민족주의는 초국가적 유럽통합과 유럽주의로 대체되어야 한다는 메시지를 립겐스는 전하고 있다. 이를 달성하기 위해서 각 국민국가는 먼저 유럽연방 제헌의회를 소집, 이 헌법에 의거한 전유럽 국민의 선거와 이에 따른 유럽연방 정부를 구성한 후 자신들의 주권에 속하는 중요한 권한들(국방, 경제정책 등)을 일시에 유럽연방 정부에 이양해야 한다는 것이다. 유럽방위공동체와 유럽정치공동체가 성공했다면, 유럽 연방이 탄생할 수 있었다고 립겐스는 진단한다. 아직 성공하진 못했지만, 유럽헌법 제정도 연방주의론과 깊이 관련되어 있다.

두 번째 설명모델은 미국의 정치학자 하스가 제시했다. 그는 1950년대 유럽통합 초기단계를 고찰한 후 국제관계이론에서 혁신적인 신기능주의론을 발전시켰다. 신기능주의론의 전제는 기능주의적 국가관이다. 국가는 그가 충족해야 하는 여러 기능들에 의해 결합된 하나의 총체적 조직이다. 1950년대 이후 유럽의 국민국가들은 이제 더 이상 단독으로 자신에게 부과된 기능들, 특히 경제적 기능들을 충족시킬 수 없는 상황에 직면했다. 이를 해결하기 위해 각 국민국가들은 국제적 협력을 더욱 강화해야 했다. 이러한 현상은 먼저 비정치적, 비군사적인 경제 개별부분에서 일어날 가능성이 높은 것이었다. 정치적 요인들도 경제적 장기지속에 대해 외부적이고 우연적 요소가 깊이 개입되어 있었음을 하스는 시인하고 있다. 그러나 그는 이러한 우연적 요소보다 전후 경제재건에 따른, 통합으로 향한 지속적인 경제적 필연성을 더욱 강조하고 있다. 그리고 이에 더 나아가 초국가적 유럽통합조직이 건설되어 마치 국가가 비정치적이며 기술적인 부분에서 수행하는 방식으로 이해관계의 충돌을 조율하고 서로에게 도움이 되는 방향으로 운영이 될 것이며, 이로써 초국가적 조절 체제의 정착과 확산을 담보할 것으로 하스는 기대했다. 소위 '파급효과론'에 의하면, 비정치적이며 기술적 부분에서 초국가적 조절의 확산은 언젠가는 정치적 통합을 가져올 것이었다. 이런 점에서 하스도 립겐스와 마찬가지로 국민국가와 초국가적 유럽통합을 제로섬 게임을 하는 것으로 파악했다. 하스의 신기능주의론은 1950년대 초반 유럽석탄철강공동체의 건설자들이 자신들의 통합 방법을 '기능주의'라고 부른 것에 착안하여 만들어진 이론이었다.

1960년대 후반 유럽통합이 정체되고 후퇴하는 듯한 모습을 보이자 신기능주의론은 이론적 가치를 많이 상실했다. 호프만은 신기능주의론을 비판하며 국가의 역할을 보다 더 강조했다. 그는 유럽통합을 국가 간의 협력을 제도화한 것이라고 설명한다. 영국의 경제사가 밀워드는 이를 역사적으로 입증하려 했다. 그는 립겐스의 이론이 이상주의적 동인을 지나치게 강조하고 있다고 비판한다. 즉, 1950년대의 유럽통합은 '유럽 이상주의'의 산물이 아니라 국민국가의 계산된 이해관계에 의해 추진된 것이었다. 그러므로 초국가적 유럽통합은 국민국가를 대체해야 할 상위조직이 아니라 오히려 전후 국민국가의 위기를 구원한 '유럽적 해결책'이며 이를 통해 국민국가는 더욱 강화되었다. 그러므로 초국가적 유럽통합과 국민국가는 제로섬 게임을 하는 서로 상반되는 대립축이 아니라 상보적 관계에 있다는 것이다. 그리고 초국가적 유럽통합은 이것이 국민국가의 과제를 해결하는 정도에 따라 발전할 것이라는 전망도 가능하다. 이 점에서 초국가적 유럽통합이 결국에는 국민국가를 대체할 것이라는 이상주의적 유럽통합주의자나 신기능주의적 접근에서의 전망과 명확하게 대립된다.

이 세 가지 설명모델은 국가 주권의 절대성을 비판하고 부정한다는 면에서 공통점을 보이고 있으나 초국가적 기구와 개별 국가가 유럽통합에서 행하는 역할에 대해 서로 달리 평가한다. 앞의 두 개는 초국가적 기구의 역할을, 마지막 것은 개별 국가의 역할을 더 강조하고 있다. 앞으로 유럽통합이 어떻게 전개될지 예측할 수 없지만, 현재까지 진행된 유럽통합만 본다면, 마지막 설명 모델이 더 적절해 보인다. 현재까지의 유럽통합체는 개별 국가의 협력을 전제로 한 국제기구의 수준을 넘었지만, 하나의 단일한 국가도 아니다. 다만 암묵적으로 이를 지향하고 있을 뿐이다. 이러한 어중간한 상태를 설명하기 위해 최근 다층 정치 구조 개념이 많이 활용되고 있다. 이에 따르면, 종적으로 두 개 이상의 정치 단위가 중복적으로 층을 이루고 있다는 것이다. 초국가적 기구로서의 유럽연합과 개별 국민 국가라는 이중적인 통치의 단위가 존재한다는 현실을 반영하는 시각이다. 이러한 견해는 과거 고유한 것으로 간주되던 주권

국가의 기능이 유럽연합과 같은 초국가 기구에 의해 수행되는 현실 속에서 '국가'에 대한 전통적 개념의 변화를 인식한 결과로 볼 수 있다. 즉 유럽연합 내 개별 국가의 정부는 자국 국민들에게 영향을 미치는 정책의 결정과 집행 분야에서 여전히 주요한 행위자이지만, 동시에 유럽연합 집행위원회, 유럽법원, 유럽의회 등 초국가 기구의 활동에 의해서도 상당한 영향을 받을 수 있기 때문이다. 이러한 관점에서 보면 유럽연합은 국가와 초국가적 단위가 상호 종속되어 있고, 상호 보완적인 기능을 행사하고 있으며, 중복되는 권한을 가진 체제인 셈이다.

평가

초국가적 유럽통합은 오늘날 유럽연합으로 발전하여 세계무대에서 정치·경제적인 면에서 점차적으로 단일 주체로서의 모습을 갖추어 가고 있다. 초국가적 유럽통합이 제2차 세계대전 이후에 독일문제를 평화적으로 해결하게 했던 정치적 도구였으며, 전화로 폐허가 된 유럽 각국의 경제를 재건하고 고도성장을 가능케 했던 국제 정치경제적 환경을 마련했던 중요한 요소였다. 유럽자본주의의 '황금의 시대'라고 불리는 전후 약 30년간의 고도성장은 자본이 노동에게 양보할 수 있는 여지를 마련함으로써 전후 유럽에서 실현된 산업 평화의 기반을 조성했다. 유럽통합은 위와 같은 정치·사회적 안정과 경제적 번영의 조건을 조성함으로써 유럽에서 자본주의 진영이 냉전에서 승리를 거두는 데에 크게 기여했다. 더 나아가 유럽통합은 냉전 종식 이후 신유럽질서가 평화적으로 정착되는 데 기여를 했다고 할 수 있다. 먼저 유럽안보질서에 위험요소가 될 수도 있었던 독일 통일이 유럽통합의 틀 내에서 평화적으로 이루어졌다. 그리고 19세기와 20세기의 유럽사에서 알 수 있듯이, 동·남유럽 지역은 유럽 열강들의 각축장으로서 전쟁의 원인을 제공했던 바로 그 지역이었다. 이 지역 국가들에 대한 유럽 열강들의 이해관계는 유럽통합의 틀 내에서 평화적으로 조정되며 공동의 입장을 표명하는 데까지 발전했다. 동유럽 및 동남유럽 국가들은 현재 유럽연합의 틀 내에서 선진 서유럽 국가들과 함께 협력하며 공동번영의 길을 걷고 있다. 물론, 구유고의 분열 과정에서, 공산주의에서 자본주의로 전환되는 과정에서, 그리고 세계적인 신자유주의적인 공격 앞에서 각 국가의 내부적 혼란과 부작용은 간과될 수 없지만, 이러한 것을 빌미로 유럽 강대국들 간의 극단적인 이해대립은 없다는 것이다.

더 읽을거리
찾아보기

더 읽을거리

고대 세계 문화사

- 김진경 외, 『서양고대사강의』, 한울아카데미, 2008.
- 윤진, 『스파르트타인 스파르타 역사』, 신서원, 2002.
- 차영길, 『억눌린 자의 역사』, 법문사, 2001.
- 차영길, 『사료로 보는 서양고대사』, 경상대학교출판부, 2018.
- 허승일 외, 『인물로 보는 서양고대사』, 길, 2006.
- 린다 월튼 외, 황보영조 옮김, 『세계사특강』, 삼천리, 2010.
- 마틴 버낼, 오흥식 옮김, 『블랙아테나』, 소나무, 2006.
- 신시아 브라운, 이근영 옮김, 『빅 히스토리』, 프레시안 북, 2009.
- 알랭 트라누아 외, 강민정 외 옮김, 『지중해의 역사』, 한길사, 2006.
- 알렉산더 데만트, 전은경 옮김, 『16일간의 세계사여행』, 북로드, 2005.
- 윌리엄 랭어 외, 박상익 옮김, 『호메로스에서 돈키호테까지』, 푸른역사, 2001.
- 페르낭 브로델, 강주헌 옮김, 『지중해의 기억』, 한길사, 2006.
- 한스 크리스티안 후프 외, 박종대 옮김, 『임페리움』, 말글빛냄, 2005.
- 유발 하라리, 『사피엔스』, 김영사, 2015.
- 유발 하라리, 『초예측』, 웅진, 2019.
- 발터 샤이델, 『불평등의 역사』, 에코리브르, 2017.
- 제레드 다이아몬드, 『총균쇠』, 문학과 지성사, 2013.
- 제레드 다이아몬드, 『문명의 붕괴』, 김영사, 2005.

서양 중세 문화사

- 서양중세사학회,『서양중세사강의』, 느티나무, 2003.
- 유희수,『사제와 광대』, 문학과 지성사, 2009.
- 로버트 스완슨, 최종원 옮김,『12세기 르네상스』, 심산, 2009.
- 마르크 블로크, 이기영 옮김,『프랑스 농촌사의 기본 성격』, 나남, 2007.
- 제프리 리처즈, 유희수 외 옮김,『중세의 소외집단』, 느티나무, 2003.
- 조르주 뒤비, 최생열 옮김,『전사와 농민』, 동문선, 1999.
- 조르주 뒤비, 성백용 옮김,『세 위계 : 봉건제의 상상 세계』, 문학과 지성사, 1997.
- 조르주 뒤비, 김용권 옮김,『중세의 예술과 사회』, 동문선, 2005.
- 콘스탄스 브리텐 부셔, 강일휴 옮김,『중세 프랑스의 귀족과 기사도』, 신서원, 2005.

- 크리스토퍼 브룩, 이한우 옮김,『수도원의 탄생』, 청년사, 2005.
- 호르스트 푸어만, 안인희 옮김,『중세로의 초대』, 이마고, 2005.

서양 근대 문화사

- 김민제,『영국혁명의 꿈과 현실』, 역민사, 1998.
- 김민제,『프랑스 혁명의 이상과 현실』, 역민사, 1998.
- 김민제,『러시아혁명의 환상과 현실』, 역민사, 1998.
- 박윤덕,『시민혁명』, 책세상, 2010.
- 서정복,『프랑스 혁명』, 살림, 2007.
- 이성덕,『종교개혁 이야기』, 살림, 2006.
- 주경철,『대항해 시대』, 서울대학교출판부, 2008.
- 스티브 스미스, 류한수 옮김,『러시아 혁명(1917년에서 네프까지)』, 박종철출판사, 2007.
- 스티븐 컨, 박성관 옮김,『시간과 공간의 문화사 1880~1918』, 휴머니스트, 2004.
- 시오노 나나미, 김석희 옮김,『르네상스를 만든 사람들』, 한길사, 2001.
- 아르놀트 하우저, 백낙청 외 옮김,『문학과 예술의 사회사』, 창비사, 2007.
- 야마모토 오시타가, 이영기 옮김,『과학의 탄생』, 동아시아, 2005.
- 에릭 홉스봄, 정도영 옮김,『혁명의 시대』, 한길사, 1998.
- 에릭 홉스봄, 강명세 옮김,『1780년 이후의 민족과 민족주의』, 창작과비평사, 1998.
- 윌리엄 에스텝, 라은성 옮김,『르네상스와 종교개혁』, 그리심, 2002.
- 존 리드, 장영덕 옮김,『세계를 뒤흔든 10일』, 두레, 1993.
- 페터 벤데, 권세훈 옮김,『혁명의 역사』, 시아출판사, 2004.
- 폴 존슨, 한은경 옮김,『르네상스』, 을유문화사, 2003.
- 피터 게이, 주명철 옮김,『계몽주의의 기원』, 민음사, 1998.
- 해롤드 도른 외, 전대호 옮김,『과학과 기술로 본 세계사 강의』, 모티브북, 2006.
- 이언 모리스,『왜 서양이 지배하는가』, 글항아리, 2013.

현대 세계 문화사

- 니얼 퍼거슨,『시빌라이제이션』, 21세기 북스, 2012.
- 통합유럽연구회 편,『인물로 보는 유럽통합사』, 책과함께, 2010.
- 볼프강 슈말레, 박용희 옮김,『유럽의 재발견』, 을유문화사, 2006.
- 장-바티스트 뒤로젤, 이규현 옮김,『유럽의 탄생』, 지식의풍경, 2003.
- 김명섭,『대서양문명사』, 한길사, 2001.
- 국제정치경제연구회 편,『20세기로부터의 유산』, 사회평론, 2000.
- 송충기 외,『세계화 시대의 서양 현대사』, 아카넷, 2009.

- A. J. P. 테일러, 유영수 옮김,『제2차 세계대전의 기원』, 지식의풍경, 2003.
- 에릭 홉스봄, 이용우 옮김,『극단의 시대 : 20세기의 역사』, 까치, 2009.
- 존 케네스 갤브레이스, 이헌대 옮김,『대폭락 1929』, 일리, 2008.
- 존 루이스 개디스, 정철 외 옮김,『냉전의 역사 : 거래, 스파이, 거짓말, 그리고 진실』, 에코리브르, 2010.

찾아보기

숫자

ㄱ

ㄴ

ㄷ

ㄹ

ㅁ

ㅂ

ㅅ

ㅇ

ㅈ

ㅎ

차영길

현재 경상대학교 사범대학 역사교육과 교수
고려대학교 사학과 졸업
고려대학교 대학원 문학박사(서양고대사)
독일 마인쯔아카데미 방문연구원
케임브리지대학교 방문학자
옥스퍼드대학교 선임연구원 겸 방문교수
한국서양고전학회 이사
한국서양고대역사문화학회 회장

주요저서
『인물로 보는 서양고대사』, 도서출판 길, 2006.
『사료로 보는 서양고대사』, 경상대학교 출판부, 2018.
『교양으로 읽는 유럽 역사 이야기』, 경상대학교 출판부, 2019. 외 다수

강성호

현재 순천대학교 인문예술대학 사학과 교수
고려대학교 대학원 문학박사(역사이론)
독일 자유베를린대학교 방문학자
미국 UC 버클리대학교 방문학자
한국독일사학회 회장
한국서양사학회 회장

주요저서
『탈서구중심주의는 가능한가』, 아카넷, 2016.
『발전의 지정학과 궤적』, UC 버클리 동아시아 연구소, 2010.
『유럽중심주의 세계사를 넘어 세계사들로』, 푸른역사, 2009. 외 다수

손태창

현재 고려대학교, 단국대학교, 경북대학교 강사
고려대 대학원 사학과 서양사 전공 석사학위
독일 마르부르크 대학 고대근동학, 서양고대학, 서양고전언어학 등의 전공에서 마기스터 학위
독일 뮌헨대학교 서양고대학과 철학박사
한국서양고대역사문화학회 연구이사
대구사학회 섭외이사

주요논문
「서기 4세기 중엽 알렉산드리아 주교 아타나시우스 -아타나시우스의 세력기반의 요소들과 그의 정치전략적 면모-」, 2019.
「콘스탄티우스 2세에 의한 새로운 다자지배의 실험 -갈루스의 카이사르 임명의 구조적 속성 및 의미」, 2019.
「신 아시리아 제국 후기에 있어 대 바빌로니아 정책과 그 문제점: 기원전 745-627」, 2014. 외 다수

이정민

현재 경상대학교 인문대학 사학과 교수
경상대학교 인문대학 사학과 졸업
파리 12대학(Universite de Paris XII) 석사
파리 4대학(Université de Paris-Sorbonne) 서양중세사 박사

주요저서
『박물관 미술관에서 보는 유럽사』, 책과 함께, 2018, 공저.
『조약으로 보는 유럽통합사』, 높이깊이, 2016, 공저.
『DE LA PAIX DE DIEU A LA CROISADE』, EDITIONS UNIVERSITAIRES EUROPEENNES, 2016.
『유럽을 만든 대학들』, 책과 함께, 2015, 공저.
『프랑스의 종교와 세속화의 역사』, 충남대학교 출판문화원, 2013, 공저. 외 다수

이원근

현재 경상대학교 인문대 사학과 명예교수
고려대학교 사학과 졸업
뮌헨대학교 박사과정 이수
고려대학교 대학원 문학박사(서양중세사)

주요저서
『성사와 문화』, 탑북스, 2016.
『서양중세문화 비밀캐기-중세대학』, 탑북스, 2012.
『서양중세 세계의 역사』, 탑북스, 2012. 외 다수

김성준

현재 한국해양대학교 항해학부 부교수
고려대학교대학원 사학과 문학박사(영국 해운경제사)
목포해양대학교 조교수
영국사학회편집위원
해양수산부 해양정책 자문위원
해양수산부 해양공간적합성협의 자문위원

주요저서
『유럽의대항해시대』, 문현, 2019.
『서양항해선박사』, 혜안, 2015.
『해사영어의 어원』, 문현, 2015.
『한국항해선박사』, 문현, 2014.
『배와 항해의 역사』, 혜안, 2010.
『산업혁명과 해운산업』, 혜안, 2006. 외 다수

오종현

현재 전남대학교 교육문제연구소 박사후연구원
전남대학교 사학과 졸업
전남대학교대학원 문학박사
독일 베를린 자유대학 방문학생
호남사학회 정보이사
주요논문
「곡과 마곡의 이미지 변화 – 루터파 성서삽화를 중심으로」, 2019.
「'루터파' 선전과 교황의 타자화: 시각 인쇄매체를 중심으로」, 2018.
「1520년대 초, 루터의예배정립과 음악활용」, 2016. 외 다수

김용환

현재 경상대학교 인문대학 러시아학과 조교수
한국외국어대학교 노어과 졸업
모스크바국립대학교 역사학부 석·박사(러시아사)

주요논저
「러시아 국가검열체계의 변천, 1804~1865」, 2018.
「니콜라이 2세 초기(1894~1905) 러시아 검열과 언론출판」, 2014.
『잡지 〈니바〉와 러시아 사회(1869년 말~1918년)』, 모스크바: 트로반트, 2007.

김승렬

전 경상대학교 인문대 사학과 교수
고려대학교 법학과 졸업
고려대학교 사학과 문학석사
쾰른대학교 역사학박사
『역사 비평』 편집 위원(2006~2011년)

주요저서
『G세대를 위한 서양의 역사와 문화』, 경상대출판부, 2010, 공저.
『독일 프랑스 공동역사교과서』, 휴머니스트, 2008, 역.
『대중독재』, 책세상, 2004, 공저. 외 다수

2020년 9월 21일 개정판 1쇄 발행

지은이 차영길, 강성호 손태창, 이정민, 이원근, 김성준, 오종현, 김용환, 김승렬
펴낸이 권순기
부장 박현곤
행정팀장 김성균
디자인 이희은
편집보조 이희성

펴낸곳 경상대학교출판부 | 출판등록 1989년 1월 7일 제16호
주소 경남 진주시 진주대로 501
전화번호 055) 772-0801(편집), 0802(디자인), 0803(도서 주문)
팩스 055) 772-0809
전자우편 gspress@gnu.ac.kr
홈페이지 http://gspress.gnu.ac.kr
페이스북 https://www.facebook.com/gnupub

책값은 뒤표지에 있습니다.

이 도서의 국립중앙도서관 출판시도서목록(CIP)은 서지정보유통지원시스템 홈페이지(http://seoji.nl.go.kr)와 국가자료공동목록시스템(http://www.nl.go.kr/kolisnet)에서 이용하실 수 있습니다.
(CIP제어번호: CIP2020038851)